올라 중남미2

생활과 문화&비즈니스

올라 중남미

생활과 문화&비즈니스

02

HOLA

권선흥 지음

HU:iNE

머리말

중남미하면 어떤 이미지가 떠오르나요? 비취빛의 환상적인 카리브 해변에서 모히토 칵테일을 한잔 하는 낭만적인 곳? 내일을 걱정하지 않고 오늘을 즐기기 좋아하는 낙천적 국민성? 가까이 가기 어려운, 지구 끝에 위치한 머나먼 곳? 마약과 치안불안으로 먹고 살기 불안한 곳? 등 여러 가지 이미지를 떠올리실 겁니다.

비즈니스 쪽에서 보면 중남미는 우리에게 어떤 이미지일까요? 미국, 유럽 등 선진시장과는 달리 우리 상품이 뚫고 들어가기 좋은, 만만한 시장쯤으로 비쳐지는 것이 아마 일반적이지 않을까요? 흔히 중남미, 중국, 중동을 '3중시장'이라고 부릅니다. 중남미는 이 3중시장 중 중국이나 중동에 비해 사람들의 관심도 적고, 잘 알려지지도 않았으며 알아보려고 해도 정보에 접근하는 것 역시 쉽지 않습니다. 그러니 막상 진출하려고 해도 은근히 겁이 나 망설여지거나, 아니면 선진시장도 뚫었는데 이까짓 중남미쯤이야 하며 덜컥 달려들기도 합니다.

북미 및 유럽 선진국과 중국, 중동 등 우리나라의 전통적인 주력시장 진출 여건이 악화되면서 중남미가 새로운 대체시장으로 부상한다는 정보 홍수 속에서 제대로 된 준비 없이 너나 할 것 없이 중남미로 갑자기 몰려드는 현상도 심심찮게 발생합니다. 지피지기면 백전백승이라 하는데 상대방을 잘 모르니 실패와 실수를 연발하기 쉽습니다. 그리곤 곧 "아! 여기는 안 돼"하며 쉽게 물러서 버리기도 합니다.

우리에게 중남미란 빗장이 단단히 걸려 있는 미지의 시장입니다. 이 빗장을 풀기 위해서는 열쇠가 필요합니다. 이 열쇠를 어디서 어떻게 찾을 수 있을까요?

중남미 시장 진출에는 워밍업이 필요합니다. 우리나라와 중남미 간에는 넘어야 할 산도 있고 바다도 있습니다. 산과 바다 같은 물리적 공간은 비행기만 타면 단번에 넘어가지만, 문화는 단번에 넘어갈 수가 없습니다. 사실 비행기로 조차도 단번에 중남미 문턱을 넘기 어렵다는 사실은 중남미를 다녀가 보신 분이라면 아실 겁니다. 미국이나 캐나다 또는 유럽 등을 한 번 거쳐야만 비로소 갈 수 있는 곳이 중남미라는 것을요. 최근에는 멕시코 직항 노선이 뚫려 한 번에 가는 길이 생겼지만 대부분의 나라들은 반드시 어느 나라건 거쳐 가야 합니다.

그래서 중남미 사람들의 문화를 깊이 있게 이해하는 작업이 선행되어야 합니다. 중남미가 역사적으로나 지리적으로 미국이나 유럽으로부터 많은 영향을 받아오고 있습니다. 하지만 중남미는 문화적으로 구미(歐美) 선진국과는 궤를 달리합니다. 동양이 다 같은 동양이 아니듯이 서양이라도 다 같은 서양이 아닌 것이지요. 구미 선진국에서 잘 통하던 영어도 중남미에선 잘 통하지 않습니다. 상류층으로만 보면 우리나라 사람들보다 뛰어난 영어실력을 갖춘 사람이 많으나 전체적으로 보면 우리나라 국민들보다 더 영어에 약하다고 볼 수 있습니다. 비즈니스맨들은 물론 중남미 각국과의 경제협력을 추구하거나 기업진출을 지원하려는 우리나라 공무원들도 중남미를 자주 드나듭니다. 그러나 중남미를 속속들이 깊이 있게 이해하지 못하다보니 여러 해프닝이 빚어지는 경우도 수시로 발생합니다. 예컨대 어느 게 성이고 이름인지, 직책은 우리식으로 뭔지, 여잔지 남잔지 등 기본적인 문화 측면에서부터 알쏭달쏭하고 헷갈리는 게 무척 많기 때문입니다.

이 책은 중남미로 진출하려는 우리 기업 비즈니스맨이나 주재원, 공무차 중남미를 방문하거나 중남미와 관련된 업무를 추진하는 우리 국가 공무원, 공직 유관기관 및 학계 인사, 또는 중남미에 관심이 있는 학생 등을 불문하고 중남미와 거래하고 관계를 만들어가려는 모든 분들에게 조그마한 실무적 도움을 드리고자 하는 취지에서 집필되었습니다. 독자 여러분들이 가볍게 읽어나가다 보면 중남미에 대한 이해의 폭이 시나브로 넓어지도록 하는 것이 이 책의 목표입니다.

필자는 30년 이상 코트라에 몸담아오며, 그중 18년 동안 콜롬비아, 아르헨티나, 멕시코, 과테말라 및 도미니카 공화국 등 중남미 5개국과 스페인 등 이베로아메리카 문화권에서 코트라 무역관장, 주재원 근무를 하면서 다양한 중남미 문화와 비즈니스를 두루 접해 왔습니다. 국내 근무 시에도 구미(歐美)지역을 맡아 그들과 부딪히며 업무를 해와 중남미와 연을 맺으며 활동해온 것이 20년을 훌쩍 넘어섰습니다. 이외에도 페루, 칠레, 베네수엘라, 파라과이, 우루과이, 브라질, 파나마, 코스타리카, 쿠바, 온두라스, 엘살바도르, 아이티 등 중남미 각지로 출장을 가고 여행하면서 중남미를 속속들이 섭렵하고자 했으며, 스페인어권 중남미에 대한 실전경험과 각종 국내외 참고 문헌들을 토대로 집필된 것임을 이해하고 읽어주시기 바랍니다.

책 제목 "올라 중남미, 생활과 문화 & 비즈니스"를 보고 올라가 무슨 의미인지 궁금해 하시는 분들이 많으실 겁니다. 올라(Hola)란 스페인어로 안녕!(영어의 하이/Hi)의 의미이기도 하며, 올라(Ola)는 파도, 물결을 의미하기도 합니다. 한편 우리말에도 올라가 있습니다. 중남미 출장 내지 여행길에 올라 그들의 문화와 생활 및 비즈니스를 살펴본다는 의미도 담고있고, 중남미에서 일어나는 변화의 물결을 타고 중남미 사람들과 함께 부대끼며 비즈니스를 잘해보자는 의미도 아울러 담고 있습니다.

부디 본 자료가 독자 여러분이 중남미 시장을 열어 가거나 중남미와 업무를 추진하는 데 있어, 또는 중남미를 깊이 있게 이해하려는 작업 등에서 자그마한 도움이라도 되기를 기대해 봅니다. 즉, 이 책이 독자 여러분이 빗장을 푸는 데 도움을 드리는 열쇠 역할을 해드렸으면 하는 것이 필자의 바람입니다.

이 책이 세상 속으로 나오기까지 힘이 되어주신 분들이 많습니다. 무엇보다 이 책 출판을 기꺼이 맡아주신 한국외국어대학교 지식출판콘텐츠원장 가정준 교수님, 신선호 팀장님, 박현정 콘텐츠 크리에이터님, 그리고 소중한 추천사를 흔쾌히 써주신 김원호 한국외대 국제지역대학원 교수님, 강성주 한중남미협회 이사님, 추종연 국무총리 외교보좌관님, 장광옥 LG CNS 법인장님, 정상희 계명대학교 스페인어중남미학과 교수님 등 고마운 분들께 이 자리를 빌려 깊은 감사 말씀을 올립니다. 또한 책자 집필과정에서 많은 관심을 보여주며 격려와 축복을 아끼지 않은 여러 친지 분들께도 진심을 담아 깊은 감사말씀을 올립니다. 마지막으로, 그간 필자와 함께 동고동락하며 삶의 버팀목이 되어준 내 가족에게도 사랑과 감사를 함께 전합니다. 감사합니다.

2018년 5월

글쓴이 권 선 홍

일러두기

| 집필 목적

이 책은 저자가 평소 중남미 관련 업무를 해나가면서 중남미와 연을 맺고 있는 우리 기업체 임직원이나 여러 관계부처/공공유관기관 공직자들이 필요로 했던 사항들과 궁금해 했던 사항들, 또는 잘 몰라서 해프닝이 벌어졌던 사항들을 반영하여 알기 쉽게 강의식으로 정리해본 것입니다.

저자가 해외 일선 생활 현장이나 비즈니스 현장에서 겪은 일들과 보고 듣고 배운 그들의 문화 등이 그 안에 어우러져 있습니다. 이렇게 축적되고 업데이트 시킨 저자의 경험과 지식을 독자 여러분들과 공유함으로서 여러분들이 중남미와 민간 비즈니스 내지 공적 비즈니스를 추진하는데 조그마한 도움이 되어 드렸으면 하는 소망과 목표의식을 갖고 집필하게 되었습니다.

따라서 아직 비즈니스는 모르지만 장차 중남미를 상대로 멋진 활약을 펼치실 중남미학과 학생들 또는 스페인어과 학생들에게도 앞길을 열어나가는 과정에 중남미 현장과 맞부딪혔을 때에 시행착오를 줄여주는 지침이 되어줄 수 있을 것으로 기대해 봅니다.

| 채택 어법

본 자료에서는 중남미 현지에서 실제 통용되는 어법을 따르기도 하고, 경우에 따라 표준어법에 맞춰 표기하기도 하는 등 두 가지 발음을 편의대로 사용했습니다. 예컨대, P를 현지에서는 모두 '쁘'로, T는 '뜨'로 발음합니다만 우리나라에서는 표준어법으로 '프', '트'를 채택하고 있어 경음과 격음을 엄밀히 구분하지 않고 섞어 썼습니다.

또한 우리 독자 여러분들이 현지에서 활동하는데 지침서 역할도 해드릴 수 있도록 요소요소마다 현지어 명칭(경우에 따라 영어 명칭)을 가급적 덧붙이고자 했습니다.

| 책자 구성

본 자료는 1권과 2권으로 구성되어 있습니다. 1권은 현지에서 살아가면서 부딪히는 다양한 생활문화 측면에서 볼 수 있는 재미있는 내용들을 부담 없이 읽으실 수 있도록 가벼운 터치로 접근했습니다. 반면 2권은 주로 비즈니스와 연관이 있거나 비즈니스를 하려면 알아둬야 할 중남미 사회 이슈 및 우리와의 경쟁국 관계들을 비교적 깊이 있게 파고 들어가는 심층정보들로 구성이 되어 있습니다.

2권에는 비즈니스 관련 사항은 물론 마약, 치안, 부정부패, 자연재해 등 중남미 사회가 안고 있는 문제들과 더불어 중남미 문화 핵심 키워드 중 하나인 종교이슈 및 중남미에서 큰 영향력을 행사하고 있는 아랍계/유대계 후손 이야기 등도 담겨 있습니다.

나아가 중남미가 우리나라를 비롯해서 스페인, 미국, 중국, 일본, 북한 등 우리 관심국들과 어떤 관계를 맺고 있는지 국제관계라는 큰 틀 속에서 중남미를 깊이 있게 이해함으로서 비즈니스 안목을 넓히는 데에도 도움이 될 것으로 봅니다. 그 연장선상에서 중남미지역 국제기구와 우리나라와 중남미 간 자유무역협정도 함께 살펴보면서 우리 기업들의 활용방안도 짚어봤습니다.

따라서 비즈니스에 대해서 관심이 없는 분이시라면 제2권은 따분하게 느껴질 수 있으니 제1권만 읽어보셔도 중남미 문화에 대한 갈증은 해소되실 겁니다.

글쓴이의 소망

발등에 불이 떨어져 미지의 중남미 시장을 개척해 나가는 분이라면 단숨에 읽어낼 수도 있습니다. 관심의 정도가 포인트가 되겠지요. 중남미와 업무 연관성이 높은 분들의 경우라면 한 번 쭉 읽어본 다음, 업무를 볼 때에 옆에 두고 필요할 때마다 꺼내 보시면 자그마한 도움이 되어드릴 것으로 봅니다. 이것이 글쓴이의 소박한 바람입니다.

꼬박 14개월 동안 나름대로 심혈을 기울여 집필했습니다만 저자의 필력 부족이나 정보 한계 등 여러 가지 제한 여건 속에서 내용이 만족스럽지 못한 부분이 있을 것으로 봅니다. 혹시 이런 부분이 있는 경우 의견을 보내주시면 (belgranokwon@google.com) 기회가 닿는 대로 보완토록 하겠습니다.

대단히 감사합니다.

목차

제7부 知彼知己! 중남미와 우리 관심국간 관계

제8부 알아두면 유익한 중남미 국제기구 및 FTA

제9부 중남미 근무 경험담 및 흥미진진 에피소드(II) - 비즈니스 현장 에피소드/정부 간 사업 현장체험담

제5부

중남미 비즈니스 하려면 이 정도는 알아둬야

제25강 알아두면 유익한 산업 이야기: 중남미는 무엇으로 먹고 살까?

산업하면 상당히 분위기가 딱딱해 질 수 있으므로 객관적 사실 정보와 함께 필자가 중남미 살면서 겪은 이야기나 세간에 잘 알려지지 않은 흥미진진한 일화 등도 중간 중간에 끼워 넣어 따분하지 않게 진행해보고자 합니다.

중남미 사람들이 삶의 터전을 어떤 분야에서 얼마만큼 닦아 나가고 있는지를 수치상으로 알아두는 것은 다소 부담스러울 수 있습니다. 하지만 중남미를 깊이 이해하는 데에 상당한 도움이 되실 겁니다. 다만, 여러 자료원에서 정보를 가져오다 보니 집계방식 내지 시점 등의 차이로 정보 수치가 일치하지 않는 경우들이 있습니다. 이 점 양해바랍니다.

중남미 농축수산업

나라 이름이 짧으면 농업 의존도가 낮다?

중남미 경우에도 농업은 국가경제에서 가장 중요한 산업입니다. 다만, 농업이 국가경제에서 차지하는 비중은 국별로 큰 차이가 있어 일률적으로 얘기하기는 어렵습니다. 2010~2012년 기준 FAO(유엔 식량농업 기구)의 국가별 농업(1차 산업)의 GDP 점유 비중을 보면 국가경제의 농업 의존도를 비교해볼 수 있습니다.

농업 의존도가 높은 나라

니카라과 19.2%, 파라과이 17.4%, 온두라스 14.5%, 볼리비아 12.5%, 엘살바도르 12.5%, 과테말라 11.3%, 아르헨티나 10.1%, 에콰도르 10.1%, 우루과이 9.4% 등

농업 의존도가 낮은 나라

칠레(3.7%), 멕시코(4.1%), 파나마(4.4%), 쿠바 (5.0%), 브라질 (5.2%), 베네수엘라(5.8%), 도미니카공화국 (6.0%), 페루(6.4%), 코스타리카(6.4%), 콜롬비아(6.5%) 등

그런데 농업 의존도가 낮은 나라들은 (국명이 긴 나라도 있지만) 대체로 국명이 2~3자로 짧은데 반해 농업 의존도가 높은 나라는 한결같이 국명이 4자 이상입니다. 그러니 중남미에서 나라 이름이 짧으면 농업 의존도가 일단 낮다고 봐도 될 것 같습니다. 나라 이름과 국가 산업구조 간 의외로 재미있는 관계가 있습니다. 그러고 보면 산업이야기가 그렇게 따분한 주제만은 아닐 겁니다. 또한 브라질처럼 농업 의존도가 낮지만 중남미에서 점유하는 비중은 절대적인 경우도 있고, 세계 시장에서 차지하는 위상 역시 매우 높은 경우도 나타나고 있어 흥미를 더해주고 있습니다. 구체적으로 어떠한 사례들이 있는지 출발해보겠습니다.

중남미 농산물의 세계적 위상 및 생산수출현황

2016년 코이카의 중남미 농업현황자료에 의하면, 중남미는 세계 커피 생산의 57%, 사탕수수의 50%, 오렌지의 38%, 소고기의 27%, 닭고기의 23%, 대

두(콩)의 22%, 옥수수의 15%를 차지하고 있습니다. 수치를 보니 중남미가 세계 농업에서 차지하는 위상이 매우 높은 점이 두드러져 보입니다.

중남미는 농산물 순 수출 지역: 수출의 20%, 수입의 8% 비중

중남미는 기후지대가 다양합니다. 열대성 기후 지대에서는 커피, 카카오, 담배, 사탕수수 등을 재배하고 있고, 온대지대에서는 밀이나 옥수수 등 곡물을 주로 생산하고 있습니다. 중남미 농업은 농산물 수출에 의존하는 구조로서 세계 농산물 수출의 약 10%를 담당하고 있습니다.

중남미 전체 수출의 20%를 농산물이 차지하는 반면 수입에서 농산물이 점하는 비중은 8% 수준이므로 중남미를 농산물 순수출 지역으로 볼 수 있겠습니다. 그런데 항상 예외는 있기 마련입니다. 베네수엘라, 파나마, 엘살바도르 등 일부 국가는 농·식품류 순수입국으로 분류되고 있습니다.

농산물 역내 수출 비중은 미약(15.9%)

그런데 농식품류가 중남미 역내국 간에는 얼마나 활발히 교역이 되고 있을까요? 농산품의 중남미 지역 내 수출이 전체 수출에서 차지하는 비중을 보니 15.9%로 나와 있습니다. EU의 역내수출 비중은 60%, 아시아는 50%라고 하니 다른 지역 대비 중남미 국가들 간 농산물 거래가 빈약하다는 얘기입니다. 그 이유가 무엇일까요? 왜 중남미 역내국 간 농산물 거래가 뜸할까요? 답은 물류에 있습니다. 운송료 및 항구나 창고 이용료 등 열악한 물류 인프라에 따른 과다한 물류비용이 원인이라고 합니다. 그러니 역내국 교역으론 채산성 맞추기가 어려워져 역외국 수출비중이 높아지는 것입니다.

곡물 빅3(브아멕): 밀은 아르헨, 쌀은 브라질이 No.1

곡물의 경우 어느 나라가 꽉 잡고 있을까요? 일단 땅덩어리가 넓고 봐야합니다. 역시 브라질, 아르헨티나, 멕시코 등 중남미 빅3이 중남미 전체 연간 생산량의 80%를 점할 정도로 편중이 심한 상황입니다.

주도국: 브라질 7,758만 톤, 아르헨티나 4,868만 톤, 멕시코 2,840만 톤
기타국: 파라과이 536만 톤, 페루 461만 톤, 베네수엘라 403만 톤, 칠레 395만 톤, 콜롬비아 378만 톤, 우루과이 351만 톤, 에콰도르 238만 톤, 볼리비아 222만 톤, 과테말라 176만 톤

특히 브라질은 전 세계 에탄올의 37%, 사탕수수의 34%와 남미 가축(육우, 돼지, 가금류)의 40%를 차지할 정도로 중남미 1차 산업에서 브라질이 차지하는 비중은 절대적입니다.

곡물 중 밀은 어느 나라가 주도할까요? 밀(trigo)의 경우, 아르헨티나가 1,409만 톤으로 압도적 1위입니다. 브라질이 569만 톤, 멕시코가 362만 톤, 칠레 157만 톤, 파라과이 146만 톤, 우루과이 120만 톤의 생산 실적을 보이고 있습니다.

쌀(arroz)의 경우에는 브라질이 1,347만 톤으로 압도적 1위를 점하고 있습니다. 페루가 262만 톤, 콜롬비아가 203만 톤, 아르헨이 174만 톤, 우루과이가 164만 톤, 에콰도르가 147만 톤, 베네수엘라가 142만 톤을 각각 생산한 것으로 기록되고 있습니다.

콩은 메르코수르 4국이 주력

중남미는 전 세계 수출량 가운데 커피는 51%를, 닭고기는 32%, 포도 31%, 옥수수 24%, 대두(콩) 17% 등을 점하고 있습니다. 이중 대두(콩)의 경우 브라질과 아르헨티나, 파라과이, 우루과이 등 메르코수르(남미공동시장) 4개국이 주력 수출국이라는 특색을 띠고 있습니다.

커피는 브콜이 세계시장 제패, 중미와 페루도 두각

커피는 브라질이 세계 1위, 콜롬비아는 세계 2~3위 생산수출국입니다. 중남미 커피는 아라비카종이 대부분이며, 로부스타종도 일부 생산되고 있습니다. 코스타리카처럼 로부스타종은 아예 생산을 못하도록 금한 나라도 있습니다.

세계커피기구(ICO)의 2016년 통계에 의하면 커피 세계 생산량은 1억5천만 자루입니다. (1자루는 60Kg) 브라질이 세계 물량의 1/3인 5,500만 자루(330만 톤)를 생산하여 세계 1위의 생산수출국입니다. 콜롬비아(1,450만 자루/ 87만 톤)가 아라비카 종으로는 세계 2위, 전체 품종으로는 베트남(2,550만 자루/ 153만 톤)에 이어 세계 3위를 점하고 있습니다.

계속 살펴볼까요? 온두라스가 593만 자루(35만 톤)로 세계 6위, 페루가 380만 자루(23만 톤)로 8위, 과테말라가 350만 자루(21만 톤)로 10위를 점하고 있습니다. 세계 10위권의 절반이 중남미에 있으니 중남미가 세계 커피시장을 꽉 잡고 있다고 봐도 무리는 아닌 것 같습니다. 페루의 경우 2013년 기준, 페루 농산물 수출액의 35%, 페루 전체 수출액의 5%를 점하고 있을 정도로 커피가 페루 경제에서 차지하는 비중은 높다고 볼 수 있겠습니다.

기타 멕시코(310만 자루), 니카라과(210만 자루), 코스타리카(148만 자루) 등과 엘살바도르, 에콰도르, 베네수엘라 등도 소량(각 60만 자루 내외) 생산하고 있어 중미지역이 두각을 나타내고 있습니다.

우리나라에서 보기 어려운 희귀한 과일, 중남미는 온갖 과일의 천국

중남미에는 바나나, 수박, 포도, 망고, 파파야, 사과, 오렌지, 멜론, 파인애플 등 온갖 과일이 풍성하며, 우리나라에서는 전혀 생산되지 않아 좀처럼 보기 어려운 피타야(용과/드래곤푸루츠)나 치리모야, 망고스틴, 우추바, 플라타노(익히거나 튀겨서 먹는 바나나 종류/플랜틴), 룰로, 쿠루바, 마라쿠야(패션푸루츠), 그라나디야(개구리 알), 과나바나 등 희귀 과일도 많습니다.

과일 종류도 무척 많고, 값도 매우 싸다는 점이 이채롭습니다. 특히 콜롬비아가 그러한데, 콜롬비아가 우리나라와 FTA(자유무역협정)를 맺고 나서 현지 기업인들이 큰 관심을 가진 분야중 하나가 바로 이 과일이었습니다. 한국 내 과일값이 상당히 비싸다는 것을 알고는 앞으로 한국이 좋은 수출시장이 될 거라며 고무되는 분위기였습니다. 콜롬비아가 식물 품종 다양성 측면에서 세계2위라 과일 종류도 무척 다양합니다. 중남미에서는 페루나 칠레 과일이 맛좋다고 소문나있고, 멕시코나 아르헨티나 과일도 매우 좋습니다. 하지만 생산량으로는 브라질이 단연 최고입니다.

과일은 과일 종류에 따라 신선과일 상태로도 수출되지만, 냉동과일 또는 건조과일, 통조림 및 과일 펄프, 과일 농축주스 등 다양한 형태로 가공되어 수출되고 있습니다.

오렌지는 브라질이 세계 톱, 멕시코가 3위

FAO 통계를 바탕으로 2011년 기준 전반적 과일 생산현황을 보면, 세계 3위의 과일 수출국인 브라질이 4,099만 톤으로 중남미 1위 생산국이며, 이어 멕시코가 1,219만 톤으로 2위를 점하고 있습니다. 브라질은 세계 1위의 오렌지 생산국이며, 멕시코는 세계 3위입니다. (2위는 미국) 브라질의 오렌지 생산량은 1,750만 톤(2013년 기준)으로 바나나(689만 톤), 파인애플(248만 톤) 등 여타 주종 과일에 비해서도 압도적인 생산량을 자랑하고 있고, 오렌지도 2위인 미국(800만 톤)이나 3위인 멕시코(400만 톤)에 비해서도 생산량이 엄청납니다. 내수용은 신선과일 상태로, 수출용은 주로 주스(냉동농축/FCOJ) 상태로 가공되어 팔리고 있습니다.

만년설과 칠레 과일 이야기: 칠레는 세계 최대 신선과일 수출국

여타 상위권 과일 생산국을 보면, 2011년 FAO 통계 기준, 에콰도르(879만 톤), 콜롬비아(809만 톤), 아르헨티나(793만 톤), 칠레(616만 톤), 페루(481만 톤) 등이 꼽힙니다. 과일 역시 땅덩어리가 커야 수확도 많아지는 가 봅니다. 이중에서 우리나라와 제일 먼저 FTA를 체결한 바 있는 칠레의 과일 이야기를 해보고자 합니다.

칠레의 경우 적도에서 남극까지 국토가 남북으로 길게 뻗어있다 보니 열대, 온대, 한대 등 다양한 기후를 아우르고 있고, 일조량은 많고 강우량은 턱없이 부족한 특징을 갖고 있습니다. 그러니 과일 맛이 좋아지긴 할 것입니다. 하지만 강우량이 부족한데 그 많은 생산량은 어떻게 끌어올릴까요? 그 해결책이 만년

설이랍니다. 안데스 고원지대 만년설이 조금씩 녹아내리는데, 이게 부족한 강수량을 보충해주는 만큼 만년설은 칠레에 축복이 되고 있습니다.

칠레는 왜 수출에 강할까?

칠레는 세계 최대의 신선과일 수출국 이라고 하는데, 생산량은 그리 많지 않은데도 수출량은 많습니다. 예컨대, 포도는 세계 8위 생산국인데 수출은 세계 2위입니다. 왜 칠레는 수출에 강한 면모를 갖고 있을까요? 그것은 칠레 국토 특징을 보면 해답이 나옵니다. 남북으로는 길지만 동서로는 거리가 짧습니다. 이렇게 국토 폭이 좁다보니 수출 선적 항구까지 접근이 용이해져 물류비가 적게 나오면서 신속한 선적도 가능해지니 자연히 수출 경쟁력이 확보되는 것입니다.

게다가 칠레는 남반구 국가입니다. 미국이나 유럽 등 대부분의 나라가 북반구에 위치하고 있으니 계절도 반대고 북반구 국가들이 겨울철로 과일 생산이 안 될 때에 여름철인 칠레가 해외시장에 신선과일을 공급해주는 것입니다. 이런 이유로 미국의 비수기(겨울철) 포도시장은 칠레가 90% 이상 석권하고 있다고 합니다. 남반구 국가라는 점이 수출경쟁력을 좌우하기도 합니다.

그런데 무엇보다 중요한 것은 가격경쟁력입니다. 칠레산 과일 값이 엄청 쌉니다. 비단 칠레만이 아니라 중남미 대부분 국가가 과일 값이 매우 쌉니다. 우리나라와는 비교가 안 됩니다. 칠레의 경우 농가당 평균 농토 면적이 1,500ha라고 합니다. 우리나라는 1.3ha정도이니 우리 같은 영세농으로 칠레의 농기업과 경쟁한다는 것은 어불성설일 것입니다. 그래서 태평양 건너오는 물류비를 포함시켜도 칠레산 과일가격이 국산의 1/3 수준에 불과하다니 세계 각국으로 수출이 잘 될 수밖에 없는 운명을 타고난 것으로 볼 수 있습니다.

그래서 우리와 FTA 체결할 때 우리 시장 방어를 위해 생산시기가 겹치는 경우 계절관세를 매기는 등 보호 장치가 마련되어 있는 것입니다. 양질의 값싼 수입 과일이 당장 국민복지에는 좋을지 몰라도 장기적으로 농업기반이 무너질 수 있다는 위기감이 반영된 것입니다.

멕시코 아보카도 이야기: 세계1위의 아보카도 수출, 생태계 교란?

아보카도는 중남미에서는 아과까떼(aguacate) 또는 빨따(palta) 등으로 불립니다. 아과까떼 용도는 다양한데, 그대로 잘라서 먹기도 하고 수프에 넣어 먹기도 합니다. 특히 이를 으깨어 양파와 토마토, 마늘, 고추 등을 곁들인 과까몰레(guacamole)라는 딥소스로 만들어 먹기도 합니다. 멕시코나 콜롬비아, 과테말라 등 중남미 여러 나라에서 맛볼 수 있습니다. 전통음식인 따꼬, 아레빠, 또르띠야 등에 발라 먹는 모습도 흔히 볼 수 있습니다. (중남미 음식에 대해서는 "중남미 주요 먹거리 체험담" 편을 참고하시기 바랍니다.)

이 아보카도를 세계에서 가장 많이 생산하고 수출하는 나라가 바로 멕시코입니다. 미국으로 가장 많은 과일을 수출하는 나라가 멕시코인데, 멕시코산 과일의 미국 수출물량이 2위인 칠레보다 두 배가 넘는다고 하니 멕시코 과일, 특히 아보카도가 미국인의 식탁을 풍성하게 해주는데 많은 기여를 하는 것 같습니다.

그런데 이 아보카도가 환경 문제를 야기하고 있어 생태계에 비상이 걸리고 있다고 합니다. 도대체 무슨 일이 있어나고 있는 것일까요? 우리 함께 이야기 속으로 들어가 보십시다.

아보카도가 건강식품 내지 슈퍼 푸드로 각광을 받다보니 생산 및 수출이 크게 늘고 있습니다. 멕시코 남서부에 미초아깐 주가 있는데, 농민들이 아보카도 경작을 위해 나무를 마구 베어내는 탓에 매년 6~8천ha의 삼림 면적이 아보카도 농지로 개간되면서 숲이 급속도로 파괴되고 있다는 것입니다. 더구나 아보카도 나무가 엄청나게 많은 양의 물을 빨아들여 숲이나 개울에 의존하는 동식물 생태계가 뿌리째 흔들리고 있다는 점이 심각성을 더해주고 있다 합니다.

아보카도 수요가 미국이나 유럽, 중국 등 전 세계적으로 매년 평균 3%씩 늘어나고 있고, 영국 등 일부 국가는 수요가 30% 폭증(2015년)하는 현상도 나타나고 있어 없어서 못 파는 지경이라니 상황이 짐작되시죠? 중국의 경우는 어떨까요? 2012년 멕시코와 칠레로부터 154톤의 아보카도를 수입하다가 2016

년에는 25,000톤으로 수입량이 급격히 치솟는 현상도 나타나고 있습니다. 웰빙 시대를 맞아 역시 중국은 대단합니다.

멕시코는 전 세계 아보카도 생산량의 32%를 공급하고 있는 독보적인 존재입니다. FAO(유엔식량농업기구) 통계로 1993년부터 2013년까지 멕시코는 연평균 100만 톤씩 생산하였는데, 2~5위 생산국인 인도네시아, 미국, 콜롬비아, 도미니카공화국 등의 생산량을 다 합해도 멕시코의 70%에도 못 미치니 멕시코의 위상은 높을 수밖에요. 그러니 몸값이 귀해진 아보카도로 한 몫 잡기 위해 빈농들도 눈에 불을 켜고 경작을 하니 면적은 확대될 수밖에 없는 겁니다. 게다가 멕시코 내 유명한 마약 카르텔까지 가세하여 경작농가에 보호세금(1ha당 2천 페소/U$1=약 19페소)을 물리고 있다고 합니다. 멕시코 환경당국이 보면 점입가경이겠죠.

기타 과일 생산국

페루의 경우 2015년 기준, 세계 2위의 아보카도 수출국이자 세계 5위의 포도 수출국입니다. 포도(26%), 아보카도(18%), 망고(17%) 등 3개 품목이 페루 과일 수출액의 60%를 차지하는 주종 수출 품목입니다.

코스타리카 등 중미 국가들도 과일을 꽤 많이 생산하고 있는데, 코스타리카가 492만 톤, 과테말라 401만 톤, 도미니카공화국 299만 톤, 쿠바 188만 톤, 온두라스 140만 톤 등입니다. 기타 베네수엘라(237만 톤), 볼리비아(101만 톤) 등도 과일 생산대열에 동참하고 있습니다.

도미니카 망고 이야기

도미니카공화국의 경우 망고가 특히 유명합니다. 망고가 워낙 많아서 공원 등에 가보면 여기 저기 땅에 떨어져 있는 망고도 볼 수 있습니다. 누가 주워가지도 않고 발길에 채이기도 합니다. 필자 가족이 바니(Baní) 망고축제에 가본 적이 있었습니다. 산토도밍고에서 그리 멀지 않은 곳에 위치해있는 바니는 망고 수도라는 별칭이 붙을 만큼 망고로 유명한 곳입니다. 망고 엑스포(EXPO

Mango) 또는 망고 전시회(Feria de Mango), 망고축제(Festival de Mango) 등 다양한 명칭으로 매년 개최되고 있는데, 전시된 망고 종류만 100가지가 넘는다고 합니다. 온갖 망고들을 시식해봤는데 이 세상 어느 곳에서도 맛보지 못한 기막힌 망고도 있었습니다. 보통 망고 하면 섬유질이 떠오를 정도로 섬유질이 많은 망고가 익히 알려져 있는데 반해 입에 넣으면 스르르 녹아버리는 망고 맛에 필자 가족은 그만 반해버리고 말았습니다. 아이스크림처럼 입에 넣으면 녹아버리는 망고, 품종 이름은 기억이 안 납니다만 지금도 그 생각만 하면 당장 바니로 달려가고 싶은 충동을 느낍니다. 이 바니 망고 수입권을 따내면 대박칠 것 같은 느낌이 드는데, 문제는 물류유통과정에서 어떻게 그 맛을 유지하느냐가 관건입니다.

***재미있는 콜롬비아 희귀과일 이야기: 마약과일? 변비특효과일?**

필자에게 독특한 맛과 색, 또는 효능으로 특별한 기억을 남긴 과일이 있습니다. 다른 중남미도 마찬가지지만 콜롬비아에는 음식 값도 싸고 주문하면 5분 이내에 음식이 빨리 나오는 오늘의 메뉴(menú del día) 현지식당이 많습니다. 점심때만 운영을 하는데, 한국에서는 엄두도 낼 수 없는 생과일주스(물과 설탕으로 양을 부풀리긴 했지만)를 무료 서비스해줍니다. 하루에 보통 두 가지를 준비해 두고 선택케 하는데, 룰로, 쿠루바, 마라쿠야(패션푸르츠), 과나바나, 피냐(파인애플), 리모나다(레모네이드) 등이 주 종목입니다. 모두 신맛을 갖고 있는데, 특히 룰로(lulo)와 마라쿠야(maracuyá)가 셉니다. 너무 시어서 먹기가 어려운데 일단 한 번 맛을 들이면 포로가 되는 것 같았습니다. 간혹 속 쓰림 후유증을 겪기까지 합니다. 그런데도 슈퍼마켓엘 가면 이 두 과일에 저절로 손이 가는 겁니다. 특히 룰로는 주스가 아닌 과일 그대로 먹으면 너무나 시기 때문에 보통 사람은 아예 입에도 못 댑니다. 입이 얼얼해집니다. 그런데 필자는 신 것을 그다지 좋아하지 않는데도 마치 마약처럼 빠져드는 겁니다. 그래서 마약 과일을 멀리 하려고 무던 애를 썼습니다.

그에 비해 그라나디야나 과나바나는 무난한 과일입니다. 그라나디야

(granadilla)는 작은 그라나다(석류)의 뜻으로 노란색인데 밀감처럼 손으로 그냥 까먹으면 되니 먹기가 편해서 호텔 체크인을 기다리면서 먹을 수 있도록 고객들에게 무료로 주는 과일로 많이 활용되고 있습니다. 속이 개구리 알 같은 씨앗들로 꽉 차있어 비주얼 때문에 꺼려하시는 분들도 있는데, 맛도 좋고 건강에도 좋고, 소화 촉진 기능도 있다고 합니다. 콜롬비아 근무하면서 가장 많이 먹은 과일이 아닌가 생각됩니다.

과나바나(guanábana)는 덩치가 무척 크고, 겉은 짙은 녹색 계열이고, 안은 하얗습니다. 주스로 만들면 마치 우유처럼 보입니다. 신비스럽기도 하고 약간 시큼한 맛도 가미되어 그런대로 먹을 만합니다. 한국에서 출장오신 분들에게 우유 주스라고 소개해 드리면 신기한 맛에 잘 드셨습니다. 하지만 인기는 별로였습니다.

필자가 마지막으로 소개해드릴 과일은 피타야(pitaya)입니다. 삐따야가 원 발음입니다. 겉은 노랗거나 붉고 속은 하얀 과육에 검은 씨가 송알송알 박혀 있습니다. 대사관저에서 현지 방문한 우리 사절단을 영접할 때에 맛보라고 접시에 조금씩 담아 내놓기도 하는 등 손님 접대에도 무난한 과일입니다. 하지만 후환이 있는 과일이니 조심해야 합니다. 보고타 정착 초기에 한번은 열댓 개를 단번에 먹어치운 적이 있었습니다. 피타야가 뭔지 성분도 모른 채 자극적이지도 않고 맛도 그럭저럭 괜찮아 손이 계속 바삐 움직였습니다. 그랬더니 얼마 후부터 소식이 오더니 뱃속에서 난리가 납니다. 약 좋다고 남용 말고 약 모르고 오용말자는 얘기가 이 과일에도 해당됩니다. 과일도 맛좋다고 효능도 모른 채로 과섭취하는 것은 금물입니다. 이 피타야(용과/dragon fruits)가 변비환자들에게는 자연요법으로 좋은 대안이 될 수 있다고 합니다.

중남미 축산물 현황

세계 최대의 소고기 생산수출국은? 브라질!

축산업은 중남미 1차 산업이 국가경제에서 차지하는 비중의 46%를 점하는 중요 산업입니다. 브라질은 자그마치 2억1,300만 두의 소를 사육하여 세계 최대 소고기 생산국이자 최대의 수출국이기도 합니다. 소고기 맛이 세계 최고라는 아르헨티나는 5,100만 두로 4,400만 수준 인구보다 많습니다. 멕시코는 2,840만 두로 1억2천만 명 수준의 인구에 비해서는 작은 감이 있고, 콜롬비아는 2,300만 두로 인구의 약 절반 수준입니다. 베네수엘라는 1,550만 두이며, 파라과이(1,450만 두)와 우루과이(1,070만 두)는 자국 인구수를 훨씬 뛰어 넘는 소를 보유하고 있습니다.

국민 1인당 소 사육 두수가 가장 많은 나라는? 우루과이!

국가별 국민 수와 소 마릿수를 비교해보면 의미 있는 결과가 나옵니다. 우루과이가 국민 1인당 소 3.6마리로 1위를 차지하고 있고, 파라과이가 2.17마리, 아르헨티나가 1.2마리, 브라질이 1.02마리, 콜롬비아가 0.47마리, 멕시코가 0.23마리 등으로 집계되고 있습니다.

소고기 생산 빅3은? 브아멕

2011년 기준 소고기 생산량은 브라질이 903만 톤, 아르헨티나가 242만 톤, 멕시코가 180만 톤으로 빅3을 형성하고 있습니다. 이어 콜롬비아가 82만 톤, 베네수엘라 49만 톤, 우루과이 48만 톤, 파라과이 41만 톤 등입니다.

돼지고기 생산량은 2011년 기준 브라질이 337만 톤, 멕시코가 120만 톤, 칠레 52만 톤, 아르헨티나 30만 톤, 콜롬비아 21만 톤, 에콰도르 20만 톤 등입니다.

육류 순수입국은? 멕시코와 칠레

2011년 기준 육류 수출량을 보면, 브라질이 600만 톤, 아르헨티나가 52만 톤, 우루과이가 29만 톤, 칠레가 28만 톤, 멕시코 24만 톤, 파라과이 22만 톤, 니카라과 13만 톤 등입니다. 한편 육류 수입량을 보면 멕시코가 150만 톤, 칠레가 54만 톤으로 자국이 외국으로 수출하는 물량을 크게 앞질러 육류 순수입국으로 분류됩니다. 칠레는 그렇다 쳐도 멕시코는 상당한 양의 육류를 생산하면서도 순수입국이라니 다소 의외인데, 생산량이 인구 대비 수요를 충족시키기에는 역부족인 상황을 말해주는 것 같습니다. 베네수엘라나 쿠바는 수출은 전혀 없고 각각 15만 톤 및 24만 톤 규모의 수입만 하는 것으로 나타나고 있습니다.

*** 세계최고의 아르헨티나 스테이크와 음식문화의 중요성**

무미건조한 수치 정보만 계속 쏟아져 나오니 지루해 하시는 분도 계실 겁니다. 이제 잠깐 쉴 겸 아르헨티나 소고기 이야기로 넘어가보겠습니다. 아르헨티나인들의 소고기 애호 및 세계 최고의 1인당 소고기 소비량 등의 얘기는 별도로 강의 "비즈니스 상담 윤활유 – 국별 대표 아이콘" 중 아르헨티나 편에 소개되어 있으니 이를 참고해 보시고, 여기서는 필자가 개인적으로 겪은 이야기보따리 하나를 풀어보고자 합니다.

필자가 아르헨티나로 발령받아 현지 부임한 것이 2001년 12월 말이었습니다. 크리스마스인데도 거리가 썰렁했습니다. 남반구라 우리와는 계절이 반대니 더운 날씨임에도 을씨년스런 광경이 펼쳐지고 있었습니다. 경제위기 및 정국 불안정으로 대통령이 물러나고, 나라는 디폴트(국가채무 불이행) 상황을 맞아 기력을 잃은 상태에서 이듬해 초에는 미국 달러화와 자국 페소화의 가치를 1:1로 묶어놓았던 환율 안전장치까지 풀리게 되니(태환제 폐지) 1:1 환율이 1:3.5까지 가파른 상승세를 타고 올라가 버립니다. 필자가 부임하자마자 경제가 파산 나버렸기 때문에 비즈니스 활동을 해서 실적을 내기란 불가능한 상황이 되어 버리자, 현지에 진출한 우리 기업들도 짐을 싸고 떠나든가 조직을 대폭 줄여 긴축경영에 나서는 등 비상상황을 맞이했습니다.

그런데 사물에는 항상 양면이 있듯이 경제위기상황에도 야누스 신의 두 얼굴이 있었습니다. 미화 1달러당 1페소 하던 것이 3페소가 넘으니 한국 상품을 아르헨티나로 수출하는 것은 비즈니스로서의 의미를 상실해버린 것과는 반대로 달러를 가지고서 환전하여 현지에서 물건을 사거나 음식을 먹거나 하는 비용은 크게 싸진 겁니다. 사실 디폴트 및 환 파동 이전에는 아르헨티나 물가가 너무 비싸서 아무리 세계 최고의 소고기라 해도 고급 스테이크 집에서 그 맛을 보기가 쉽지 않았습니다. 그런데 환율 덕에 미화 환산 값은 대폭 내려 외국 주재원 등 달러 봉급자라면 누구나 쉽게 접근이 가능해진 것입니다.

당시에 부에노스아이레스로 출장오신 여러 우리 기업인 여러분들 역시 비즈니스 쪽으로는 별 재미를 볼 수 없었기에 최고의 스테이크라도 맛보게 해드려야겠다는 생각으로 여러 많은 분들과 당시 경험을 공유할 수 있었습니다. 무역사절단이 오면 뿌에르또 마데로 항(港) 또는 라플라타 강(江) 주변 풍광이 좋은 곳에 자리 잡은 고급 스테이크 집으로 안내해드리곤 했습니다. 예전 같으면 그런 고급 음식점에 간다는 것은 생각하기 어려웠지만 미화 기준으로 보면 값이 반값 이하로 떨어져 부담 없이 즐길 수 있었기 때문입니다.

하지만 본전 생각이 많이 났습니다. 왜 그랬을까요? 한국인으로서 실컷 드시는 분은 거의 보지 못했습니다. 스테이크 1인분을 깨끗이 비우는 분을 보기 어려웠으니까요. 한국에서 지구 끝 먼 나라까지 오느라 진이 빠지고 시차도 바뀌어 입맛도 없는 상태에서 평소 접해보지 못한 스테이크가 입에 맞을 리가 없습니다. 그러니 가격은 반값이하로 떨어졌다손 치더라도 정량을 반도 못 드시고 남기면 본전 생각이 나는 것입니다.

스테이크 집마다 특성이 있는데, 로디시오(호디지우)라는 브라질식 스테이크 집이 있습니다. 소 부위별로 여러 부위를 시식할 수 있게끔 하나씩 가져와서 손님 자리에서 접시에 조금씩 썰어주는 곳입니다. 여러 가지 맛보는 기분으로 조금씩 뱃속으로 집어넣다보면 어느새 배가 차고 물리게 됩니다. 어쩌면 배가 차지 않아도 보는 것만으로도 물려서 더 이상 못 먹는 경우가 우리 한국인들에게는 더 보편적일 수도 있습니다. 현지인들은 각종 부위를 한 번씩 고루 먹어보거나 자신이 선호하는 부위만 집중적으로 먹는 경우도 있습니다. 보통 현지인 1명이 400~500그람 정도는 무난하게 먹어치우는데 반해 우리 한국인들은 겨우 100~300그람 정도 밖에는 못 드셨습니다. 같은 값을 내고 말입니다. 한국식으로 요리한 소고기라면 김치나 국물 등과 함께 400~500그람도 너끈히 드실 수 있을 텐데 조리법(음식문화)이 달라지니 맥을 못 추는 겁니다. 아르헨티나 소고기가 아무리 세계 최고라고 해도 그 문화 속으로 들어가지 못하면 최고란 의미는 퇴색될 수밖에 없음을 새삼스레 깨닫게 되었습니다. 현지인 입에서 살살 녹는 스테이크가 이(異)문화인 입에서는 전혀 녹지 않는 경우가 있다는 상대적 진리가 곧 본인에게 익숙한 문화의 중요성을 얘기해주는 것은 아닌가 싶습니다. 결국 소고기를 통해 문화의 중요성을 다시 한 번 실감할 수 있었습니다.

ı 중남미 수산물 현황

중남미 최고의 수산강국은 단연 페루 – 세계 2위 수산국

수산물의 경우는 어떨까요? 총 50여종의 수산물이 잡히고 있는데, 주요 어종은 멸치, 정어리, 고등어, 대구, 다랑어, 오징어 등입니다. 세계 수산물 업계에서는 페루가 세계 2위, 중남미 1위를 차지하고 있습니다. 2011년 어획 수산물(capture fish)의 경우 페루가 총 825만 톤으로 압도적인 중남미 1위 및 세계 2위를 계속 달리며 수산국으로서의 명성을 떨치고 있습니다. 주 어획 어종은 멸치이며, 조업기간 중 200만 톤의 어획쿼터가 할당되어 있어 그 이상 어획은 할 수 없는 상황입니다. 멸치 산란시기에 따라 당국이 조업시즌을 정해 관리하고 있습니다.

칠레와 멕시코도 수산강국

페루 외 중남미 수산강국은 어디일까요? 칠레가 346만 톤, 멕시코가 157만 톤을 생산하여 페루와 칠레가 양대 축으로, 여기에 멕시코가 가세하여 3국이 수산물 시장의 리더 역할을 하고 있습니다. 이어 브라질이 80만 톤, 아르헨티나가 79만 톤, 에콰도르가 50만 톤, 벨리즈가 26만 톤, 베네수엘라가 23만 톤, 파나마가 15만 톤 등을 기록하고 있습니다.

아르헨티나 오징어잡이 이야기

다른 부문에서는 톱을 차지하던 브라질이나 아르헨티나가 수산물 분야에서는 별로 기를 펴지 못하는 모습입니다. 아르헨티나의 연간 총 어획량은 2011년 79만 톤에서 2013년 82만 톤으로 오르는 듯하다가 2014년 79만 톤, 2015년 77만 톤, 2016년 69만 톤으로 점점 줄어드는 모양새입니다.

아르헨티나는 우리나라 수산 업체들이 진출하여 오징어 조업을 하고 있는 점에서 관심을 끌고 있습니다. 어획이 좋을 경우 현지 진출 우리 주재원들에게도 오징어를 맛볼 수 있는 기회가 간혹 주어지기도 했습니다. 2016년 말비나스(포클랜드) 해역 남서대서양에서 오징어잡이를 하는 어선 수는 총 320척에 달한다고 합니다. 이중 중국이 100여척으로 가장 많고, 대만이 78척, 아르헨티나가 62척, 한국이 33척으로 추정되고 있습니다. 그런데 아르헨티나에서 마크리 정부가 출범한 이래 2016년 하반기부터 영국과 아르헨티나 정부 간 포클랜드 관련 협의가 진행되고 있는데, 양국 합의로 남대서양지역 수산 기구가 설립될 경우 자유롭게 어로활동을 해오던 우리 원양어선들에 대해 활동 제약이나 비용 지불 등 피해가 발생할 우려가 있다고 하니 걱정이 됩니다만 우리 정부나 수산 업계에서 대책이 마련되고 있을 것입니다.

한 가지 흥미 있는 사실은 지구 온난화 현상으로 지난 20년간 오징어와 문어 등 두족류의 전 세계 어획량이 크게 늘고 있다고 합니다. 그래서 초대형 대왕 오징어도 나타나는 것입니다. 지구 온난화가 오징어에게는 서식 환경을 좋게 해주는 걸까요? 아니면 그 반대일까요? 아기예수의 축복으로 이어지기를 빌어봅니다. (아기 예수의 의미에 대해서는 33강에서 다루고 있으니 참고하십시오.)

양식수산물 시장은 칠레가 주도

양식수산물(aquaculture)의 경우 2010년 기준 칠레가 71만 톤, 브라질 48만 톤, 에콰도르 27만 톤, 멕시코 12만 톤, 페루 9만 톤, 콜롬비아가 8만 톤을 각각 생산하여 칠레가 세계 수산시장 강자로 위상을 확보하고 있습니다. 특히 칠레 마젤란해협에서 양식하는 연어 생산량이 크게 늘고 있으며(2016년 연어 68,000톤 생산, 전년대비 30% 증가), 중국 수입연어시장에서 칠레가 2016년에는 세계 최강자인 노르웨이를 제치고 시장 지분 52%(냉동어의 95%, 선어의 30%)를 차지하고 있습니다.

칠레시민단체가 수출에 걸림돌?

그러나 칠레 시민단체들이 칠레산 연어 불매운동을 국내외적으로 전개할 것임을 천명(2017.1)한 바 있어 이미지 타격에 따라 해외시장 확대에 걸림돌이 될 수도 있습니다. 시민단체는 왜 불매운동을 벌일까요? 그 이유는 놀랍습니다. 칠레가 수산 양식에 노르웨이산보다 400배 이상 많은 항생제를 사용하고 있다고 합니다. 게다가 고밀도 양식으로 수질환경을 악화시키고 있다는 점도 이유로 들고 있습니다. 환경과 산업경쟁력의 상관관계에서 어느 쪽에 비중을 두는 것이 맞을까요?

브라질과 콜롬비아는 수산물 순 수입국

수산물 수출 관련, 2011년 기준으로 칠레가 45억 불, 페루가 31억 불, 에콰도르가 25억 불, 아르헨티나가 14억 불, 멕시코가 11억 불 등을 수출하여 수산물 순수출국으로 분류되고 있습니다. 중남미에서는 칠레와 페루 수산물이 맛있기로 정평이 나있는 것 같습니다.

브라질은 12.6억 불, 콜롬비아 3.1억 불, 도미니카공화국 1.5억 불, 베네수엘라는 1.2억 불 등을 수입했는데, 규모가 각 수출액보다 훨씬 커서 수산물 순수입국으로 분류되고 있습니다. 콜롬비아에서는 육류에 비해 수산물이 귀하고 값도 그다지 싸지 않아 수산물을 접할 기회가 많지 않았는데 그만한 이유가 있었던 겁니다. 브라질도 드넓은 대서양을 끼고 있는데도 수산물을 수입해다 먹는 것을 보면 대체로 태평양변 국가가 대서양변 국가보다 수산물 사정은 더 풍족한 것 같습니다.

*** 싱싱한 아메바? 혼쭐나게 맛있는 멕시코 굴 이야기**

이왕 수산물 얘기가 나왔으니 여기서도 잠깐 짬을 내어 필자가 겪었던 생굴 이야기를 들려드릴까 합니다. 멕시코에서 일어났던 일입니다. 필자가 해산물을 좋아해서 평소에 즐겨먹는데, 멕시코에 부임해서 어느 날 집사람과 함께 수산시장엘 갔습니다. 크고 싱싱한 굴이 제 눈을 강렬히 잡아끌었습니다. 우리나라에서 평소 보아왔던 굴보다 크기도 크고 빛깔도 신선해 보이는데다가 광채까지 나니 발길이 떨어지질 않는 겁니다. 침이 꿀꺽 넘어갔습니다. 하나 먹어보니 맛이 기가 막혔습니다.

그래서 1kg이었든가 2리브라(파운드)였든가 기억은 잘 나지 않지만 상당히 많은 양을 사가지고 집에 가서 초고추장에 찍어 먹었습니다. 집사람은 날 것을 안 좋아해서 조금만 먹고 필자 혼자서 대부분을 먹었는데, 세상에 이렇게 싱싱하고 이렇게 큰 굴을 이역만리 멕시코 땅에 와서 그것도 한국보다 훨씬 싼 값에 먹게 되다니 하는 감동에 뿌듯해서 마파람에 게 눈 감추듯 정신없이 먹어 치웠습니다.

그런데 그 감동은 얼마 가지 못했습니다. 얼마간 시간이 지나자 뱃속에서 뭔가 꿈틀거리기 시작하더니 이윽고 밖으로 내보내달라는 아우성이 빗발쳤습니다. 반란군을 진정시키려 애를 써봤지만 진압이 안 돼 결국 한 점도 남기지 않고 모두 내보내고 말았습니다. 허망한 마음을 안고 병원으로 직행해서 뱃속의 허전함을 약과 주사로 달래야 했습니다.

진단 결과는 아메바에 의한 급성 대장염이었습니다. 멕시코나 과테말라 등 중남미 일부 나라에서는 물이나 수산물 등을 생으로 잘 못 섭취했다가 아메바성 장염으로 고생하는 경우가 많습니다. 안사람은 소량을 섭취해서 무사했지만, 필자의 경우 아메바 대군에게 성문을 열어주니 몸 안의 면역 군대 힘만으로 버텨내기 어려웠던 것입니다. 이후로는 자라보고 놀란 가슴 솥뚜껑보고 놀란다(Once bitten, twice shy.)는 속담처럼 한국에 돌아와서도 생굴을 보면 그때 생각이 나 멈칫하게 되었습니다.

| 중남미 광업

리튬 65%, 은 49%, 구리 44%가 중남미에!

중남미는 세계 광물자원의 보고라고 할 정도로 부존자원이 풍부합니다. 리튬의 경우 세계 매장량의 65%가 중남미에 묻혀 있으며, 은의 경우 49%, 구리는 44%나 된다니 정말 놀랍습니다. 필자가 멕시코 근무 시절 주변에서 은 세공품을 흔히 볼 수 있었고, 값도 저렴해 많이 팔리는 모습이었습니다. 현지에 사는 한국인 가정들이 단체로 주문해서 단가를 낮춰 구매하는 모습도 보이곤 했었습니다. 그 외에 주석은 33%, 보크사이트는 26%, 니켈은 23%, 철은 22%가 중남미에 묻혀 있습니다. 이러한 광물자원으로만 봐도 중남미의 막강한 잠재력이 부러워집니다.

2000년대 후끈 달아올랐던 광물자원 투자 붐

하지만 이를 캐내려면 막대한 자금이 소요될 것입니다. 그런데 광업 투자가 부진하다보니 광물 생산량은 그다지 많지 않았습니다. 그러다가 중국을 중심으로 막대한 광물자원 수요가 광풍처럼 몰아닥칩니다. 이에 힘입어 세계 광물 시세가 펄펄 끓어오르자 이때를 기다렸다는 듯 2002년부터 중남미 광물자원 개발에 외국인 투자가 확 쏠리게 됩니다. 자연히 광물 생산량도 크게 늘어날 수밖에요. 그러다가 2007년이 되어 정점을 찍은 다음부터 세계경제가 불황의 늪에 빠져 허우적대니 광물 수요가 썰렁해져 생산도 주춤해졌습니다. 이제 세계경제여건이 호전되고 있어 광물 생산 여력도 축적되어가는 모습입니다.

생산량이 대폭 증가한 광물은? 금, 몰리브덴, 구리!

중남미 광물 생산량을 1990년과 2010년을 비교해보면 의미 있는 수치가 나옵니다. 대표적인 사례로 금과 몰리브덴, 구리 등을 들 수 있겠습니다. 중남미에서 생산한 금이 세계에서 차지하는 비중이 10.3%에서 19.2%로, 몰리브덴은 15.8%에서 31.8%로, 구리는 24.9%에서 45.3%로 대폭 늘어난 점이 두드러져 보입니다. 알루미늄은 이와는 반대로 1990년 9.2%에서 2010년 5.7%로 생산이 줄어들고 있습니다.

세계광물시장을 주도하는 중남미 광물은? 구리, 몰리브덴, 은

2010년 기준 중남미 광물 생산량이 세계시장에서 차지하는 비중을 볼까요? 30%대 이상 점유하며 세계시장을 주도하는 품목이 구리(45.3%), 몰리브덴(31.8%), 은(30.8%) 등입니다. 철(23.1%)과 아연(21.7%)도 20%대의 비교적 높은 비중을 차지하고 있습니다. 비중이 10%대인 광물로는 주석(19.5%), 금(19.2%), 보크사이트(19.0%), 납(14.5%), 니켈(12.9%) 등이 있습니다.

광물 부국 페멕칠!

주요광물 주생산국은 어딜까요? 구리(cobre)는 칠레, 페루, 멕시코, 금(oro)은 페루, 브라질, 멕시코, 은(plata)은 페루, 멕시코, 볼리비아, 몰리브덴(molibdeno)은 칠레, 페루, 멕시코 등입니다. 페루와 멕시코는 안 끼는 데가 없네요. 금, 은, 구리, 몰리브덴 등 주요 광물은 모두 꽉 잡고 있으니 참 복 받은 나라인가 봅니다. 칠레도 구리와 몰리브덴을 움켜쥐고 있습니다.

리튬이 볼리비아 우유니 사막과 칠레 아타카마 사막에!

휴대폰 배터리 원료로 많이 쓰이는 리튬의 경우 칠레가 아르헨티나와 함께 세계 최대 생산국 지위를 오랫동안 누려왔습니다. 그런데 휴대폰 인기에 힘입어 리튬가격이 폭등하자 리튬광산 개발에 엄청난 투자가 활발히 이루어지면서 상황이 확 달라집니다. 중국기업이 세계 최대의 호주 리튬 광산을 장악하는 등 적극적 투자진출이 이루어졌고, 그 결과 2015년부터 중국이 세계 최대 소비국이면서 최대 생산국 지위까지 차지하게 된 것입니다.

하지만 호주에 세계 최대의 리튬 광산이 있긴 하지만 세계 최대의 리튬 매장량을 보유한 나라는 볼리비아라고 합니다. 소금사막으로 유명한 우유니(Uyuni) 염호(salt lake)에 세계 리튬 자원의 1/4 물량인 890만 톤이 매장되어 있으며, 칠레 아타카마 (Atacama) 사막의 염호에도 690만 톤이 매장되어 있다고 합니다. 중요한 사실은 세계 리튬 매장량의 62%가 염호 형태로 존재하며, 광석 형태 리튬보다 염호 형태 리튬이 생산원가가 크게 저렴해 세계시장을 지배하는 것으로 알려져 있습니다. 우유니가 참 대단하죠? 관광으로 돈 벌죠, 소금으로 돈 벌죠, 리튬으로는 아예 떼돈을 법니다. 볼리비아로서는 우유니가 정말 보배입니다.

광물은 우리나라의 대중남미 주요 수입품

중남미 어느 나라에 기타 어떠한 광물들이 있는지 좀 더 살펴볼까요? 철(hierro)은 브라질, 베네수엘라, 멕시코, 아연(zinc)은 멕시코, 볼리비아, 브라질, 보크사이트(bauxita)는 브라질, 자메이카, 수리남, 주석(estaño)은 볼리비아, 페루, 브라질, 니켈(niquel)은 쿠바, 브라질, 콜롬비아 등이 갖고 있습니다. 중남미에 이렇게 광물이 많으니 우리나라도 니켈 등 광물을 콜롬비아 등 중남미 각국에서 수입하고 있고, 대중남미 전체 수입 중 광물 비중이 높은 것도 이런 이유가 배경으로 있습니다.

중남미 광산업계의 슈퍼파워 캐나다 - 광업 진출 기업의 70%

멕시코 광업 분야에 진출한 외국기업은 2017년 6월 기준 267개사로 나타나 있습니다. 이중 캐나다 기업이 185개사(약70%), 미국이 44개사로 압도적인데, 캐나다와 미국이 나프타(NAFTA/북미 자유무역협정) 덕인지 멕시코 광업을 쥐락펴락 하는 것 같습니다. 멕시코 광업에 투자진출하고 있는 여타국 상황을 보면 중국이 9개사, 일본이 6개사, 우리나라와 영국이 각 4개사 등으로 진출해 있습니다.

2015년 중남미 광업 분쟁 조정원(OCMAL) 자료에 의하면 중남미 광산업 투자진출기업의 80% 정도가 캐나다 기업입니다. 멕시코에 200억 불, 칠레에 190억 불이 투자되고 있습니다. 중남미에서 80개 프로젝트가 현재 진행 중이고, 48개의 신 프로젝트가 건설 중이라고 합니다. 이처럼 캐나다가 중남미 광업 분야에 심취하다보니 중남미 국제학교 학생들 중 캐나다 출신이 많았던 점이 이해가 됩니다. 학생의 아빠 직업이 뭔지 알아보면 광산업 개발이 많았습니다. 한국 주재원들의 중산층 수준 집들과는 비교가 안될 만큼 호화 저택들이 많았습니다.

캐나다 기업의 대표적인 투자진출 사례를 하나만 들어보자면 2005년 멕시코 기업을 인수하여 투자를 본격화한 Goldcorp사가 있습니다. 동사는 현재 멕시코 금 생산의 50%를 담당하고 있다고 합니다.

투자진출 역사가 오래된 여타국 기업으로서 대표적인 기업을 보면, 호주의 BHP Billington, 남아공의 Anglogold Ashanti, 일본의 Sumitomo, 영국의 Rio Tinto, 미국의 Angloamerican 등이 꼽히고 있습니다. 다들 중남미 광산업계에서 한 가닥씩 하는 널리 알려진 기업들입니다.

중남미 석유산업

중남미 석유산업의 위상

콜롬비아의 경우 석유산업이 국가경제(GDP)에서 차지하는 비중이나 수출로 벌어들이는 수익 비중이 매우 높아 국가경제에 엄청난 영향을 미칩니다. 석유 수출액이 전체 수출에서 차지하는 비중이 한 때 70%에 달하기도 하는 등 국가경제의 석유산업 의존도가 매우 높다보니 2014년 이후 국제 저유가 시대를 맞아 환율이 급등하고 경제상황이 크게 어려워졌습니다. 그러다보니 국가예산도 대폭 삭감됨으로써 당초 계획했던 사업들도 취소되거나 보류되는 경우도 빈발했습니다.

베네수엘라는 이보다 상황이 심각함을 언론 매체를 통해 소식을 접해보셨을 겁니다. 이외에도 브라질이나 멕시코, 아르헨티나 등 여타 중남미 산유국들도 경제의 석유의존도가 높은 것으로 나타나고 있습니다. 바꿔 말하면 중남미 석유산업의 각 국내적 위상이나 세계적 위상이 매우 높다는 것입니다.

영국 BP의 2016 세계 에너지 통계를 보면, 석유 매장량 비중으로는 중남미가 전 세계 20%(3,400억 배럴), 생산량 기준으로는 12%(1,029만 배럴), 소비량으로는 9.4%(895만 배럴)를 각각 점하고 있습니다.

석유기업들의 중남미 경제 위상 역시 매우 큽니다. 2016년 5월 IDB(미주개발은행) 자료를 보면 중남미 500대 다국적기업(multilatinas)의 22%가 석유광물기업이며, 전체 매출액의 1/4이 석유산업에서 나오는 것으로 집계되고 있습니다. 이를 보면 중남미 석유산업의 중요성이 돋보입니다. 따라서 이에 대한 이해 없이 중남미 경제를 제대로 보는 안목을 기대하기는 무리일 것입니다.

매장량: 베네수엘라가 세계1위-이란/이라크의 2배, 쿠웨이트의 3배

세계에서 가장 많은 석유를 갖고 있는 나라는 어디일까요? 아마 사우디아라비아를 꼽는 경우가 많을 텐데, 베네수엘라가 정답입니다. CIA(미국 중앙정보국)의 World Factbook에 의하면 2016년도 말 석유 확인매장량(proved reserves) 기준으로 볼 때에 베네수엘라가 3,009억 배럴로 세계 1위를 점하고 있으며, 사우디가 2,665억 배럴로 2위, 1,697억 배럴을 가진 캐나다가 3위입니다. 4,5위를 차지하는 이란, 이라크의 2배 수준이며, 6,7위인 쿠웨이트, UAE보다는 3배나 많은 엄청난 양의 석유를 베네수엘라가 갖고 있는 것입니다.

중남미 2위 석유 보유국은 브라질입니다. 160억 배럴로 세계 랭킹은 15위입니다. 중남미 3위는 멕시코로서 97억 배럴로 세계 17위 매장국 입니다. 에콰도르가 88억 배럴로 18위, 아르헨티나가 25억 배럴로 29위, 콜롬비아가 24억 배럴로 31위를 점하고 있고, 기타 소규모 보유국으로 페루가 9억 배럴, T&T가 7억 배럴, 볼리비아 5억 배럴 등입니다.

생산량: 베네수엘라가 세계9위, 멕시코 10위, 브라질 12위

그럼 석유 생산량 기준으로는 어떨까요? 2013년도 1일 석유 생산량 기준 세계 순위를 보면 베네수엘라가 302만 배럴로 9위에 머물러 있습니다. 매장량에 비해 생산 비중은 상당히 떨어지는 거죠. 멕시코는 10위(293만 배럴), 브라질은 12위(263만 배럴)로 보유량 순위와는 달리 생산량 순위에서는 역전이 되어 있습니다.

콜롬비아는 21위(100만 배럴), 에콰도르가 27위(55만 배럴), 아르헨티나가 28위(53만 배럴)를 각각 차지하고 있습니다. 중남미 전체 석유 생산량은 1일 1천만 배럴을 약간 상회하는 수준으로서 석유업계에서 점하는 비중은 그리 높지 못합니다.

그런데 2014년 하반기부터 시작된 저유가시대의 장기화 및 베네수엘라와 브라질의 정국 불안정 등으로 역내 석유 생산량도 줄어드는 상황입니다. 2016년 1/4분기 중 생산량만 해도 1일 50만 배럴씩(베네수엘라 15만 배럴, 멕시코 10만 배럴 등) 줄고 있습니다. 엎친데 덮쳐 2017년 8월에는 허리케인(Harvey)의 북미 석유시설 강타로 중남미 국가들에 공급되는 정제유 생산량이 1일 백만 배럴씩 줄어드는 상황을 맞기도 합니다. 한편 2017년 하반기 부터는 세계경제상황 호전과 더불어 유가 역시 회복세를 보이고 있는데, 향후 다시 고유가시대가 도래한다면 중남미 산유국들의 경제여건도 호전될 수 있을 것입니다.

*** 지진과 중남미 석유산업 역사: 자연재해가 가져다준 행운?**

중남미에서 석유산업이 산업으로서 떠오르게 된 역사적 기원을 살펴보면 한 가지 흥미로운 점을 발견하게 됩니다. 중남미에서 최초로 석유가 나오는 샘이 발견된 것은 스페인 지배를 받던 1799년 베네수엘라의 아라야 반도였으며, 최초 발견자는 독일(프러시아) 과학자 알렉산더 폰 홈볼트였습니다. 그의 여러 업적을 기려 1997년 카라카스에 알레한드로 데 홈볼트 대학이 설립되어 있습니다.

스페인으로부터 독립이후 1839년경 최초로 조직적인 석유탐사가 이루어졌습니다. 하지만 성과는 거두지 못했습니다. 그러다가 1875년 베네수엘라에 지진이 발생합니다. 지진으로 땅에 균열이 발생하는데, 그 틈에서 엄청난 양의 석유가 솟구쳐 나오게 됩니다. 지진이 베네수엘라에 행운을 안겨준 것입니다. 지진이 피해만 주는 줄 알았는데, 세상에 이렇게 고마운 지진도 다 있군요. 그곳이 베네수엘라 남서부에 위치한 콜롬비아 꾸꾸따 시와 접경한 따치라(Táchira) 주였습니다. 그 땅 주인은 최초의 석유회사(따치라 석유회사/Petrolera del Tachira)를 설립하고 석유채굴에 나서게 됩니다.

하지만 베네수엘라에서 본격적인 석유 채굴이 대규모로 개시된 것은 1922년부터였습니다. 1960년에 베네수엘라 석유회사(Corporación Venezolana de Petróleo)가 설립되고, 1975년에 국유화되면서 PDVSA(베네수엘라 석유공사 / Petróleos de Venezuela, S.A.)로 재탄생하여 오늘에 이르게 됩니다.

중남미 5대 메이저 석유기업: 3P+YE

중남미 석유산업을 좌지우지하는 5대 메이저 기업은 어디일까요? 2014년도 정유능력 기준으로 1위는 역시 베네수엘라의 뻬데베사(PDVSA/1976년 설립)입니다. 1일 280만 배럴의 정유능력을 갖고 있습니다.

2위는 230만 배럴의 정유능력을 가진 브라질의 뻬뜨로브라스(Petrobras/1953년 설립), 3위는 1일 평균 120만 배럴씩 정유하는 멕시코의 뻬멕스(Pemex/1938년 설립)입니다. 이어 아르헨티나의 이뻬에페(YPF/1922년 설립/ 국가석유공사/Yacimientos Petrolíferos Fiscales의 약칭)가 29만 배럴로 4위, 콜롬비아의 에꼬뻬뜨롤(Ecopetrol/1951년 설립)이 23만 배럴로 5위를 차지하고 있습니다. 그러고 보니 중남미 3대 석유기업은 3P, 5대 기업은 3P에(YE)로 요약해보면 좀 더 기억이 쉬울 것 같습니다.

멕시코나 콜롬비아 등의 경우 정유능력 부족으로 원유 수출량에 비해 미국 등으로부터 정제유 수입량이 높은 비중을 점하고 있는 반면 베네수엘라는 정유 양이 풍족한 상황이다 보니 기름 값이 물 값보다 싸다는 말까지 돌고 있습니다. 그러다보니 쿠쿠타처럼 콜롬비아와 베네수엘라 접경 지역에서는 베네수엘라 국경을 넘어 기름을 넣어오려는 콜롬비아 차량들을 보게 됩니다. 동시에 베네수엘라에 부족한 생필품을 그곳에 넘겨 이중으로 재미를 보기도 합니다.

매장량 대체율은 PDVSA가 최고, Pemex가 최저

매장량 대체율(tasa de reemplazo de reservas) 지표를 한 번 볼까요? 이 대체율이 100을 넘는다는 것은 생산량보다 신규 발굴한 매장량이 더 많다는 얘기이고, 그 아래면 반대가 됩니다. 2014년 기준으로 보면 PDVSA가 258%입니다. 즉, 새로 찾아낸 매장량이 생산량보다 훨씬 많은 것입니다. YPF가 163%, Ecopetrol이 146%, Petrobras가 105% 등이니 이들 3개국도 생산량보다 신규 발굴 매장량이 더 많다는 얘기가 됩니다. 반면, Pemex는 68%를 기록했습니다. 확인 매장량이 크게 줄어들고 있다는 빨간 신호등이 된다고 볼 수 있습니다. 이 지표는 매년 달라지니 이 지표만으로 판단하기는 무리가 있는 만큼 1일 생산량 목표도 살펴보도록 하겠습니다.

PDVSA는 2019년 710만 배럴, Pemex는 420만 배럴, Petrobras는 2020년 520만 배럴, Ecopetrol은 130만 배럴, YPF는 2022년 66만 배럴을 책정해 놓고 있습니다. 그런데 이는 외부 변수를 고려치 않은 기술적 목표입니다. 따라서 이를 감안해서 보시면 되겠습니다.

PDVSA와 Petrobras의 위기

2014년 후반부터 몰아닥친 국제 유가 폭락이 다년간 지속되면서 베네수엘라의 최대기업인 PDVSA가 위기를 맞고 있습니다. 브라질의 Petrobras는 정국을 뒤흔든 대형 부패 스캔들 연루로 모진 풍파를 견뎌내야 하는 처지로 내몰렸고, 콜롬비아의 Ecopetrol은 지나치게 높은 경제의 석유의존도 및 시장개방에 따른 높은 취약성, 새 유전 발굴 부진 등으로 역시 매서운 시련을 헤쳐 가는 중입니다. 석유 대비 천연가스 비중이 높은 아르헨티나의 YPF는 비교적 충격을 덜 받는 모양새인 것으로 진단되고 있습니다. 콜롬비아나 에콰도르의 경우 석유로부터 벌어들이는 소득이 전체 수출액의 50% 이상을 차지함으로써 외부요인에 대한 취약성 극복 내지 비중감축이라는 과제를 떠안고 있습니다.

국제 신용평가사인 무디스(Moody's)는 2016년 들어 YPF를 제외한 4개 메이저 기업(PDVSA, Petrobras, Pemex, Ecopetrol)에 대해 신용등급을 낮추면서 국제 유가가 배럴당 최소 55불 이상은 되어야 중남미 석유기업들이 생산 수지를 맞출 수 있을 것이라는 의견을 내놨습니다. 참고로 YPF, Petrobras, Ecopetrol은 주식시장에 이미 상장되어 시장 상황에 많은 영향을 받고 있으나, PDVSA나 Pemex 등은 상장되지 않은 상황이라고 합니다.

중남미 자동차산업

멕시코가 생산 주도, 중남미 6국이 670만 대 생산

멕시코가 세계 7위, 브라질은 세계 9위의 자동차 생산국이라는 얘기 들어보셨나요? 의외로 모르시는 분들이 참 많은 것 같습니다. 중남미에서는 중남미 고유 기업의 자체 브랜드 차량은 없습니다만 연간 6~7백만 대의 자동차가 생산되고 있습니다. 미국이나 유럽, 일본 등 글로벌 자동차 분야 다국적기업들이 중남미 6개국에 진출했기 때문인데, 생산 물량 일부는 내수시장용으로, 일부는 수출시장용으로 활용되고 있습니다.

아르헨티나, 콜롬비아, 베네수엘라, 에콰도르 등도 멕시코나 브라질만큼은 아니어도 자동차 생산이 이루어지고 있습니다. 멕시코가 연간(2015년 기준) 356만 대, 브라질이 243만 대, 아르헨티나가 53만 대, 콜롬비아가 7만8천 대, 베네수엘라가 1만8천 대, 에콰도르가 5천 대 정도씩 생산하고 있습니다.

중남미 최대의 자동차 메이커는? 멕시코 진출 닛산!

그러면 중남미 최대의 자동차 생산국인 멕시코에서 자동차를 생산하는 다국적기업 중 최대 메이커는 어디일까요? 미국의 GM? 아닙니다. 일본의 닛산이라고 합니다. 2015년에 82만 대를 생산하여, 이중 절반정도를 미국으로 수출합니다. 그 뒤를 이어 미국의 GM이 69만 대, 이태리의 피아트가 50만 대, 독일의 폭스바겐이 45만 대, 미국의 포드가 43만 대, 일본 혼다가 20만 대, 마쯔다가 18만 대, 도요타가 10만 대 등을 생산하고 있습니다. 우리나라는 기아가 멕시코에 진출하여 2016년부터 생산 공장을 가동하고 있고, 현대차는 2012년부터 브라질에서 생산을 하고 있습니다.

특기할만한 것으로 중남미 최대 갑부인 까를로스 슬림의 자동차 회사 자이언트 모터스가 2017년 3월 중국 토종 브랜드인 장화이 자동차(JAC)와 제휴하여, 멕시코에서 미국이 아닌 남미시장을 겨냥한 자동차를 생산한다니 우리나라 자동차 수출에 영향을 미치지 않을까 귀추가 주목됩니다.

*** 우리나라의 중남미 자동차시장 투자진출**

우리나라는 세계 5위의 자동차 생산국(2011년 465만 대가 최대치)이었습니다. 그러다가 2016년부터 인도에 밀려 세계 6위(422만 대 생산)로 밀렸습니다. 브라질에서 자동차 생산에 종사하는 기업은 다국적기업 31개사이며, 여기에는 현대차도 포함되어 있습니다. 현대차는 2012년 브라질 상파울루 주에 생산 공장을 가동한 이래 2016년에는 18만 대를 생산하고 있습니다.

기아차는 멕시코 몬테레이에 생산 공장을 준공하고 2016년부터 본격 가동하면서 현지 시장에서 좋은 반응을 얻고 있습니다. K3모델로 2016년 10만 대로 시작해서 2017년 30만 대, 2018년에는 40만 대를 생산할 계획입니다. 자동차 부품 생산업체인 현대위아나 에어백쿠션 제조사인 효성 등이 동반진출 중입니다. 트럼프 정부의 NAFTA(미국-캐나다-멕시코 3국간 북미자유무역협정) 폐기 추진 및 미국우선주의 정책 향방에 따라 기아차 생산계획에 변화가 올 수도 있을 것입니다.

멕시코는 자국 영토에서 자동차를 생산하지 않는 나라로부터는 자동차를 수입하기 어렵게 만든 정책을 펴온 탓에 한국산 자동차가 중남미 곳곳을 누비고 다녀도 멕시코에서는 한국 자동차를 구경하기 힘들었습니다. 이 때문에 필자가 멕시코에 근무하던 90년대에는 한국 브랜드 자동차 현지 구입이 불가한 탓에 현지 주재원으로 나가있던 우리 상사 주재원이나 대사관 직원들은 어쩔 수 없이 미국 브랜드 내지 일본이나 유럽 브랜드 차량을 타고 다닐 수밖에 없었습니다. 이제 멕시코 시장을 누비는 한국 차 시대가 열렸으니 그때 그 시절은 역사 속 일화로나 남게 될 것입니다.

브라질이 역내 자동차 수요 최대 견인차

중남미 자동차 판매량은 2013년에 737만 대로 최고치를 기록했습니다. 이후 브라질 및 아르헨티나 등의 경기불황으로 2015년에는 582만 대로 하락합니다. 자동차 생산은 멕시코가 주도하고 있으나, 자동차 소비는 브라질이 주도하는 양상입니다. 인구규모나 시장규모가 크다보니 당연한 현상일 것입니다. 브라질, 멕시코, 아르헨티나 등 중남미 Big 3국이 역내 자동차 판매량의 77%를 차지하는 것을 보면 이들이 역시 중남미 자동차 시장의 지존임을 나타내주고 있습니다.

2015년 기준 자동차 판매량을 보면, 브라질이 257만 대, 멕시코가 135만 대, 아르헨티나 60만 대, 칠레 30만 대, 콜롬비아 27만 대 선입니다. 인구 규모가 작은 칠레(1,800만 명)가 덩치 큰 콜롬비아(4,800만 명)보다 자동차 내수 시장 규모가 더 크다는 점이 두드러져 보입니다.

자동차 부품기업의 동반진출

완성차 기업들이 중남미에 활발히 진출하다보니 이들에게 부품을 공급하는 주요 부품기업(Tier1)들도 동반 진출하는 경우가 많습니다. 멕시코는 글로벌 완성차 생산시설 밀집 5개주(멕시코주, 누에보레온주, 뿌에블라주, 꼬아우일라주, 치와와주)에 전체 자동차 부품공장 43%가 집중되어 있는 점은 이러한 현상을 잘 보여주고 있습니다.

우리나라도 현대차의 브라질 진출과 기아차의 멕시코 진출에 따라 부품업체의 진출도 본격화되는 양상입니다. KOTRA 자료를 보면 멕시코에는 기아차 협력업체 30여 개 사가 진출해 있고, 브라질에는 현대차 협력업체 7개사가 동반 진출한 것으로 집계되어 있습니다.

동반 진출 부품사들이 현대, 기아 등 한국 완성차업체에 대한 의존도를 줄이고 여타 글로벌 완성차업체들의 글로벌 밸류체인(GVC)에 참여할 수 있는 길을 적극 모색한다면 GVC로 향하는 문도 열리게 될 수 있을 것입니다. 2020년이면 멕시코가 세계 4위 생산국으로 도약하게 된다는데, 현지 생산기지 GVC에 참여하려는 부품기업들의 각축장이 펼쳐질 테니 이에 대한 준비 작업을 추진해나가야겠습니다. 물론 멕시코가 트럼프의 국경 조정세 등 복병을 만나 도약이 물 건너갈지, 위기를 잘 극복해내고 위업을 달성할지 여부는 지켜봐야 할 것입니다.

제26강 중남미 토종 다국적기업 물띠라띠나 (Multilatinas)

ㅣ 물띠라띠나의 의미

다국적기업(MNE, MNC)이라고 하면 효시가 되는 네덜란드의 동인도회사나 미국의 유명한 코카콜라, GM, IBM 또는 일본의 도요타, 미쓰비시 아니면 한국의 삼성, LG, 현대차 등을 떠올리게 됩니다. 그런데 중남미의 다국적기업을 들어보라 하면 중남미에도 이런 게 있나 하는 의아스런 반응을 내놓는 경우가 많습니다.

물론 중남미에서 이렇게 세계적으로 명성을 떨치는 기업은 찾기 어렵습니다만 2000년대 들어서부터 중남미 고유의 다국적기업이 출현하기 시작했습니다. 중남미의 강점인 자원 분야를 비롯하여 제조업, 건설업, 전력통신업, 유통업, 교통업에 이르기까지 다양한 분야에서 경쟁력을 보유하게 됨으로써 글로벌 비즈니스의 혁명이라는 평가까지 받고 있습니다.

이러한 중남미 태생 다국적 기업들을 "물띠라띠나(Multilatinas)"라고 부릅니다. 중남미로 진출하려는 우리 기업들에게는 강력한 경쟁상대가 되고 있습니다만 잘 활용하면 협력 파트너가 될 수도 있습니다. 그래서 이번 강의에서는 물띠라띠나에 대해 깊이 있게 살펴보도록 하겠습니다.

물띠라띠나의 국제적 위상

Multilatinas(물띠라띠나)는 Fortune Global 500대 기업이나 Forbes Global 2000대 기업 분류기준과는 다른 독자적인 기준을 갖고서 칠레의 América Economía지가 매년 물띠라띠나 100대 기업 순위를 발표하고 있습니다. 그 기준을 보면 확장성(총매출액, 진출국 수 변화, 유동성, 해외투자비중 등 고려) 30%, 해외매출비중 25%, 해외고용비중 25%, 지리적 범위 20%(중남미는 1레벨, 북미는 2레벨, 유럽, 아시아 등 기타 지역은 3레벨 등 진출 난이도 고려) 등 4개 항목별 가중치를 차등 부여 합산방식을 취하고 있습니다. 2개국 이상 진출해있으며, 연간 매출액이 2억5천만 불 이상인 기업만을 대상으로 하고 있는 점도 Multilatinas 100대 기업의 성격을 이해하는데 도움이 될 겁니다.

중남미 태생 다국적기업인 물띠라띠나의 위상을 세계적 글로벌 기업들 속에서 살펴보면 별로 두각을 나타내지 못하고 있음을 보게 됩니다. 예컨대, Forbes Global 세계 2000대 기업의 국별 분포를 보면 중남미가 약진하고는 있다고 해도 아직은 존재감이 미약한 수준에 불과합니다.

2016년도 포브스 글로벌 대기업 2천개사의 국별 분포도 순위를 보면, 미국이 540개사로 단연 1위, 중국(홍콩 포함)이 249개사로 2위, 일본이 219개사로 3위, 영국이 99개사로 4위, 한국이 72개사로 5위를 차지하고 있습니다. 프랑스가 61개사/ 6위, 인도가 56개사/ 7위, 캐나다가 53개사/ 8위, 독일이 50개사/ 9위, 대만이 47개사/ 10위를 차지하고 있습니다. 등재 기업 숫자만으로 보면 우리나라가 세계 5위이며, 중남미는 10위권에 들지 못하고 있습니다.

7개국 55개사: 2016 포브스 세계 2천 대 기업에 오른 중남미 기업

(*스위스 44개사, 호주 35개사, 이태리 27개사, 스페인 26개사, 러시아 25개사, 스웨덴 23개사, 화란 22개사, 사우디 21개사, 아일랜드 19개사)

브라질이 19개사로 간신히 20위권에 들었습니다. 이를 필두로 멕시코는 15개사, 칠레는 8개사, 콜롬비아 5개사, 베네수엘라 4개사, 아르헨티나 2개사, 페루 2개사 등 총55개사가 세계 2천 대 기업에 랭크되어 있습니다. 중남미 빅7을 제외한 여타국의 경우 세계 2000대 기업에 포함되는 기업이 하나도 없다는 얘기가 될 것입니다.

(참고로 포브스 글로벌 2천은 매출액, 순이익, 자산, 시장가치 등 4가지 척도를 평가지표로 채택함.)

그런데 중남미 7개국 55개사가 세계 2천 대 기업에 올라 있는데, 이를 살펴보면 태평양동맹은 4국(멕, 콜, 칠, 페) 모두 포함(총 30개사)되어 있는 반면 메르코수르는 2+1국만 포함(25개사)되어 있고, 중미 지역은 하나도 없습니다. 국력과 비례하는 모양새입니다.

하지만 이 수치가 의미하는 바를 잘못 해석해서는 안 됩니다. 중남미에 글로벌 기업이 얼마 없거나 아예 없는 나라라고 해도 우리 기업의 시장 진출이 결코 만만하지 않습니다. 우습게보고 접근하다간 실패의 쓰라림을 맛보게 되니 과대해석은 경계해야 합니다.

물띠라띠나의 국가별 분포

그러면 이제부터 물띠라띠나(Multilatinas)가 어느 나라 어떤 기업들로 짜여 있는지 살펴보겠습니다. 2016년도 중남미 100대 다국적기업(100 Multilatinas)의 국별 분포 먼저 보겠습니다.

*** 중남미 100대 다국적기업 국별 분포**(2016년도 기준)

브라질: 30개사 (JBS/식품, Gerdau/철강, 금속, Marfrig/식품, AmBev/주류, Votorantim/시멘트, Embraer/항공, WEG/제조, Vale/광물, Metalfrio/제조, Fibria/임업, BRF Foods/식품,

Petrobras/석유, Itau/금융, Alpargatas/제조, Braskem/석유화학, Marcopolo/자동차 및 부품, Natura/화학, Cia Siderurgica Nacional/철강, Intercement/시멘트, Ultrapar Participaçoes/석유, Randon Part/자동차 및 부품, Minerva/식품, Copersucar/농산업, Localiza/물류, Suzano Papel e Celuose/임업, Gol/항공운수, Duratex/제조, Totvs/기술, Cosan/바이오에너지, Telmar/통신)

멕시코: 26개사 (Mexichem/석유화학, CEMEX/시멘트, GRUMA/식품, SIGMA/식품, America Movil/통신, Alfa/멀티, Bimbo/식품, Nemak/자동차 및 부품, Coca Cola Femsa/음료, Aeromexico/항공운수, Softtek/기술, Femsa/음료, 주류, Arca Continental/음료, 주류, Alsea/오락, Xignux/철강, 금속, Simec/철강, 금속, Industrias CH/철강, 금속, Elektra/유통, Carso/멀티, Grupo Mexico/광물, ICA/건설, 엔지니어링, Mabe/제조, Cinepolis/오락, Televisa/미디어, TV Azteca/미디어, Interceramic/제조)

칠레: 19개사(LATAM/항공운송, Embotelladora Andina/음료, 주류, Masisa/임업, Sonda/기술, Sigdo Koppers/건설, Cencosud/유통, Tech Pack/제조, Viña Concha y Toro/주류, Arauco/임업, Falabella/유통, CMPC/임업, Empresas Copec/자원, 에너지, SQM/화학, Molymet/철강, Banmedica/의료, Ripley/유통, CCU/음료, ENAP/석유가스, Carozzi/식품)

콜롬비아: 10개사(Avianca-Taca/항공운송, ISA/전력, Grupo Sura/금융, Grupo Argos/시멘트, Grupo Nutresa/식품, EEB/전력, Terpel/석유가스, Grupo EPM/전력, 통신, Bancolombia/은행, Colombina/식품)

아르헨티나: 7개사(Arcos Dorados/엔터테인먼트, Tenaris/철강, Ternium/철강, Globant/기술, Arcor/식품, Aerolineas Argentinas/항공운송, YPF/석유가스)

페루: 5개사(AJE Group/음료, 주류, Alicorp/식품, Grupo Belcorp/화학, Ferreycorp/건설중장비, Grupo Gloria/식품)

베네수엘라: 1개사(PDVSA/석유가스)

파나마: 1개사(COPA/항공운송)

과테말라: 1개사(Pollo Campero/식품)

100대 다국적기업에서는 브라질이 가장 많은데 반해 최상위 톱텐(Top10)을 보면 멕시코가 5개사, 브라질, 콜롬비아, 칠레, 아르헨티나, 페루가 각 1개사로 멕시코가 물띠라띠나 지수(국제화지수)에서 단연 앞서가고 있음을 볼 수 있습니다.

*** 톱텐 물띠라띠나** (Top 10 Multilatinas)

1위 Mexichem(멕-석유화학)	2위 CEMEX(멕-시멘트)
3위 LATAM(칠/브-항공운송)	4위 Grupo JBS(브-식품)
5위 GRUMA(멕-식품)	6위 Avianca-Taca(콜/엘-항공운송)
7위 SIGMA(멕-식품)	8위 Arcos Dorados(아-엔터테인먼트)
9위 AJE Group(페-음료, 주류)	10위 America Movil(멕-통신)

(*멕: 멕시코, 브: 브라질, 아: 아르헨티나, 콜: 콜롬비아, 칠: 칠레, 페: 페루, 베: 베네수엘라, 엘: 엘살바도르)

여기서 한 가지 오해가 생길 수 있는데, 상기 물띠라띠나 순위는 매출액 기준 순위와는 차이가 큽니다. 매출액 기준으로 한다면 아마 Petrobras(브라질-석유가스), PDVSA(베네수엘라-석유가스), America Movil(멕시코-통신) 등 거대기업이 각각 1,2,3위를 차지하지 않을까 생각됩니다. Pemex(멕시코-석유가스) 역시 뻬뜨로브라스나 빼데베사(PDVSA)와 어깨를 견줄만한 거대기업입니다만 멕시코 국내 사업에 치중하다보니 100대 물띠라띠나 명단에는 나타나지 않고 있으며, 콜롬비아 최대기업인 Ecopetrol(국영석유회사) 역시 빠져있음을 보게 됩니다.

산업별 Multilatinas 현황

이제 주요산업별로 물띠라띠나 현황을 살펴보도록 하겠습니다. 이 부분에 대해서는 대외경제정책연구원(KIEP) 자료(2013년 발간 연구보고서 13-28호)에 정리가 잘 되어 있어 이를 인용코자 합니다. 시간이 좀 흘러 현행화 작업이 필요하긴 하나 대세 파악에는 별 문제가 없으리라 보며, 중요 정보의 경우 부분적으로 업데이트가 된 부분도 있습니다. 기업별 매출액 및 종업원 수, 진출국 수 등 가장 최근의 기업별 상세 수치 자료가 필요하신 분은 Americaeconomia.com을 접속해보십시오.

자원분야 물띠라띠나가 압도적 비중: 매출액이 전체 물띠라띠나의 66%

물띠라띠나중 가장 큰 비중을 점하는 분야가 바로 자원산업 분야입니다. 물띠라띠나 80개사중 22개사가 시멘트, 광물, 석유가스, 석유화학, 목재 분야 자원기업이며, 이들의 매출액 합계가 80대 기업 전체의 66%에 달한다니 다시 한 번 자원분야 중남미의 잠재력을 실감해 봅니다.

왜 자원기업들이 압도적 비중을 차지할까?

자원기업들이 다국적기업으로 성장한 배경에는 중남미 각국 정부의 정책적 지원이 있었습니다. 중남미에서 석유 광물 개발기업치고 정부와 연결되지 않은 곳은 없으니까요. 그래서 국영기업이거나 민영화되었지만 정부 입김이 센 기업 내지 글로벌 다국적기업들만이 이 분야 대표주자로서 활동하고 있다는 특징을 갖고 있습니다.

대표적 사례가 국영석유기업입니다. 중남미 최대기업*인 브라질의 Petrobras(뻬뜨로브라스)나 멕시코 Pemex(뻬멕스), 베네수엘라 PDVsa(뻬데베사), 칠레 ENAP(에납), 콜롬비아 Ecopetrol(에꼬뻬뜨롤), 아르헨티나 YPF(이뻬에페) 등은 모두 각국을 대표하는 국영석유기업이며, 칠레의 ENAP(5-6위권)을 빼고는 각 국내자본 최대기업이라는 공통된 특징을 갖고 있습니다.

***토막상식: 최대기업의 의미**

상기 중남미 최대기업은 2011년 매출액 기준이며, 1,300억 불을 기록한 페트로브라스가 1위에 올랐던 것임. 2015년 상장기업 시가총액(Capitalización Bursátil) 기준 중남미 최대기업은 969억 유로를 기록한 브라질의 맥주기업

Ambev사임. 페트로브라스는 583억 유로로 중남미 7위임. 한편 Ambev는 2011 매출액 기준으로는 144억 불로 27위에 랭크되어 있음. 따라서 최대기업이란 시점과 척도에 따라 가변적임.

막강한 국영석유기업들의 험난한 운명

이런 막강한 국영석유기업들도 모두 진로가 순탄했던 것만은 아닙니다. 국가권력과 국영석유기업(Petrobras)의 밀착이 대형 비리스캔들로 번져 2016년 결국 국가원수(지우마 호세프 대통령) 탄핵파면사태까지 간 브라질 경우가 대표적 사례가 되겠습니다. (세부내용은 "중남미는 뇌물로 통한다?"편을 참고하십시오.) 1990년대 민영화 과정에서 외국기업(스페인 Repsol)에게 팔려나갔다가 2012년 국가원수(크리스티나 페르난데스 대통령)의 국유화 조치 단행으로 스페인과 날카로운 대립각을 세우며, 중남미 여러 나라들로부터 자원국유화와 국가주권 논쟁을 불러 일으켰던 아르헨티나의 YPF 국유화사태도 석유산업에 대한 각국 정부의 개입 정도를 짚어보는 좋은 사례가 되었습니다. 여담입니다만 YPF 사태를 두고 2012 여수 세계엑스포 개최 시기에 스페인 국가관 대표가 아르헨티나 국가관 대표에게 당신네 나라가 우리나라 회사를 찬탈해갔다며 불편한 심경을 진반 농반 드러내 양국 간 갈등이 우리 박람회에 영향을 미치지 않을까 신경을 썼던 기억이 납니다.

자원 분야 세부분야별 대표기업(물띠라띠나)

석유 : Petrobras(브), PDVSA(베), ENAP(칠)

*Pemex(멕), YPF(아), Ecopetrol(콜): 2013 물띠라띠나 80에는 못 들었으나 석유 분야 각국 대표기업

광물 : VALE(브), Antofagasta Mineral(칠)

*Codelco(칠): 세계 최대 구리 기업이나 내수 주력으로 물띠라띠나 80에는 빠져있음.

*발레(VALE)는 세계2위의 광업 기업, 세계1위 철광석기업, 세계2위 니

켈기업, 40년대에 국영기업으로 설립되었다가 90년대에 민영화됨.

시멘트 : CEMEX(멕), Votorantim(브), Grupo Argos(콜), GCC(멕)

철강 : Tenaris(아), Ternium(아), Gerdau(브), Cia Siderurgia Nacional(브)

석유화학 : Mexichem(멕), Braskem(브)

화학(화장품) : Grupo Belcorp(칠), Natura(브)

목재/펄프 : Fibria(브), Arauco(칠), Masisa(칠), CMPC(칠), Suzano(브)

* 칠레는 기후, 토양, 입지 등에서 목재 펄프 생산 최적조건 구비, 정부의 세제혜택에 따른 기업투자증대로 세계시장에 칠레 기업 두각.

식음료 분야 물띠라띠나: Femsa, Aje, Concha, Ambev, Modelo, Bimbo

80대 물띠라띠나중 식음료기업이 19개사로 전체의 24%이니 중남미 기업들의 식음료분야 진출이 활발함을 나타내주고 있습니다. 맥주기업과 와인기업은 중남미 토종 브랜드를 다국적 브랜드로 발전시킨 경우인데 반해 탄산음료 기업은 코카콜라와 펩시콜라의 중남미 지역 보틀러(bottler) 기업인 경우가 많습니다. 미국 본사로부터 음료 원재료를 공급받아 제품을 현지에서 제조 판매하는 것이죠. 멕시코는 Femsa(펨사)가, 칠레는 Embotelladora Andina(엠보떼야도라 안디나)가 코카콜라 보틀러 기업으로 성장한데 비해, 페루의 Ajegroup(아헤그룹)은 페루 토종 탄산음료 기업으로 성장 발판을 마련했습니다.

페루의 토종콜라 이야기

토종음료 얘기가 나온 김에 토종콜라 얘기 한 번 해볼까요? 우리나라에도 칠성콜라라는 토종콜라가 있었다가 사라졌는데, 페루는 토종 음료인 노란색의 잉카 콜라(Inca Kola)가 국민음료로 각광을 받고 있습니다. 영국인(J.Lindley)에 의해 페루에 설립된 이후 인기를 끌자 눈독을 들인 코카콜라 사에 팔리긴 했지만 코카콜라보다 잉카콜라가 여전히 더 인기를 끌고 있습니다. 페루에 출장 가서 보면 노란색 콜라의 인기를 실감하실 수 있을 겁니다.

칠레와 아르헨티나의 와인 이야기

와인기업을 볼까요? 칠레의 Concha y Toro와 CCU가 80대 물띠라띠나에 올라가 있습니다. 칠레의 지형과 기후가 와인 생산에 적합하다는 평가를 받고 있고, 일찍부터 해외시장 개척에 힘을 쏟은 결과 칠레 와인은 중남미 대표와인으로 세계 속에 자리매김 되었습니다. 중남미 어느 나라를 가나 꼰차이또로를 볼 수 있을 만큼 중남미 내 인지도는 최고입니다.

한편 옆 나라 아르헨티나에도 와인산업이 발달해 있으며, 품질 또한 세계적인 수준으로 인정을 받고 있습니다만 인지도 면에서 칠레를 따라가지 못하고 있습니다. 아르헨티나에서 지내다보면 그들의 와인 사랑 및 자부심과 세계 최상급 품질에 대해 인정하지 않을 수 없게 되는데, 내수 시장이 크다보니 해외시장에 대한 관심도가 낮아 해외에서의 인지도 역시 낮았던 것입니다. 2005년부터는 아르헨티나에 성공적으로 정착한 어느 교포기업인(박유중 회장)의 끈질긴 노력(서울 식품전 참가 등)으로 한국시장에도 아르헨티나 와인이 널리 소개되고 있는 것 같습니다. 이 분 덕에 탱고 쇼를 겸해 아르헨티나 소고기 요리와 와인문화의 정수를 즐길 수 있는 부에노스아이레스 와인바로 명명된 문화공간이 민간 주도로 서울 강남에 마련된 것은 상당한 의미가 있다고 하겠습니다.

벨기에와 손잡은 중남미 맥주업계

중남미 맥주업계 1인자는 SKOL(스콜)이라는 브랜드로 유명한 브라질의 Ambev이며, 벨기에 AB Invev그룹의 일원이 되어 세계 5위를 기록하고 있습니다. 멕시코 시장 지분 63%를 쥐고 있는 Modelo가 그 뒤를 잇고 있는데, Corona(꼬로나/Crown 의미)라는 브랜드로 우리에게도 잘 알려져 있습니다. Modelo는 멕시코 토종기업으로 탄생했었지만 2013년 벨기에 그룹(AB Invev)으로 소유권이 넘어가 동 그룹사 계열이 된 것으로 보입니다.

식품분야 넘버1 멕시코 빔보

이제 식품기업으로 가볼까요? 중남미 식품기업은 보통 자국 내 독과점기업으로 성장하여 경쟁력 및 유통망을 확보한 이후에는 유사한 식품기호를 갖는 여타 중남미 시장이나 미국 내 히스패닉 시장을 파고들었습니다.

제빵 분야에서는 멕시코의 Grupo Bimbo가 독보적이고, 육류/해물 분야에서는 브라질의 Grupo JBS와 Marfrig, Brasil Foods, Minerva 등이 시장을 분점하고 있으며, 유제품이나 패스트푸드, 파스타, 사탕과자류 등 기타 식품 분야에서는 콜롬비아의 Grupo Nutresa, 아르헨티나의 Arcor, 페루의 Alicorp 및 Gloria, 멕시코의 Alsea, 칠레의 Carozzi 등이 대표적 물띠라띠나로 손꼽힙니다.

ㅣ 서비스산업 분야: 유통(칠), 건설(브), 통신(멕), 교통(칠브)

유통 분야: 칠레가 주도(Cencosud, Falabella, Ripley가 대표 주자)

중남미 유통산업은 브라질, 칠레 및 멕시코 유통기업들이 주축이 되고 있습니다. 브라질이 대형 유통기업들을 다수 보유하고 있으나 주로 국내시장(인구 2억명)에서 활약하는데 반해, 칠레는 국내시장(인구 1,800만 명)이 협소하다보니 해외진출에 적극적입니다. 따라서 칠레의 3대 유통업체인 Cencosud(셍꼬숟), Falabella(팔라벨라), Ripley(리플레이)가 중남미의 유통분야 대표 물띠라띠나로 성장하여 중남미 웬만한 나라에서도 손쉽게 이들을 접하게 됩니다. 칠레 유통기업이 강력한 경쟁력을 확보하게 된 비결은 조기 시장개방과 여기서 살아남기 위한 기업 간 치열한 경쟁문화 형성 및 이의 지원을 위한 정부의 각종규제 철폐 등으로 집약됩니다.

칠레 유통분야 물띠라띠나의 약진으로 Carrefour나 JC Penny 등 글로벌 유통 다국적기업들이 견디지 못하고 중남미 여러 나라에서 철수하는 사례가 빚어지기도 했습니다. 콜롬비아의 경우에도 무역관 옆에 까르푸 매장이 있었으나 어느 순간 Jumbo(줌보/기업명은 셍꼬숟/Cencosud)로 옷을 갈아입었습니다. 칠레 다국적기업들은 백화점이나 대형마트 중심으로 대부분의 소비재를 유통시키는 반면 멕시코 다국적기업들은 전자제품(G. Electra) 내지 의약품(Casa

Saba/Fasa) 등 특화된 상품을 유통시키는 차이점을 보이고 있습니다.

건설 분야: 브라질 주도(Odebrecht가 독보적), 앞으론 춘추전국시대?

오데브레히트의 위상 오데브레히트(Odebrecht)는 중남미 건설사업 관계자라면 아무도 모르는 분이 없을 정도로 유명한 중남미 최대의 건설기업이자 물띠라띠나입니다. 중남미에서 전개되는 대형 인프라 프로젝트 사업들은 Odebrecht의 그물망에서 벗어나기 어려울 정도다보니 우리나라 기업들의 가장 버거운 상대가 되기도 했고, 때로는 오데브레히트의 막강한 네트워킹에 기대는 전략적 제휴가 모색되기도 했습니다.

오데브레히트의 몰락 그러다가 2016년 12월 들어 동사의 국제적 위상이 붕괴되는 대형 비리 스캔들이 중남미 여러 나라에서 동시 다발적으로 터져 나와 최대 위기를 맞고 있습니다. 브라질 정부나 에콰도르 정부, 페루 정부 등이 연루되어 있다는 보도가 나온 바 있고, 콜롬비아나 파나마등도 자유롭지 못한 분위기입니다. (상세 내용은 "중남미는 뇌물로 통한다?"편 참조)

오데브레히트는 그 발음에서 알 수 있듯이 아마 독일계 이민 후손으로 추정되는 브라질의 Norberto Odebrecht가 창업한 회사이며, 오데브레히트라는 성씨는 브라질과 앙골라, 독일 등에서 주로 활동하고 있고, 미국이나 아르헨티나에서도 일부 나타나고 있습니다.

건설 분야 강자 브멕아칠 본론으로 돌아가서 중남미 건설 분야는 브라질과 멕시코 기업의 경쟁력이 높습니다. 중남미 500대기업 중 24개사가 건설사이며, 이중 13개사가 브라질, 6개사가 멕시코이니 두 나라 기업의 비중이 압도적임을 알 수 있습니다. 브라질의 Odebrecht와 Andrade Gutierrez, Tigre 등과 멕시코의 ICA, 아르헨티나의 Techint, 칠레의 Sigdo Koppers 등이 대표적인 건설기업으로 꼽힙니다.

브라질은 어떻게 건설 분야를 장악했나? 향후 전망은? 브라질이 건설 분야 최고의 경쟁력을 갖추고 있는데, 그 배경에는 정부의 지원이 크게 작용했습니다. 1950년대부터 산업발전 및 수입대체 산업화정책을 펴면서 대규모 인프라 건설 사업들이 국내기업들에 의해 추진되는 과정에서 오데브레히트 등 브라질 건설사들이 고스란히 그 수혜를 보았고, 80년대부터는 자국 경제 위축에 따라 눈을 돌려 여타 중남미 국가로 세를 확장해 나가게 되었습니다. 일찍부터 오랫동안 외국기업과의 경쟁에 노출된 결과 선진기술 습득을 통해 국제적 기술경쟁력을 확보하는 한편, 정부로부터 저리 정책자금 혜택도 받아 경쟁력 있는 자금조달능력도 갖추게 된 것입니다. 결국 엔지니어링(E), 자재조달(P), 시공(C) 등 탄탄한 종합 EPC기업으로 성장하게 된 것입니다. 그런데 이제 초대형 부패 스캔들을 맞아 사업추진 동력이 대폭 약화된 만큼 브라질 기업의 독주는 이제 어려워지고 춘추전국시대가 오지 않을까 싶습니다.

멕시코 이카(ICA)와 아르헨티나의 떼친트(Techint)

ICA는 1947년 설립된 멕시코 최대의 EPC 업체이자 중남미 5대 EPC사입니다. 스페인, 콜롬비아, 파나마, 코스타리카, 미국 등지에도 진출해있으며, 초기에는 정부재정사업 위주로 사업을 하다가 1994년 떼낄라 (Tequila) 위기를 맞아 수많은 건설업체들이 도산되는 등 시련을 겪은 이후에는 토목사업을 주력으로 하되 그간 꺼려하던 정부 발주 양허사업(Concession)에도 적극 진출하고 있습니다.

Techint는 1945년 설립된 아르헨티나-이태리계 다국적기업으로 전 세계에 Tenaris(석유파이프라인 공사용 이음매 없는 강관의 세계 최대생산업체) 등 100여개의 자회사를 거느리고 있으며, 건설 및 엔지니어링 에서부터 철강, 광물, 석유/가스, 산업설비, 보건의료에 이르기까지 사업영역이 광범위합니다. 떼친트는 산업설비분야 세계5위의 기술력을 갖고 있는 업체로 평가(2012년 기준)된바 있으며, 브라질, 멕시코를 비롯한 여타 중남미 시장에서 확고한 사업기반을 구축하고 있습니다.

통신 분야: 멕시코가 주도(Telmex와 América Móvil이 주력)

중남미 유통은 칠레, 건설은 브라질이 주도권을 잡았으나 통신은 멕시코가 이끌고 있습니다. 대표적 기업이 Telmex와 America Movil 인데, 중남미 최대 부호이자 가끔 세계 최대 부호로도 거명되는 Carlos Slim이 그 주인입니다. 1990년 국영통신 기업이던 뗄멕스가 민영화되고, 2000년 뗄멕스로부터 무선통신사업부가 분리되어 아메리카 모빌이 탄생한 이래 자국 시장 내 독점적 지위 및 다양한 통신사업 수행경험, 선불식 통신요금제로 통신 사업 최대 수요층인 저소득층 공략, 중남미 통신시장 소비자들의 유사 구매성향 등에 힘입어 인근 중남미 시장까지 성공적으로 진출하게 되었던 것입니다.

볼리비아 계 Brightstar는 1997년 볼리비아 기업인이 보스턴 휴대전화 판매업체를 인수하면서 설립되어 히스패닉 소비자를 발판으로 일어선 후 볼리비아 및 브라질로 진출했고, 여세를 몰아 멕시코, 파라과이, 아르헨티나 등 중남미 대다수 국가로 사업을 확장해 나갔습니다. 그 결과 통신 분야 중남미 대표 물띠라띠나로 부상했습니다.

교통 분야: 칠레-브라질 합작 LATAM이 중남미 항공업계 대표

중남미는 치안사정이 안 좋고 산악지형이 많다보니 항공운수업이 발달했으며, 정부의 규제에 따른 외국기업 진입장벽 및 민영화로 합작 내지 인수가 활발해지면서 교통 분야에서도 물띠라띠나가 탄생하게 되었습니다.

중남미의 대표적 항공사로 LATAM을 들 수 있는데, 그간 중남미 항공운항을 주도해온 칠레의 LAN이 브라질의 TAM을 합병하면서 2012년 탄생했습니다. 파나마의 COPA는 1998년 미국의 Continental 에어라인과 제휴하면서 운항범위를 크게 넓혀 이제는 파나마가 중남미의 허브 공항 역할을 하는데 크게 기여하고 있습니다.

제조업 분야: 브라질이 두각

기술집약적 제조업은 브라질이 주도하고 있습니다. 중남미 내 독보적인 중소형 항공기 제작업체인 엠브라에르(Embraer), 중남미 최대의 버스 제조업체인 마르코폴로(Marcopolo), 전기모터 제작업체인 WEG 등은 기술집약적 제조업 분야를 주도하고 있는 브라질 기업들입니다.

중소형 항공기는 Embraer가 독보적

Embraer는 1969년 국영기업으로 설립되어 여러 정책적 지원을 받으며 성장해오다가, 1994년 민영화된 이래 납기를 대폭 줄이는(60개월을 38개월로 단축) 획기적인 비즈니스 모델 개발로 중소형 항공기 제조분야에서 세계적 경쟁력을 인정받게 된 결과 세계 4대 항공기 제조업체로 발돋움하게 되었습니다. 엠브라에르가 쟁쟁한 구미(歐美) 선진국 기업으로부터 살아남을 수 있었던 것은 저가 중소형 항공기가 틈새시장으로 부상하였고, 이에 대한 높은 국내 수요와 정부의 전폭적인 지원이 맞아떨어진 결과였습니다.

보급형 버스는 마르코폴로가 대명사

Marcopolo는 1949년 버스 차체 및 코치형 버스 제작업체로 설립된 이래 현재 브라질 내 생산된 버스 차체의 절반 이상을 공급하고 있으며, 60개국으로 코치를 수출하고 있습니다. 브라질에 진출한 선진국 기업들이 고급 버스 제작에 힘을 쏟는 것과는 달리 개도국 특성에 맞는 보급형 버스 제작에 특화하는 전략을 택하며 자리를 잡기 시작했고, 선진국 엔진 제작업체와 제휴하면서 해외시장까지 넘보게 되었습니다. 지금은 브라질 내 4개 공장과 아르헨티나, 콜롬비아, 멕시코 등 중남미는 물론 호주나 인도, 남아공 등으로까지 생산설비를 확대하여 명실 공히 중남미 대표 물띠라띠나로 입지를 굳혔습니다.

물띠라띠나 네트워킹 연례 포럼

2011년 10월 칠레 수도 산티아고에서 최초로 물띠라띠나 포럼(Foro Multilatinas)이 개최된 이래 매년 도시를 바꿔가며 포럼을 개최하고 있습니다. 동 행사는 매년 물띠라띠나 랭킹을 집계하여 발표하고 있는 칠레의 América

Economía사가 주관하고 있으며, 2017년 10월에는 세계 신질서의 도전(Los retos del nuevo orden mundial)이란 주제로 페루 수도 리마에서 제7차 물띠라띠나 포럼이 개최되었습니다.

중남미 다국적기업들과 네트워킹이 필요하다면 이러한 기회를 활용하는 것도 한 가지 방법이 될 수 있습니다. 개별 참가신청을 하고 특정 기업과의 상담도 신청해볼 수 있으며, 아예 행사 스폰서로 나서 자사 홍보 기회로 삼을 수도 있습니다.

이것으로 일단 물띠라띠나 강의를 마치고자 하며, 중남미 다국적기업이나 거대기업들에 대한 구체적인 정보가 필요한 경우 KOTRA에 유료정보서비스를 신청하시면 아마 상세 자료를 받아보실 수 있을 겁니다. 또한 이들 기업들과 제휴 내지 합작, 컨소시엄 구성 등 협력 수요 발생 시에도 각 중남미 무역관과 협의해보면 적절한 파트너를 물색해드리기도 하니 독자 여러분의 중남미 사업에 KOTRA를 동반자로 삼아 보시기 바랍니다.

제27강 우리기업과 중남미 유력기업 간 네트워킹 노하우

| 중남미 네트워킹 왜 어려운가?

우리 기업들의 중남미 진출이 활발합니다. 진출에 성공한 기업도 있고 실패하는 기업도 나오기 마련입니다. 한 번 성공했다고 계속 성공한다는 보장도 없고, 한 번 실패했다고 계속 실패하는 법도 없습니다. 사업 성공을 위한 요소는 여러 가지 있겠지만 네트워킹이 핵심열쇠 역할을 하는 경우가 많습니다.

우리 기업들은 '네트워킹' 능력이 상대적으로 취약합니다. 아무리 글로벌 대기업이라 해도 중남미에선 힘을 잘 쓰지 못하는 경우를 자주 봅니다. 그러니 인지도가 약한 중소기업들의 고충은 여간 큰 게 아닙니다. 특히 큰 프로젝트 수주 능력은 구미(歐美) 선진국 기업들과 비교할 때에 많이 뒤처지는 것이 현실입니다. 언어능력도 문화 이해도 뒤처집니다, 이는 깊은 네트워킹 능력이 뒤처지기 때문입니다. 물론 가격 경쟁력이나 품질 경쟁력, A/S능력 등 객관적으로 나타나는 경쟁지표가 허약한 경우도 있습니다만 이런 지표에서 높은 점수를 인정받음에도 불구하고 안 되는 경우는 어떻게 해석해야 할까요?

반면 구미 선진국 기업들의 경우 품질은 우리와 비슷한 수준이거나 더 못하고, 가격 경쟁력은 우리보다 약함에도 불구하고 수주 결과를 보면 그들이 가져가는 경우가 많습니다. 왜 그럴까요? 그게 바로 네트워킹의 힘입니다. 우리는 약한데 그들은 강한 것, 바로 그 차이가 결과의 차이를 만들어 내는 것입니다.

'네트워킹=로비'로 보는 부정적 시각, 단기 실적 중시 기업문화

세계적으로 기술 경쟁력이나 가격 경쟁력을 인정받고 있는 우수한 우리 기업들이 왜 네트워킹 능력 함양에는 신경을 쓰지 못할까요? '네트워킹 = 로비'라는 등식 내지 '로비'라는 단어에 대한 부정적 인식도 아마 한 몫 하지 않나 생각합니다. 어느 연수원이나 아카데미에서도 중남미에 특화된 네트워킹 능력 개발 교육을 시켜준다는 얘기를 들어본 기억이 없습니다. 오히려 이를 기피하고 멀리하는 경향마저 느끼게 됩니다.

또 다른 문제는 우리 기업들의 단견입니다. 긴 호흡을 갖고 멀리 보는 게 아니라 단기적 실적만을 중시하는 기업문화가 팽배해 있습니다. 그러니 5~10년 이상 먼 앞을 내다보는 자연스런 네트워킹에 신경을 쓰기 어렵고, 당장 써먹을 수 있는 급조된 네트워킹만 찾다보면 어쩌다가 외견상은 성공하는 듯이 보일 수도 있겠지만 결국에는 부작용에 노출되기 마련입니다.

섣불리 성공한 네트워킹도 실패한다?

필자가 앞에서 제시한 바 있는 여러 강의항목 및 시사점들을 종합해보면 멀고 긴 시각에서의 자연스런 네트워킹이란 어떻게 이끌어 가야 하는지 답을 찾으실 수 있을 겁니다. 네트워킹을 그저 검은 커넥션으로 인맥을 만드는 것쯤으로 잘못 해석하면 답은 나오지 않습니다. 감시망이 촘촘히 짜여있다 보니 비밀리에 뇌물로 만들어진 핵심 네트워킹이라도 성공 확률이 낮으며, 설사 성공한다고 하더라도 후일 배탈이나 구토를 유발하여 도로 아미타불이 되어버리는 경우가 속출하는 곳이 바로 중남미입니다.

실제 이런 일들이 중남미에서는 비일비재하게 일어납니다. 프로젝트를 낙찰

받아 계약까지 맺었는데 뭔가 의혹을 남겨 이를 끈질기게 파헤친 경쟁 기업 및 사정기관, 언론 등에 의해 부패 커넥션이 백일하에 드러나 계약이 파기되고 관계자는 철창행이 된 사례도 있었고, 지자체장으로서 임기만료 불과 며칠 앞두고 부랴부랴 경쟁국 기업에 사업권을 넘겨주고서 후일 시의회로부터 의혹을 인정받아 동 계약 무효화 선언이 나온 사례, 수주 기업과 발주처 핵심관계자 가족이 얽혀 의혹이 불거짐에 따라 따 놓은 당상으로 여겼던 프로젝트가 유야무야 취소된 사례, 아니면 사업이 종료되고 나서 몇 년 후에서야 밝혀지는 사례 등 외견상 성공했다가 실패하는 사례도 많습니다.

그 원인은 급조 네트워킹이거나, 커넥션이 짙은 검은색이어서 눈에 확 띄거나, 회색으로 위장을 했어도 과욕을 부려 커넥션이 합리적 통제범위를 넘어서거나 했기 때문입니다. 특히 네트워킹이 오랜 기간을 두고 자연스럽게 진행되지 못하고 먹을 것을 앞에 두고 급히 만들어지는 경우가 많습니다. 결국 소화를 못시키고 얹히는 겁니다. 벼락치기 공부가 중간고사나 기말고사 등에는 효과를 발할 수 있겠지만 벼락치기로 수능성적까지 잘 받기는 어려운 것과 같은 이치일 것입니다.

비즈니스 네트워킹 세계에서는 대부분 프로같은 모습을 보이지만 간혹 선부른 아마추어가 국제무대에 등장하는 경우도 나옵니다. 앞뒤 분간 없는 발주처 측 아마추어도 있고, 조롱의 대상만 되고 마는 수주희망기업 측 아마추어도 있습니다. 이러한 아마추어는 반드시 사고를 칩니다. 때에 따라 나라 망신까지 시키는 경우도 있습니다. 돈으로 관계를 사려는 생각은 버려야 합니다.

세월을 두고 자연스럽게 숙성된 네트워크 + 객관적 실력이 비결

조급증은 사고를 부릅니다. 세월을 두고 오랫동안 공들여와 은은한 맛을 풍기며 자연스럽게 숙성된 네트워크와 상호 부담을 주는 대신 확신을 줄 수 있는 제품 경쟁력, 이 두 가지가 병행되면 답은 나옵니다. 앞서 언급된 객관적 실력 없이는 네트워킹이 충분히 숙성되었더라도 제 빛을 발할 수 없을 것입니다. 제품 경쟁력이 수반되지 않는 경우라면 네트워킹 숙성과정에 무리수가 농축되어 반영되므로 결국 발효가 제대로 되지 않고 썩게 됩니다. 잘 익어 숙성된 네트워크에 결정적 순간에 확신을 실어주는 힘은 인간관계가 아닌 제품 경쟁력에서 나오니까요. 양자 간 이해관계가 사적 영역뿐만 아니라 공적 영역에서도 맞아 떨어질 때에 숙성 네트워크가 그 효력을 발하게 되는 법입니다.

중남미 유력기업이란?

우리 기업이 중남미 시장에 진출하기 위해서는 우선 KOTRA 등 수출지원 유관기관들의 수출지원 서비스를 통해서 진출하고자 하는 국가의 개별 상품 시장조사 및 관련기업 리스트 발굴 작업이 선행되어야합니다. 아울러 무역사절단 내지 시장개척단이나 개별기업 해외 세일즈 출장지원, 지사화 사업, 해외전시회 내지 한국 상품전 참여, 국내 수출상담회 참가 등 수출지원 유관기관들이 제공하는 각종 마케팅 사업을 활용하는 방법 등이 동원될 수 있겠습니다.

여기서는 위의 일반적인 방법 외에 어느 정도 해외진출 역량을 갖춘 기업이 중남미 시장에 본격 진출하기 위해 필요한 중남미 유력기업과의 네트워킹을 어떠한 채널을 통해 접근해갈 것인가 하는 관점에서 강의를 진행해보고자 합니다. 유력기업에는 공직자도 포함시킬 수 있겠지만 한계가 있습니다. 중남미 공직 특성상 오랜 세월을 두고 숙성시키기에는 여건이 허락되지 않는 경우들이 발생하기 때문입니다. 이 부분에 대해서는 "중남미의 독특한 사회운영 시스템"편 중에서 연고주의 부분을 참고하시기 바랍니다.

먼저 중남미 유력기업이라고 하면 무엇을 의미하는 것인가 하는 의문이 들 수도 있는데, 언뜻 생각나는 것이 세계적으로 유명한 Fortune Global 500대기업 내지 Forbes Global 2000대 기업이 될 수도 있을 것입니다. 포춘 5백은 사실 중남미 시장 진출에 도움이 되는 기업정보를 찾기에 부적절합니다. 여기에 포함되는 중남미 기업이 너무 적기 때문입니다. 그러면 포브스 2천은 어떨까요? 중남미 해당기업이 전체 55개사 정도에 불과(2016년 기준)하고, 브라질이나 멕시코를 제외하고는 손가락에 꼽을 정도이며, 아예 1개사도 갖지 못한 나라들도 수두룩합니다. 중남미 전체 33개국 중 포브스 2천 대 기업에 이름을 올린 기업을 가진 나라는 7개국에 불과하기 때문입니다.

그렇다면 중남미 유력기업이라고 하려면 어느 수준을 기준으로 해야 할까 고민이 될 것입니다. 가장 현실적인 척도로 우선 고려해볼 수 있는 기준은 중남미 100대 다국적기업(Multilatinas)이 될 수 있을 것 같습니다. 그런데 이것만으로도 상당히 부족한 느낌이 듭니다. 포브스 2천의 한계를 크게 뛰어넘지 못하고, 우리 기업이 협력 파트너로서 선택할 수 있는 기업 폭이 너무 좁다는 문제가 여전히 해결이 되지 않습니다. 좀 더 크게 벌려보면 중남미 500대기업 내지 1000대기업으로 확장이 되고, 아예 좀 더 세밀하게 샅샅이 들여다보려면 각국별 100대 기업 내지 500대 기업과 각국 내 업종별 주요기업 (Big5~10기업) 정도까지 나와 줘야 되지 않을까 싶습니다. 이러한 정보들은 코트라에 조사 의뢰하면 정보를 받아보실 수 있습니다. 여기서는 우리 기업들이 활용할만한 중남미 네트워킹 확보채널에만 집중토록 하겠습니다.

중남미기업인협의체(CEAL) 또는 각국 경총(전경련) 활용

중남미에 정부 주도의 국제기구만 있는 것은 아닙니다. 쎄알(CEAL)이라고 하는 민간 주도의 중남미 기업인 협의기구도 있습니다. CEAL은 Consejo Empresarial de América Latina의 약어로 중남미기업인협의회 또는 중남미 경제인연합회 등으로 불립니다.

CEAL은 1990년2월 멕시코시에서 창설된 중남미 기업인 연합체인데, 중남미 경제사회발전과 지역통합 주도를 위한 회원사 간 교류협력 촉진이 주목적입니다. 2017년 기준 19개국 21개 지역 600여 기업 총수 내지 이사회 멤버들이 회원으로 가입(회비는 연간 1,200불)하여 활동 중이며, 2020년까지 1천개사로 확대할 계획이라고 합니다.

중남미 서포권(서어 및 포어 사용국) 17개국(태평양동맹 4국, 메르코수르 5국, 중미 5국, 에콰도르, 볼리비아, 도미니카 공화국)과 미국(마이아미), 스페인, 푸에르토리코 등이 가입되어 있고, 향후 쿠바와 T&T, 자메이카, 수리남, 가이아나 등 중남미 기타 언어권 지역 기업인도 가입 추진 중이라고 합니다. 중국이나 일본 기업인

조직도 CEAL과 제휴 활동을 하고 있는 것으로 보입니다.

쎄알(CEAL) 외에 쎄입(CEIB)이라는 기구도 있습니다. 2016년 10월 말 콜롬비아 카르타헤나에서 제11차 이베로아메리카 재계회의(XI Encuentro Empresarial Iberoamericano)가 개최되었습니다. 제25차 이베로아메리카 정상회의 부대행사로 열린 것으로데, 이 행사를 공동주관한 기관이 쎄입(CEIB)이라는 이베로아메리카 기업인 협의체(Consejo de Empresarios Iberoamericanos)였습니다. 2013년에는 CEAL이 동 행사를 주관한 것으로 알려졌는데, 동 행사 주관을 위한 별도 기구로 2015년에 발족한 것으로 보입니다.

CEIB은 2015년 제26차 이베로아메리카 역내 각국 경영자 기구들의 회장단회의(Reunión de Presidentes de Organizaciones Empresariales Iberoamericanos)에서 설립된 기구로 중남미 18개국 및 스페인, 포르투갈 등 20개국 경영자기구(우리나라 경영자총협회 내지 전국경제인연합회-한국기업연합회 등과 유사 성격)가 회원입니다.

중남미 각국의 경총 내지 전경련에 해당되는 기관도 알아두면 비즈니스에 도움이 될 수 있습니다. 멕시코 CONCAMIN(전경련), COPARMEX(경총), 브라질 전경련 CNI, 콜롬비아 전경련 ANDI, 아르헨티나 UIA, 칠레 CPC, 페루 CONFIEP, 베네수엘라 FEDECAMARAS, 볼리비아 CEPB, 파라과이 FEPRINCO, 우루과이 CIU, CNCS, 에콰도르 CIP, 파나마 CONEP, 코스타리카 UCC, 과테말라 CACIF, 온두라스 COHEP, 엘살바도르 ANEP, 니카라과 COSEP, 도미니카공화국 COPARDOM, 스페인은 CEPE, 포르투갈은 CIP 등입니다.

위의 기관을 직접 접촉해보고자 하는 경우에는 해당국 주재 KOTRA 무역관에 개별적으로 도움을 청해보시고, 본격적으로 직접 방문 및 면담을 희망하시면 코트라 홈페이지(www.kotra.or.kr)에서 해외 비즈니스 출장 지원 사업을 신청하시거나 해외진출종합상담센터(02-3460-7334)로 연락하시면 도움을 받으실 수 있습니다.

미주개발은행(IDB/BID), 미주투자공사(IIC/CII) 활용

이 기구들에 대한 설명은 '중남미 국제기구'편에서 다루고 있으니 여기에서는 생략하고 진행하겠습니다. 단지 중남미 유력기업 네트워킹 차원에서 이러한 기관들을 활용해보는 방안에도 착안해보시라는 의미에서 추가해 봤습니다. 물론 이들 기관을 통해 유력기업만 소개받는다는 보장은 없습니다만, 일반적 의미의 유력기업이 아니더라도 의외의 협력 파트너와의 만남의 장이 펼쳐질 수도 있을 것입니다. 또한 IDB가 운영하는 ConnectAmericas.com 포털에 회원 가입하여 활동하는 것도 좋은 네트워킹 방안이 되겠습니다. (상세 내용은 "중남미 비즈니스는 이렇게"편에서 "잘 알려지지 않은 대중남미 마케팅 홍보방법"을 참고하시기 바랍니다.)

각국 업종별 협회 회원 가입 및 협회 활동/행사 참가

업종별 협회는 어느 나라에나 있고, 외국기업의 가입을 허용하는 곳들도 많습니다. 우리나라에서 협회 활동을 해보신 분은 잘 아시겠지만 중남미라고 별반 다를 바는 없을 겁니다. 중남미에서 한국기업의 위상이 높고 대체로 이미지가 좋다보니 협회 세력 확장을 위해 한국 기업의 회원가입을 반기는 경향이 있습니다. 한국기업의 중남미 시장 진입을 자문해주거나, 협회 활동 참여를 통해 스스로 시장 진입방법을 터득해 나가기도 하는 한편 회원사들의 한국시장 진출에 도움이 되는 방안에 대한 자문이 요구되기도 할 겁니다.

한 가지 사례를 들어보겠습니다. 필자가 보고타 무역관 근무 당시 대통령 행사를 치룬 적이 있었습니다. 우리 정부는 중남미가 지리적 원격지라는 시장 특성상 우리 기업의 중남미 전자상거래 시장 진입을 지원코자 KOTRA와 콜롬비아 전자상거래협회(CCCE/ Cámara Colombiana del Comercio Electrónico) 간 협력 양해각서(MOU)를 체결토록 했습니다. CCCE(콜 전자상거래협회/www.ccce.org.co) 회장은 한국 기업들의 협회 가입을 주문했습니다. 협회의 주요 행사로는 HotSale(9월)이나 Cyberlunes(시베르루네스/CyberMonday/11월/미국의 블랙 프라이데이 유사성격)가 매년 열리고 있고, 전자상거래 시장 관련 세미나 개최나 회원사 디너 칵테일 모임, 소식지 등을 통해 회원사 간 정보 소통 통로를 제공해주고 있습니다. 2017년 3월에는 제1차 중남미 전자상거래 서밋(Cumbre Internacional de Comercio Electrónico)을 개최하기도 했습니다.

전자상거래협회는 중남미 각국에 조직되어 있습니다. 멕시코의 AMVO (Asociacion Mexicana de Venta Online/www.amvo.org.mx), 브라질의 Camara-e.net(www.camara-e.net), 아르헨티나의 CACE(www.cace.org.ar), 칠레의 CCCE (www.camaradecomercioelectronico.cl), 베네수엘라의 CAVECOM-e(www.cavecom-e.org.ve), 페루의 CAPECE(www.capece.org.pe), 에콰도르의 CECE, 도미니카공화국의 CADOLEC, 우루과이의 CEDU, 파라과이의 CAPACE 등을 들 수 있겠습니다.

중남미 전체를 포괄하는 중남미 전자상거래협회(Instituto Latinoamericano de Comercio Electrónico/www.einstituto.org)도 칠레 상업회의소 주도로 조직되어 있으며, 상기 열거된 중남미 각국별 전자상거래협회 내지 관련 기업들이 회원사로 가입되어 있습니다.

각 국내 업종별 협회 현황 등에 대해서는 보통 중남미 KOTRA 각국 주재 무역관 홈페이지 또는 국가정보에 등재되어 있습니다. 혹시 정보가 없거나 관심 협회 가입 방법을 구체적으로 알아보시려면 각국 주재 무역관에 Q&A 등을 통해 문의해보시기 바랍니다.

현지 기업인과 한국 주재원간 협의체 구축

중남미 각국에는 현지 진출 한국기업 주재원 간 친목도모를 위한 지상사 협의회가 대부분 구성되어 운영되고 있습니다. 이와는 별도로 현지기업들과 현지 주재 한국기업 간 친목도모 내지 양국기업인간 비즈니스 현안 협의를 위한 협의체가 운영되기도 합니다.

콜롬비아를 예로 들어보면, 한-콜 상공회의소(Cámara Colombo -Coreana de Comercio e Industria)가 현지진출 한국기업들과 다수의 현지 콜롬비아 기업들로 결성되어 있으며, 회장은 주한콜롬비아 대사를 역임한 바 있는 친한파 퇴임 공직자가 맡고 있습니다. 부회장은 현지사정에 밝은 교포기업인이 맡아보고 있습니다. 한-콜 양국 간 FTA 체결 이후 비준통과를 위해 많은 노력을 경주했으며, 양국 간 비즈니스 활성화를 위한 FTA 활용 세미나를 개최하기도 하고, 한국 기업인들에게 콜롬비아 비즈니스에 영향을 미치는 주요 정보들을 소식지 형태로 제공해주기도 합니다.

그래서 현지 진출 우리 기업 법인장 내지 지사장중 일부는 활발히 참가하는 경우도 있고, 일부는 참여에 소극적인 분들도 있습니다. 회비를 납부해야 하는 문제도 있고, 시간과 비용을 들이는 만큼 그에 상응하는 효과를 거두지는 못하고 있다는 평가도 있습니다. 한편으론 우리 주재원들이 스페인어가 자유롭지 못한 경우 모임 참석에 부담을 갖게 되는 측면도 있으며, 회원사 구성내용 측면에서도 우리 기업의 비즈니스에 도움이 되는 회사들보다는 우리 기업들을 비즈니스에 활용코자 하는 현지기업들이 다수 참여하고 있는 현실 등이 복합적으로 작용한 결과로 풀이됩니다.

이에 비해 일본-콜롬비아 상공회의소는 한-콜 상의에 비해 회원사의 인적규모나 특정행사 참여규모 등을 놓고 볼 때에 일본 기업인들의 적극적인 참여가 두드러지는 특징을 보였습니다. 일-콜 상의 초청을 받아 행사에 참가한 적이 있었는데, 한국 기업인들에 비해 현지 네트워크를 적극 활용코자 하는 일본 기업인들의 의욕이 위협적으로 느껴졌습니다.

다른 나라의 경우를 볼까요? 브라질에는 브라질 한국 상공회의소(Kocham)가 조직되어 있고, 아르헨티나에도 아르헨티나 한인상공인연합회(CACIAC)가 활동 중입니다. 한국 교포기업인 및 주재 상사가 주로 친목 도모 위주로 활동하는 특징을 보이는 관계로, 현지 기업인들과의 폭넓은 네트워킹이 이루어지는 무대로 발전하기까지는 좀 더 시간이 필요할 것으로 보입니다.

이외에도 한-아르헨티나 기업인 친선협회(GAEMCOA)가 현지주재 한국 대사관 주도로 2015년 결성되어 활동 중입니다. 주재상사나 교포기업 외에 현지 유력기업도 다수 참가하여 관심을 모으고 있습니다만 관 주도라는 태생적 한계로 튼튼한 자생력 확보라는 과제가 숙명처럼 앞에 놓여 있습니다.

아르헨티나나 여타 중남미 국가에서도 공관장들의 이러한 시도나 노력이 과거에도 있었습니다만 조직의 생명력이 취약하다는 문제점은 해소되기가 쉽지 않은 것 같습니다. 우리 기업과 현지 중남미 기업이 필요성을 느껴 창설을 공동 주도하고, 공관이 정부차원에서 지원해주는 형태로 나가는 것이 바람직한 방향이라는 것은 모두가 공감하지만 확실한 동기유발요소가 없다보니 어느 기업이고 선뜻 나서려하지 않는 현실적 제약요인 앞에서는 공관장들의 이러한 노력이 한시적이나마 양국 기업인 간 네트워킹 무대를 제공해준다는 점에서 상당한 의미를 부여받고 있는 것이 중남미 협의체 활동의 현주소입니다.

어찌됐든 여러분 각자의 비즈니스 성공을 위해 보다 넓은 네트워크 확보가 필요하다고 생각되시면 이런 협의체도 도움이 될 수 있다는 차원에서 말씀드렸습니다. 오랫동안 네트워크를 넓혀가다 보면 전혀 생각하지 못했던 의외의 분야 인사가 귀인처럼 나타나 값진 정보 내지 신사업 아이디어를 득하는 소득을 올리기도 합니다.

중남미 기업과 한국 기업 간 협의체 구축

주재원과 현지기업 간 협의체만으로는 참가범위나 관심범위가 좁고 한계가 있기 때문에 한국기업과 중남미기업 간 다방면에 걸친 비즈니스 협력을 범 기업 차원에서 추진할 수 있는 채널도 마련해두는 것이 필요할 것입니다.

한국이 이 분야 채널을 마련했다는 소식은 접해보지 못했습니다. 아마 중국이 이 부분에서 앞서가고 있는 것 같은데, 2004년 설립된 중국-브라질 비즈니스 협의회(CBBC)가 성공적으로 운영되고 있다니 부러울 따름입니다. 각자 나라에 각각의 협의회가 설치되어 있고, 비영리단체로 독자 운영되면서 양국 간 비즈니스 환경 개선 및 비즈니스 기회 창출을 위한 다양한 사업(세미나, 정례회의, 경험 공유 등)을 수행하고 있습니다. 회원사로 Petrobras나 Embraer, Odebrecht 등 브라질을 대표하는 물티라띠나(중남미 다국적기업)들도 참여하고 있는 점을 보면 중국이란 나라의 슈퍼파워가 실감됩니다.

2013년 11월에는 중국-태평양동맹 상공회의소 연맹(UICAP/Union Intra

cameral China-Alianaza del Pacifico)이 코스타리카에서 개최된 제7차 중국-중남미 기업인 서밋(Cumbre Empresarial China–LAC)을 통해 CCPIT(중국 코트라) 입회하에 설립되었습니다. 중국-칠레 상공회의소(Cámara Chileno -China), 중국-콜롬비아 상의(Cámara Colombo-China), 중국-페루 상의(Cámara Peruano-China), 중국-멕시코 상공회의소(Cámara de México en China) 등 태평양동맹 4국과 중국 간 개별 양자 상공회의소가 연합한 것입니다.

중남미 기업들이 한국을 바라보는 태도와 중국을 바라보는 태도에는 차이가 있을 수밖에 없는 것이 엄연한 현실이지만 우리 업계도 중국의 이러한 움직임에 대응할 수 있는 네트워킹 전략에 대한 고민이 필요하지 않을까요?

현지 고급 사교클럽 가입을 통한 네트워킹 채널 확보 및 참여

여러 네트워킹 채널 중 회원 간 친밀도가 가장 높은 것으로 보이는 채널이 바로 현지 고급 사교클럽이 아닐까 합니다. 중남미는 서구의 개인주의와는 차별화되는 가족 중심 사회다 보니 어느 나라나 정도 차이는 있겠으나 이 고급 사교클럽이 발달해 있습니다.

시내 요지 고급 음식점 및 친목 도모 공간을 중심으로 이루어지는 클럽이 있는가 하면 시내 또는 시외 골프장을 중심으로 이루어진 사교클럽도 있습니다. 상류층 인사들은 이런 고급클럽에서 가족 생일파티나 심지어 결혼식까지 올리고, 낀세 축제도 거행합니다. (낀세 축제는 "중남미의 재미있는 관습"편 참조)

이런 클럽들은 대체로 폐쇄적이어서 회원 자격을 엄격하게 따져 여러 심사과정을 거친 후 모두 통과해야만 회원 자격을 부여받게 됩니다. 물론 의외로 쉽게 가입이 되는 경우도 있지만 기존 회원의 복수 추천장을 요구하는 경우도 있고, 가정집을 방문해보고 인터뷰 및 실사를 거치는 경우까지 있습니다. 클럽 게시판에 이름과 사진을 걸어놓고 기존 회원들의 평가를 받기도 합니다. 여기서 거부반응을 보이는 회원이 나온다면 가입이 어려워집니다.

필자도 콜롬비아 근무 당시 고급 사교클럽을 노크해봤는데 자격요건을 모두 충족시킨 것은 아니었지만 현지 유력 회원이 강력히 추천해주니 장애요소를 거뜬히 뛰어넘을 수 있었습니다. 현지 유력기업인 내지 국제사업가 또는 유력 교포기업인들이 현지 정부 내지 군부 유력인사들을 개별 초청하여 확실한 친분을 쌓으려 노력하는 모습들을 보니 고급 사교클럽의 의미를 되새겨보게 되었습니다. 공식 라인을 통해서는 도저히 얻을 수 없는 고급정보가 사교클럽을 통해, 또는 뿌리깊이 다져놓은 공고한 인맥을 통해 자연스럽게 흘러가는 역사는 중남미 비즈니스의 한 단면을 보여주고 있습니다.

처음부터 어느 수준의 이상 레벨만 요구하는 경우도 있습니다. 대사급 외교관에게만 문호를 개방하는 곳도 있을 정도로 권위 의식이 높고, 대체로 캐주얼 출입이 가능하나 특정 장소의 경우에는 정장 출입을 의무화하는 곳도 있습니다. 필자가 아르헨티나 근무 당시 한국인 중 유일한 회원 자격을 갖고 있는 것으로 알려져 있던 분으로부터 고급 사교클럽 초청을 받아 만찬장에 들어가려는데 넥타이 정장 차림을 요구받아 일부는 복장불량으로 입장을 거절당하기도 했습니다.

자신들과 어깨를 나란히 할 수 있는 자격이 되는지 검증해본 후에 회원으로 받아주기 때문에 일단 회원이 되면 동양인이건 서양인이건 차별 없이 잘 대해주는 것 같습니다. 고급 클럽일수록 재계 및 정관계 유력인사들을 만나게 될 확률이 높아집니다. 이런 고급클럽에 비회원 주요 현지인 고객 가족을 초청하는 것도 비즈니스에 도움이 될 수 있습니다.

공식 채널을 통한 모임에서는 외국 기업인에게 거리를 두는 경우가 많은데 비해 이런 비공식 채널에서는 개인적으로 또는 가족적으로 접근할 수 있는 기회가 자연스럽게 주어질 수 있기 때문에 비싼 회비를 치루면서도 고급 클럽에 가입할만한 값어치가 있을 겁니다. 하지만 어렵게 회원이 되어 들어갔는데 일반 에티켓이나 골프 에티켓이 나쁘다고 평이 날 경우 문제될 수도 있으니 언행이나 몸가짐에 조심해야 하며, 언어가 자유롭지 못할 경우 한국인들끼리만 어울리는 경우도 적잖은데 현지 회원들에게 호감을 주지 못한다는 사실도 유념해야 합니다. 현지어 구사가 어려우면 사교클럽은 개인 쾌락이나 가족 쾌락 의미 외에는 비즈니스와 관련해선 의미가 반감될 수밖에 없습니다. 물론 영어로도 소통은 일부 가능하지만 깊이 있는 네트워크 형성과는 아무래도 거리가 있을 것입니다.

주한 중남미 대사관 활용

우리나라에는 중남미 국가 중 주요 서포권 18개국(태평양동맹 4국, 메르코수르 5국, 안데스 공동체 잔여 2국, 중미 6국)이 모두 공관이 설치되어 있습니다. 서포권(서어 및 포어 사용국)에서는 미수교국인 쿠바만 빠진 상태입니다.

한국에 상주하는 중남미 대사관에는 대사 아래에 비즈니스를 담당하는 상무관 내지 경제참사관/서기관 등이 있으며, KOTRA와 유사한 역할을 수행하는 ProMexico나 ProColombia, ProChile 등의 기관에서도 주재원을 파견하여 상무관 역할을 맡기도 합니다. 중남미 해당 국가 투자진출이나 해당국 물품 수입 등 관련 도움을 받을 수도 있고, 네트워크 연결고리로도 활용하실 수 있을 겁니다.

명예영사 활용

대사관 얘기가 나왔으니 명예영사도 네트워크로 검토해볼 수 있겠습니다. 각국은 국가 위상 제고를 위해 현지 명사(名士)를 자국 명예영사로 위촉하여 여러모로 활용을 합니다. 우리나라도 중남미 각국 유력 현지인사 중 명망 있는 분을 명예영사로 임명하여 친한(親韓) 외교여건 조성에 활용하고 있습니다. 명예영사들은 대체로 성공한 사업가이거나 비즈니스에도 일가견이 있는 분들인 경우가 많아 이분들을 통해서 독자 여러분의 비즈니스에도 도움을 받을 수 있습니다. 물론 양자 간 이해관계가 맞아떨어져야 할 것입니다.

반대로 우리나라에도 중남미 각국 정부로부터 주한 대사관을 통해 임명장을 수여받는 명예영사들이 있습니다. 주로 현지 정부와 친분이 있는 성공한 기업가분들일 것입니다. 이분들도 쉽진 않겠지만 현지 네트워킹 연결고리로 활용해봄직 합니다.

각국 명예영사에 관한 정보는 외교부에서 갖고 있으니 외교부나 중남미 주재 우리 대사관 및 주한 각국 대사관의 협조를 받아야 하는 부분입니다.

현지 유력 교포기업인 활용

한편 진출하고자 하는 국가에서 활동 중인 교포기업인을 활용하는 것도 훌륭한 네트워킹 툴이 될 수 있습니다. 현지 언어 및 문화에 정통할 뿐만 아니라 현지 유력인사(의사결정권자 내지 영향력 보유 인사)들의 이너 서클에 깊이 침투해 들어갈 만한 네트워크도 나름대로 확보하고 있는 경우도 있습니다.

물론 국제사업 특성상 자칫했다간 성과는 커녕 피해만 보는 경우도 있으니 꼼꼼히 여러 갈래로 검증을 해봐야합니다. 교포사회에서 떠도는 평판도 잣대가 될 수 있으나, 이것만 갖고 섣부른 판단을 해서는 후회할 수 있습니다. 감정적 평가가 개입되는 경우도 있기 때문에 여러 사람으로부터 평판을 들어보는 것이 필요합니다. 뿐만 아니라 현지인 사회에서의 평판도 알아보는 것이 필요하고, 지금까지 쌓아온 업적 내지 경력도 봐야하고, 현지 유력 가문과 혼인 관계로 얽혀 있을 수도 있으며, 혹시 대부관계(꼼빠드라스고)도 맺고 적절히 활용하고 있는지, 유력인사와의 각별한 친분관계는 어떠한지 등 여러 상황까지 복합적으로 검토가 이루어져야 할 것으로 봅니다.

중남미 MBA 스쿨 활용

MBA(경영학석사) 스쿨도 네트워킹 채널로 활용해볼 수 있겠습니다. 첫 번째로 생각해볼 수 있는 방안이 한국의 MBA 스쿨과 중남미 유수의 MBA 스쿨 간 협력 양해각서(MOU) 체결을 통한 컨설팅 정보교환 또는 공동수행, 학생 간 교류협력 등을 들 수 있겠습니다.

각 MBA 스쿨에서는 MBA 과정 참여 자국 기업들과 별도 채널을 마련해놓고 프로젝트 설계 내지 본 입찰사업 컨설팅 또는 타당성조사(Feasibility Study) 등 정부/민간 발주 사업에 참여할 수 있습니다. 최첨단 IT 분야 등 중남미의 컨설팅 역량이 취약한 반면 한국의 역량이 뛰어난 분야는 충분한 협력 수요가 발굴될 수 있으리라고 봅니다.

두 번째로는 중남미 관심분야 진출전략 연구용역 사업을 잘 수행해낼 수 있는 중남미 해당국 MBA 스쿨에 단일 기업 또는 해당업종 협회나 조합 차원에서 이 사업을 발주하는 겁니다. 좀 더 가볍게 갈 수 있는 컨설팅이나 특정 주제 관련 자문을 의뢰할 수도 있을 것입니다. 경우에 따라 정부나 지자체 예산을 끌어다 쓰는 방안과도 매칭 시킬 수 있습니다. 좀 더 시야를 넓혀보면 KOTRA나 중소기업진흥공단 등이 운영하는 중소기업 수출지원 바우처 사업으로도 연결고리를 만들어볼 수 있지 않을까 싶습니다.

세 번째로는 기업이나 협회, 한국 MBA스쿨 또는 KOTRA 아카데미나 무역연수원 등 차원에서 기업 임직원들을 MBA 스쿨 정규과정 또는 맞춤형 특별개설 단기코스 등에 수강생이나 특별강사로 파견하여 인적 네트워크를 구축하는 방안을 고려해볼 수 있습니다. MBA 과정을 거쳐 간 중남미 대기업 이나 다국적기업 경영진, 정부 관료들과 선후배나 동문관계라는 네트워크가 마련될 수 있을 것입니다.

그러면 우리 기업이 전략적으로 활용할만한 중남미 MBA 스쿨에는 어떤 곳들이 있으며, 학비나 수학기간 등은 어떻게 되는지 한 번 알아볼까요? 대표적인 중남미 MBA스쿨이 어떤 곳인지 판별해볼 수 있는 척도로 칠레의 América Economía지가 매년 발표하는 중남미 최고의 MBA(Mejores Escuelas de Negocios de LATAM)를 기준으로 2016년 중남미 20대 MBA를 살펴보도록 하겠습니다.

순위	학교 명	국가	과정 명	수업기간	수업료	모집인원
1	EGADE Business School	México	Executive MBA	18개월	-	-
2	Universidad Adolfo Ibáñez	Chile	Executive MBA	12개월	U$ 32,500	65명
3	FGV-Escola de Administração de Empresas de São Paulo	Brasil	Global Executive MBA	21개월	U$ 37,000	25명
4	Pontificia Universidad Católica de Chile	Chile	Executive MBA	18개월	U$ 28,200	50명
5	INCAE Business School	Costa Rica	MBA 21 meses	21개월	U$ 41,607	90명
6	Universidad de Chile	Chile	MBA Full-Time	14개월	U$ 22,500	30명
7	Facultad de Administración, Univ. de los Andes	Colombia	MBA Ejecutivo	24개월	U$ 35,700	45명
8	IAE Business School - Univeridad Austral	Argentina	MBA Full Time	24개월	U$ 38,000	270명
9	Universidad Torcuato Di Tella	Argentina	Executive MBA	15개월	U$ 20,977	60명
10	IESA-Caracas	Venezuela	MBA Full Time	24개월	U$ 7,628	50명
11	ESAN Graduate School of Business	Perú	MBA Full Time	14개월	U$ 10,000	35명
12	Escuela de Postgrado, Univ. del Pacífico	Perú	Corporate MBA Internacional	14개월	U$ 38,710	30명
13	Universidad del Desarrollo	Chile	MBA Part-Time	18개월	U$ 20,696	40명
14	Universidad Diego Portales	Chile	Dirección de Empresas - MBA	18개월	U$ 17,769	45명
15	FIA- Fundação Instituto de Administração	Brasil	Americas MBA	24개월	U$ 19,300	15명
16	Universidad de San Andrés	Argentina	MBA Part-Time	18개월	U$ 25,000	60명

순위	학교 명	국가	과정 명	수업기간	수업료	모집인원
17	Universidad ICESI	Colombia	MBA Icesi	24개월	U$ 12,355	32명
18	Universidad Técnica Federico Santa María	Chile	Magíster en Gestión Empresarial	24개월	U$ 16,819	55명
19	Universidad Externado de Colombia	Colombia	Maestría en Administración de Empresas	26개월	U$ 15,743	40명
20	Universidad del Norte	Colombia	Maestría en Administración de Empresas	24개월	U$ 21,270	-

출처 : www.universitarios.cl

멕시코가 1위이긴 하나 단 1개교에 그치고 있는 반면, 남미 최선진국인 칠레는 무려 6개교가 포함되어 수위를 달리고 있습니다. 남미 최대국인 브라질은 의외로 달랑 2개교만 이름을 올리고 있고, 콜롬비아가 4개교, 아르헨티나가 3개교, 페루가 2개교, 베네수엘라, 코스타리카가 각 1개교씩 명문 MBA에 랭크되어 있습니다.

중남미 유력 기업인이나 정부 관료들이 자국내 MBA스쿨 대신 구미 선진국의 글로벌 MBA 스쿨을 택하는 경우도 있지만 여기서는 다루지 않겠습니다. 다만 중남미를 비롯한 서포권(서반아어 및 포르투갈어 사용국) MBA스쿨이 글로벌 MBA 학계에서 점하는 위치와 글로벌 100대 MBA 랭킹에 오른 서포권 MBA스쿨명 정도 확인해보는 선에서 이번 강의를 마무리 짓겠습니다.

2015년 Global MBA 랭킹(영국의 Financial Times지 선정)을 보면 미국의 Harvard Business School이 1위, 영국의 London Business School이 2위, 미국의 Pennsylvania대 Wharton스쿨이 3위, 프랑스/싱가포르의 Insead가 4위, Stanford 비즈니스 스쿨이 5위, 미국의 Columbia 비즈니스 스쿨이 6위를 차지한 가운데 서포권에서는 스페인의 Lese Business School이 7위로 스타트를 끊은데 이어 역시 스페인의 IE Business School이 12위, 스페인의 Esade Business School이 19위, 포르투갈의 Lisbon MBA가 36위를 마크했습니다. 이를 보면 스페인 MBA를 통해서도 중남미 비즈니스와의 연결고리가 마련될 수 있을 것으로 보입니다.

중남미에서는 2016년도 글로벌 100대 MBA에 멕시코의 Ipade 비즈니스 스쿨(80위)과 코스타리카의 Incae 비즈니스 스쿨(83위) 등 2개교만 랭크되어 있습니다. 한국도 달랑 1개교(성균관대GSB/69위)밖에 없는 것을 보면 이 성적을 초라하다고 볼 수는 없겠습니다. 멕시코 IPADE의 경우 100대 글로벌 MBA에는 중남미 대표로 들어가 있으나, 정작 20대 중남미 MBA에는 나타나지 않는 점이 특이합니다만 아마 평가기준이 상이하거나 평가 불참 등 여러 사정이 있었던 것이 아닐까 생각됩니다.

꼼빠드라스고 활용

앞 강의에서 다룬 내용중 꼼빠드라스고(Compadrazgo)가 기억나시나요? 중남미에서 중요한 관계형성 수단인 대부(代父) 관계를 활용해서 자신만의 네트워크를 보다 촘촘히 짜나갈 수 있을 것입니다. 보다 상세한 내용은 "중남미의 재미있는 관습"편을 참고해보시기 바랍니다.

커스터마이즈된 간행물 활용

마지막으로 특별 정기간행물 활용을 통한 네트워킹 방법도 검토해볼 수 있지 않을까 싶습니다. 귀사나 해외법인에서 영문이나 스페인어본 정기간행물을 해외고객을 대상으로 배포하신다면 여기에 약간의 수고로움을 더해 커스터마이즈된 서비스를 제공해보는 것도 훌륭한 수단이 될 수 있습니다. 사실 우리는 정보의 홍수 시대에 살고 있지 않습니까? 정기간행물들도 워낙 많이 받다 보면 웬만한 것들은 첫 페이지조차 열어보지도 않고 그대로 묻혀버리고 마는 것이 현실일 겁니다. 여러분의 해외 잠재 고객들도 엄청난 양의 정보를 접하게 될 터인 만큼 첫눈에 고객의 관심을 사로잡지 못하면 그 정보는 아마도 사장되어버릴 가능성이 클 겁니다.

그렇다면 간행물을 어떻게 활용해야 소기의 성과를 거둘 수 있을까요? 무료 간행물이 성과를 거둔다는 것은 우선 읽혀야 할 것입니다. 읽히려면 독자의 관심을 첫눈에 사로잡아야 합니다. 그 방법은 무엇일까요? 여러 가지가 있을 것입니다. 각자가 풍부한 상상력을 발휘하기 나름일 텐데 이와 관련 필자가 경험한 한 가지 사례를 독자 여러분과 공유하고자 합니다.

필자가 해외 근무시절 보면 수많은 정기간행물들이 들어옵니다. 한국에서 오는 것도 있지만 현지 유관기관에서 보내오는 것이 매우 많습니다. 나날이 많은 정보가 쏟아져 들어오는 바쁜 일상 현장에서 이 간행물들을 다 볼 수는 없습니다. 그런데 매월 빠지지 않고 보게 되는 것이 하나 있었습니다. 샅샅이 읽어보지는 않더라도 적어도 어떤 내용이 담겼는지 페이지를 한쪽씩 넘겨가며 대충 훑어보기는 한다는 것입니다.

그게 바로 메데진 시정부가 보내주는 월간지였습니다. 메데진은 우리나라 부산과 같은 콜롬비아의 제2도시인데, 콜롬비아 여러 도시 중 주민 만족도가 가장 큰 도시로 꼽히고 있을 정도로 도시발전 욕구가 매우 큰 곳입니다. 과거에는 중남미 마약왕 파블로 에스코바르의 본거지로서 마약의 도시, 범죄의 도시로 세계적 유명세를 날릴 만큼 악명을 떨치던 곳이었죠. 그러던 곳이 꽃의 도시, 미녀의 도시로 탈바꿈하며 중남미 최고의 도시로 발돋움하려는 움직임을 보이고 있습니다. 보고타와 선의의 경쟁을 하면서 말입니다.

다시 본론으로 돌아와서, 메데진시가 보내주는 간행물 표지에는 뭔가 특별한 게 있었습니다. 바로 이 잡지를 받는 수취인 이름입니다. 필자의 이름이 잡지 표지 중앙에 자리 잡아 한눈에 바로 알아볼 수 있게끔 디자인이 배치되어 있는 점이 이채로웠습니다. 그 뿐만이 아니었습니다. 표지를 넘기니 시장이 수취인에게 인사를 하는듯한 착각을 불러일으키고 있었습니다. 시장이 바로 필자한테 보낸 것처럼 첫 페이지 본문 인사말에도 필자를 주 수신인으로 명기하고 있었습니다.

독자 개개인을 이렇듯 VIP 대접을 해가며 충성 고객으로 확보함으로써 자신의 시정 활약상을 읽어보도록 유도하고 있었습니다. 이렇게 자신의 로열 네트워크로 편입시킨 독자들을 시 주최 행사에 초청하는 등 적극 활용하는 모습도 보였습니다.

해외고객 입장에서도 시정부의 도시발전계획을 보고 프로젝트 수주 준비에도 나설 수 있으니 일방적으로 이용당하는 것은 결코 아닙니다. 생각하기 나름입니다. 윈윈 고리가 충분히 마련될 수 있는 겁니다. 보고타와의 경쟁 심리도 활용해서 우리 기업의 첨단 기술제품을 메데진시에 소개해서 관심을 끌어내기도 하고 말입니다. 메데진시도 중남미 최고의 선진화된 도시가 되겠다는 포부를 갖고 코트라와 MOU(양해각서)를 맺고 협력 사업을 추진한 적도 있습니다.

어찌됐든 요점은 독자 맞춤형(customized) 정기 간행물도 해외 유력 기업인 내지 유력인사와의 네트워킹 수단이 될 수 있지 않을까 해서 소개해드렸습니다.

지금까지 각종 네트워킹 수단들에 대해 짚어봤는데, 이중 자신의 상황에 맞는 몇 가지를 배합해서 중남미 진출 및 성과 창출에 실질적 도움을 받게 되시기를 빕니다. 하지만 욕속부달(欲速不達)을 항상 되새겨 보시길 아울러 빕니다.

제28강 비즈니스 관련 중남미 속담/격언(refrán)

어느 나라나 고유 속담이나 격언이 있기 마련입니다. 중남미도 각국이 고유 속담이나 격언을 갖고 있는데, 같은 언어와 문화를 공유하다 보니 겹치는 경우가 매우 많습니다. 따라서 국별로 분류하기 보다는 중남미에서 일반적으로 통용될 수 있는 속담이나 격언을 살펴보도록 하되 가급적 비즈니스 세계에 적용이 되는 표현들을 위주로 어떠한 것들이 있는지 속담 산책을 잠시 함께 떠나보도록 해보겠습니다.

물론 어느 특정 국가에서만 통용될 수 있는 표현도 있습니다. 예컨대, "빵이 없으면 까사베"라는 표현은 '까사베'가 도미니카 공화국 원주민 음식인 만큼 다른 나라에서는 못 알아듣는 경우도 있을 겁니다. 물론 설명을 곁들인다면 좋은 반응을 얻어낼 수도 있을 것입니다.

여기에 소개하여 드리는 속담이나 격언들은 2008년 KOTRA 중남미 무역관들이 발굴하여 한국 외대 중남미연구소 감수를 받아 출간된 바 있는 "중남미 비즈니스 문화코드" 내용을 인용 및 발전시킨 것임을 밝힙니다. 필자도 당시 산토도밍고 무역관에 근무하면서 도미니카 편 집필에 직접 참여한 바 있었습니다. 이 속담들을 읽다보면 중남미 사람들이 비즈니스에 임함에 있어 속으로 어떤 생각들을 갖고 있는지 이해하는데 상당한 도움이 될 겁니다.

1) Más vale malo conocido que bueno por conocer.

(마스 발레 말로 꼬노시도 께 부에노 뽀르 꼬노세르)

직역: 모르는 좋은 것보다 아는 나쁜 것이 더 낫다.

비록 그가 좋은 사람이 아니더라도 이미 안면이 있는 사람과 거래하는 것이 아직 모르는 사람하고 거래하는 것보다 더 안전하다는 의미로서 중남미에서 거래처를 새로 뚫는 것이 얼마나 어려운지 실감케 해주는 속담이 되겠습니다.

2) El que su caballo vende es porque muerde o patea.

(엘께 수 까바요 벤데 에스 뽀르께 무에르데 오 빠떼아)

직역: 말을 파는 것은 물거나 차기 때문이다.

말이 귀한 시절 자신이 아끼던 말을 팔려고 내놓은 것은 그 말이 주인을 물어뜯거나 발길질을 해대는 등 쓸모가 없기 때문이라는 말로서 비즈니스를 할 때 사용되는 속담입니다. 물건은 좋아 보이는데 값이 너무 싸게 나온 것은 의심을 해보라는 의미로 사용됩니다.

3) El corazón de la auyama sólo lo sabe el cuchillo.

(엘 꼬라손 델라 아우야마 솔로 로 사베 엘 꾸치요)

직역: 호박의 심장은 칼만이 안다.

'열길 물속은 알아도 한 길 사람 속은 모른다'는 의미로서 비즈니스에 적용해보면 첫 거래 성사의 어려움을 나타내는 말이 됩니다. 신뢰감 없이 거래가 성사되기 어려움을 깨닫게 해주는 속담입니다.

4) Puerco que no grita, cuchillo con él.

(뿌에르꼬 께 노 그리따 꾸치요 꼰 엘)

직역: 울지 않는 돼지는 도살해도 된다.

우는 아이 떡 하나 더 준다는 우리말 속담처럼 불평이 있어도 하지 않으면 개선되지 않으므로 불만이 있으면 기탄없이 해야 한다는 속담입니다. 비즈니스에 적용해보면 여차하면 클레임을 제기할수록 이득이 된다는 말로도 연결이 되어 가끔 악용되기도 합니다.

5) A falta de pan casabe. (아 팔따 데 빤 까사베)

직역: 빵 없으면 까사베

까사베는 도미니카 공화국 원주민인 타이노족들이 먹던 전통 음식입니다. 빵이 없으면 까사베라도 먹으면 된다는 의미로서 비즈니스에서 문제가 발생할 경우 차선책을 제시하면서 사용해볼 수 있는 속담이 되겠습니다.

6) No te apures se murió. (노 떼 아뿌레스 세 무리오)

직역: 신경 쓰지 말라(서두르지 말라)는 말은 죽었다.

일을 대충 넘기기 말고 제대로 하라는 의미입니다. "노 떼 아뿌레스"는 '서두를 것 없어, 인생은 적당히 해도 굴러가게 되어 있어'라는 의미로서 Carpe Diem과도 상통하는 말입니다. 그러니 이런 '노 떼 아뿌레스' 같은 말 하지 말고 일을 똑바로 하라는 의미지요. 이런 말은 어감이 강하므로 중남미 기업인에게 대놓고 써먹는 것은 지양해야 겠지요.

7) No hay mal que por bien no venga.

(노 아이 말 께 뽀르 비엥 노 벵가)

직역: 좋은 일이 따라오지 않는 나쁜 일은 없다.

나쁜 일이 있으면 좋은 일도 온다는 중남미식 낙천주의의 단면을 엿

볼 수 있는 속담입니다. 나쁜 일이 일어나면 다른 좋은 일이 생겨서 보상을 받게 되니 낙담하지 말라고 격려할 때 고진감래(苦盡甘來 / No pains, no gains.) 또는 인간만사 새옹지마(塞翁之馬/The ways of God are inscrutable.)처럼 사용할 수 있겠지요.

이와 유사한 속담으로 Cuando una puerta se cierra, otra se abre. (꾸안도 우나 뿌에르따 세 시에라 오뜨라 세 아브레/ 문 한 짝이 닫히면 다른 문이 열린다.) Por uno que se pierde, diez aparecen. (뽀르 우노 께 세 삐에르데 디에스 아빠레센/ 하나를 잃으면 열을 얻게 된다.) 등이 있습니다.

8) No hay mal que dure cien años/ ni cuerpo que lo resista(aguanta).

(노아이 말 께 두레 시엥 아뇨스/ 니 꾸에르뽀 껠로 레시스따/아관따)

직역: 100년 가는 해악은 없다. / 사람 몸도 100년을 견디지 못한다.

'아무리 큰 고통도 오래 가지는 않으니 낙천적으로 생각하고 견뎌라' 라는 의미와 '인생도 짧으니 즐기며 살라'라는 의미가 담겨 있습니다.

9) A caballo regalado no se le ve/mira (el) colmillo/diente.

(아 까바요 레갈라도 노 셀레베/셀레미라 (엘) 꼴미요/디엔떼)

직역: 선물 받은 말(馬)의 어금니를/이빨을 보지마라.

선물을 받으면 마음에 들지 않더라도 내색을 해서는 안 된다, 선물을 받을 때 흠을 잡지 말고 감사히 받으라는 의미입니다.

10) Lo barato sale caro. (로 바라또 살레 까로)

직역: 싼 것이 비싸게 나온다.

곧 싼 게 비지떡이란 의미입니다.

11) Aunque la mona se vista de seda, mona se queda.

(아운께 라모나 세비스따 데 세다, 모나 세 께다)

직역: 원숭이가 비단 옷을 입는다 해도 원숭이는 원숭이다.

외관을 그럴듯하게 치장해도 본색은 드러나는 법입니다. 불필요한 노력 또는 쓸모없는 선물을 의미하는 돼지목에 진주 목걸이와 유사한 의미로 이해하시면 되겠습니다. 돼지에게 진주를 준다는 보다 직접적인 표현으로는 Dar perlas a los cerdos. (다르 뻬를라스 알로스 세르도스)를 많이 씁니다. 받는 사람에게 어울리지 않는 선물을 하는 경우에도 사용됩니다.

12) Al que madruga Dios le ayuda. (알께 마드루가 디오스 레아유다)

직역: 신은 일찍 일어나는 자를 돕는다.

일찍 일어나는 새가 벌레를 잡는다는 말과 같은 맥락입니다.

13) Cuentas claras y el chocolate espeso.

(꾸엔따스 끌라라스 이 엘초꼴라떼 에스뻬소)

직역: 계산은 묽게(투명하게), 코코아는 진하게

계산은 분명하게 하고, 코코아는 진하게 타먹는 게 제격이라는 뜻에서 나온 말로서 비즈니스는 비즈니스고 우정은 우정이다, 곧 비즈니스와 우정을 혼동하지 말고 진실을 제대로 밝히라 내지 업무를 사심 없이 처리하라는 의미로도 쓰이며, 업무를 투명하게 분명하게 처리해야 친구사이 우정도 끈끈하게 유지된다는 뜻으로도 사용됩니다. Entre amigos, cuentas claras. (엔뜨레 아미고스 꾸엔따스 끌라라스/ 친구사이라도 계산은 확실히)라는 유사한 표현도 쓰입니다.

14) Al pan pan y al vino vino. (알 빤 빤 이 알 비노 비노)

직역: 빵은 빵이라 하고 포도주는 포도주라고 말하라.

거짓으로 그럴듯하게 둘러대거나 빙 둘러 얘기하지 말고 곧이곧대로 진실을 얘기하라는 의미 또는 매사를 정확하게 처리하라는 의미로 쓰이고 있습니다.

15) A donde fueres, haz lo que vieres. (아 돈데 푸에레스, 아스 로께 비에레스)

직역: 어디를 가든 보는 바대로 하라, 입향순속(入鄕循俗)

로마에 가면 로마법을 따르라, 중남미에서 사업을 하려면 현지법 및 문화를 존중해야 할 것입니다.

16) Es mejor tarde que nunca. (에스 메호르 따르데 께 눙까)

직역: never보다는 late가 낫다/늦은 것이 아예 안하는 것보다 낫다.

늦었다고 포기하지 말고 지금이라도 시작하라는 의미로 사용됩니다.

17) Más sabe el diablo por viejo que por diablo.

(마스 사베 엘 디아블로 뽀르 비에호 께 뽀르 디아블로)

직역: 악마는 악마라서가 아니라 늙었기 때문에 더 많이 안다.

노인을 시대에 뒤떨어졌다고 무시하지 말고 존중하라는 의미로서 연륜이 쌓이면서 축적되는 경험과 지식(속칭 짬밥)의 중요성을 설파하는 속담입니다.

18) Al pie del amo engorda el caballo. (알삐에 델아모 엔고르다 엘까바요)

직역: 주인의 발에서 말은 살찐다.

말 주인이 부지런하면 말이 살찐다는 뜻으로 부지런한 사람이 복을 받아 부자가 된다는 의미입니다. 돈을 벌려면 우선 근면해야합니다.

19) Camarón que se duerme, se lo lleva la corriente.

(까마론 께세 두에르메 셀로예바 라꼬리엔떼)

직역: 잠자는 새우는 개천 물에 휩쓸려간다.

기회는 두 번 노크하지 않는다(Opportunity seldom knocks twice).라는 영문 속담처럼 정신을 바짝 차리고 기회를 놓치지 말라는 의미로 사용됩니다. 준비하고 있어야 기회를 잡을 수 있으니 게으름 및 현실 안주를 경계하라는 의미로도 사용됩니다.

20) Buscarle la quinta pata al gato.(부스까를레 라낀따 빠따 알 가또)

직역: 고양이의 다섯 번째 다리를 찾는다.

무슨 일을 하고자 하는데 자꾸 엉뚱한 얘기나 주목할 만한 가치가 없는, 상황을 복잡하게 꼬아가는 쓸데없는 얘기를 해서 진행을 방해하는 경우 사용할 수 있는 표현입니다.

21) Poner(se) el parche antes que/de la herida.

(뽀네르(세) 엘 빠르체 안떼스 껠라/델라 에리다)

직역: 상처가 나기도 전에 파스부터 붙인다.

문제가 야기될 수 있는 불확실한 상황에 미리 대비해두는 신중함을 의미하기도 하며, 문맥에 따라서는 신중함이 지나쳐 너무 소심하게 과다 대비하는 것을 지적하는 의미로도 사용됩니다. 원래 칠레 속담이긴 하나 칠레뿐만 아니라 스페인이나 멕시코, 아르헨티나, 쿠바 등 여러 나라에서도 통용됩니다.

22) Robarle los huevos al águila. (로바를레 로스 우에보스 알라길라)

직역: 독수리에게서 알을 훔치다.

맹금류인 독수리에게서 알을 훔쳐내기란 위험을 무릅써야 하는 어려운 일입니다. 따라서 매우 위험한 일을 감행하는 경우 사용되는 칠레 속담인데, 중남미 여러 나라에서 사용되고 있습니다.

23) El que roba a un ladrón, (tiene) cien años de perdón.

(엘께 로바 아운 라드론 (띠에네) 시엥 아뇨스 데 뻬르돈)

직역: 도둑을 훔치는 자는 100년 사면

홍길동이나 로빈후드처럼 정의의 도둑을 연상케 하는데, 나쁜 사람에게서는 돈을 훔쳐도 처벌받지 않는다는 속담으로서 사업을 하는데 있어서 정부 규제가 부당하다면 편법을 써도 괜찮다는 자기합리화식 사고방식의 단면을 엿볼 수 있는 다소 위험한 표현이 되겠습니다.

24) El genio piensa, el inteligente habla, el bruto grita.

(엘 헤니오 삐엔사, 엘 인뗄리헨떼 아블라, 엘 브루또 그리따)

직역: 천재는 생각하고, 현자는 말하며, 바보는 악을 쓴다.

중남미 사람들은 상대방이 소리 지르는 것을 끔찍이 싫어합니다. 호통치는 상사들은 인신모욕죄로 법정에 소환되기도 합니다. 속담이 말해주는 것처럼 중남미에서 대화하다가 감정이 격해져 소리를 지르게 되면 거꾸로 본인이 무시당하게 됩니다. 아래 내용도 같습니다.

El ignorante grita, el inteligente opina/discute, el sabio calla.

(엘 잉노란떼 그리따, 엘 인뗄리헨떼 오삐나/디스꾸떼, 엘 사비오 까야)

직역: 무식한 자는 소리치고, 총명한 자는 논하며, 박식한 자는 입을 닫는다.

25) Guerra avisada no mata soldados. (게으라 아비사다 노 마따 솔다도스)

직역: 사전 통고된 전쟁은 병사를 죽이지 않는다.

자신의 주변에서 무슨 일이 벌어지고 있는지 주의 깊게 보고 미리 대비해둬라, 즉 유비무환(有備無患)의 의미로도 볼 수 있는 한편, 의미를 좀 더 축소해서 어느 누구에게 뭔가를 알려주고자 할 때 귀담아 들으라는 뜻에서 이런 속담을 구사하기도 합니다.

26) Parece una hallaca mal amarrada. (빠레세 우나 아야까 말 아마라다)

직역: 잘 못 묶인 아야까 같다.

hallaca(아야까)는 옥수수 반죽과 고기양념을 버무려 바나나 잎으로 싸서 터지지 않도록 끈으로 묶은 베네수엘라의 대표적인 성탄절 전통 음식입니다. 따라서 잘 못 묶이면 언제 음식이 삐져나올지 몰라 불안할 것입니다. 옆구리 터진 김밥을 연상해 보시면 이해가 좀 더 쉬울 겁니다.

잘 차려입은 의상이 어색하다든가, 빌딩이 잘 못 지어진 느낌이 든다든가, 나라 상황이 백척간두에 놓인 것처럼 어렵다든가 하는 경우에 사용될 수 있는 베네수엘라 속담입니다.

27) De tal palo tal astilla. (데 딸 빨로 딸 아스띠야)

직역: 그 나무에 그 부스러기

우리말로 해보면 '부전자전(父傳子傳)' 내지 '그 나물에 그 밥' 정도가 유사한 표현이 되겠네요. 긍정적 의미로나 부정적 의미로도 사용됩니다.

28) Al mal tiempo buena cara. (알 말 띠엠뽀 부에나 까라)

직역: 나쁜 시기에 좋은 얼굴

삶에 난관이 닥쳤을 때에 긍정적 자세로 임하라는 격언입니다. 삶이 힘들다고 인상을 구기며 불평하지 말고 밝은 얼굴로 대해야 난관을 극복할 수 있다는 것으로 세계 공통의 진리입니다.

29) La suerte es loca y a cualquiera le toca.

(라 수에르데 에스 로까 이 아 꾸알끼에라 레 또까)

직역: 행운은 미쳤으며, 누구에게나 행운이 닿는다.

행운은 불시에 찾아오니 낙담하지 말고 기회를 잘 잡으라는 의미로 사용됩니다.

30) A buen hambre no hay pan duro. (아 부엔 암브레 노 아이 빤 두로)

직역: 허기(虛飢)에 딱딱한 빵은 없다.

배가 고플 땐 굳어서 맛이 없는 빵이라도 참고 먹어야 한다는 뜻으로 쓰입니다. '시장이 반찬이다'라는 우리말 속담도 있습니다. 시장기가 들면 뭐든 맛있게 먹을 수 있듯이 '배고프면 군소리 말고 주는 대로 먹어라, 절실히 필요한 것이라면 품질이 맘에 안 들어도 이러쿵저러쿵 따지지 말고 받아들여라, 궁핍한 상황에서 남의 주는 사소한 도움이라도 폄훼하지 마라' 등의 의미를 담고 있습니다.

제29강 중남미 비즈니스는 이렇게

중남미 비즈니스 하면 우선 시장특성이나 비즈니스 관행 등을 떠올리게 되는데, 여기에 대해서는 앞에서 여러 주제 강의를 통해 조금씩 언급이 되었기 때문에 중복 설명은 생략하겠습니다. 다만 앞에서 다뤄지지 못한 부분에 대해 몇 가지 소(小)주제로 분류하여 정리해보는 기회를 갖고자 합니다.

중남미 각국 개별상품 관세율 알아보는 방법

중남미 어느 나라 바이어로부터 인콰이어리를 받고 어떤 제품을 수출하고자 할 때에 궁금증을 갖게 되는 부분이 바로 관세율입니다. 관세율 외에도 부가가치세나 특별소비세 등이 부과되는 경우도 있고, 나라마다 품목마다 세율을 달리하기 때문에 내가 취급하는 품목의 현지 세제 분야 정보는 기본적으로 확실히 알아둬야 할 것입니다. 이 경우 간편하게 도움을 받을 수 있는 곳이 바로 KOTRA입니다. 코트라 사이트 접속해서 해당 국가 관할 무역관 Q&A란에 특정 품목 관세율 등 정보를 문의하면 무료로 답변을 받으실 수 있습니다. 물론 HS코드라는 국제상품분류번호도 함께 적어두면 제대로 된 답변을 받는 데에 도움이 됩니다. 한국산 제품의 수입 관세율 정보나 중국 공장에서 생산된 제품의 관세율 정보, 멕시코나 브라질 등 중남미 역내국 생산 제품의 관세율 정보 등 귀사의 수출상황에 맞는 관세율 정보를 알아보실 수 있습니다. 물론 코드 번호가 정확히 일치하지는 않습니다. 다만 상세 품목 성격을 보면 그 나라 HS 코드별 관세율 정보를 찾는 작업이 보다 정확해지고 수월해집니다.

HS코드(Harmonized Commodity Description and Coding System)는 대외무역 거래 편의를 위해 품목별로 고유 번호를 부여해 놓은 것인데, 총 10자리 숫자로 구성되어 있습니다. 1988년 국제협약으로 제정되어 앞 6자리는 세계 공통이며, 나머지 4자리를 각국 특성에 맞게 부여하고 있습니다. HS코드 검색 방법은 관세청이 구축해서 운용중인 관세법령정보포털(http://unipass.customs.go.kr /clip)에 들어가 보시면 됩니다. 여기서는 우리나라의 품목별 관세율 정보는 바로 찾아볼 수 있으나, 중남미 각국의 관세율 정보는 코트라 도움을 받아 조회해볼 수 있습니다.

중남미 수입상정보, 신용정보, 상품시장정보, 전시정보 취득 방법

독자 여러분이 중남미로 어떤 제품을 수출하고자 할 경우 어떻게 시작해야 할지 막막하실 수도 있을 겁니다. 내가 수출하고자 하는 제품이 현지에서 어떠한 시장성을 갖고 있는지, 경쟁상황은 어떠한지, 어떤 회사들이 이러한 제품을 취급하는지, 그러한 회사들은 믿을만한 회사인지, 내가 취급하는 품목 관련 전시회는 언제 어느 나라에서 어떻게 개최되는지 등 전문적인 정보가 무엇보다 필요할 텐데, 코트라 포털 사이트(www.kotra.or.kr)에 들어가서 상담을 받아 보시면 해외시장 정보접근 통로가 시원하게 열리게 될 겁니다.

특히 2017년부터는 해외시장 빅봇 서비스가 개시되어 귀사의 역량을 1:1로 진단해보고, 어떤 나라가 귀사 제품을 수출하기에 유망한지, 코트라가 시행하는 각종 수출지원 사업 중 어떤 사업을 선택하는 것이 좋은지 고객 맞춤형으로 유망 시장과 사업을 추천해드리니 적극 활용해보시는 것이 좋을 것입니다. 전화 상담이나 온라인 상담을 받아보셔도 좋고, 직접 대면 상담을 원할 경우 코트라를 방문할 시간적 여유가 없다면 방문상담을 신청하셔도 됩니다. 이동 코트라 전담 상담위원과 일정 조율하여 귀사를 방문하여 상담을 해드리기도 합니다. 아울러 무역협회가 제공하는 Trade SOS/무역애로 컨설팅센터(http://tradesos.kita.net) 서비스도 병행해 보실 수 있을 겁니다. 아무쪼록 무역유관기관을 적절히 잘 활용하는 것이 중요할 것입니다.

중남미 본격 진출을 위한 각국의 국가정보 알아보는 법

중남미 어느 나라로 우리 회사 제품을 본격적으로 수출하거나 나아가 현지 투자진출 내지 주재원 파견 등을 고려한다면 그 나라에 관련된 모든 분야 정보를 폭넓게 다룬 국가정보를 입수하여 상세히 분석해보는 작업이 필요할 것입니다. 개관적인 정보는 수출입은행이나 무역보험공사가 발간하는 세계국가편람이 도움이 될 겁니다. 200개가 넘는 나라 정보가 일목요연하게 잘 정리가 되어 있습니다. 하지만 나라별로 깊이 있게 들여다보려면 코트라 국가정보의 도움을 받는 것이 좋습니다. 코트라 포털 사이트(www.kotra.or.kr)에서 해당국별로 들어가 무료열람이 가능합니다.

클레임은 이렇게 응대하라

국제 비즈니스를 하다보면 클레임 발생은 아무도 원치 않지만 누구에게나 닥쳐올 수 있는 불가피한 면이 있을 겁니다. 클레임이 뭔지 혹시 잘 모르시는 독자 분이라도 끝까지 쭉 읽어보시면 간단히 이해가 되실 테니 별도 설명은 생략하겠습니다. 클레임을 줄여나가려는 노력이 기본적으로 요구되지만, 클레임이 발생했을 경우 어떻게 대응하느냐에 따라 비즈니스가 내성을 갖춰 오래 갈 수도 있고, 쓴 맛만 보고 짧게 막을 내릴 수도 있습니다. 비즈니스 성패를 좌우하는 클레임에 잘못 대처하여 시장에서 퇴출당한 사례와 잘 대처하여 시장 진입에 성공한 사례를 각각 한 가지씩 살펴보겠습니다. 기업 이미지 실추를 막기 위해 기업 실명이나 상세 제품명은 밝히지 않겠습니다.

소극대응사례

C국에서 정부 특수 수요 용품을 한국의 A사가 수주하여 납품을 했었는데, 품질 테스트 결과 불량 판정을 받았습니다. 클레임이 걸린 것입니다. 정부 측과 A사 간 사이에는 현지 에이전트 B사가 있었습니다. 납품을 시행한 B사는 정부 측으로부터 징벌 조치를 받게끔 되자 무역관을 찾아가 A사로 하여금 적절한 조치를 취해줄 것을 요구합니다. A사가 현지 출장을 오게 되었고, 클레임 처리에 들어갑니다. A사 아래에는 C사가 있었습니다. A사는 C사에게 하청을 주어 제품을 생산한 후 선적 및 납품을 한 것이었습니다. A사는 하청업체에 전적인 책임을 떠넘겼고, 하청을 받은 C사는 일부만 인정하고 나머지는 A사에 책임을 돌렸습니다.

B사는 C사보다 A사의 책임을 무겁게 봤습니다. B사 및 정부 관계자의 생산시설 방한 시찰시 C사가 별개 회사가 아니라 A사의 일부로서 자사가 직접 생산하는 것처럼 설명했고, 설득력을 인정받아 계약에 이른 만큼 A사가 책임을 져야 한다는 것이었습니다. 하지만 A사는 C사에게 책임을 전가하며 시간을 끌게 되었고, B사는 정부로부터 징벌조치가 내려져 벌금 부과와 함께 영업을 못하게 되었을 뿐만 아니라 A사에 대한 부정적 이미지 확산과 함께 한국 국가 이미지에 대한 상처까지 남기게 되었습니다.

우여곡절 끝에 C사와 A사간 타협점을 찾고, 무역관 중재로 A사와 B사간에도 접점을 찾게 됨에 따라 A사가 B사와 정부 측에 대해 변상조치를 하여 클레임은 매듭을 짓게 되었습니다만 한국 제품에 대한 신뢰는 회복되지 못했습니다. 필자가 해당 정부 관계자 및 상급자를 찾아가 회복 노력을 전개했음에도 A사 제품은 물론 여타 한국 기업 제품에 대해서도 거부감을 쉽게 거둬들이지 않았습니다.

1년 정도 지나 A사가 또 다시 시장 진입을 시도했으나 클레임 대처에 신속한 대응을 못해 이미지 실추를 당한 탓에 결국 무위로 끝나고 말았습니다. 아예 말도 꺼낼 수 없는 분위기가 되었습니다.

적극대응사례

X국 정부조달시장에 진출한 한국 A사는 한국 B사가 생산한 제품에 한국 C사 등과 함께 부가가치를 입혀 완성된 제품을 KOTRA 협조하에 납품하게 됩니다. 그런데 그 과정에서 X국이 요구했던 제품 스펙을 일부 놓치게 됩니다. 어처구니없는 실수였습니다. X국은 대체품으로 손실 보상을 요구했습니다.

A사는 B사에게 책임을 지우려 했으나 B사와 합의에 이르지 못하자 이대로 시간을 끄는 게 자사에 유리하지 못하다는 판단을 하고 곧 결단을 내리게 됩니다. A사가 일단 모든 책임을 떠맡고 클레임을 단번에 해결 지은 겁니다. X국은 책임을 회피하지 않고 적극적인 자세로 신속한 조치를 취해준 데 대해 감사를 표했습니다. 한국산 구입이 잘못된 것이었다는 당초 비판이 참 잘한 선택이었다고 분위기가 반전되었습니다.

제품의 우수성과 클레임에 대한 신속한 해결과정을 통해 A사의 현지 위상은 공고화되었고, 조만간 X국의 후속 발주가 이어질 전망입니다. 당장의 이익보다 멀리 볼 줄 아는 A사의 혜안으로 기업 위상도 높이고 한국 국가 이미지까지 올라가는 것을 보면 클레임에 대한 기업의 대처가 얼마나 중요한지 성공사례와 실패사례를 대비하여 볼 때에 더욱 실감할 수 있었습니다. 물론 기회로 연결되지 못하고 피해만 보게 되는 악성 클레임도 있지만, 어떤 클레임들은 골치를 아프게 하고 위기가 되는 동시에 깊은 신뢰를 쌓을 수 있는 기회도 되어주곤 합니다.

꼼꼼한 서류 확인 및 보관

우리나라 사람들이 중남미 사람들에 비해 크게 뒤떨어지는 게 한 가지 있습니다. 그게 바로 서류에 약하다는 점입니다. 예컨대, 아파트를 전세나 월세 계약할 때에 우리는 보통 한 장짜리로 임대차 계약서를 간단하게 작성하고 도장을 찍거나 서명도 쉽게 해버립니다.

반면 중남미에서는 보통 대여섯 페이지 내지 열 페이지 이상 되는 빽빽한 계약서를 미리 주고받아 사전에 검토해본 후에 숨어있는 독소조항을 협상을 통해 무력화시키거나 강도를 약화시킨 후에 서명을 하는 데에 익숙해져 있습니다.

그러나 우리는 법률 용어가 삽입된 어려운 스페인어로 깨알같이 페이지를 꽉 채운 계약서 여러 장을 현장에 가서 읽어보려고 하면 스트레스가 몰려올 것입니다. 그래서 현지직원이나 다른 동료에게 대신 읽어보라고 하거나 본인이 대충 읽어본 후에 별 생각 없이 또는 괜찮겠지 하는 약간의 불안감 속에 애써 자위하며 서명을 끝내버리는 경우가 많습니다. 문안을 꼼꼼히 검토해보지 못한 탓에 후일 사고가 터지는 빌미가 생기기도 합니다.

중남미 사람들은 말은 쉽게 하지만 서류 작업은 철저히 하는 경향이 있습니다. 어떤 경우든 큰돈이 걸린 경우에는 우리보다 훨씬 까다롭게 준비를 하는 것은 물론 일단 만들어진 서류는 확실히 보관을 잘 해놓습니다. 반면 우리는 중요 서류조차 제대로 보관을 못해놓아 막상 분쟁이 붙을 경우 상대는 자신을 방어할 완벽한 서류로 무장하고 달려드는 반면 우리는 자신의 주장을 뒷받침할만한 서류가 빈약해 소송 등 법적 절차가 진행되면 지는 경우가 많습니다.

양국 기업 간 수출입계약서나 합작계약서 내지 그에 부대되는 서류, 또는 현지 사무실을 운영하기 위해 채용한 현지직원 고용계약서, 사회보장 가입 서류, 세무자료, 통관자료, 은행 관계 서류 등등 정도의 차이는 있겠지만 모든 분야에서 문제가 발생할 소지는 항상 있습니다.

중남미는 각종 행정체계가 정교하지 못하다 보니 심지어 5년 전에 1년 치 전기요금을 미납했다며 고지서가 날라 오는 경우도 있었습니다. 영수증을 제대로 보관해놓지 않고 버려버렸다면 수 천불을 억울하게 꼼짝없이 다시 내야 하는 상황도 벌어질 수 있습니다. 서류는 곧 돈입니다. 장래에 닥칠지 모르는 불상사에 대비해두는 지혜가 필요합니다.

잘 알려지지 않은 대중남미 마케팅 홍보방법 이용해보기

미지의 중남미시장 개척을 위해 우리 회사가 개발한 신제품을 소비자들에게 효율적으로 소개하고 싶은데 어떻게 해야 하나 고민하는 경우가 많으실 겁니다. 수출 상품 홍보 및 마케팅 방법에는 여러 가지가 있을 텐데, 아마 주로 이용하는 수단들은 온라인상으로는 영문 블로그 내지 자체 홈페이지와 유튜브, 페이스북 등 SNS, buykorea.org 등 마켓플레이스, 기타 자체 개발, 발굴한 온라인 수단 등을 쓰실 테고, 오프라인 상으로는 자체 영문 카탈로그 내지 KOTRA, 무역협회 등 수출지원기관이나 각 지방자치단체들 명의로 발간되는 종합 카탈로그 품목별 협회 발간 전문지, 기타 특유의 마케팅 수단 등을 종합 활용하시고 계실 것으로 봅니다. 널리 알려진 이러한 일반적인 방법 외에 잘 알려지지 않은 중남미 특유의 마케팅 홍보 방법과 아울러 비즈니스 상담 성공을 위한 통역 수배방법 등에 대해 간략히 소개해 드리고자 합니다.

❘ 뿌블리레뽀르따헤, 회사 및 제품 홍보에 현지 신문기사 활용법

중남미에서도 온라인이든 오프라인이든 영문 상품 홍보 자료가 유용하게 쓰이기도 합니다만 스페인어 자료만큼 효과를 발휘하기는 어려운 것이 현실입니다. 영어 구사자라 해도 원어민 수준이 아닌 한 영어보다는 스페인어가 훨씬 편하기 때문에 영문 자료는 대충 넘겨버리는 반면 스페인어 자료는 관심을 갖고 좀 더 꼼꼼히 보게 된다는 것입니다.

필자가 오랫동안 중남미에 살며 접해봤던 중남미 기업인 내지 정부관계자들이 솔직히 털어놓는 얘기였습니다. 특히 정부관계자들의 경우 영어를 잘 해도 중요자료는 스페인어로 작성되어야 한다는 요구들을 합니다. 영문 자료만 갖고 판단하는데 어려움이 있기 때문인데, 계약서 작성 시에도 영서(英西) 양 언어로 작성 후 문구 해석 분쟁 발생 시 영어가 우선한다는 문구를 우리 측에서는 삽입하고 싶어 하지만 그쪽의 동의를 얻기는 쉽지 않습니다. 오히려 반대 입장입니다. 특히 공직자의 경우 이런 경향이 두드러집니다. 영문 자료의 신빙성은 낮게 보고 스페인어 자료에 대해서는 신빙성을 높게 쳐주는 경향이 있다는 점을 주목해볼 필요가 있습니다.

중남미 시장에 깊이 침투해 들어가기 위해 스페인어로 우리 회사 제품을 소개해보겠다는 생각을 하셨다면 뿌블리레뽀르따헤 활용을 검토하여 보시기 바랍니다. 뿌블리레뽀르따헤(publirreportaje/ advertorial)란 단순 신문광고 형태가 아니라 신문기사 형태로 현지 유력일간지나 월간지 등에 자사 홍보 및 제품 홍보 기사를 유료로 실어주는 제도이기 때문에 일반 광고 대비 객관성을 담보해주는 효과가 뛰어나다는 점과 기사 게재료가 광고료보다 저렴하다는 점도 특징으로 들 수 있습니다. 요금도 광고료와 마찬가지로 각 신문사마다 인지도에 따라 차별화되어 있습니다.

언론사에 따라 무조건 실어주는 경우도 있지만 기자가 보기에 독자의 관심을 끌기 어렵다 생각되면 게재가 안 될 수도 있습니다. 따라서 새로이 개발된 첨단 신제품이라든가 기존 제품 대비 소비자 효용 내지 환경 보호정도를 높였다든가 하는 소비자들의 관심을 끌기에 충분한 정보를 제공해줘야 합니다. 그런데 신문사 담당직원 입장에서 뿌블리레뽀르따헤 유치실적을 쌓아야 하는 만큼 유료기사 신청자와 인터뷰를 하면서 방향을 잡아주기도 하니 동 방법 활용이 크게 어렵지는 않을 겁니다.

필자의 경우 한국과 콜롬비아 간 자유무역협정(FTA) 발효여부를 결정짓는 헌법재판소 판결을 앞둔 상황에서 현지 반대 여론을 무마하고 찬성 여론을 환기시키기 위해 뿌블리레뽀르따헤 이용을 검토한 적이 있었습니다. 여러 신문사와 인터뷰 후 동시에 또는 시차를 두고 때리는 방식을 두고 현지 친FTA 인사들과 협의를 하다가 파급효과가 너무 클 것이 우려되어 중단한 적이 있었습니다. 민감한 현안에 대해 국민적 관심도를 너무 높여놓게 되면 관심을 크게 받지 못하고 있던 반대파 역공에 오히려 힘을 실어줄 수 있다는 신중론이 우세했던 것입니다. 다루는 주제 차원이 다른 문제이긴 하나, 이는 역설적으로 뿌블리레뽀르따헤의 위력이 그만큼 큰 것으로 현지인들이 받아들이고 있다는 의미도 되겠습니다.

주의하실 점은 이 제도를 활용한다고 해서 귀사 제품이 시장 내에 바로 성공적으로 안착하리라는 보장은 해주진 못한다는 겁니다. 귀사가 겨냥하는 핵심 타겟 고객층이 그 기사를 관심 있게 봐줄지 여부는 미지수이기 때문이죠. 또 한 가지 주의해야 할 요소는 기사에 사실과 다른 내용이 들어가 있을 경우

경쟁 기업으로부터 협공을 받을 우려도 있고, 기사에 언급된 사항이 제대로 실행되지 않을 경우 소비자로부터 제소당하는 빌미를 제공해줄 수도 있으니 신중하게 접근하셔야 합니다.

뿌블리레뽀르따헤 제도를 활용코자 하는데 게재 요금이 어느 정도며, 신문 지면에 실제 어떻게 기사화가 되는지 궁금하시다면 www.google.com.co로 들어가셔서 검색창에 (cuánto cuesta) publirreportaje를 쳐보면 콜롬비아 경우 가격정보와 게재사례를 보실 수 있을 겁니다. 의외로 저렴한 곳도 있습니다. 멕시코나 아르헨티나, 칠레, 페루 등 다른 중남미 국가들도 유사한 제도를 운영하고 있으니 잘 활용해보시기 바랍니다. 필자가 직접 이용해보지는 않았지만 신문사뿐만 아니라 잡지사나 TV, 라디오 방송국에서도 이러한 제도가 운영되고 있다고 합니다. 아무쪼록 이러한 마케팅 수단들을 잘 활용하여 독자 여러분의 취급 제품이 중남미 시장에 잘 어필하고 귀사의 인지도도 높일 수 있기를 바랍니다.

ㅣ 미주개발은행(IDB) 비즈니스 포탈 활용, 마케팅 및 홍보방법

중남미에서 특정품목 수입상 또는 공급업체를 찾으시거나 합작투자 내지 기술제휴, 프로젝트 수주전 참가 컨소시엄 멤버 물색, 전자상거래 시장 협력진출 등 여러 가지 형태의 비즈니스를 희망하실 경우 독자 여러분은 어떻게 하시나요?

여러분들도 아시다시피 우리나라의 대표적인 글로벌 B2B 마켓플레이스인 바이코리아(www.buykorea.org)를 활용해보실 수도 있고, KOTRA(대한무역투자진흥공사)나 무역협회, KOIMA(수입업협회), 대한상공회의소 내지 전문분야 협회, 각 지자체 고유의 해외 비즈니스 지원기관, 우리나라 주재 중남미 대사관 등을 잘 접촉해보면 무료 서비스 품목이나 양질의 유료 서비스를 통해 해답을 찾으실 수 있을 겁니다.

그런데 얼마 전부터 중남미 전문 국제기구가 개발한 새로운 방법이 추가되었는데, 여러분들이 대체로 모르시는 분들이 많을 것으로 보여 소개를 해드리고자 합니다. 비용도 안 들이고 중남미 전체를 대상으로 내 회사와 내 제품을 드러낼 수도 있고, 제휴선을 물색해볼 수도 있습니다.

혹시 ConnectAmericas.com 들어보셨나요? 2014년에 미주개발은행(IDB/BID)이 개발한 중남미 기업인을 위한 최초의 사회관계망(SNS) 성격의 비즈니스 포털인데, 2015년에 부산 IDB 총회 개최 시기에 한국에도 소개가 되었습니다.

비즈니스 소셜 네트워크라는 특성상 각종 국제 비즈니스 규범 및 절차 등 정보가 안내되고, 각국 중소기업인들 간에 국제적 네트워킹이 활발히 이루어질 수 있는 프레임이 기본적으로 제공됨은 물론 IDB 회원국들이 제공하는 각종 금융상품 정보도 얻을 수 있습니다. 중소기업 지원에 초점을 맞춘 만큼 우리나라의 수출투자 관심 중소기업들도 활용해보실 만한 가치가 있을 것으로 보입니다.

더구나 이 포털 회원 가입과 함께 기재하게 되는 기업 정보 등에 대해 IDB 직원과의 개별 접촉을 통해 검증까지 받도록 하는 시스템이 갖춰져 있어 정보의 신뢰성도 높이고 있습니다. 필자가 만나본 IDB 관계자는 ConnectAmericas가 중남미와 아시아, 특히 한국 기업인과 중남미 기업인 간 비즈니스 활성화를 위한 효율적인 네트워킹 수단으로 자리매김 되기를 희망한다며 KOTRA의 협력을 당부하기도 했습니다.

시간이 되시면 지금 바로 www.connectamericas.com에 접속해서 한 번 살펴보세요. 영어나 스페인어 또는 포르투갈어 등 3개 언어 중 자신에게 가장 편한 언어를 선택하여 중남미 커뮤니티 일원으로 활동하면서 중남미와의 비즈니스 추진에 필요한 도움도 국제기구로부터 받아보시기 바랍니다. 그렇다고 너무 큰 기대를 하게 되면 실망하실 테니 가벼운 마음으로 이용해 보세요.

중남미 비즈니스 상담 성공을 위한 통역 수배 방법

중남미 비즈니스를 제대로 하려면 무엇보다 언어로부터 자유로워져야 한다는 점은 누구나 공감하시리라 봅니다. 중남미 대표 언어는 스페인어입니다. 따라서 스페인어 구사는 중남미 비즈니스의 기본이라 할 수 있습니다. 하지만 수출 중소기업의 경우 인력여건이 충분치 못한 경우가 대부분이라 스페인어까지는 엄두를 못 내고 보통 영어 하나에만 의존하는 경우가 많을 겁니다. 그렇다면 대안은 영어 구사가 가능한 바이어와만 선별적으로 비즈니스를 하든가, 현지 방문 비즈니스 상담 시 한-서 통역을 활용하든가 선택해야하는 상황이 될 것입니다.

통역원의 역할은 대단히 중요합니다. 필자가 숱한 비즈니스 상담회나 세미나 등을 준비하고 참가해보면서 느낀 점은 통역원을 잘 쓰느냐 못 쓰느냐에 따라 그 결과가 확연히 갈리는 경우도 종종 나온다는 겁니다. 한국 수출기업인이나 중남미 수입상이 열심히 설명을 하는데, 통역원이 중요 내용들을 빼먹고 전달하지 못하는 경우들이 발생하기도 하며, 통역원의 전문용어에 대한 이해 부족으로 엉뚱한 표현으로 잘 못 전달되는 경우도 나옵니다. 또한 설명회 질의 답변 시 질문의 핵심을 잘 이해하지 못하고 우물쭈물 전달하다보니 엉뚱한 답변을 하게 되어 좌중의 실소를 금치 못하는 경우도 나오게 되며, 통역원이 평소에 잘 하다가 그날따라 몸 상태가 극히 안 좋아 통역에 실패하는 경우들도 보게 됩니다.

이렇듯 통역원의 역할이 중요한데도 통역원 수배에는 우선순위를 낮게 두고 대충 넘어가려는 경우들을 자주 보게 됩니다. 비즈니스 관련 설명회에서 연사 발표 내용을 참석자들에게 제대로 전달을 하느냐 여부가 관건인데, 호흡을 맞추지 못하고 자신의 진도 나가는 데에만 급급하여 진행하다보면 100을 얘기해봤자 전달은 심한 경우 30 정도에 그칠 수도 있습니다. 개별 상담의 경우에도 내 말을 통역원이 제대로 옮겨 상대방이 제대로 이해를 하고 있는지 중간중간 확인해보는 것이 필요합니다.

통역을 한국에서 구하는 거야 워낙 인재풀이 크니 별 문제가 없겠지만, 중남미에서 구하는 것은 결코 쉬운 문제가 아닙니다. 특히 교포인력이 많지 않은 국가의 경우에는 더욱 그렇습니다. 현지에서 통역원들이 많이 동원되는 큰 행사를 개최하고 있다든가 하는 상황에서 현지를 방문하게 되면 통역원 자체를 구하기조차 어렵게 될 수도 있고, 구해봤자 업무에 별로 도움이 안 되는 초보 수준일 수도 있습니다. 아니면 현지 진출 한국기업이 사업을 확장하면서 통역 인력들을 끌어가버리는 경우도 나와 통역원 가뭄 내지 기근이 들기도 합니다.

통역원을 제대로 활용하기 위해서는 먼저 양질의 통역원 확보가 절실합니다. 어떻게 확보하는 것이 좋을까요? 방문하고자 하는 지역 관할 KOTRA 무역관을 접촉해보는 것이 가장 무난한 방법이 될 것입니다. 그 무역관 홈페이지 들어가 보면 통역원 정보가 있으니 일차적으로는 이를 활용토록 하고, 좀 더 확실하게 추천을 받고자 하면 무역관에 전화와 이메일 등의 방법으로 연락하여 통역원 정보를 좀 더 깊이 있게 알아볼 수도 있습니다. 물론 최고 양질의 우수 통역 인력을 쓰고자 하면 통역료가 크게 올라갈 수도 있으니 이 점은 감안하셔야 할 겁니다.

양질의 통역원이 확보되고 나면 그 다음에는 통역원이 현장에서 제대로 통역할 수 있는 만반의 준비를 갖추도록 유도 및 배려가 필요합니다. 상담 품목에 대한 충분한 이해를 할 수 있도록 설명도 해주고, 제품에 대한 스페인어 내지 영문 설명서도 전달해줘 사전에 습득토록 하는 과정이 매우 중요합니다.

상담 현장에서는 여러 문장을 한 번에 듣고 요약해서 전달하는 방식을 택하지 말고, 상대방의 말 한 문장 한 문장을 끊어서 통역을 하도록 요구하면 말의 누수가 차단되고, 전달력이 한층 높아질 것입니다. 통역원이 잘 이해를 못했으면 다시 되묻도록 해서 확실히 짚으면서 넘어가도록 하는 역할은 독자 여러분이 하셔야 합니다. 물론 유능한 통역원은 그렇게까지 하는 것이 오히려 비효율적일 수도 있을 테니 여러 상황을 잘 살펴보셔야 할 겁니다.

통역원들 중에는 한국어는 강한데 스페인어가 약한 사람도 있고, 스페인어는 능통한데 반해 한국어 어휘력이 부족해 제대로 표현이 안 되는 경우도 있는가 하면 모두에 능통한 인재도 다양하게 분포되어 있습니다.

임박한 중요 행사를 앞두고 한국어-스페인어 우수 통역요원 수배가 여의치 않은 경우 한국에서 통역사를 모셔가는 방법도 있습니다만 비용 문제가 부담되어 실행에 옮기기 어려운 경우가 많습니다. 그러면 보통 현지에서 영어-스페인어 통역을 쓸 수밖에 없습니다. 중남미 어느 나라나 영어-스페인어 통역원 공급에는 전혀 문제가 없지만, 양질의 한국어 통역이 꼭 필요한 경우라면 비상수단을 강구해야 합니다.

비상수단? 그게 무엇일까요? 현지 진출 한국기업에 채용되어 근무 중인 한국인 직원 바로 그분들이 대안이 될 수 있습니다. 과거 통역원으로 활동하다가 능력을 인정받아 두둑한 몸값을 받고 특채되는 사례가 많기 때문에 현지 법인장 내지 지사장의 양해를 얻어 정식으로 도움을 받거나, 당사자로 하여금 행사 당일 하루 휴가를 내도록 유도해서 값을 시장가치보다 더 쳐주고 통역원으로 활용하는 겁니다.

또 다른 방법은 교포기업인이나 그분들의 배우자를 활용하는 방안도 고려해볼 수 있습니다. 현지에서 오랫동안 현업에 종사해온 교포기업인이라면 현지어에 능통한 경우가 많이 있으며, 현지 문화나 상관행 등에 익숙해 큰 도움이 될 수 있습니다. 역시 시장가치 이상 톡톡히 몸값을 쳐줘야 인센티브로 작용할 수 있습니다.

그러나 현지 생활이 오래되었다고 해서 그 자체만으로 실력이 검증된 것은 아니니 객관적으로 검증해볼만한 자료나 대사관이나 코트라, 현지 한국인 커뮤니티 등으로부터 복수의 평판을 들어보고 결정하는 것이 안전할 것입니다. 왜곡된 평판을 접하게 되는 경우도 있어 후회하지 않으려면 시간이 없더라도 복수의 평판을 통한 검증절차가 필요합니다. 물론 대사관이나 코트라에서 자신 있게 추천하는 경우에는 믿어도 됩니다. 공공기관들이 여간해선 자신 있게 추천해주지 않습니다. 통역은 정말 중요한 문제인 만큼 행사가 정해지면 가장 먼저 통역부터 수배해야 함을 잊지 마세요. 중남미에서 통역 수배는 업무의 최우선 순위입니다.

제6부

중남미의 사회문화적 핵심 이슈

– 중남미 사람들은 어떤 고민과 문제를 안고 살아갈까?

제30강 중남미는 뇌물로 통한다?

소보르노(Soborno), 꼬이마(Coima), 꼬에초(Cohecho), 모르디다(Mordida), 이게 무슨 말들일까요? 모두 뇌물을 뜻합니다. 스페인어 뇌물 표현이 이처럼 다양하다는 점은 그만큼 뇌물 문화가 발달했다는 의미도 내포하고 있습니다. 중남미의 문제점 3종 세트로 불평등(빈부격차), 대중인기영합주의(포퓰리즘), 부정부패 등을 들곤 합니다. 이는 중남미의 발전 지체를 설명하는 도구로 종종 활용되곤 하는데, 이중 부패 측면에 초점을 맞춰 중남미 각국이 어느 정도로 부패했는지, 그리고 장기간에 걸쳐 조직적으로 뇌물을 공여한 결과는 어떠한지 세계적으로 유명한 부패 사례 등을 중심으로 살펴보도록 하겠습니다. 여기서 중남미 비즈니스 관련 시사점을 찾아보시기 바랍니다.

청렴 3국, 부패 4국: 중남미는 뇌물이 잘 통하나?

비정부기구인 국제투명성기구(Transparency International)가 집계하여 발표하는 세계부패지수(국가청렴도지수)라는 것이 있습니다. 부패지수(부패인지도지수/Indice de percepción de la corrupción)는 극도 부패가 0, 완전 청렴이 100으로

되어 있습니다. 176개국을 대상으로 한 2016년도 부패지수를 보면 2/3이상이 50이하로 나타나고 있으며, 세계 평균치는 43으로 집계되어 있습니다. 부패지수가 50이하라는 것은 부패가 전 세계적으로 만연되어 있다는 의미가 될 수 있습니다.

그러면 중남미의 경우는 어떨까요? 중남미 20개국을 대상으로 집계되고 있는데, 2013년도와 2016년을 비교해서 살펴보겠습니다.

중남미 랭킹	세계 랭킹	국명	부패지수	
			2016년	2013년
1	**21**	**우루과이**	**71**	**73**
2	**24**	**칠레**	**66**	**71**
3	**41**	**코스타리카**	**58**	**53**
4	60	쿠바	47	46
5	79	브라질	40	42
6	87	파나마	38	35
7	90	콜롬비아	37	36
8	95	아르헨티나	36	34
8	95	엘살바도르	36	38
10	101	페루	35	38
11	113	볼리비아	33	34
12	120	에콰도르	31	35
12	120	도미니카공화국	31	29
14	123	온두라스	30	26
14	123	멕시코	30	34
14	123	파라과이	30	24
17	**136**	**과테말라**	**28**	**29**
18	**145**	**니카라과**	**26**	**28**
19	**159**	**아이티**	**20**	**19**
20	**166**	**베네수엘라**	**17**	**20**

자료원 : Transparency International, www.tranparency.org

20개국 중 3개국만이 50을 넘어서 중남미 국가 85%가 부패한 나라로 집계되고 있습니다. 세계 평균보다 매우 높은 수치입니다. 베네수엘라, 아이티, 니카라과, 과테말라 등은 30을 하회하고 있어 매우 부패한 나라로 분류됨을 볼 수 있겠습니다.

중남미 여러 나라에서 부패와의 전쟁을 선포하고 나름대로 정화 노력을 해오고 있습니다만 부패 근절이 만만치 않은 과제임을 보여주고 있습니다. 부패는 정치인들의 부패, 정부 관료 및 경찰, 판사들의 부패, 유관기관 및 기업인들의 부패 등 그 주체가 다양하며, 중남미의 또 다른 고질적 문제점인 마약 카르텔과 연계된 부패, 고가품 밀수나 매춘 또는 인신매매나 무기밀매 등 지하경제와 관련된 부패 등 여러 측면에서 싹이 틉니다.

중남미에서 부패를 뿌리 뽑기 위해 기존에 인터넷 가상화폐로 널리 쓰이는 비트코인 거래 보안기술로 시작된 블록체인 기술이 4차 산업혁명의 총아로서 핀테크 핵심으로 떠오르고 있는 점을 활용하여 정치자금 기부수단으로 블록체인을 채택하자는 목소리도 나오고 있습니다. 투명해지면 자연히 수요도 줄고 공급도 따라 줄게 되리라는 기대심리가 반영되어 있는 것입니다.

우루과이, 칠레, 코스타리카 등 3개국은 50을 상회하고 있으니 중남미라고 모두가 부패한 나라는 아님을 보여주고 있습니다. 특히 우루과이가 중남미 최고의 청렴국 지위를 갖게 된 이면에는 현직에 있을 때에나 퇴임 후에나 소박한 서민의 삶을 살고 있는 우루과이 뻬베 무히까(Pepe Mujica) 전 대통령(2010-2015)이 솔선수범했기 때문이 아닐까 생각이 됩니다. 윗물인 국가 지도자가 먼저 부패 제로의 청정 정치를 펼치는 솔선수범을 통해 아랫물도 정화되는 효과를 거둔 것이겠습니다. 우루과이가 중남미 최고의 청렴국이 된 것은 그만한 이유가 있는 것입니다.

또한 중남미 최고의 선진국인 칠레 역시 부패가 발붙이기 힘든 투명한 사회시스템을 운영하고 있어 여타 중남미 국가들의 모범이 되고 있습니다. 그래서 중남미 여러 나라에서 칠레 따라 하기 열풍이 불기도 합니다.

우리나라 국가 청렴도 순위(2016년)는 전년 대비 3점이 하락한 53점을 기록해 세계 52위로 우루과이, 칠레, 코스타리카보다 낮은 수치란 점이 수치스럽습니다. OECD(경제협력개발기구) 35개 회원국 중에서도 29위를 차지하고 있어 우리도 우루과이나 칠레를 벤치마킹해야 하지 않을까 싶습니다. (*참고: 싱가포르

84점, 7위/ 홍콩 77점, 15위/ 일본 72점, 20위/ 1위는 덴마크와 뉴질랜드 – 공히 90점)

중남미의 세기적 부패 사례

부패가 워낙 다양한 측면에서 발현되기 때문에 여기서는 중남미 진출을 꾀하는 우리나라 기업인들이 참고할만한 가치가 있는 비즈니스와 관련된 대형 부패 사례만 추려보겠습니다. 이러한 부패 사례들을 보면 뇌물 공여가 임시방편으로는 통하는 것처럼 보이지만 장기적 관점에서 보면 중남미 사업에 뇌물로 접근하는 것은 기업의 존망을 위태롭게 하는 요소가 되고 있음을 여실히 보여주고 있습니다.

중남미 10국을 초토화한 오데브레히트 메가톤 스캔들

중남미 전역을 뒤흔든 중남미 최대의 부패 스캔들(Megaescandalo)로 기록되고 있는 대표적인 부패사례로 오데브레히트(Odebrecht) 뇌물 스캔들을 들 수 있습니다.

오데브레히트는 브라질 국적의 중남미 최대의 건설회사로 명성을 날렸던 기업입니다. 중남미 각국에서 시행하는 각종 인프라 건설 대형 프로젝트들을 척척 수주해냄으로써, 중남미로 진출하려는 우리나라 기업들에게는 아낌없는 찬사를 보낼만한 경외의 대상 내지 극복하거나 회피해야 할 공포의 대상이 되기도 했으며, 한편 프로젝트 수주를 위한 전략적 제휴의 대상이 되기도 했습니다. (오데브레히트 관련 보다 상세 내용은 "물따라떠나 강의" 편 참조)

오데브레히트는 2016년 12월 미국 법원으로부터 뇌물공여죄로 유죄판결을 받았으며, 매수전담팀을 비밀리에 활용하거나 미국계나 유럽계 은행들을 통해 조직적으로 움직여왔음이 밝혀졌습니다. 이 회사는 총 7억 8,800만 달러의 뇌물을 2001년부터 2016년까지 중남미 10개국 및 아프리카 2개국(앙골라/5천만불, 모잠비크/90만불) 정부 관료 및 정치인들에게 공여해왔다고 실토를 해 중남미 전역을 벌집 쑤셔놓은 듯 발칵 뒤집히게 했습니다.

뇌물을 수수한 중남미 10개국은 브라질(3억4,900만불), 베네수엘라(9,800만

불), 도미니카공화국(9,200만불), 파나마(5,900만불), 아르헨티나(3,500만불), 에콰도르(3,350만불), 페루(2,900만불), 과테말라(1,800만불), 콜롬비아(1,100만불), 멕시코(1,050만불) 등인데, 이중 우리 기업들의 관심도가 높은 주요 6개국(브베아페콜멕) 사례를 간략히 살펴보겠습니다.

브라질: 대통령 탄핵과 룰라 구속

브라질은 2014년 라바자투(Lava Jato) 스캔들로 불리는 페트로브라스 스캔들과 결부되어 지우마 호세프(Dilma Rousseff) 대통령의 탄핵 파면과 룰라(Lula da Silva) 전 대통령의 구속으로 이어지는 초대형 사건으로 번져갔습니다. 오데브레히트사의 마르셀로 오데브레히트 회장은 부패 및 자금세탁 혐의로 19년형을 선고받고 2015년 6월부터 복역 중입니다. 3억4,900만 달러의 뇌물은 2003~2016년 사이에 뿌려졌다고 합니다.

베네수엘라: 공공사업 대거 수주

베네수엘라에는 2006~2015년 기간 중 9,800만 달러가 살포되었는데, 차베스(Hugo Chavez) 정부시절 입찰 없이 여러 공공사업을 수주하게 된 배경이 되었습니다. 카라카스 지하철 5호선 건설공사, Mariches지역 Metrocable 케이블카(teleférico) 건설공사, Guarenas - Guatire 구간 철로 공사, 카라카스 인근 Los Teques시 지하철 2호선 건설공사 등이 주요 수주사업으로 열거되고 있습니다. 그 외에도 교량 건설공사나 Tocoma 수력발전소 건설공사, Maiquetia 소재 시몬 볼리바르 국제공항 인프라 최적화 사업 등도 오데브레히트사가 맡고 있으나, 대부분 지체되거나 교착상태에 빠진 것으로 알려지고 있습니다.

콜롬비아: 3건의 공공사업 매수

콜롬비아의 경우 2014년 산토스(Juan Manuel Santos) 대통령 재선 캠페인 시기에 산토스 진영으로 오데브레히트의 불법자금이 흘러들어갔다는 의혹을 받기도 했습니다. 이는 오데브레히트로부터 460만 달러를 수뢰한 혐의로 구속된 오토 불라(Otto Bula) 상원의원의 증언에만 기반하고 있고, 여타 증거가 확보되지 못했다고 합니다. 불라 의원은 460만 불 중 일부가 산토스 측으로 건너갔다는 주장이며, 당시 강력한 경쟁 상대였던 술루아가(Oscar Ivan Zuluaga) 후보 측도 동사 자금을 수수했다는 의혹도 불거져 나와 콜롬비아 정치권은 격랑의 파고에 휩쓸리기도 했습니다.

콜롬비아에서는 2009~2014년 사이에 오데브레히트사가 막달레나강 항행 사업 및 2건의 도로건설사업 등 3건의 공공사업을 1,100만 불로 매수하여 수주했다고 합니다. 이 건으로 당시 교통부의 Gabriel Garcia Morales 차관 및 불라 의원이 구속된 것입니다.

페루: 인프라 건설공사 싹쓸이?

페루에는 2005~2014년 사이에 오데브레히트의 뇌물자금 2,900만 불이 스며들었는데, 이중 2천만 불이 전 똘레도(Alejandro Toledo) 대통령(2001-2006)에게 넘어갔다는 의혹에 따라 프랑스 체류 똘레도 전 대통령에 대한 국제 체포영장이 발부되었다고 합니다. 동사가 뇌물을 뿌린 시기가 가르시아(Alan Garcia) 전 대통령(2006-2011) 및 우말라(Ollanta Humala) 전 대통령(2011-2016) 집권기와도 겹치기 때문에 불똥이 튈 가능성도 점쳐지고 있습니다. 그런데 2016년7월 집권한 쿠친스키 대통령이 2017년 12월 자신이 운영했던 경영자문업체가 오데브레히트로부터 뇌물을 받았다는 의혹으로 탄핵 위기에 몰렸다가 야당쪽 이탈표가 나오면서 간신히 위기를 넘깁니다. 이때 후지모리 전대통령을 사면하며 뒷거래 의혹을 풍기자 알베르토 후지모리 전대통령의 아들인 겐지 후지모리 야당의원과 뒷거래 의혹이 불거지게 되었고, 이로써 겐지 의원은 대통령후보였던 누나 게이코 의원으로부터 출당당하고, 2018년 3월 의회 탄핵표결 전날 쿠친스키 대통령은 결국 하야하고 맙니다.

이 시기에 오데브레히트사가 수주하여 시공한 사업들을 보면, 리마 지하철 1호선 건설공사, 남부 가스송유관(Gasoducto) 건설공사, 리마시 및 까야오(Callao)주, 쿠스코시 등의 신도로 건설공사, 페루와 브라질을 잇는 남부 대양

간 고속도로 건설공사(똘레도 전 대통령 수뢰의혹) 등이 열거되고 있습니다.

멕시코: 페멕스 정유공장 폐기물활용사업 언더테이블 담판

멕시코는 2010-2014년 사이에 이 회사로부터 3,900만불을 수뢰하였는데, 깔데론(Felipe Calderon) 정부와 뻬냐 니에또(Enrique Peña Nieto)정부 집권기간 중 공기업인 페멕스(Pemex/멕시코 석유공사)로부터 주로 에너지 분야 프로젝트를 브라질 석유화학기업인 Braskem과 함께 오데브레히트가 수주 했다는 것입니다. 미국 법원에서 어떤 프로젝트인지는 구체적으로 열거하지 않았지만, 2013년 10월 오데브레히트사가 Pemex 고위인사와 6백만 불의 뇌물 수수를 은밀히 합의했다고 합니다. 그 결과 2014년 2월 1억 불 규모의 미겔 이달고 정유공장 폐기물 활용 프로젝트를 수의계약으로 따냈다고 합니다.

아르헨티나: 각종 건설공사 뒷거래로 쓱싹

오데브레히트사는 아르헨티나에는 2007-2014년 기간 중 3,500만 불의 뇌물을 주고 여러 건설공사를 뒷거래로 쓱싹 따냈습니다. 가스 송유관 확장공사, 식수화 공장 건설, 이뻬에페(YPF/아르헨티나 석유공사) 정유공장 건설, 철로 건설 등 여러 공공사업을 언더테이블 협상을 통해 수주했음을 시인했습니다. 이 시기는 끼르츠네르 부부가 연이어 집권한 기간(Nestor Kirchner 2003-2007, Cristina Fernandez de Kirchner 2007-2015)에 해당됩니다.

대통령을 탄핵시킨 바가지 견적 리베이트, 라바자투 스캔들

브라질 역사상 최대 규모의 비리 스캔들로 기록되고 있는 것이 라바자투(Lava Jato) 스캔들입니다. 브라질 최대 공기업인 브라질 석유공사 페트로브라스(Petrobras)가 비리 핵심기업인 만큼 페트로브라스 스캔들로 불리기도 합니다.

라바자투(Lava Jato)라는 말은 브라질 수도인 브라질리아 소재 Posto da Torre라는 한 주유소가 외화 환전 및 자금 송금 서비스를 겸하고 있었는데, 쿠리찌바 지역 연방경찰이 동 주유소의 불법 자금세탁 혐의 추적을 위해 사용한 포르투갈어 작전 코드명으로서, 영어의 Jet Wash 의미입니다.

단순 자금세탁 사건으로 경찰 추적을 받다가 2014년 3월 정관계가 연루된 페트로브라스의 조직적인 거대 비리망이 포착되었고, 이에 따라 브라질의 당시 현직 대통령이었던 지우마 호세프(Dilma Rousseff)가 2016년 탄핵을 받아 권좌에서 물러나고, 전직대통령인 룰라 대통령도 구속되면서 전 세계의 주목을 받게 된 사건입니다.

호세프 전 대통령은 연임까지 성공했으나 대통령이 되기 이전인 2003년부터 2010년까지 비리의 온상이 된 페트로브라스 이사회 의장을 맡고 있었으며, 이 시기에 문제의 비리가 집중적으로 발생한 것입니다. 본인은 부인하고 있으나 2010년 및 2014년 대선 캠페인 당시 호세프 진영으로 동 자금이 흘러들어간 혐의가 인정된 것입니다. 호세프는 이사회 의장 역임 기간 동안 광물에너지장관 자격으로, 그 이후에는 룰라 전 대통령의 비서실장을 맡았던 것으로 전해지고 있습니다.

룰라 전 대통령도 오데브레히트나 OAS 등 건설사들이 페트로브라스로부터 사업을 수주할 수 있게끔 혜택을 부여한 대가로 뇌물을 수수했다는 혐의를 받아 구속되었습니다. 건설사들은 페트로브라스에 바가지를 씌워 견적가격을 부풀리는 방식으로 계약을 따낸 다음 리베이트(kickbacks)를 지불하는 방식으로 페트로브라스의 정치인 비자금 조성에 크게 기여했다고 합니다.

페트로브라스는 국영기업으로 1953년에 설립되었으며, 국가가 최대지분을 보유하고 있는 가운데 상파울루 증시나 뉴욕 주식시장에도 상장되어 있습니다. 1990년대에 중도파인 까르도주(Fernando Henrique Cardoso) 정부에 의해 부분 민영화되었다가 2000년대 중후반 좌파 룰라 정부시절 재국영화 과정을 밟게 되었습니다. 2007년 거대 규모의 Pre-salt심해유전(2km 두께의 염전층 아래 위치한 유정)이 발견됨에 따라 페트로브라스로 하여금 독점적으로 이 유전을 운영하도록 하는 제도가 만들어져, 페트로브라스는 브라질 GDP의 13%나 기여하는 기업으로 성장을 하게 되었습니다.

집권여당인 노동당(PT)이 추진했던 페트로브라스의 재국영화 및 독점적 지위는 유전 발견이후 애국적 대의를 명분으로 국민적 지지를 받아 추진되었습니다. 하지만 노동당과 연립정부 참여 정당들(PMDB, PP)은 페트로브라스 내 요직에 자신들이 추천한 인사들을 앉히도록 했으며, 그중 대표적인 인물이 2004년부터 2012년까지 공급이사(director of supplies)를 지냈던 꼬스따(Paulo Roberto Costa) 이사였습니다. 꼬스따 등 당과 결탁한 이사들은 모든 계약 건들의 1~3%에 해당되는 자금을 노동당 및 제휴 정당들에게 비밀리에 빼돌렸으며, 그 규모는 유전개발 투자사업 및 그에 수반되는 정유소 건설사업 등에 힘입어 수십억 달러에 이르렀습니다.

이들은 비자금의 당 헌납 외에 페트로브라스 사업을 따내주는 대가로 건설업체 등으로부터 자신의 주머니도 확실히 챙겼는데, 스위스 계좌에 1억 불 이상의 자금을 비축하기도 했으며, 최고급 예술 작품을 소장하는 수법 등을 구사했습니다. 이들과 결탁한 커넥션이 암시장 딜러(돌레이루/doleiros)였습니다. 유세프(Alberto Youssef) 등 암시장 딜러들을 통해 자금세탁이 이루어졌으며, 노동당과 연합세력들이 장기집권 하도록 관계자들을 매수하고 선거 캠페인에 자금줄 역할을 하는 권력 프로젝트의 일환으로 추진된 것은 아닌가 하는 의혹도 사고 있습니다.

페트로브라스 스캔들에 연루되어 기소된 인사는 정계(7개 정당 정치인 50여명) 및 재계 인사들(16개사)로 2016년말 기준 총 179명이며, 이중 93명이 유죄판결을 받았습니다. 36억 헤알(약 10억 달러)의 자금 유용액과 62억 헤알의 뇌물, 381억 헤알(약 113억 달러)의 변상 요구액 등 천문학적 규모의 피해액이 적시되고 있는 가운데 2017년 3월 기준 100억 헤알이 복구되었다고 합니다. 동 비리사건 조사에 30명의 검사와 4천 명의 경찰이 투입되었고, 꼬스타 전 페트로브라스 이사와 유세프 암 딜러, 오데브레히트 회장 등 핵심 관계자들이 검찰과 형량을 낮추기 위한 양형거래(Plea bargain)까지 하여 연루 범위가 확대된 것이라고 합니다. 마르셀로 오데브레히트 회장은 3천만 달러 이상을 페트로브라스 중역들에게 뇌물로 바쳤다는 혐의로 2016년 3월 19년형을 선고받고 복역 중입니다.

이번 사건은 브라질 정계나 재계에 큰 상처를 남겼으며, 떼메르(Michel Temer) 후임 대통령에게까지 불법 정치자금의 대선 진영 헌납을 요구했다는 의혹이 한 때 불거지기도 했습니다. 무디스나 S&P 등은 라바 자토 스캔들을 들어 브라질의 국가 신용등급을 하향조정했고, 투자자 신뢰도 실추 등으로 브라질 경제는 고전을 면치 못하다가 이제 조금씩 회복되는 분위기입니다.

한편 이번 사건 판결들로 국민적 영웅으로 부상한 모로(Sergio Moro) 판사에 대한 평가를 놓고 고위 비리 정계 및 재계 인사들을 성역 없이 벌줘 정의를 구현했다는 호평과 함께 야당을 편들고 인권을 유린했다는 비방도 함께 받고 있는데, 이번 사건 이후 브라질이 더 이상 뇌물이 발붙이지 못하는 청정 국가로 변모할 것인지 여부에 대한 기대감과 뇌물을 원하는 인간 본성에 대한 회의감이 함께 교차하고 있어 뇌물의 공급요인뿐만 아니라 수요요인까지 차단되어야 한다는 근본적 해결방안 제시가 요구되고 있습니다.

*** 중남미의 대표적 청렴지도자 우루과이 뻬베 무히까 전 대통령**

위의 사례를 보면 중남미 지도자들 대다수가 부패한 것처럼 보일 수 있으나 우루과이 역사상 세계적으로 가장 유명한 호세 무히까 대통령을 보면 중남미 지도자들에 대한 부패 이미지가 어느 정도 희석될 수 있으리라 보여 소개해 드립니다.

세계에서 가장 깨끗한 대통령, 가장 가난한 대통령, 동화 속의 주인공 같은 대통령, 중남미의 만델라, 부패한 정치인에 대한 불신과 혐오를 씻겨 내준 유일무이한 대통령, 국내보다 해외에서 더욱 사랑받은 대통령 등의 수식어가 그에게 따라붙습니다.

뻬베(Pepe)라는 애칭으로 불리는 호세 무히까(Jose Alberto Mujica Cordano) 전 대통령은 2010년 3월부터 2015년 2월까지 우루과이 대통령을 지냈습니다. 그는 1840년 우루과이에 정착한 스페인 바스크 이민자의 후손으로서 이태리 출신 이민자 후손 외가 사이에서 1935년에 태어났습니다. 1960~70년대 도시 게릴라 조직인 뚜빠마로스(Tupamaros)에서 활동한 게릴라 전사 출신으로서 하수구를 누비며 무장투쟁을 벌이다 총상을 입기도 했으며, 경찰 살해 혐의로 체포되어 무기징역형을 받고 수감생활을 하다가 땅굴을 통해 2차례의 탈옥도 시도했습니다.

그러나 결국 붙잡혀 13년간 독방생활을 한 장기수로 지내다 1985년 국제사면위원회(엠네스티)의 지원을 받아 석방된 뒤 1994년 좌파 정치조직 대표로 하원의원이 되어 정계에 입문하게 되었습니다. 1999년 상원의원을 거쳐 2005년 우루과이 최초의 좌파정권 수립으로 농축수산부 장관을 지내다 2009년 대선 승리로 대통령이 되었던 특이한 경력 소유자입니다.

그는 같은 게릴라 출신 부인과 오랜 동거생활 끝에 2005년 정식 결혼하였고, 대통령궁을 노숙자들에게 내어주고 자신은 원래 살던 시 외곽의 허름한 부인 소유 농가 사택에서 출퇴근한 빈자의 대통령이었으며, 낡은 폭스바겐 소형차를 손수 몰며 월급여의 90%를 기부해온 천사 대통령이었습니다.

나아가 마리화나 경작을 합법화하고 정부가 경작과 유통을 통제하는 방향으로 마약정책을 과감히 전환하는가 하면, 낙태 허용 및 중남미 두 번째로 동성결혼도 합법화시키는 등 진보주의 정책을 추진했습니다. 또한 2013년 프란치스코 교황을 만나 콜롬비아 무장 게릴라 단체(FARC)와 정부 간 평화협상 지원을 호소하여 2016년 콜롬비아 정부와 반군 간 50여년에 걸친 내전에 종지부를 찍고 평화협정이 체결되는 계기를 마련해준 평화의 사도 역할도 했습니다.

뻬뻬무히까는 52% 지지율로 대통령에 당선되었다가 물러날 때에는 65% 지지율로 많은 인기를 누렸으며, 우루과이 경제가 중남미 평균성장률을 웃도는 좋은 성적을 올리는데 기여했습니다. 하지만 여당 내 갈등과 야당의 반발 등으로 교육개혁 등 여러 정책에서는 실패하였고, 매년 범죄율이 증가하여 치안문제가 악화되는 등 국민들에게 실망감을 안겨줘 2013년에는 지지율이 42%까지 떨어지기도 했습니다. 그래서 위대한 대통령은 못되지만 사랑받는 대통령으로 자리매김 되었습니다.

“인간은 발전을 위해서가 아니라 행복하기 위해서 세상에 온 것이다. 우리는 소비가 동력인 사회에서 또 다른 소비를 위해 일하고, 일하다 삶을 허비한다.

소비는 행복을 가져다주지 않는다." 이것이 그의 삶의 철학이며, 소비주의 타성에 젖어 있는 우리 모두에게 경각심을 일깨워주는 그의 유명한 연설이기도 합니다. 소비가 곧 부패로 이어지는 연결고리가 되는 만큼 부패 척결의 시작점이 무엇이 되어야 하는가를 말해주고 있습니다.

제31강 기상천외한 마약거래 및 자금세탁 노하우

‘마약’ 하면 여러분은 먼저 뭐가 떠오르시나요? 1970년대 초반부터 1996년까지 아편(헤로인) 왕국을 건설했던 세계 마약왕 쿤사와 그가 활동하던 미얀마, 태국, 라오스 접경 황금삼각지(골든트라이앵글)를 떠올리시는 분도 있겠고, 1984~1994년 중남미 마약왕으로 살다가 그의 고향인 메데진에서 파란만장한 삶을 극적으로 마감한 콜롬비아의 빠블로 에스꼬바르를 떠올리시는 분도 계실 겁니다. 아니면 2000년대 멕시코 마약왕으로 군림하며 2009년 포브스지 선정 억만장자 리스트에까지 이름을 올렸다가 2016년 세 번째 체포 끝에 결국 미국감옥에 수감 중인 호아낀 구스만(엘 차뽀)도 마약의 대표인물로 꼽힐 수 있습니다.

최근 넷플릭스에서 마약왕을 다룬 미국 드라마가 히트치고 있습니다. 콜롬비아 메데진 카르텔 편이 인기를 한 몸에 받다보니 이어 깔리 카르텔 편이 나오고, 엘 차포를 다룬 멕시코 카르텔 편도 연이어 나오는 걸 보면 마약이란 주제가 세계 사람들에게 꽤나 흥밋거리인 것은 사실인 것 같습니다.

마약 하면 위에서 얘기한 마약 카르텔 외에도 코카인이나 마리화나, 대마초,

아편, 헤로인, 필로폰(히로뽕) 등 마약 종류가 생각날 수도 있겠고, 미국의 지원을 받아 중남미 정부가 벌인 마약 카르텔과의 마약전쟁 및 그 과정에서 빚어진 폭탄 테러 등 치안 불안 사태와 중남미 경제를 음성적으로 이끌어가는 거대한 마약자금 등이 생각날 수도 있을 겁니다.

그만큼 마약은 중남미와 이미 불가분의 관계로 맺어져 있는 만큼 마약과의 관계를 모르고서는 중남미를 제대로 이해하기는 어렵습니다. 따라서 이번 강의에서는 중남미와 마약이 어떤 연관성을 갖고 있는지 살펴보도록 하겠습니다.

마리화나와 코카인: 세계 마약시장을 제패한 중남미 마약은?

*** 토막상식: 마약의 종류 및 주산지**

마약은 천연마약과 합성마약, 향정신성의약품 및 대마, 흡입제 등으로 분류되는데, 유엔에서는 재배 식물에서 추출되는 것 이외에는 모두 합성마약으로 포괄하기도 합니다. 중남미의 대표 마약인 코카인은 천연마약으로 분류되는데, 천연마약(natural drugs)에는 아편 알카로이드계인 아편(Opium), 모르핀(Morphine), 헤로인(Heroin) 등 양귀비꽃을 원료로 제조되는 아편 마약류와 그보다 중독성이 강한 코카 알카로이드계로 분류되는 코카 잎 추출 코카인(Cocaine)이 있습니다. 헤로인은 아편이나 모르핀보다 마취성이나 중독성이 강한데, 마약류 중 중독성이 가장 강한 마약은 코카인입니다. 가격 역시 코카인이 가장 비쌉니다.

아편류(Opiates)는 전 세계 약 50개국에서 생산되고 있으며, 2015년 기준 아프가니스탄이 세계 생산량의 2/3를 공급하고 있고, 미얀마가 20%로 2위, 멕시코가 9%로 3위를 기록하고 있습니다. 유엔(UNODC/유엔마약범죄사무소)은 전 세계 사용 인구를 2014년 기준 1,740만 명, 유사 아편 작용제(Opioid)까지 포함 시 3,300만 명으로 집계하고 있습니다.

합성마약(synthetic drugs)에는 암페타민 타입 각성제(stimulant)나 흔히 필로폰(히로뽕)으로 불리는 메스암페타민, 파티용 알약으로 불리는 엑스터시(ecstasy) 등 향정신성 의약품(psychoactive substances)도 들어 있습니다.(UNODC/ World Drug Report 2016) 아시아와는 관련성이 높으나 중남미와는 관련도가 낮은 것으로 보여 설명은 생략하겠습니다.

마약에는 여러 종류가 있으나 코카인과 마리화나는 중남미가 세계 최대 생산국이 되고 있습니다. 코카인은 전 세계 1,830만 명이 사용하고 있고, 중남미에서만 생산이 되고 있는데, 콜롬비아가 52% 점유율로 1위, 페루가 32%로 2위, 볼리비아가 15%로 3위를 각각 점하고 있습니다.

마리화나(Marijuana)는 흔히 대마초로 불리며, 캐너비스(Cannabis)로 불리기도 합니다. 압수물량을 근거로 추정해본 유엔 통계로 볼 때에 2009~2014년 기간에 대마 재배는 세계 129개국에서 이루어졌으며, 대마 수지 생산은 모로코와 아프가니스탄 등 아프리카가 중심인 반면, 대마초 생산은 멕시코가 1위로 미국과 더불어 북미가 37%, 남미가 24%, 카리브가 13%를 점하고 있습니다. 중남미가 마리화나(대마초) 최대 생산기지로 나타나고 있는 것입니다.

대마초는 코카인이나 헤로인, 필로폰 등 여타 마약보다 중독성이 약해 일부 합법화된 곳도 있으며, 전 세계 1억 8,250만 명이 사용(2014년 기준 유엔 마약범죄청 통계)하고 있습니다. 미국 일부 주(2012년 콜로라도주 및 워싱턴주, 2014년 알래스카주, 오레곤주, 워싱턴D.C)와 우루과이(2013년 중남미 최초 합법화) 등에서 의료목적 이외에도 만 21세 이상(우루과이는 만18세 이상 거주자) 성인의 레크리에이션 용도로 사용이 허용되어 있으며, 당시 이에 대한 많은 논쟁을 야기했습니다.

중남미 마약거래규모 및 유통경로: 생산은 콜, 유통은 멕

마약거래는 불법이므로 통계에 잡히지 않는 관계로 추정치로 발표가 됩니다. 따라서 세계 마약거래 규모나 중남미 마약거래 규모 역시 자료마다 들쭉날쭉해서 신빙성이 약하긴 합니다만 유럽연합(EU)에서는 2015년부터 마약 및 매춘 등 지하경제를 GDP 통계에 포함시키는 등 추정치에도 의미가 부여되므로 소개해 드립니다.

세계 마약시장 규모는 2011년 기준 3,200억 불(Brink, Global Financial Integrity)로 추정되며, 중남미 불법 마약거래 규모는 도매가 기준 연간 180억 불 내지 390억 불로 나타나고 있습니다(en.wikipedia.org). 중남미 내수 마약시장 규모는 이보다 훨씬 작은 규모이며, 대부분 거래가 미국시장을 겨냥하고 있습니다. 연간 마약거래규모를 1천억 불 규모로 보고, 이중 500억 불 정도를 미국 마약시장 규모로 추산하면서 미국 내 소비 마약 대부분이 중남미에서 유입되는 것으로 기술해놓은 자료도 있습니다. 이에 의하면 코카인 310억 불(25톤), 마리화나 90억 불(740톤), 헤로인 70억 불(10톤)이 중남미에서 미국으로 들어가는 마약거래 규모로 일단 추정해볼 수 있겠습니다만 다른 자료를 보면 규모가 훨씬 커지는 모습도 보이고 있으니 좀 더 파고 들어가 보겠습니다.

중남미 내수 마약시장은 비교적 작은 규모이며, 중남미에서 생산되는 대부분 물량이 미국 및 유럽으로 향하고 있습니다. 마약 생산은 콜롬비아가 최대 비중을 점하나, 미국으로 들어가는 마약 공급 통로로는 멕시코가 가장 큰 비중을 차지하고 있습니다. 멕시코 정부가 마약과의 전쟁을 펼치며 일부 멕시코 루트가 차단되자 과테말라와 온두라스 등 중미국가와 인근 카리브 지역을 경유하는 루트가 일부 물량 대체 통로로 활용되고 있다고 합니다.

콜롬비아, 페루, 볼리비아 등 안데스 3국이 생산하는 코카인은 대부분의 물량을 멕시코 및 중미 등을 경유하여 미국을 최대 목적지로 하면서, 25~30% 정도의 물량은 서아프리카를 경유하여 유럽으로 들어가고 있습니다.

마약거래 루트 개척은 주로 멕시코 카르텔과 콜롬비아 카르텔이 앞장섰는데, 2000년대~2010년대 초반 멕시코 마약왕(Drug Kingpin/ Drug Lord)으로 활약하던 엘차뽀(호아낀 구스만)는 시날로아 카르텔을 통해 콜롬비아제 코카인을 주력으로 하면서 멕시코산 메스암페타민(필로폰), 마리화나(대마초), 엑스터시(파티알약)와 헤로인에 이르기까지 여러 종류의 마약을 미국과 유럽 시장에 유통시켰습니다.

콜롬비아 마약 조직들은 콜롬비아나 베네수엘라를 출발하여 해상통로로 플로리다나 뉴올리언스, 텍사스 등지로 상품을 유통시켜왔으나, 9.11사태 이후 미국이 테러방지를 목적으로 해상경계를 강화하자 해상통로 대신 미국과 가까운 시우닷 후아레스(Ciudad Juarez)나 띠화나(Tijuana) 등을 통한 육상 경로가 유통채널로 각광을 받고 있습니다. 이 때문에 최적의 입지조건을 갖춘 후아레스시를 서로 차지하기 위해 마약조직간 유혈투쟁이 계속되면서 후아레스 시는 치안부재 도시로 악명을 떨치게 되었습니다.

호아낀 구스만이 미국시장에 유통시킨 코카인 양은 2014년 체포되기 전까지 500톤(45만kg)을 넘어선 것으로 집계되고 있습니다. 그 결과 구스만은 미국 마약단속국(DEA)으로부터 80~90년대 메데진 카르텔을 이끌며 중남미 마약왕으로 악명을 떨쳤던 빠블로 에스꼬바르와 비견되는 인물로 꼽히는 한편 마약계의 대부(Godfather of the drug world)라는 별칭까지 얻었습니다. 그에게 500만불의 현상금이 걸리기도 했으며, 시카고에서는 그를 1930년대 마피아 알카포네를 뒤이은 공공의 적 제1호로 지명하기도 했습니다.

에스꼬바르가 휘젓고 다니던 전성기 시절의 콜롬비아 마약 카르텔은 80년대 후반에는 연간 200톤 내외의 코카인을 미국 및 유럽 등에 공급했으며, 1988년의 경우 콜롬비아 최대 수출품이던 커피가 벌어들인 12억 달러의 4배가 넘는 50억 달러를 벌어들여 콜롬비아의 막강한 지하경제 규모를 과시하기도 했습니다. 멕시코의 경우에도 미국 등을 상대로 벌어들인 마약자금 규모가 GDP의 3~4%정도로 추산되고 있어 마약자금이 중남미 경제에 상당한 영향을 미치고 있음을 알 수 있습니다.

기상천외한 육해공 마약루트

마약조직은 상품을 미국시장으로 유통시키기 위해 육해공 3개 루트 모두를 동원하고 있습니다. 국경지대에 땅굴을 파서 국경을 넘어가는 방법, 육로 마약운송을 보호하기 위한 장갑트럭 동원, 경비행기 심야 운항을 통해 국경 넘어 도로에 살짝 내려놓고 가는 방법, 해군 함정의 수색을 따돌리기 위해 엔진을 끄고 해저 깊이 잠수할 수 있는 능력과 내비게이션 및 야간투시 카메라까지 갖춘 소형 잠수정 내지 잠수함을 통해 해상국경을 침투하는 방법 등 첨단기술 장비까지 동원하여 마약을 유통시키고 있습니다. 마치 군사작전을 방불케 하는 기상천외한 유통전략에서 적자생존의 처절함이 읽힙니다. 안전한 신규 마약루트를 개발하고 그 루트를 찾아내야 하는 쫓고 쫓기는 자의 엇갈린 운명이 불법마약거래시장의 속성이 아닌가 싶습니다.

한편 브라질 시장을 유통 최종목표로 또는 북미, 유럽, 아프리카로 가는 중간경유지로 유통시키는 마약업자들도 있습니다. 이는 내륙국인 볼리비아나 파라과이 등지의 마약업자들이 주로 개입하고 있는데, 비행기나 선박 등을 통해 브라질로 밀반입한 뒤, 일부는 브라질에서 판매하고 여타 물량은 브라질 북동부 항구를 통해 북미, 유럽, 아프리카 등지로 보내고 있습니다.

파라과이는 마약운반책에 대한 처벌수위가 비교적 낮아 남미의 홍콩으로 불리는 3국(브라질, 아르헨티나, 파라과이)접경 국경도시 시우닷델에스떼(Ciudad del Este)가 마약 밀거래 중심지가 되고 있다고 합니다.

마약 카르텔

대규모의 콜롬비아 마약조직

중남미에서는 2차 대전 이후 안데스 지역(콜롬비아, 페루, 볼리비아)과 멕시코에서 소량으로 코카나 대마 등 마약 재배를 해오다가 1960년대 미국에서 히피(Hippie/Hippy/기성 가치관을 부인하고 자유로운 생활양식 추구) 열풍이 불면서 마리화나 수요가 급증하자 멕시코가 최대 공급처로 부상했었습니다. 그러다가 닉슨 정부의 마약 단속에 따라 멕시코 루트가 위축되고 70년대에는 콜롬비아가 최대 공급처로 떠오르게 됩니다. 풍선효과입니다. 한쪽을 누르면 다른 쪽이 부풀어 오르기 마련이니까요. 80년대 들어 미국에서 고가 제품인 코카인 수요가 증대되자 콜롬비아 마약 카르텔은 페루와 볼리비아에서 원료인 코카 잎을 싼값에 들여와 콜롬비아 내에서 코카인 제품으로 정제과정을 거친 뒤 비싼 값에 유통시킵니다.

이 시기에 메데진 카르텔의 마약왕 빠블로 에스꼬바르(Pablo Escobar)가 콜롬비아 마약거래를 움켜쥐고 정부와 국민을 테러의 공포로 몰아넣고 쥐락펴락하다가, 마약으로 골머리를 썩여오던 콜롬비아 정부가 미국과 합동으로 전개한 마약과의 전쟁에서 에스꼬바르가 전투현장에서 사살 당함으로서 메데진 카르텔 시대는 저물게(1994년) 됩니다. 이후 깔리(Cali) 카르텔 시대를 거쳐 노르떼 델바예(Norte del Valle) 카르텔이 콜롬비아 마약세계를 지배하다가 두목들이 체포되거나 피살됨으로써 마약전쟁이 마무리되는 단계인 것으로 평가되고 있습니다. 우익 민병대 조직(AUC/Los Machos 등)과 좌익 게릴라 조직(FARC, ELN)도 마약거래에 가담해 왔으나 콜롬비아 정부와 FARC 간 평화협정(2016년) 및 ELN과의 평화협상 등 분위기를 타고 마약세력은 외견상 점차 정리되는 모습입니다.

콜롬비아 정부와 52년 동안 내전을 벌여온 반정부 게릴라 콜롬비아 무장혁명군(FARC)은 조직운영자금 마련을 위해 그간 마약거래를 해오다가 2016년 정부와 평화협정을 맺어 최대 반군과의 내전은 일단 종지부를 찍었습니다. 그런데 이 평화협정이 콜롬비아 내 마약거래를 줄어들게 할 것인지 아니면 오히려 정부의 마약전쟁을 약화시켜 마약거래가 활성화될 것인지 논란은 계속되고 있는바 향후 추이를 지켜봐야 할 것 같습니다.

대규모의 멕시코 마약조직

멕시코에서도 시날로아(Sinaloa), 굴프(Gulf), 후아레스(Juarez), 띠화나(Tijuana) 등 지명을 딴 굵직한 마약 카르텔들과 군 특수부대 출신 갱단이 만든 신생 카르텔인 로스세따스(Los Zetas) 등이 위세를 떨치고 있습니다. 시날로아 카르텔은 멕시코 마약 조직 중 최대 세력을 갖고 있으며, 두 번이나 탈옥에 성공했다가 2016년 1월 다시 붙잡혀 2017년 1월 미국으로 이송된 멕시코 마약왕 호아낀 구스만(Joaquin Guzman/별명 엘 차뽀/El Chapo)이 이끌던 조직입니다. 그 이후 유혈 등극한 엘 차뽀 후계자까지 2017년 5월 검거된 상황이나 조직 붕괴로 이어지진 않고 있다고 합니다.

시날로아 카르텔과 경쟁관계였던 굴프 카르텔은 멕시코 군대 및 경쟁 카르텔로부터의 습격을 막기 위해 1999년 로스세따스를 자신의 조직으로 끌어들여 채용했는데, 이때부터 로스세따스는 기반을 잡고 세력을 확장하기 시작합니다. 굴프 카르텔 보스가 2003년 체포되고 2007년 미국으로 송환되면서부터는 더욱 확대되어 굴프 카르텔을 능가하는 세력을 형성하게 되자 2010년 결별 수순을 밟게 되고, 결국 굴프와 총부리를 겨누게 되었습니다.

경찰 및 군과 마약 카르텔과의 전쟁뿐만 아니라 마약 카르텔 간 유혈충돌이 잦아 시우닷 후아레스 등 멕시코 여러 도시들은 치안 부재의 무법지대가 되어 주요 피살 대상이 된 경찰서장 근무를 기피하는 일이 세간의 화제가 되기도 하는 등 불법마약거래로 멕시코는 치안이 가장 불안한 국가가 되고 있습니다.

소규모의 브라질 마약조직

콜롬비아나 멕시코의 마약거래는 그 주체가 대규모 카르텔 조직 위주로 미국시장을 겨냥하고 있는 것과는 달리 브라질 마약거래는 각 도시별 소규모의 수많은 범죄조직들에 의해 주로 소규모 내수 위주 거래로 이루어지고 있습니다. 상파울루 및 산투스 등 상파울루 광역권과 리우데자네이루 등 주요 도시를 중심으로 브라질 전역의 빈민굴 게토지역에 퍼져 있으며, 세력이 강한 마피아 갱단의 발호로 공권력이 미치지 못하는 지역도 있어 브라질 역시 치안이 매우 불안한 국가라는 이미지를 벗지 못하고 있습니다. 리우 올림픽(2016년) 이후 상황이 더욱 악화되어 2017년 7월에는 리우 주지사가 지방정부 통제 불가 상황을 맞아 연방정부의 지원을 요청할 정도로 악화되고 있는바 이 지역을 방문하는 우리 기업들의 각별한 주의가 요망됩니다.

중남미 마약 자금의 세탁 경로

유엔마약범죄사무소(UNODC)는 전 세계의 연간 불법자금 세탁규모를 3조 8,650억 달러 규모로 추정하고 있는데, 이는 전 세계 GDP의 5% 규모에 해당합니다. 중남미 마약자금의 정확한 세탁규모는 알 수가 없으나, 1천억 내지 3

천억 달러 정도의 마약자금이 미국 내에서 세탁된다는 정보가 있습니다. 어떤 경로로 세탁되는지 궁금하시죠? 이에 대해서는 다음과 같이 몇 가지 알려진 방법이 있습니다. 함께 살펴보겠습니다.

페이퍼 컴퍼니 설립

중남미 마약자금 등 불법자금 세탁에 가장 보편적으로 이용되는 수법은 역외 페이퍼컴퍼니 설립입니다. 파나마, 홍콩, 영령 버진 아일랜드 등 조세피난처(Tax Haven)가 주로 이용됩니다. 유령회사인 페이퍼 컴퍼니를 만들어 거래를 복잡하게 만들수록 적발이 어려워 질 것입니다. 이들 국가는 각종 세금이 대부분 면제되고, 역외회사 설립이 자유로운 편이어서 조세피난처의 페이퍼 컴퍼니는 돈세탁 필수코스로 애용됩니다. 조세피난처 역시 전 세계로부터 거액의 자금을 유치할 수 있고, 수수료를 받아 짭짤한 돈벌이를 힘 안들이고 할 수 있으니 누이 좋고 매부 좋은 유착관계가 자연스레 형성될 수밖에요. 고객의 금융비밀이라는 강력한 보호 장치를 우산 삼아 지탄을 피해가면서 말입니다.

* 참고로 조세정의 네트워크가 2015년 11월 발표한 금융비밀 지수(FSI) 보고서에 의하면 1위는 스위스, 2위 홍콩, 3위 미국, 4위 싱가포르, 5위 케이맨 제도 등입니다. (일본 12위, 중국 20위, 한국 49위)

2016년4월 파나마페이퍼 스캔들(Panama Papers)이 터져 세계를 발칵 뒤집어 놓은 사건이 있었습니다. 독자 여러분들도 아마 들어보셨을 겁니다. 파나마 페이퍼란 파나마 최대 로펌인 모색 폰세카가 보유한 1,150만건의 비밀문서로서, 이 문건에 21만여 개의 역외회사 정보가 포함되어 있습니다. 정부 고위관료나 유명인 등 우리나라를 포함한 전 세계 부유층의 재산 은닉 정보가 포함되어 있는데, 이 문건을 국제탐사보도 언론인협회가 폭로한 사건입니다.

이중 마약자금이 어느 정도인지 알려진 바는 없습니다만 2016년 5월 파나마를 대표하는 기업인 위사(WISA)그룹이 콜롬비아 마약자금 세탁혐의로 미국 마약단속국(DEA)의 조사를 받게 되고, 그룹 대표이사인 니달 와케드(Nidal

Waked)가 보고타 공항에서 체포되는 일이 발생하자, 중남미 마약자금 세탁 장소로서 파나마 같은 조세회피처가 이용되는 것으로 확인이 된 것이죠.

WISA와 와케드는 클린턴 리스트(Clinton List/미국 정부가 관리하는 마약 밀매상 리스트/1995년 빌 클린턴 정부가 작성)에도 등재되어 있는데, 미국 해외자산관리국(OFAC)은 와케드(레바논 계 가문/파나마 콜롬비아 이중국적) 소유 기업들에 대한 미국 내 자산 동결조치를 내렸습니다. 미 마약단속국의 이번 조치는 파나마 페이퍼 스캔들 연장선상에서 파나마를 통한 마약자금 세탁을 차단하려는 노력의 일환으로 읽히고 있습니다.

파나마는 법정통화로 미 달러화를 사용하고 있고, 자본거래에 있어 외환통제도 하지 않습니다. 파나마 거주자라면 국내외에서 임의로 외환을 보유할 수 있으며, 비거주자도 파나마 소재 은행에서 비거주자 계정을 자유롭게 개설할 수 있고, 예금이자에 대한 이자소득세도 부과되지 않습니다. 외환반입이나 반출에 대해 통제하지 않기 때문에 파나마 기업체의 대외투자 통계도 집계가 되지 않는가 하면, 조세피난처라는 따가운 지적을 받기도 합니다. 그래서 콜롬비아 마약자금 세탁지로서 의심을 받기도 합니다.

미술품 거래

한 점당 수십억 원을 호가하는 고가의 미술품 거래는 상세 거래내역 공개 의무도 없고, 정해진 가격이 없어 웃돈이 오가도 쉽게 눈에 띄지 않기 때문에 돈세탁의 고전으로 통할만큼 뒤처리가 깔끔해서 많이 애용되고 있습니다. 하지만 마약자금 세탁에 미술품 거래방식이 구체적으로 어느 정도 이용되는지는 확보된 정보가 없습니다.

불법 환치기

미국 내 의류상 등 업소에 달러 현금을 제공하고 멕시코 유관 거래처로부터 멕시코 페소화를 받는 등 불법 환치기 수법도 마약자금 세탁에 사용되는 것으로 드러나고 있습니다.

2014년 9월 멕시코 마약조직의 마약자금 수천만 달러가 LA 다운타운 의류업체(자바시장) 등을 통해 돈세탁된 사실이 드러나 한인 의류상들도 대대적 단속의 대상이 된 적이 있었습니다. 당시 체포된 한인 의류상 2명은 연매출이 1억 달러를 넘는 대형업체들로서, 멕시코 마약조직으로부터 거액의 달러 현금을 받은 뒤 이를 멕시코 소재 거래업체 수십 곳에 분산 송금하는 방식으로 돈세탁을 도운 혐의를 받았습니다. LA 한인 타운 콘도에서 100달러 지폐 박스들이 빽빽이 쌓인 채로 발견되기도 하는 등 총 6,500만 달러 현금이 마약세탁자금 증거물로 압수되었다고 합니다.

미국 LA가 이처럼 중남미 마약자금 세탁소가 된 것은 2010년 멕시코 정부가 미국 달러화 사용제한 조치를 단행하면서 마약 카르텔의 돈세탁이 급증하게 되었다고 합니다.

스튜어디스 운반책 캐리어

2015년 7월 1억 원이 넘는 유로화 현금(500유로 180장)을 밀반입하려던 콜롬비아 아비앙카 항공사의 20대 스튜어디스가 콜롬비아 공항에서 체포되었다는 뉴스가 뜬 적이 있습니다. 그녀의 캐리어(여행가방)는 이중구조로 개조되어, 비밀공간에 숨겨 반입하려다 적발된 것인데, 2016년 1월 멕시코 마약왕 호아낀 구스만이 체포된 이래 중남미 언론에서는 마약카르텔의 자금세탁 참여 조직원들의 무더기 체포사실을 전하면서, 체포된 조직원 중에는 환전소 업주 등 금융업 종사자들 외에도 아비앙카 등 중남미 항공사 직원도 상당수 있음을 밝히고 있습니다.

돈세탁 운반책은 빼어난 미모의 항공사 직원들이 주축이 되었다고 합니다. 이들을 통해 세탁된 마약 카르텔 자금은 연간 2억5천만 달러로 추정되고 있습니다. 콜롬비아 경찰에 의하면 구스만이 20년 이상 스튜어디스를 이용하여 자금세탁을 해왔다고 합니다. 더구나 멕시코 카르텔뿐만 아니라 콜롬비아 카르텔 자금도 이렇게 세탁된 것이라고 합니다.

지금까지 중남미 마약거래와 자금세탁이 어떻게 이루어지는지 살펴봤는데, 중남미 이슈를 보는 시야가 좀 더 깊어지시리라 봅니다.

제32강 세계를 놀라게 하는 심각한 치안문제

중남미와 마약 간 관계에서 보았듯이 마약거래는 폭력 범죄로 연결될 수밖에 없다보니 중남미와 치안불안은 깊은 연결고리를 갖게 됩니다. 치안불안의 원인은 마약밀매 외에도 빈부격차나 교육기회 박탈, 경제적 기회 불균등, 정치 경제 불안 등 여러 가지 요인이 복합적으로 작용한 결과인 만큼 치안불안 상황에 대한 깊은 이해는 중남미를 이해하기 위해서는 반드시 짚고 넘어가야할 중요 주제입니다.

세계 10대 우범국 절반이 중남미! 세계 1위 베네수엘라

2017년 세계 범죄 순위(www.numbeo.com/crime)를 보면 1위에 베네수엘라(범죄지수 85.28), 2위 파푸아뉴기니, 3위 온두라스(78.34), 4위 남수단, 5위 남아공, 6위 아프가니스탄, 7위 엘살바도르(71.57), 8위 나이지리아, 9위 브라질(70.62), 10위 T&T(트리니다드토바고/70.15) 등 범죄지수가 70을 넘어서는 우범국가 10대국(Top10)에 5개국이 중남미로 분류되고 있습니다.

중남미에서 치안이 가장 안전한 나라인 칠레도 범죄지수 47.50으로 세계 55

위에 랭크되어 있으며, 중국은 33.90으로 92위, 우리나라는 25.27로 109위, 일본은 20.89로 118위, 싱가포르는 16.58로 124위인 것을 보면 중남미가 얼마나 위험한 곳인지 좀 더 쉽게 이해가 되실 겁니다. (참고로 북미권의 경우 멕시코는 50.32로 45위, 미국은 48.76으로 53위, 캐나다는 39.25로 78위)

세계 19대 우범도시 중 10개 도시가 중남미! 1위 카라카스

2017년 세계 주요 범죄도시 순위를 보면 1위가 베네수엘라 수도 카라카스(Caracas/범죄지수 86.61)이고, 2위가 온두라스 제2도시 산 페드로 술라(San Pedro Sula/85.59)입니다. 이어 4위가 브라질 포르탈레자(Fortaleza/83.90), 8위가 브라질 헤시피(Recife(78.0), 10위 브라질 리우(Rio de Janeiro/77.87) 등 10위권 내에 중남미 도시가 딱 절반입니다.

계속해서 11의는 브라질 포르투 알레그레(Porto Alegre/77.0), 12위 엘살바도르 수도 산살바도르(San Salvador /76.19), 13위 T&T(트리니다드토바고) 수도 포트오브스페인(Port of Spain/75.66), 14위 브라질 최대도시 상파울루(Sao Paulo/72.19), 19위 푸에르토리코 수도 산환(San Juan/70.27) 등 범죄지수(Crime Index)가 70점을 상회하는 우범도시가 전 세계 19개시인데, 이중 중남미에 과반수인 10개가 위치해 있습니다.

* 참고: 멕시코시티 66.10으로 36위, 뉴욕 47.62로 153위, 베이징 41.65로 206위, 상하이 34.59로 258위, 서울 23.80으로 338위, 도쿄 19.64로 363위, 대만 15.76으로 376위

피살자 상위 20국 중 중남미가 17국! 총기살인 비율 66%
- 특히 10~20대 남자 피살비중 부각, 관 제작업 붐 씁쓸 뉴스도

범죄 전반 척도만 가지고는 치안불안 정도를 제대로 이해하기는 어렵겠죠? 범위를 좁혀 살인범죄가 어느 정도 수준인지 살펴보면 비로소 치안불안의 강도가 온몸으로 느껴지게 될 겁니다. 유엔 마약범죄사무소(UNODC)가 집계한 2014년 인구 10만 명당 피살자 지표(전쟁이나 내전 등 무장투쟁 및 자살 등은 제외)

를 기준으로 상위 20개국을 보면 무려 17개국이 중남미 카리브 지역(LAC)입니다.

온두라스가 74.6으로 세계 1위, 엘살바도르가 64.2로 2위, 베네수엘라가 62.0으로 3위를 차지하고 있습니다. 불명예스럽게도 세계 1위부터 3위까지 중남미가 석권하고 있는 모습입니다.

계속 진행해보겠습니다. 5위는 자메이카(36.1), 6위 벨리즈(34.4), 7위 세인트키츠네비스 33.6, 9위 과테말라(31.2), 10위 바하마(29.8), 11위 콜롬비아(27.9), 12위 T&T(25.9), 13위 세인트 빈센트 그레나딘(25.6), 14위 브라질(24.6), 15위 세인트루시아(21.6), 16위 가이아나(20.4), 17위 몬세라트(20.4), 19위 푸에르토리코(18.5), 20위 도미니카공화국(17.4) 등입니다.

20위 중 세 나라를 뺀 17개국이 모두 중남미에 있습니다. 카리브의 아름다운 해변을 가진 미니 섬나라들이 여러 나라 들어 있는 것이 보이시죠? 그런데 큰 나라 중에 브라질이나 콜롬비아, 베네수엘라 등은 이름을 올렸는데, 마약카르텔로 시끌시끌한 멕시코는 의외로 빠져 있습니다. 상황이 그나마 나은 편일까요? 그런데 아래 치안등급과도 한 번 비교를 해보시면 한 가지 척도로만 단순 비교하기에는 다소 무리가 따르는 것이 느껴지실 겁니다.

살인에 사용된 무기를 기준으로 전 세계적 평균치를 보면, 총기류(Firearms) 살인이 41%, 칼 등 날카로운 물질(Sharp objects)을 이용한 살인이 24%, 기타 35%인데, 중남미는 북미와 더불어 총기 살인이 66%(아프리카와 아시아는 28%, 유럽은 13%)로서 총기류 살인비중이 매우 높다는 특징을 보이고 있습니다. (Global Homicide Book 2013)

특히 15세에서 29세에 이르는 중남미 젊은 남자들의 피살 비중이 전 세계 평균의 4배를 넘어서는 것으로 집계되고 있는데, 이는 갱단 등 조직범죄에 의한 살인이 매우 큰 비중을 차지하는데 따른 것입니다. 이 때문에 온두라스나 엘살바도르, 멕시코 등 중남미 우범지대 거주 부모들은 자녀들이 갱단에 가담하지 않도록 오랫동안 살아오던 삶의 터전을 옮겨 가족이 함께 미국으로 불법 이주하든가 자녀들만 밀수업자를 통해 미국으로 보내는 길을 택하기도 합니다. 인구 600만의 엘살바도르에서 한해 6,640명(2015년)의 피살자가 발생함에 따라 엘살바도르 일부 타운에서는 장례용 관 제작 사업이 붐을 이룬다는 씁쓸한 뉴스가 지면을 장식하는 경우도 나오고 있습니다.

* 참고로 "재미있는 중남미 도시 이야기"편에 위험한 중남미 도시들이 상세히 소개되어 있습니다.

매우위험 치안4~5등급이 중남미에 무려 10개국

2014년 미국의 FTI 컨설팅 자료를 보면 중남미 국별 치안 등급(Danger Level)이 잘 정리되어 있습니다. 치안등급은 위험 수준이 매우 낮은 1등급부터 위험 수준이 매우 높은 5등급까지 나뉘는데, 중남미는 1등급은 없고, 2등급이 우루과이, 칠레, 코스타리카 등 3개국이고, 3등급이 6개국(파나마, 에콰도르, 도미니카공화국, 페루, 파라과이, 아르헨티나), 4등급이 5개국(니카라과, 볼리비아, 콜롬비아, 브라질, 엘살바도르)입니다. 가장 위험한 5등급이 멕시코, 아이티, 과테말라, 온두라스, 베네수엘라 등 5개국인데, 여기서는 멕시코가 브라질이나 콜롬비아보다 더 위험한 나라로 분류되어 있습니다.

중남미 치안불안 원인은?

2014년 세계은행 자료에 의하면 전 세계 살인 범죄의 30%가 중남미에서 발생하며, 세계 50대 우범도시 중 42개가 중남미입니다. 국제사면기구(Amnesty International)는 기자들이 일하기 가장 위험한 지역을 중남미라고 선포한 바 있으며, 여러 언론매체들은 온두라스 제2도시 산 페드로 술라에 "세계 살인 수도(Murder capital of the world)"라는 오명을 부여하는 한편 2013년 베네수엘라 수도 카라카스를 "세계 납치 수도(Kidnap capital of the world)"로 명명했습니다. 그도 그럴 것이 카라카스에서는 하루 평균 5명씩 몸값을 요구하는 납치범죄가 발생하여 세계 최고의 납치율을 기록했기 때문입니다.

높은 빈곤율과 마약거래: 폭력과 빈곤의 악순환 고리

그러면 중남미가 이처럼 위험해진 이유는 무엇일까요? 유엔 마약범죄사무소(UNODC)와 세계은행을 인용한 위키 자료에 의하면 가장 중요한 핵심요인으로 높은 빈곤율과 견고한 마약 거래 두 가지를 꼽고 있습니다.

온두라스, 과테말라, 엘살바도르, 볼리비아, 베네수엘라, 콜롬비아, 멕시코, 니카라과 등은 높은 빈곤에 시달리고 있고, 멕시코, 브라질, 콜롬비아, 페루, 파라과이, 볼리비아 등은 마약거래가 끊임없이 이어지는 곳입니다.

범 미주 보건기구(Pan American Health Organization)는 중남미 치안불안 상황을 사회적 전염병(Social Pandemic)으로 진단하는가 하면, 중남미의 경제적 발전 지체 및 민주주의 발전 지체 원인을 강력범죄에서 찾는 여러 연구 자료도 있습니다.

중남미는 폭력범죄와 경제발전 지체가 상호작용하는 악순환의 고리에 걸려 빠져나오지 못하고 있습니다. 폭력범죄가 기업투자나 외국인투자의 걸림돌이 되거나 경제발전에 장애요소가 되는 한편, 계속되는 경제적 빈곤 상태가 폭력을 끊임없이 유발하는 것입니다.

그래서 미주개발은행(BID/ IDB)은 중남미 폭력범죄가 세계평균치만 됐어도 중남미 1인당 국민소득(GDP)이 지금보다 25% 정도 올라있을 것으로 추산하기도 했습니다. 치안불안이 경제에 미치는 악영향을 이렇게 수치로 나타내니 중남미 경제의 장기간에 걸친 횡보 흐름에 대한 한 가지 이유를 설명해주는 것 같습니다. 폭력과 빈곤이 상호 악순환 고리에 빠져 있다는 점 말입니다.

세계은행은 중남미의 범죄와 소득불평등 간 높은 상관관계를 밝히며, 범죄가 오랜 기간 지속되다보니 중남미에 범죄타성(criminal inertia)이 자리 잡고 있다는 경종을 울리고 있습니다. 일상적으로 범죄에 노출되니 폭력이 당연한 사회현상으로 생각될 수 있습니다.

교육 부재

세계은행은 범죄에 불을 지피고 있는 또 다른 요인으로 제대로 된 초중등학교 공공교육 과정의 부재를 지적하고 있습니다. 교육기회로부터 소외된 청소년들은 직장을 구하기도 어렵고, 고용기대마저 포기하게 되어 결국 갱단의 모집공고 유혹에 쉽게 빠져 범죄조직원이 되어가는 과정이 중남미와 치안불안을 지속적으로 연결 시켜주는 강력한 모티브가 되고 있다는 것입니다.

그들의 부모 입장에서 보면 참으로 가슴 아픈 일이 아닐 수 없습니다. 교육이 이토록 중요한 것이구나 하는 점이 절절이 느껴지는 대목이 아닐 수 없습니다. 우리나라가 치안문제에서 비교적 자유로울 수 있는 것은 바로 이 교육에서 중요한 한 가지 이유를 찾을 수 있으니 말입니다. 못 먹고 못 입고 자신을 희생시켜 가면서도 교육만큼은 인생의 최고 가치로 여겨 교육열을 뜨겁게 달궈온 우리 국민들의 앞을 내다보는 지혜와 놀라운 저력이 감사히 생각될 따름입니다.

중미 카리브(온두라스, 엘살바도르, 과테말라, 자메이카, T&T 등)나 멕시코, 브라질, 콜롬비아 등지 갱단들은 국가가 제대로 해결해주지 못하는 이러한 근원적 문제점을 파고들어 자신들의 인력충원 문제를 해결함으로써 끈질긴 생명력을 이어가는 바탕이 되고 있습니다. 교육이 없는 자리에 청소년이 범죄의 불쏘시개로 쉽게 전락하다보니 정부가 오래전부터 벌여온 마약과의 전쟁이나 범죄와의 전쟁에서도 브스나 조직원들이 체포되거나 살해당해도 조직은 살아남거나 아니면 다른 조직이 생겨나 근절이 되지 못하는 것입니다. 결국 마약 문제 근본 퇴치는 교육이 답이다 이리 얘기할 수 있지 않을까요? 교육이 빈곤을 퇴치해주고, 나아가 폭력을 예방해주니 말입니다.

중남미에서 치안불안을 야기하는 주요 인자들은 나라마다 다른 양상을 보이긴 하나 중남미 전체적으로 요약해보면 높은 사회적 불평등 수준, 내전 및 무장투쟁, 정국 불안정, 침체된 경제성장, 높은 실업률, 대도시의 급속 확산, 미약한 기초 도시 인프라, 빈곤층 거주 지역 내 사회부조 공동체조직 미약, 무기와 마약에의 용이한 접근성, 조직범죄 노출 증가, 강력범죄 외에도 대중매체나 경찰, 민간경비 강화 등으로 확산되는 폭력문화, 공공교육시스템 낙후 등 수많은 요인들이 열거되고 있습니다.

역 교화(逆 敎化)

미주개발은행 블로그에서는 중남미가 폭력범죄 온상이 된 3가지 공통적 이유를 아래와 같이 들고 있습니다. 첫째, 2000년대 들어 중남미 도시들이 급속히 성장했으나 정부가 그 속도를 따라가지 못해 난개발이 심화되었고, 시민에 대한 행정 서비스가 들쭉날쭉 불균형적으로 제공된 점. 둘째, 경찰이나 사법체계가 변화되는 현실에 적응하지 못하고 범죄자들이 중범 처벌되지 않도록 면죄부를 남발하여 부패되는 모습을 보인 점. 셋째, 3,200만 명의 니니족(Ni-Nis/공부도 안하고 일도 안하는 무위도식 청년) 인구팽창과 합법적 일자리보다 더 높은 보수를 제공하는 범죄 일자리 증가 등입니다.

이중 사법체계 문제는 매우 복잡한 양상을 띠고 있는데, 특히 교정 체계 관련 문제가 심각해서 교도소에 너무 많은 재소자들이 수용되다보니 통제가 어려워지는 측면이 있습니다. 교도소 내 질서 유지가 조직범죄 수감자들에 의해 이루어지는 경우도 나오다보니 출소 후에는 일반 범죄자들조차 보다 전문화된 조직폭력범으로 변화되는 양상까지 나타나고 있습니다. 다시 말하면 교도소가 재소자의 교화를 통한 사회 편입 지원이라는 순기능 외에 갱단에 더욱 힘을 실어주는 역기능도 함께 베풀고 있는 점이 심각한 문제점으로 지적되고 있습니다. 베푼다는 표현이 다소 거슬릴 수도 있겠지만 본래 목적이나 의지와는 달리 결과적으로 베푼 격이 되고 만 것이 아닐까요?

지금까지 중남미 치안불안 상황을 조명해 봤는데, 뭔가 머리에 퍼뜩 떠오르는 게 있지 않나요? 상기 수치에서도 확인된 바 있다시피 미국은 선진국이지만 치안이 안전하다고 하기는 어렵습니다. 굳이 잦은 총기 사고 얘기를 꺼내지 않더라도 야간 거리 분위기가 으쓱해서 시내를 활보하기가 여의치 않습니다. 그런 측면에서 보면 미국이나 중남미나 별반 차이가 있는 것 같지 않습니다. 미국이 칠레보다 더 위험하다는 수치가 이를 말해주는 것입니다.

*** 생각해보는 코너: 중남미 사람들이 보는 한국의 모습은?**

중남미 사람들이 한국에 와서 놀라고 가는 점이 뭔지 아십니까? 바로 밤에 시내 거리를 마음대로 걸어 다닐 수 있어서, 사람 사는 동네 같아서 너무 좋다는 것입니다. 중남미에서는 꿈도 꿀 수 없는 일이 한국에서는 가능하다는 점, 우리들은 아무 것도 아닌 것 마냥 너무도 당연히 받아들이는 것을 중남미 사람들에게는 이상향으로 동경의 대상이 되고 있다는 점은 우리 국민들도 한번 상기시켜 봄 즉한 것 아닐까요?

필자가 잘 알고 지내던 중남미 어느 나라 공직자가 이런 얘기를 해주었습니다. 자기 나라에서는 한국 근무를 선호하는 관계로 경쟁이 치열하기 때문에 여러 사람에게 골이 돌아가도록 위로 차원에서 1년씩 단기 발령만 낸다고요. 한국에 더 오래오래 살고 싶은데 1년밖에 허용이 안 된다며 많은 아쉬움을 토로했습니다.

우리는 지금 그들이 갈구하는 이상향의 나라에서 1년이 아니라 평생을 살고 있는데 우리는 왜 멀리서 이상향을 찾으려 하는 걸까요? 가끔은 우리보다 힘들게 살지만 더 행복감을 느끼는 외국인의 시각을 빌려 우리 스스로를 한 번씩 각자 재조명해 보는 것은 어떨까요?

필자가 잘 알고 지내던 중남미 어느 여성 기업인 얘기를 끝으로 본 강의를 마치겠습니다. "내가 한국에 다녀와서 가장 감명 깊었던 점은 밤에 시내 거리를 맘 놓고 활보할 수 있었다는 점이다. 밤거리는 밝았고 안전하다고 느낄만한 분위기였으며, 시내를 걸어 다니는 사람들도 많아 내 나라에서 어렸을 적부터 느껴오던 그런 불안감은 전혀 들지 않았다. 마치 이상향에 온 것 같은 그런 색다른 기분이었다. 그 자체만으로도 여태껏 느껴보지 못한 색다른 행복감을 만끽할 수 있었다. 이런 환경에서 살아가는 한국인들이 부럽다. 후세에는 나도 한국인으로 태어나고 싶다."

제33강 무서운 아기예수? 재난과 역사를 바꾼 풍토병!

엘니뇨라고 들어 보셨죠? 엘니뇨(El Niño)는 아기 예수를 뜻하는 축복받은 말인 동시에 극심한 가뭄이나 홍수를 몰고 오는 자연재해를 의미하는 공포의 단어이기도 합니다. 하나님께서 아시면 섭섭해 하시겠지만 축복과 공포가 엘니뇨라는 한 단어에 녹아 있는 것입니다. 처음 이름 지을 때만 해도 엘니뇨가 어획에 도움이 되었다고 합니다. 물고기가 평소보다 많이 잡히니 아기 예수의 축복으로 받아 들였던 것입니다. 그러던 엘니뇨현상이 기후변화와 맞물려 장기화되면서 오히려 어획이 격감하자 축복이 아니라 재앙으로 변질된 것입니다.

중남미에는 극심한 가뭄이나 홍수를 몰고 오는 엘니뇨와 라니냐를 비롯해 태평양권 중남미 지역에서 빈발하는 지진, 그리고 카리브 국가들을 맹타하는 태풍과 중남미 전역을 공포의 도가니로 몰고 가는 전염병 및 풍토병 등 자연재해가 무척 많습니다.

중남미를 상대로 비즈니스를 하려면 중남미에서 어떠한 자연재해가 자주 발생하는지에 대해 필히 알고 있어야 합니다. 자연재해 피해를 줄이기 위해 기후변화 대응 시스템을 꾸려가는 등 중남미 각국의 노력도 전개되고 있어 비즈니스와 직결되는 시사점도 찾아보실 수 있을 겁니다. 중남미 자연재해 위기를 사업기회로 살려 비즈니스를 성공시킨 한국기업인 사례도 양념으로 간략하게 소개해 드리면서 역사를 바꾼 풍토병 이야기도 술술 풀어가 보도록 하겠습니다.

공포를 몰고 오는 소년소녀: 엘니뇨(El Niño), 라니냐(La Niña)

스페인어로 소년은 니뇨, 소녀는 니냐입니다. 엘(el)이나 라(la)는 정관사로서 영어의 더(the)에 해당하는 말입니다. 니냐는 나이어린 애인이나 부인을 귀엽게 불러주는 애칭이 되기도 합니다. 이러한 친근한 어감을 가진 라니냐와 엘니뇨가 무서운 재앙의 의미를 함께 갖고 있는 것은 참 아이러니한 것 같습니다. 아니면 낙천적인 그들의 생활철학이 반영된 말은 아닐까 싶기도 합니다.

그러면 이 무서운 소년소녀들이 어떤 재해를 가져오는지 함께 알아볼까요? 엘니뇨와 라니냐 자체가 재해는 아니지만 지역에 따라 큰 홍수나 가뭄, 어획고 격감 등의 피해를 야기하는 원인이 되고 있습니다. 엘니뇨는 수년(2~7년)에 한 번씩 12월경 페루 연안에 찾아오는 난류로서, 페루 어민들이 크리스마스 시즌과 연관 지어 아기예수(엘니뇨)로 불러왔으며, 페루 등 적도부근 동태평양에 나타나는 이상 고수온 현상을 의미합니다.

보통은 서태평양은 고온이고 동태평양 남미연안은 저온인데, 공기가 차가운 쪽으로 흐르는 대류현상으로 인해 페루와 에콰도르 등 동태평양 지역은 고기압 상태를 유지하여 맑고 건조한 날씨를 보이게 됩니다.

그런데 엘니뇨로 무역풍(viento alisio)이 약해지면 동태평양 수온이 상승하고 해수면도 상승(10~32cm)하게 되며(적도 서태평양은 반대로 수온 및 해수면 하강), 덥고 습한 날씨로 바뀌면서 호우나 홍수 및 태풍 등을 유발하게 됩니다.(서태평양은 반대로 가뭄 발생) 엘니뇨는 한 번 발생하면 9개월에서 2년 정도 지속되는데, 1년 이상 지속되면 플랑크톤이 고온을 견디지 못하고 크게 감소하게 되며, 이에 따라 고기떼도 급감할 수밖에 없어 어획량에 막대한 지장을 주게 됩니다.

라니냐는 엘니뇨와는 반대입니다. 라니냐로 무역풍이 강해지면 동태평양 수온이 낮아지고 해수면도 하강(5~18cm)하여 가뭄을 유발하며, 곳에 따라(안데스 중부) 홍수를 불러오기도 합니다. (적도 서태평양은 수온 및 해수면 상승) 수년(2~7년)에 한 번씩 발생하며, 한 번 발생하면 보통 9개월에서 12개월 정도 지속됩니다.

엘니뇨와 비즈니스

원래 중남미 사람들의 많은 사랑을 듬뿍 받는 아기예수라는 축복받은 이름을 가진 엘니뇨가 라니냐와 더불어 하늘이 벌을 내리는 재앙의 대명사가 되고 있어, 이를 피하고자 중남미 각국은 기후변화 조기경보 시스템 도입 등 자연재해 관리체계를 정비해나가고 있습니다. 이 조기경보 시스템을 엘니뇨와 라니냐 대책을 서두르던 콜롬비아로 수출해보고자 했는데, 우리 측이 우수한 기술과 가격을 갖고 있었음에도 여러 요인으로 좌절되었던 쓰라린 경험이 있었습니다.

태평양 연안국들의 공통재해 지진(Terremoto)과 패닉

멕시코나 칠레, 페루, 아이티 등 환태평양권에 위치한 중남미 사람들 중에는 떼레모또(terremoto)라는 말만 들어도 덜덜덜 몸을 떠는 과민반응을 보이는 사람들을 간혹 보게 됩니다. 지진이 큰 재앙을 불러오는 것을 몸소 겪은 트라우마를 갖고 있는 사람들입니다. 칠레와 멕시코를 비롯해 에콰도르, 페루, 콜롬비아 등 안데스 국가, 과테말라, 엘살바도르, 니카라과 등 중미국가, 아이티 등 카리브국가 등 태평양을 끼고 있는 대부분의 나라에서 지진은 엄청난 인명피해를 야기하곤 합니다.

20세기 최대 규모의 지진은 1960년 5월 칠레 남부(Valdivia, Puerto Montt)에서 발생한 리히터 스케일(Rs) 8.5도, 순간 최고 강도 9.5도까지 도달했던 초강력 지진으로서 5,700명의 사망자를 냈습니다. 지진 강도에 비해 비교적 사망자가 적었던 것으로 평가되는데, 진원지 깊이가 해저 60미터로 깊었던 데다가 낮 시간대에 발생했고, 강력한 지진 전조현상이 있어 많은 사람들이 미리 건물을 빠져나오는 등 사전대피를 했기 때문으로 풀이되었습니다. 하지만 지진이 워낙 강해서 강의 물줄기가 바뀌고, 새로운 호수가 생겨나는가 하면 산사태로 마을이 묻히기도 하고, 연안도시는 물에 잠기는 등 피해는 엄청났으며, 지진 후속 쓰나미는 필리핀과 일본, 하와이 등에까지 영향을 미쳐 많은 사상자를 냈습니다.

*** 중남미 주요 지진**

중남미에서 주요 지진이 언제 어디서 발생했고, 어느 정도 사망자를 냈는지 미주개발은행(IDB)자료(Natural disaster in LAC/2000년10월)와 여타 자료들을 인용하여 간단히 정리해보면 다음과 같습니다. 여기서도 각자 비즈니스 시사점을 찾아보시기 바랍니다.

20세기

- 1970년 페루(66,794명), 1972년 니카라과(10,000명/Rs 8.5도)
- 1976년 과테말라(23,000명/Rs 7.5도), 1985년 칠레(180명)
- 1985년 멕시코(8,776명/Rs 7.8~8.1도), 1986년 엘살바도르(1,000명)
- 1987년 콜롬비아(1,000명), 에콰도르(4,000명/Rs 6.8도)
- 1991년 엘살바도르(1,000명), 1999년 콜롬비아(1,186명/Rs 5.8도)

21세기

- 2007년 8월 페루 ICA주(70,000명/리히터 지진계-Rs 7.0도, 순간 최고 7.9도, 진원지 거리 30마일, 수도 리마에서 90마일 거리)
- 2010년 1월 아이티(212,000명, Rs 7.0도, 진원지 깊이 8.1마일)
- 2010년 2월 칠레(300명 이상, Rs 8.8도, 진원지 깊이 21.7마일)
- 2016년 4월 에콰도르(673명, 7.8도)
- 2017년 9월 멕시코(369명, 7일 8.1~8.2도, 치아파스 주 인근 태평양해상에서 발생, 오아하까 주에 최대피해, 19일 7.1~7.9도/ 멕시코시 및 멕시코 주, 오아하까 주)

태평양권 중남미 국민들은 지진이 잦다보니 떼레모또(지진) 얘기만 들어도 공포심을 느낍니다. 필자도 몇 차례 지진을 겪었는데, 90년대 후반 멕시코시티에서 지진이 일어나자 무역관이 입주한 고층건물이 휘청거렸습니다. 서있기가 어려울 정도로 요동쳐 현기증이 느껴지는 순간 현지인 직원들은 비명을 지르며 어쩔 줄 몰라 하는 사람이 있는가 하면 책상 밑으로 몸을 피하는 사람, 문을 박차고 사무실 밖으로 뛰쳐나가는 사람 등 여러 반응을 보였습니다. 필자는 처음 겪어 보는 상황이라 하룻강아지 범 무서운 줄 모른다고 제대로 대응이 안 됐습니다. 그 이후 몇 차례 더 겪다보니 현지인들의 공포심이 이해가 되었습니다. 1985년 대지진(8.1도) 후유증이 컸다고 하는데 2017년에는 멕시코 역사상 최대 규모의 지진(8.2도)을 맞아 지진 패닉현상은 더 커질 것 같습니다.

1960년 8.5~9.5도의 칠레 지진이나 2010년 2월 8.8도의 칠레 지진에 비해 2010년 7.0도로 비교적 규모가 작았던 아이티 지진이나 2007년 8월 페루 지진 등이 인적 피해 규모가 훨씬 컸었는데, 그 이유는 진앙 깊이나 진원지와의 거리 등 자연적 차이도 있지만 내진 설계나 지진 대응 체계 등의 사회적 시스템 차이가 매우 큰 것으로 보여 중남미 국가들이 극복해야 할 과제가 되고 있습니다.

사실 지진은 중남미 전체 문제로 보기는 어렵고, 멕시코, 칠레, 페루, 콜롬비아 등 태평양동맹국들이 공통으로 안고 있는 문제점이라 볼 수 있습니다. 대서양변에 위치한 메르코수르 국가들은 이런 재해로부터 자유로울 수 있다는 점이 두드러진 차이점이 되기도 합니다. 이제 아이티 지진과 비즈니스 이야기로 잠깐 머리를 식힌 다음 주제인 화산으로 넘어가도록 하겠습니다.

*** 지진과 비즈니스: 아이티 대지진과 전력복구 그리고 한국 청년기업인**

2010년 1월 아이티에 대지진이 일어나 수많은 사상자가 발생하고 있는 아비규환의 현장을 일부러 찾아간 한국 젊은이가 있었습니다. 이 젊은이는 너무 큰 충격으로 지진 복구는 엄두도 내지 못하고 있던 전력청장을 만나 전력사업 복구를 맡겨달라는 담판을 해서 사업을 따냅니다. 모두가 혼비백산하여 탈출하는 상황에서 오히려 사지를 찾아들어가 전화위복의 기회를 만들어낸 것입니다.

헬기 등을 동원하여 발전설비와 송전망 등 신속한 복구 작업에 나선 결과 지진발생 열흘 만에 전력이 공급되기 시작했고, 4주 만에 복구가 완료되어 아이티 대통령의 신임을 얻게 된 결과 지금은 발전소 운영을 통해 아이티 전력공급의 50%를 공급하는 아이티 최대 전력회사로 발돋움했다고 합니다.

이 젊은이가 최상민 ESD 사장입니다. 1993년 고2때 부모님을 따라 도미니카 공화국으로 이민을 가게 되었습니다. 부모님 식당일을 돌보다가 미국유학을 떠났지만 학자금 마련을 못해 중도포기하고, 도미니카 공화국으로 돌아와 여러 가지 장사를 해보다가 KOTRA 산토도밍고 무역관에 취업을 하게 되면서 프로 비즈니스 세계에 발을 들여놓게 되었습니다.

우리나라 기업들의 해외 비즈니스를 지원하는 무역관을 통해 현대중공업과 인연을 맺게 되었고, 사업이 잘 되자 인재 양성소 역할을 하던 무역관을 떠나 현대중공업 발전기를 주요 사업 아이템으로 하여 ESD라는 회사를 차리게 됩니다. 그리고 최사장 동생이 무역관에 입사하여 실력을 갈고 닦은 후 최사장 캠프에 합류합니다. 이렇게 최사장 형제는 도미니카와 아이티에 발전기를 팔다가 아이티에 발전소를 짓게 되는데, 그때 지진이 발생한 겁니다.

최상민 사장은 뛰어난 사업수완과 기술력 및 뚝심으로 위기를 기회로 살려낸 결과 지구촌 성공기업인으로 우뚝 서게 됨으로써 한국 젊은이들에게 꿈과 희망의 아이콘으로 자리매김 되고 있습니다. 아무쪼록 초심을 잃지 않고 모든 역경을 잘 헤쳐 나가면서 한국청년들에게 계속 꿈과 희망의 아이콘이 되어줄 것으로 기대해봅니다. 파이팅!

태평양 불의 고리 활화산의 두 얼굴

중남미에는 "태평양 불의 고리(Cinturón de fuego del Pacífico)"로 불릴 정도로 태평양을 끼고 활화산들이 꽤 분포되어 있습니다. 멕시코에서는 1913년 1월 용암이 분출되었던 꼴리마(Colima) 화산(4,100미터)과 2005년 4월 분화된 뽀뽀

까떼뻬뜰(Popocatepetl) 화산(5,452미터)이 대표적인 활화산으로 꼽힙니다.

*** 중남미 주요 화산**(volcan)

중남미에는 멕시코 화산 외에도 태평양권을 중심으로 많은 화산이 분포되어 있습니다.

칠레에는 아르헨티나와의 국경에 위치한 오호스 델살라도(Ojos del Salado)라는 화산(6,893미터)이 세계에서 가장 높고 활성화된 화산으로 알려져 있습니다. 5천 미터 고지대에 형성된 산이며, 경사가 완만해서 일반 하이킹 방식으로도 등정이 가능하다고 합니다만 워낙 고지라 일반인은 엄두도 내기 어렵습니다. 라스까르(Lascar) 화산(5,592미터)은 중앙안데스 지방에서는 가장 활발히 움직이고 있다고 합니다. 비야리까(Villarrica) 화산(2,847미터)은 16세기부터 분화가 관찰된 이래 1949년, 1963~4년, 1971년 등 여러 차례 용암을 분출한 바 있으며, 2005년부터는 분출 위험에 따라 화산 등정이 금지되어 있습니다.

아르헨티나에는 칠레와의 접경지역에 꼬빠우에(Copahue)라는 활화산(2,965미터)이 있으며, 18세기부터 분화가 기록되어 오다가 21세기 들어서는 움직임이 가열되고 있어 경보등이 켜진 상태입니다.

콜롬비아의 경우 1985년 무려 23,000명의 사망자를 낸 네바도 델 루이스(Nevado del Ruiz) 화산(5,321미터)이 유명하며, 1993년 분출하여 과학자 9명을 집어삼킨 갈레라스(Galeras) 화산도 있습니다.

에콰도르는 수도인 키토가 피친차(Guagua Pichincha) 화산(4,784미터)밑에 위치해 있는 관계로 시민들은 화산재에 시달리고 있습니다. 1660년에는 무려 25Cm 두께의 재와 화산 잔해로 도시가 온통 뒤덮인 최악의 사례가 있었습니다. 이외에 2005년에 분화된 바 있는 뚱구라와(Tungurahua) 화산(5,023미터)과 레벤따도르(Reventador) 화산(3,562미터)이 있으며, 특히 에콰도르의 활화산 최고봉으로 일컫는 코토팍시(Cotopaxi) 화산(5,897미터)이 1903년 분화 이래로 활동을 멈추었다가 2015년 8월 분화가 재개돼 위험도가 높은 화산으로 분류되고 있습니다.

태평양권 중미는 어떨까요? 코스타리카의 아레날(Arenal) 화산(5,435미터)은 휴화산이었다가 1968년 깨어나 78명의 사망자를 발생시킨 바 있는 대표적 화산이며, 과테말라에는 무려 60회 이상 불을 뿜어 중미지역에서 화산활동이 가장 활발한 푸에고(Fuego) 화산(3,763미터)이 유명합니다.

엘살바도르에는 잦은 분화로 태평양의 등대(faro del Pacifico)라는 별명을 가진 이살꼬(Izalco) 화산(1950미터)이 있으며, 니카라과에는 1960년 무려 3개월간이나 분화를 거듭하며 악명을 쌓은 쎄로네그로(Cerro Negro) 화산(675미터)이 있습니다.

중남미에서 볼깐(volcan)으로 불리는 화산은 때로는 인명을 앗아가며 경제적으로 엄청난 손해를 끼치기도 하지만, 한편으론 멀리서 고고하게 보이는 아름다운 화산의 자태는 집주인에게는 조망권 프리미엄이 되어주기도 합니다. 엄청난 불꽃이 활활 뿜어져 나오는 역동적인 모습은 어느 언론사 기자나 작가, 예술인들에게는 참신한 영감을 불어넣어줌으로써 문학작품 내지 예술작품으로 승화되어 나타나기도 하는 등 화산은 야누스신의 두 얼굴을 보여주고 있는 것 같습니다.

필자가 과테말라 근무당시 그곳을 찾아왔던 언론사 기자 한 분이 화산을 보고 영감을 받았다며 기사가 술술 잘 써진다고 화산예찬론을 펴기도 했습니다. 또 한 번은 필자가 멕시코에서 집을 구할 때 집주인이 거실에서 저 멀리 화산이 보인다며 값을 톡톡히 부르기도 했습니다.

그런데 이 화산 역시 지진과 마찬가지로 대부분 태평양동맹국이나 태평양 연안 국가들에게 해당되는 공통 문제가 되고 있음을 볼 수 있겠습니다.

허리케인(Huracán/우라깐) 생존전략

허리케인(중남미에서는 우라깐으로 불리며, 허리케인이란 용어도 폭풍의 신이라는 우라깐에서 유래)은 주로 중미 카리브 지역 및 미국 남부와 멕시코 등에서 발원하는 풍속 64노트(74마일, 119km) 이상의 강력한 열대저기압성 태풍을 의미합니다.

지진 강도 측정 기준으로 리히터 등급(Rs/Richter scale)이 국제적으로 통용되듯이 허리케인 강도 측정 기준으로는 사피어-심프슨 등급(Saffir-Simpson Scale)이 이용됩니다. 가장 약한 1등급부터 가장 센 5등급까지 있는데, S-S(사피어-심슨) 1등급이라도 평균 풍속이 시속 119~153km/h에 달하고 파고도 1.2~1.5m에 달해 상당한 피해를 줄 수 있다고 하니 결코 우습게 봐서는 안 됩니다. 5등급은 풍속이 250km/h 이상, 파고는 5.5m 이상으로서 상륙지마다 막대한 피해를 입히게 됩니다. 그러나 강우량 등이 고려되지 않아 3등급이 5등급보다 더 많은 피해를 유발하기도 합니다.

최근 사례를 한 번 들어볼까요? 2016년 10월에는 Matthew가 아이티를 집어삼킵니다. S-S 3등급인 풍속 193km/h로 400명 이상 사망자를 발생시켰으며, 쿠바와 바하마, 도미니카공화국 등도 할퀴며 지나갔습니다. 2017년 9월에는 S-S 5등급인 295km/h의 풍속을 가진 Irma가 상륙하며 미국 플로리다 지역과 푸에르토리코, 바하마 등 카리브 섬나라들을 초토화시키며, 134명의 사망자를 냈습니다. 사망자 수로만 보면 정도가 낮은 3등급이 높은 5등급보다 더 많은 인명피해를 야기한 것입니다.

*** 중남미 허리케인 역사: 중미카리브를 강타한 주요 허리케인**

20세기

1963년 10월 발생한 Flora는 8천 명의 목숨을 앗아갔으며, 아이티와 쿠바, 도미니카 공화국 등에 총 5억 달러 규모의 피해를 줬습니다. 1969년 8월 발생한 Camille은 풍속 280km/h의 엄청난 위력(S-S 5등급)으로 쿠바와 미국을 강타하여 259명의 사망자와 94억 달러의 피해를 입혔다는 기록이 있습니다.

1974년 9월 Fifi는 온두라스를 쑥대밭으로 만들고 9천 명의 사망자를 내고는 과테말라, 니카라과, 코스타리카, 엘살바도르, 멕시코 등에서 1천여 명의 사망자를 추가로 발생시켰습니다. 1980년 8월 Allen은 249명의 목숨과 80억 불의 피해액을 청구해갔으며, 베네수엘라, 아이티, 도미니카 공화국, 미국, 자메이카, 중미 및 멕시코 등이 피해를 봤습니다.

1988년 10월 Juana는 니카라과에 상륙하여 340명의 사망자와 50만 명의 이재민을 발생시켰고, 1997년 10월 Pauline은 멕시코에 상륙하여, 아카풀코, 치아파스, 오아하까 등을 초토화시키고 210명의 목숨을 앗아갔습니다.
1998년 9월 Georges는 S-S 3등급으로서 안티과 바부다, 아이티, 도미니카공화국, 쿠바, 미국 등을 대상으로 604명의 사망자와 80억 불의 피해를 유발했습니다. 이어 그해 10~11월에는 S-S 5등급으로서 20세기 최악의 허리케인이라는 Mitch가 발생해 온두라스와 니카라과에 막대한 피해를 입혔고, 과테말라, 엘살바도르, 파나마, 코스타리카, 벨리즈 등 중미 전역을 휩쓸고 떠났습니다.

21세기
2004년 9월 Jeanne는 푸에르토리코, 도미니카공화국, 아이티, 바하마, 플로리다 등을 관통하여 1,600명의 사망자를 냈는데, 그 대부분이 재난에 특히 취약한 아이티 인이었습니다. 아이티는 같은 해에 수해를 맞아 이미 2,500명의 사망자가 발생한데 이어 엎친 데 덮친 격으로 또다시 불행이 겹친 것입니다.
2005년 10월 Stan으로 803명의 사망자가 나왔고, 이 중 670명이 과테말라, 69명이 엘살바도르, 49명이 멕시코 등으로 집계가 됐습니다. 바로 이어 Wilma가 멕시코의 유카탄 반도와 쿠바, 아이티를 할퀴며 23명의 목숨을 빼앗아갔고, 290억 달러의 엄청난 피해를 안겼습니다.
2007년 9월 Felix는 니카라과를 침범하여 232명의 생명을 빼앗았으며, 2008년 8~9월 Gustav는 S-S 5등급인 283Km/h 풍속으로 아이티, 도미니카공화국, 자메이카, 미국 등을 관통하며 803명의 목숨을 가져갔는데, 그 대부분(793명)이 아이티 인으로 발표가 됐습니다. Gustav와 또 다른 허리케인 Hanna가 거의 동시에 아이티에 상륙하여 초토화시킨 것입니다. 아이티는 지리적 위치도 취약하지만 사회기반시설이 특히 약하다보니 아이티가 자연재해 충격을 그대로 받는 모양새입니다.

위 사례에서 보았듯이 허리케인이 카리브 도서국에 출몰하여 도시나 마을을 황폐화시켜버리니 칠레나 멕시코 등 지진지대 사람들이 지진공포증을 갖고 있는 것처럼 카리브 사람들은 우라깐 공포증을 갖고 있었습니다. 중산층 등 사회에 잘 적응하여 사는 사람들은 확실한 대비책을 세워두면서 나름대로 살아남는 법을 터득하고 있는데, 그들의 허리케인 생존전략은 어떤 것인지 대표적 사례를 한 번 살펴보겠습니다.

필자가 도미니카공화국에서 근무하던 시절, 아파트를 구하러 다녔는데, 집집마다 태풍 방패 창문이 따로 마련되어 있는 것을 보고 깜짝 놀랐습니다. 태풍으로 창문이 깨지는 것을 막기 위해 유리 창문 바깥쪽에 튼튼한 철제 내지 목제를 덧댄 것으로서 8~10월 태풍 주의보가 발령되면 이 창을 닫아걸어 태풍에 대비하는 것입니다. 필자 가족도 거기 살면서 우라깐이 쳐들어오면 사회적 공포 분위기에 젖어보기도 했지만 든든한 방패가 있다 보니 심리적으로 안심이 되고 태풍도 어쩌지 못하고 무사히 지나가더군요.

오히려 귀국하여 여수에서 살 때 태풍에 사정없이 마구 흔들리는 커다랗고 나약해 보이는 유리 창문을 보며 공포에 떨기도 했습니다. 방패 창문이 있었더라면 공포로부터 해방되었을 텐데 말입니다. 방패 창문 문화는 우리나라가 카리브에서 수입을 했으면 하는 바람입니다.

이왕 창문 얘기가 나왔으니 여담 하나 하겠습니다. 필자가 스페인에 살고 있을 때 얘기인데, 집집마다 유리 창문 뒤에 나무 창문을 별도로 설치해두고 낮에 강한 햇빛을 차단하고자 할 때 나무 창문을 닫아걸면 정말 밤처럼 컴컴해졌습니다. 우리처럼 검은색 커튼 정도 쳐가지고서는 그러한 효과를 내기가 어렵습니다. 그래서 스페인에 씨에스타(siesta/낮잠) 문화가 발달한 게 아닐까 생각되었습니다. 스페인 사람들은 극구 부인합니다. 자신들을 나태한 사람으로 여길까봐 시에스타를 입에 올리는 것 자체를 좋아하지 않는 모습이었습니다.

하지만 불면증에 시달리는 많은 분들에게 햇볕차단막이 낮잠이라도 주무시도록 해드리는데 도움이 되지 않을까 싶습니다. 우리에게 없는 문화지만 생활에 쓰임새가 있는 문화라면 받아들여보는 것도 필요하리라 봅니다. 그러니 태풍 방패막이도 할 겸 햇빛 가리개도 할 겸 추위나 더위로부터 열을 보호하거나 막아주는 역할까지 기대해볼 수 있을 것입니다.

모르면 낭패! 전염병(Epidemia)과 풍토병(Endemia)

중남미에는 열대지방이 많고 위생상태도 불량한 곳이 많다보니 아프리카처럼 풍토병이나 전염병이 많이 돌고 있습니다. 뎅기열(dengue), 황열병(yellow fever), 말라리아(malaria)와 같은 매개성 풍토병을 비롯해서 지카(zica), 치쿵구냐(chikungunya)와 같이 모기를 감염원으로 하는 매개성(vector borne)전염병, 콜레라(cholera)나 장티푸스(typhoid fever) 같은 세균에 의한 수인성(waterborne) 전염병 등이 대표적입니다. 물론 고산병도 광의로는 풍토병으로 볼 수 있겠지만 여기서는 논외로 하겠습니다.

황열병(fiebre amarilla/피에브레 아마리야)

황열병은 황열 바이러스를 가진 모기에 물려 감염되는데, 적도 부근 20도 내외 지역에서 주로 발생합니다. 고열과 함께 황달, 구토, 설사, 요통 및 극도의 피로감 등의 증상이 수반됩니다.

중남미 일부 나라는 입국시 황열병 예방접종증명서(certificado de vacunación contra fiebre amarilla)를 요구하기도 합니다. 대표적인 나라가 볼리비아, 코스타리카, 콜롬비아, 페루 등인데, 볼리비아의 경우 라파스 공항으로 입국하더라도 동 증명서가 필요하다고 하며, 콜롬비아나 페루의 경우 보고타나 리마 등 일반도시 입국에는 필요치 않고 밀림지대나 아마존 등 위험지역 들어갈 때에 필요하다고 합니다.

코스타리카 경우에는 한국에서 미국 등을 통해 입국하는 경우에는 요구하지 않으나 콜롬비아 등 위험 국으로 분류된 나라를 거쳐서 들어오는 방문객들에게는 요구를 해서 문제가 되는 경우가 발생합니다. 필자 지인도 보고타 공항에서 코스타리카 산호세로 가는 항공기를 타고자 했으나 불허되어 부랴부랴

공항 접종소를 찾아 접종을 했지만 일정 시간이 경과해야만 효력이 나타나는 관계로 결국 당일 여행은 허락되지 않았습니다. 황열병은 보통 열흘 전에 접종을 해야 효력을 볼 수 있다고 합니다. 예방접종을 소홀히 여겼다가 낭패 볼 수 있으니 중남미 여행 시에는 꼼꼼히 챙겨보시기 바랍니다.

뎅기열(dengue/뎅게)

한편 뎅기열의 경우 예방백신이 없는 관계로 뎅기열 위험지역에 들어갈 때에도 접종증명서 없이 입국이 가능합니다. 하지만 몸이 피곤해져서 면역성이 저하되지 않도록 잘 관리하고 모기에 물리지 않도록 각별한 주의가 필요합니다.

필자도 도미니카 공화국에 살 때에 모기에 물려 뎅기열을 앓은바 있는데, 온몸에 힘이 빠져 털썩 주저앉게 되었습니다. 병원에 입원을 했는데 백혈구와 혈소판이 급격히 줄어드는 현상이 나타나다가 이틀 정도 지나 저절로 회복된 적이 있었습니다. 예방약도 없고 면역도 생기지 않는다고 해서 조심은 했지만 조심한다고 모기로부터 완전 자유로워지는 것은 아닌 것 같습니다. 다만 과거에 황열병 예방접종을 해둔 적이 있었는데, 그래선지 아닌지는 모르겠지만 뎅기열 회복도 빨랐던 것 같습니다. 혹은 김치 탓이었는지도 모릅니다^^. 과거 사스 사태가 번졌을 때에 김치 효능이 언급되었듯이 말입니다 여하튼 빠른 회복속도에 의사도 의아해 했습니다.

지카(zica)와 치쿵구냐(chikungunya)

치쿵구냐나 지카는 모두 이집트 숲 모기(aedes aegypti)가 매개체인데, 치쿵구냐는 고열과 두통, 관절통, 근육통, 메스꺼움, 피로, 피부습진 등이 동반되며, 브라질 파라과이, 볼리비아 등에서 주로 발생하고 있습니다.

지카는 두통과 관절통 외에 가벼운 열과 두드러기, 결막염 등의 증상이 나타나는데, 모기 물린지 3일 내지 12일 후에 나타나는 경우도 있다고 하며, 소두증을 유발한다고 해서 임산부에 대해 주의령이 내려지기도 했습니다. 브라질, 칠레, 콜롬비아, 멕시코, 베네수엘라 등에서 주로 발생하고 있습니다.

지카가 워낙 위세를 떨치다보니 필자가 보고타에서 살고 있을 때에 우리 대사관에서 주의 문자가 왔습니다. 저지대는 열대여서 모기가 많기 때문에 위험하니 가급적 저지대로 내려가지 말라는 거였습니다. 보고타는 백두산 높이 고원 도시라 1년 내내 쌀쌀해서 모기가 없는 청정 도시로 부각된 것이었는데, 평소에는 산소가 부족하니 1년에 몇 차례는 저지대로 내려가서 산소를 보충 받아오곤 하는데 한동안 이러지도 저러지도 못하는 딱한 신세가 되었던 것입니다.

그 지카가 이제 한시적인 전염병에서 항구적인 풍토병으로 바뀔 수 있다는 보건당국의 전망도 나오고 있어 모기에 대한 내성을 키우기 위해서는 피로를 모르는 강인한 체력을 만들어두고 조심하는 것이 가장 좋은 대비책이 아닐까 합니다.

장티푸스와 콜레라

장티푸스는 고열, 발진과 오한, 두통, 구토, 설사, 변비 등을 유발하는 소화기 계통의 급성 전염병으로 옛날 우리나라에도 한 번 돌면 급속히 퍼져 온 마을사람이 죽어나가던 온역(溫疫)이나 염병(染病), 장질부사 등으로 익히 알려져 있는 병입니다. 장티푸스는 중남미에서도 발병이 되고 있어 주의가 필요하나, 지금은 사망자가 10만 명당 1명에도 미달할 정도로서 당국이 크게 신경을 쓰는 병은 아닌 것 같습니다.

콜레라는 신체접촉이나 물, 음식 등을 통해 감염되며, 심한 구토와 설사를 일으키다가 몇 시간 내에 사망하기도 하는 무서운 전염병인데, 중남미의 경우 1991년 멕시코를 시작으로 중미지역으로 번져 콜레라 첫 발병 사례로 기록되었습니다. 1993년에는 48,000명의 환자가 나오는 등 확산되는 양상을 보였습니다.

1997년 12월에는 중남미 21개국에서 콜레라가 창궐하여 120만 명이 감염되고, 이중 11,875명이 사망했습니다. 이어 이듬해인 1998년에는 허리케인 Mitch 후유증으로 중미 지역에서 콜레라가 다시 번진 일도 있습니다. 2002년

3월 과테말라에서 중미지역 마지막 콜레라 환자가 나온 것을 끝으로 2003년 12월 중미지역은 콜레라 청정지역으로 선포됩니다.

에콰도르, 볼리비아, 과테말라, 니카라과, 엘살바도르, 온두라스, 파나마, 벨리즈 등 소득수준이 낮은 국가에서 많은 환자가 나왔고, 칠레, 코스타리카, 멕시코, 브라질, 콜롬비아 등 소득수준이 비교적 높은 나라는 환자가 매우 적었습니다. 후진국병인 것입니다.

하지만 2010년 카리브 지역인 아이티에서 콜레라가 돌아 150명 이상의 사망자가 나오면서 콜레라 주의보가 다시 켜진 상태인바 주의는 하셔야합니다.

그리고 중남미로 장거리 해외여행을 하다보면 물이나 음식 갈아먹고 배탈 설사가 나는 경우가 종종 있는데, 아무 물이나 함부로 드시지 않도록 조심하는 게 좋습니다. 지역에 따라 물에 세균이나 아메바, 석회성분 등이 있어 장염이나 배탈을 일으키는 경우가 많습니다.

*** 아이티 독립과 파나마 운하 건설에 얽힌 풍토병 이야기**

아이티 독립의 일등공신이 황열병?

프랑스 식민지였던 아이티에서는 18세기말 자유와 평등을 추구하는 프랑스 혁명에 자극을 받은 흑인노예들이 독립운동을 일으키게 됩니다. 1801년 노예 반란이 일어나자 나폴레옹 황제는 몇 차례 병력을 파병하여 반란 진압에 나서게 됩니다. 1803년 아이티에서 물러날 때까지 33,000명의 프랑스군이 파병되었는데, 살아서 돌아간 병력은 3천 명에 불과했다고 합니다.

그동안 3만 명이 목숨을 잃은 것인데 대부분이 전사자가 아닌 병사자였다고 합니다. 그 원인이 바로 황열병 이랍니다. 우수한 무기와 잘 훈련된 수많은 군인들도 풍토병 앞에서는 속수무책이었던 것입니다. 황열병은 원래 아프리카 풍토병이었으나, 흑인들이 신대륙으로 노예로 팔려오면서 중남미로 전파된 것인데, 결국 아이티는 토종 모기들의 도움을 받아 1804년 1월 독립을 쟁취하게 되었다고 합니다.

미국의 파나마운하 건설의 숨은 주역이 파스퇴르와 황열병 백신?

1861년 프랑스의 미생물학자 파스퇴르는 전염병의 원인이 병원성 미생물임을 최초로 밝혔으며, 1880년에는 백신과 예방접종법을 개발해 냄으로써 인류가 전염병 정복에 나설 수 있는 토대를 마련합니다. 이를 계기로 파나마 운하 건설에 군침을 삼키던 미국은 열대성 풍토병 극복이 우선과제임을 인식하고 군의관들에게 연구에 매진토록 한 결과 황열병 원인이 모기라는 사실을 밝혀내고 백신도 개발해냄으로써 파나마운하를 성공적으로 건설할 수 있었다고 합니다. 이로써 미국이 중남미 진출에 확실한 입지를 굳히게 되었다고 하니 파스퇴르와 황열병 백신이 파나마 운하 건설의 숨은 주역이라는 말이 나올 법도 합니다.

사실 파나마운하를 착공한 것은 프랑스였습니다. 하지만 기업 재정난과 황열병 및 말라리아 등 풍토병 때문에 1889년 공사가 중단되었습니다. 이틈을 타고 미국이 니카라과 운하 개발 카드로 프랑스기업과 담판을 짓고 공사권을 넘겨받아 완공할 수 있었습니다.

제34강 기독교를 알아야 중남미 문화가 보인다!

중남미 사람들은 감사하다는 말을 달고 삽니다. 하찮은 일에 조금만 신경을 써줘도 그라시아스(Gracias/감사합니다)가 바로 튀어나옵니다. 그래서 필자는 이를 시엠프레(siempre) 감사문화로 독자 여러분께 소개해 드리기도 했습니다. 그 감사문화의 뿌리가 바로 이 기독교가 아닐까 생각됩니다. 기독교에서는 천주교건 개신교건 항상 "범사에 감사하라"라고 신도들 교육을 합니다. 그러니 어렸을 때부터 듣고 보고 배운 삶의 철학이 바로 이 모든 일에 감사하라는 지침인 만큼 자연스럽게 몸에 배어 삶의 일부로 자리 잡은 것이 아닐까요? 이러한 일상적인 감사 표현 문화로 인해 기독교에서 중시하는 화평과 마음의 평화도 구하게 되니, 결국 기독교가 그들의 행복지수를 끌어올려주는 역할을 하는 것이 아닌가 하는 생각도 듭니다. 비록 경제적으론 여유가 없어도 항상 감사하는 마음을 갖고 살아가는 그들에게서 세계에서 가장 높은 행복감을 갖고 살아가는 원천을 보게 됩니다.

중남미와 기독교는 불가분의 관계에 있습니다. 중남미 국가 국민들의 69%가 천주교(가톨릭), 19%가 개신교(프로테스탄트)이니 국민의 88%가 기독교 신자인 셈입니다. 물론 이들 모두가 신앙생활을 하는 것은 아니지만 중남미 문화 곳곳에 기독교적 요소가 투영되어 있는 관계로 중남미와 기독교 사이 관계를 모르면 문화가 제대로 보이지 않습니다.

필자는 중남미 여러 나라에 살면서 중남미 사람이나 도시 등에 기독교와 관련된 이름이나 기념비적 성당이 왜 이리도 많고, 아파트나 사무실 빌딩에 왜 13층이 없으며, 기독교 관련 휴일은 왜 이리도 많을까 등등 종교 관련 궁금증이 많이 들었습니다.

중남미 도시마다 중심부에는 으레 대성당이 자리 잡고 있으며, 국별로 상징적인 조형물 내지 성전들이 있게 마련입니다. 멕시코에는 과달루페 성당이, 브라질에는 리우 예수상이, 콜롬비아에는 소금성당과 산정성당이, 볼리비아에는 하늘과 가장 가까이 맞닿아 있는 예수상 등이 있으며, 세마나 산타(부활절) 축제는 도시마다 성대히 열립니다.

필자에게 가장 인상적이었던 장면은 형형색색의 아름다운 꽃길과 이를 밟고 가는 형극의 십자가를 진 예수, 그리고 채찍을 들고 예수를 형장으로 끌고 가는 로마 군인들이 등장하는 고난의 부활절 행렬이었습니다. 특히 과테말라의 식민시대 역사가 살아 숨 쉬는 아름다운 고도 안티구아에서 봤던 첫 행렬이 따스한 봄 햇살 속에 필자 가슴을 강렬하게 후벼 파고 들어와 무척이나 인상적이었습니다. 도시 전체가 기독교 축제 분위기에 흠뻑 젖어드는 낭만과 아울러 비장함, 그리고 엄숙함이 촘촘히 묻어나는, 시끌벅적한 여타 카니발과는 전혀 분위기가 다른 그런 축제였습니다.

중남미는 어떻게 해서 전 국민의 90% 정도가 기독교 신자가 되었을까요? 그런데 진짜 그게 사실일까요? 기독교가 원주민 사회를 어떻게 파고들어 혼연일체가 되었을까요? 이 궁금증을 풀기 위해 지금부터 중남미와 기독교 사이 관계 탐사여행을 함께 출발해보겠습니다.

통치수단으로서의 기독교 - 중남미와 기독교간 짝짓기

스페인이 콜럼버스를 통해 신대륙을 발견한 이래 원주민들을 하나하나 복속시키고 통솔해 나가는데 있어 기독교는 매우 중요한 역할을 수행하게 됩니다. 신대륙 원정대에는 기독교 신자가 아니면 아예 낄 수 없었으며, 원정 목적에 기독교 전파가 핵심으로 들어가 있었습니다.

가톨릭교회는 적은 수의 군인으로도 원주민들을 잘 다스리기 위한 효율적 수단으로서 기능을 했으며, 정복민이나 피정복민 모두가 스페인 국왕에게 복종하도록 유도하는 역할까지 수행했습니다. 정복지 내에서 폭동이 발발하지 않도록 미연에 방지하는 좋은 방법은 군대 수를 늘리는 것보다 신앙심을 심어주고, 거리 곳곳 가까운 광장에 십자가상을 세우며 수도사를 배치해두는 것이었습니다.

교황으로부터 정복지에 교회를 세울 것과 교회 및 선교사를 보호해줄 것을 요구받은 스페인 국왕이 군대를 보내 아스텍 제국을 함락시키자 선교사들의 본격적인 중남미 진출이 시작됩니다. 처음에는 프란치스코 교단이 중심이 되었으며, 도미니쿠스 교단, 아우구스투스 교단 등도 참가하였고, 점차 예수회 교단이 세를 확대하게 됩니다.

이들이 교회를 짓고 마을을 건설하며 원주민을 개종시켜 나가는 과정에 유대 기독교인이나 무어인 등 이교도들도 신대륙으로 몰려들게 되자 이교도 탄압을 위한 종교재판도 열리게 됩니다. 특히 스페인의 포르투갈 합병 이후 포르투갈 유대 상인들의 중남미 진입이 활발해지면서 기존 상권세력과 갈등관계가 형성되자 종교재판을 통한 이교도 처형 내지 재산몰수 등 가혹한 탄압이 가해집니다.

종교 재판소는 당초 교황이나 주교의 권위에만 의지하다가 스페인 국왕의 칙령으로 강력한 세속적인 힘을 확보하게 되자 교회가 실제로 충성을 바칠 대상이 로마교황에서 스페인 국왕으로 바뀌게 되며, 스페인왕실과 가톨릭교회간 이해가 맞아떨어지게 됩니다.

그런데 가톨릭교회의 세력이 계속 확장되면서 19세기로 접어들자 위협을 느낀 스페인왕실이 가톨릭교회를 전면적으로 통제하려 들게 되며, 양자 관계는 균열이 발생합니다. 스페인 왕실에 대한 충성을 유도해왔던 가톨릭교회 성직자들은 중남미 정치인이나 군인들에게 스페인 왕실에 저항해서 반란을 도모하도록 부추겨 결국 중남미 독립운동에 불을 댕기게 됩니다.

어찌됐든 가톨릭교회 교단들의 활발한 선교활동과 종교재판 등 탄압을 통해 중남미는 세계에서 가장 많은 가톨릭 신자를 보유한 지역이 되었습니다.

ㅣ 중남미 기독교 신자 통계와 실상

중남미 천주교 신자 점유비중

중남미에는 4억 2,500만 명의 가톨릭 신자가 있습니다. 이는 전 세계 가톨릭 신자의 약 40% 비중입니다. 중남미는 가톨릭 인구가 가장 많은 지역이면서, 최근에는 중남미(아르헨티나) 출신 교황까지 배출할 정도로 중남미에서 가톨릭이 갖는 의미는 매우 큽니다.

20세기 초부터 1970년대 초까지 중남미 가톨릭 인구는 전체 인구의 90%를 상회할 정도로 압도적이었습니다. 필자가 90년대 및 2천 년대 중남미 여러 나라 근무를 하면서 접한 통계 치에서 확인된 가톨릭 인구비중(80%~90%대)도 이와 크게 다를 바 없었습니다.

천주교와 개신교 비중 변화 및 개종 현황

그런데 2013년 실시된 중남미 성인 대상 연구조사 결과 가톨릭(천주교/구교) 비중은 69%로 줄었고, 프로테스탄트(개신교/신교) 비중은 19%로 늘어난 것으로 밝혀졌습니다. 도합 88%가 기독교 신자인 셈입니다. 어렸을 때부터 천주교 신자로 자라온 사람들 비중은 84%였는데, 그들 중 성인이 된 현재도 천주교를 믿는 사람은 69%로 줄어든 것입니다. 그리고 열 명중 한명 꼴로(9%) 개신교 가정에서 자라왔지만 성인이 된 이후로 자신을 개신교 신자라고 밝힌 사람은 다섯 명중 한명 꼴로(19%) 늘어난 겁니다.

특히 콜롬비아의 경우 개신교 신도의 3/4이 천주교도로 자라났다가 커서 개신교도로 개종한 경우일 정도로 구교에서 신교로의 개종자(콜롬비아 74%, 페루 66%, 베네수엘라 56%, 아르헨티나 55%, 브라질 54%, 미국 히스패닉 47%, 멕시코 44%, 칠레 30%, 파나마 15%)가 많아지고 있는 특징을 보이고 있습니다.

그 이유는 뭘까요? 하나님과 개인적으로 더 가까이 다가가고자 하는 욕구가 가장 크게 반영된 것으로 풀이되는데, 주요 개종 이유를 한 번 살펴볼까요? 신과의 개인적 관계 추구(81%), 새로운 신앙 스타일 희망(69%), 도덕성 추구에 더 큰 비중(60%), 신도들에게 더 큰 도움(59%), 개신교의 전도활동(58%) 등입니다.

인구가 5,400만 명(2014년 기준)을 상회하는 미국 히스패닉의 경우 천주교 신자로 자라나 성인이 된 뒤로 천주교를 등진 사람은 24%로 나타났으며, 비천주교 신자였다가 커서 천주교에 귀의한 사람은 불과 2%에 불과해, 가톨릭으로선 22%의 순유출(exodus)이 일어나 신도 비중이 과거 77%에서 현재는 55%로 낮아진 상황입니다. 미국 히스패닉 중 개신교 신자는 22%로서 중남미 평균치 19%보다 약간 높은 수치로 나옵니다.

중남미 출신 교황의 탄생! 중남미 천주교 부흥?

2013년 3월 아르헨티나의 호르헤 마리오 베르골리오(Bergoglio) 추기경이 프란시스코(Francisco)라는 이름의 로마 교황으로 선출되자, 이를 계기로 중남미에서는 천주교의 부흥을 꿈꾸게 됩니다.

아르헨티나나 우루과이에서는 가톨릭에서 돌아선 사람들조차도 대다수가 교황이 아르헨티나 출신이라는 점에서 천주교 부흥 희망을 긍정적으로 평가했습니다. 하지만 중남미 전체 개종자들의 절반 이하만이 중남미 출신 교황을 긍정적으로 받아들였으며, 그만큼 중남미 천주교 부흥 가능성은 비관적임을 보여주고 있습니다.

명목상 신도와 독실한 신도

PEW 리서치 센터가 2014년에 밝힌 자료에 의하면, 중남미 신교도(에반헬리꼬/evangélicos/개신교 신자)의 83% 정도가 월 1회 이상 교회에 나가 예배를 보는데 비해 구교도(까똘리꼬/católicos/천주교 신자)의 경우 이 수치가 62%로 줄어듭니다. 개신교도들이 천주교도들에 비해 기도도 자주 드리고, 교회 밖에서 성경도 자주 읽으며, 예수의 재림을 믿는 비중도 더 높은 것으로 나타납니다.

결국 실제로 천주교 신자로 볼 수 있는 인구는 42% 정도이며, 개신교 신자로 볼 수 있는 실제 인구는 15% 정도로서, 중남미 전체 성인들의 57% 정도만이 실질적인 기독교 신자로 볼 수 있겠습니다. 그중에서도 매일 기도를 드리고, 매주 1회 이상 예배를 보며 신앙심이 자신의 삶에서 매우 중요하다고 인정하는 독실한 신구교도들의 비중은 더욱 줄어들게 됩니다. 이를 국별로 살펴보면 다음 표와 같습니다.

< 중남미 국별 신구교도 비중 및 독실한 신자 비중 >

국가		천주교도 비중(%)		개신교도 비중(%)	
		점유 비중	독실한 신자 (백분율)	점유 비중	독실한 신자 (백분율)
주요 남미 국가	브라질	61	23	26	60
	멕시코	**81**	**16**	**9**	**37**
	아르헨티나	71	9	15	41
	콜롬비아	79	37	13	62
	칠레	**64**	**8**	**17**	**37**
	페루	76	19	17	51
	베네수엘라	73	10	17	49
중미 카리브	**과테말라**	**50**	**58**	**41**	**75**
	온두라스	46	55	41	63
	엘살바도르	50	48	36	71
	코스타리카	62	40	25	55
	파나마	70	24	19	49
	니카라과	50	37	40	59
	도미니카공화국	57	41	23	65
	푸에르토리코	56	28	33	56

국 가		천주교도 비중(%)		개신교도 비중(%)	
		점유 비중	독실한 신자 (백분율)	점유 비중	독실한 신자 (백분율)
기타 남미	볼리비아	77	20	16	56
	에콰도르	79	23	13	50
	파라과이	89	19	7	45
	우루과이	**42**	**7**	**15**	**38**
미국 히스패닉		**55**	**27**	**22**	**49**

자료원 : PEW research center(2014.5)

상기 도표는 칠레, 우루과이, 아르헨티나 등 주로 백인 비중이 높거나 부유한 남미국가 국민들이 신앙생활을 잘 하지 않고 있음을 보여주고 있으며, 특히 독실한 가톨릭 신자 비중이 10% 미만인 점을 보면 이들 국가를 가톨릭 국가로 분류하는 것조차도 여의치 않음을 볼 수 있겠습니다.

남미에서는 콜롬비아가 구교도나 신교도 모두 여타국에 비해 신실한 삶을 살고 있음을 알 수 있겠습니다. 그래서일까요? 중남미 사람들이 대부분 친절하지만 콜롬비아 사람들은 유독 더 따스함과 포근함이 진하게 느껴지는 점, 그리고 높은 근면성 및 높은 교육열 등을 풍기고 있는 점은 우연의 일치로만 봐 넘기기 어려운 측면이 엿보입니다. 아마도 사랑과 근면을 강조하는 신앙생활의 실천이 국민성에도 영향을 미치는 것으로 보입니다.

필자가 잘 알고 지내던 경제부처 차관을 지낸 어느 콜롬비아 인사는 필자에게 이런 얘기를 했습니다. "콜롬비아는 중남미의 코리아"라고 말입니다. 한국을 닮고자 하는 욕구가 강렬하다보니 이런 표현까지 나오게 된 것 같은데, 콜롬비아는 다른 중남미 국가와 다르다며 자부심을 갖는 모습이었습니다. 6.25 한국전쟁 때 파병해서 우리를 도와주웠던 콜롬비아가 우리와 손을 꼭 잡고(FTA) 중남미의 한국으로 도약하기를 빕니다.

중미에서는 과테말라를 필두로 온두라스, 엘살바도르 등 대체로 원주민 비중이 높거나 경제적 삶이 궁핍한 중미 국가 신구교도들이 남미국가들에 비해 독실한 신앙생활을 즐기고 있음을 보여주고 있습니다.

유산이나 동성결혼 등 민감한 사회 이슈들에 대한 태도에서 보수적 천주교도들도 반대하지만 개신교도들은 더욱 보수적인 입장인 점도 중남미 인구나 미국 히스패닉 인구 증가율이 상대적으로 높은 점과 맥을 같이 하는 것으로 보입니다.

토착미신과 융합되어 이단시되는 중남미 가톨릭

중남미 가톨릭의 뿌리는 유럽의 로마 가톨릭에서 나온 것이기는 하지만 중남미에 정착하는 과정에서 식민시대 이전 원주민의 문화적 습속 및 토속 신앙 등과 버무려져 로마 가톨릭과는 상이한 특색을 갖게 됩니다. 거기다가 원주민 숫자가 정복군의 토벌이나 전염병 등으로 크게 줄어들자 아프리카에서 흑인노예를 들여오게 됩니다. 여기서 이들이 가져온 아프리카 토속신앙도 원주민 전통문화는 물론 유럽 가톨릭 문화등과도 배합과정을 거치게 됨으로써 가톨릭의 무속적 성향이나 성물 숭배 사상 등 로마 가톨릭과는 차별화되는 독특한 중남미 가톨릭 문화가 생성됩니다.

로마 교황청도 토착 미신과 융합된 중남미 가톨릭의 이단화 된 모습에 무척 당혹스러워 하고 있습니다. 하지만 사실 식민시대 가톨릭교회는 원주민 마음속을 파고들기 위해 원주민이 숭배하던 토속 종교를 묵인하거나, 한걸음 더 나아가 토속 신앙에 가톨릭의 옷을 입히거나 장려하는 정책을 펴기도 했습니다.

이단 논란에도 불구하고 중남미는 이 세상에서 가톨릭 인구가 가장 많은 지역이 되어 있습니다. 종교를 성공적으로 전파하기 위해 현지 문화 및 토속신앙과의 조화를 꾀했던 중남미 가톨릭교회의 노력이 결실을 거둔 것이라 볼 수도 있겠는데, 시대가 흘러갈수록 실질적인 가톨릭 인구가 크게 줄어들면서 그간 현상에 안주해왔던 가톨릭교회는 위기를 맞고 있습니다. 중남미 출신 교황의 부흥 역할에 대한 기대감도 있으나 시대적 추세를 거스르기 어렵다는 비관론이 교차하는 상황입니다.

*** 가톨릭과 원주민 토착신앙의 대표적 결합사례: 과달루페 성모**

- 아스텍 수호신 또난친 여신과 과달루페 성모 마리아의 일체화

멕시코시티 외곽에는 과달루페 성모를 모신 성당(바실리카)이 있습니다. 1531년 원주민처럼 가무잡잡한 갈색피부의 성모 마리아가 '후안 디에고'라는 원주민 소년에게 발현하여 꼬아딸호뻬(coatalxope/뱀을 무찌른 여인) 라는 이름으로 성당을 짓도록 합니다. 주교는 소년의 옷자락에 신비롭게 새겨진 성모상을 보고서 발현을 기념하는 성당을 짓고, 이름을 꼬아딸호뻬에 상응하는 스페인식 이름인 과달루뻬(Guadalupe)로 명명합니다.

당시 성모가 발현한 지역은 떼뻬약(Tepeyac)으로서 아스텍 부족의 여신이었던 또난친(Tonantzin)을 숭배하던 곳이었습니다. 여기서 또난친이라는 토착신앙과 과달루뻬 성모라는 가톨릭 신앙이 결합하게 되는 계기가 자연스럽게 마련되며, 우상숭배와 인신공양을 하던 아스텍 인들이 이때부터 과달루뻬 성모를 수호신으로 떠받들면서 멕시코에 가톨릭 신자가 급속히 늘게 됩니다.

현대에 들어와서도 과달루페 성모화의 조작설 등 논란이 있었으나 교황청이 미국 NASA(항공우주국)에 조사를 의뢰하여 적외선으로 투시해본 결과 붓질의 흔적이 없어 과학으로 밝혀낼 수 없다는 결론이 나왔다고 합니다. 과달루페 성당은 중남미 가톨릭 신자들에게 최대의 성지가 되고 있습니다.

*** 가톨릭과 아프리카 토착신앙의 대표적 결합사례: 브라질 리우 카니발**

- 아프리카 토속종교 칸돔블레 삼바를 포용한 브라질 가톨릭사회

브라질의 리우 카니발이 세계적 명성을 얻게 된 배경은 뭘까요? 1723년부터 브라질에서 카니발이 본격 시작되었으며, 1840년부터 가면무도회가 카니발 주요 요소로 편입됩니다. 유럽 가톨릭 문화가 그대로 반영된 격조 높은 왈츠와 폴카 등이 주종이었으며, 퍼레이드도 근엄한 군악대와 가톨릭 장식행렬로 이루어졌습니다. 1848년 한 구두닦이 소년이 드럼을 치면서 행렬에 참여한 이후 매년 드럼 연주자들이 늘어났고, 근엄하고 질서정연한 퍼레이드에 질린 리우 흑인들과 무도회 티켓 구입 여력이 없는 가난한 백인들은 자신들만의 카니발을 별도로 벌였습니다.

아프리카 토속종교인 칸돔블레(candomble) 신자들의 의식에 따라 고유 의상을 입고 삼바(samba)춤을 추는 카니발 클럽이 1855년부터 생겨납니다. 1870년대 이후 커피 플랜테이션 경기침체와 맞물려 1888년에는 노예제가 폐지되자 농노로 일하던 흑인 노동자들이 대거 리우로 몰려듭니다. 흑인들의 칸돔블레 의식이 반영된 삼바 카니발이 더욱 유행하게 되면서 자생적 삼바학교들의 퍼레이드가 1932년부터 시작됩니다.

시대적 흐름을 거스를 수 없었던 브라질 가톨릭 사회는 1935년 삼바 퍼레이드를 공식 인정하게 됩니다. 이렇게 해서 아프리카 요루바 부족의 토착신앙인 칸돔블레 의식이 유럽 가톨릭 의식과 융합하게 되어 오늘날과 같은 리우 카니발로 발전하게 된 것입니다.

중남미 개신교인의 65%가 오순절교: 중남미 개신교 특징

흔히 에반헬리꼬(evangélico/복음주의자)로 불리는 중남미 개신교도(프로테스탄트)들은 대체로 오순절 교인(Pentecostal)인 경우가 많습니다. 중남미 주요 18개국 및 미국 히스패닉과 미국 속령 푸에르토리코 등을 대상으로 2013년 설문조사를 실시한 Pew 리서치 센터의 2014년 자료에 의하면 65%가 자신을 오순절교인으로 인식하고 있는 것으로 밝혀졌습니다.

당초 개신교회들은 중남미를 기독교 국가로 보고 선교활동을 하지 않다가 천주교를 개신교로 개종시키는 활동도 선교로 보는 시각이 확대되면서 미국의 감리교, 장로교, 침례교 등 주요 교파들이 가톨릭 신자 개종을 목표로 중남미 선교활동을 전개하게 됩니다. 20세기 중반부터 오순절교파 선교사들이 중남미에 대거 진입하게 되면서 천주교인에서 오순절교인으로 갈아타는 사례가 급증하게 된 것입니다.

개신교와 토속 신앙과의 앙상블

그런데 중남미 개신교 또한 천주교의 경우처럼 원주민 신앙이나 아프리카 토속신앙과 결합하는 모습도 나타나게 됩니다. 성령의 은사(gift of Holy Spirit)에 의한 신유(divine healing)도 굳게 믿으면서도 마법이나 주술에 의한 환생도 함께 믿는 것입니다. 국별로 보면, 멕시코의 경우 60%, 볼리비아는 39%, 우루과이는 9% 등입니다. 파나마의 경우 58%인데, 천주교도는 66%가, 개신교도는 46%가 믿고 있는 것으로 Pew 설문조사는 밝히고 있습니다.

한편 중남미 천주교도의 40%와 미국 히스패닉 천주교도의 46%가 자신을 카리스마 교도(charismatic)로 이해하고 있는데, 이는 오순절교의 교리 일부를 숭배하고 있다는 의미로 받아들여집니다.

오순절교(Pentecostalism)는 19세기말 감리교에서 갈라져 나온 성결교가 20세기 초에 다시 분파된 것으로서 '하나님의 성회'가 최대 교단이며, 한국의 순복음교회도 카리스마적 신유(하나님의 은사로 육체적 질병 치유)를 중시하는 오순절교파로 분류되고 있습니다.

*** 토막상식: 오순절교와 카리스마 교파**

오순절교의 특징은 영혼의 구원, 질병으로부터 육체의 구원, 악으로부터의 구원 등 삼중구원과 중생(구원), 성령 충만, 신유(믿음을 통한 질병치유), 축복, 재림의 오중복음으로 집약되며, 보수적인 신학, 엄격한 도덕성, 믿음을 통한 질병으로부터의 해방, 성령강림 및 방언의 교리를 중시하는 특성을 보이고 있습니다.

카리스마 교파는 하느님의 언어라고 하는 방언 구사와 열광적으로 감정을 표현하는 예배 및 이를 통한 신유의 기적 체험을 특징으로 하며, 중남미 개신교도 과반수 및 천주교 일부교도들이 신유를 목격했다고 합니다.

교파를 떠나 신유(神癒/divine healing)를 목격한 신도 비중을 보면, 개신교도 중에서는 브라질, 콜롬비아, 니카라과, 과테말라, 엘살바도르 등 5개국이 70%를 넘어섰고, 천주교도 중에서는 엘살바도르, 도미니카공화국, 니카라과, 과테말라, 온두라스 등 5개국이 50%를 넘어선 것으로 발표되었습니다. 개신교 중에서 목격자 비중이 과반에도 못 미치는 40%대의 가장 낮은 나라는 칠레와 멕시코 2개국이며, 천주교 중에서는 우루과이, 칠레, 멕시코, 아르헨티나, 파라과이 등 5개국이 가장 낮은 10%대 초중반을 기록하고 있습니다.

상기 수치를 보면 나라별로 국민특성이 뚜렷하게 드러납니다. 세밀히 들여다보시면 국별 미세한 문화적 차이 관련하여 시사하는 바가 있을 것으로 봅니다.

알아두면 유익한 기독교 종교휴일

중남미에는 가톨릭 신자든 개신교 신자든 기독교인 비중이 90%를 상회할 정도로 워낙 많다 보니 기독교, 특히 가톨릭과 관련된 종교휴일이 참 많습니다. 이런 종교휴일이 많다보니 신앙생활을 하는 분이 아니라면 무슨 날인지도 모르고 무심코 지나가는 경우도 흔할 수밖에 없습니다. 크리스마스는 우리나라같은 비 기독교국도 많이들 휴일로 하고 있으므로 이런 경우는 제외하고, 우리와는 다른 독특한 종교휴일 중 중남미 여러 나라에 대부분 공통적인 주요 휴일 몇 가지만 간략히 추려보도록 하겠습니다.

레예스 마고스 1월 6일은 레예스 마고스(Reyes Magos)로 불리는 동방박사의 날 또는 주현절(epifania)로서 3명의 동방박사가 아기예수를 찾아가 경배한 날을 기념하는 날입니다. 스페인은 물론 콜롬비아 및 베네수엘라를 비롯하여 브라질, 아르헨티나, 칠레, 페루, 볼리비아, 푸에르토리코 등 여러 나라가 기념일로 정해두고 그 전날에 동방박사 퍼레이드 등 재미있는 전야제 행사를 갖기도 합니다.

이 날은 우리나라의 어린이날 성격이 강해서 어린이들이 크리스마스보다 오히려 더 기다리는 날이기도 합니다. 전날(1월5일) 밤에는 신발을 침대 맡에 놓고 자면 동방박사 또는 그들이 타고 오는 낙타가 선물을 채워준다는 믿음을 부모가 실행에 옮겨주기 때문입니다.

대부분 1월 6일을 준수하나 월요일로 붙여서 연휴를 만드는 등 날짜가 약간 바뀌는 경우도 간혹 볼 수 있습니다. 하지만 이날을 휴일로 하지 않는 멕시코의 경우는 4월 30일을 어린이날로 정하고 있는 등 예외는 항상 있게 마련입니다.

세마나 산타 이날보다 훨씬 더 중요하고 보편적인 종교휴일은 세마나 산타(Semana Santa)로 불리는 부활절입니다. 중남미 거의 대부분의 나라가 부활절 주간에는 업무가 마비될 정도로 휴가를 떠나기도 하며, 종교적으로 예수의 부활을 기념해서 십자가를 진 예수의 고난을 재현하는 행사가 곳곳에서 열립니다. 바닥이 형형색색의 갖가지 꽃으로 장식된 예쁜 길과 예수를 끌고 가는 로마군인 복장의 행렬도 함께 볼 수 있습니다. 무거운 십자가를 지고가기 힘들테니 아름답고 푹신푹신한 꽃길을 깔아놓고 그 위를 사뿐히 밟고 가시라는 의미가 담겨있는 느낌을 받습니다.

공식적 휴일 지정은 나라마다 다른데, 보통 목요일(후에베스 산토/Jueves Santo)과 금요일(비에르네스 산토/Viernes Santo)을 휴무로 정하는 경우가 많으며, 금요일만 공식 휴무로 하면서도 목요일 오후부터 금요일까지 관행적으로 쉬는 나라도 있습니다.

부활절은 매년 달라지며, 3월에 걸리는 경우도 있으나 보통은 4월에 해당하는 경우가 많습니다. 예컨대 2017년은 부활절 마지막 날 일요일인 파스꾸아(Pascua)가 4월 16일이었으며, 2018년은 4월 1일로서 3월 29~30일(목-금)이 부활절 휴무일입니다. 따라서 부활절 주간에 맞춰 출장을 갔다간 낭패를 보게 되니 사전에 꼭 확인을 해보셔야 합니다. 필자가 과거에 중남미 근무시절 이걸 모르고서 출장을 오시는 분들이 간혹 계셨습니다. 아마 다른 지역 출장과 연계해서 한꺼번에 돌다보면 그리 되는 수도 있을 것입니다. 비단 목금뿐만 아니라 그 주간은 업무가 마비된다고 보시는 편이 일정 잡는 데에는 안전할 겁니다.

꼬르뿌스 크리스티 라틴어인 코퍼스 크리스티(Corpus Cristi)로 불리는 그리스도 성체축일이 있는데, 날짜는 매년 달라집니다. 예수 부활 주일인 빠스꾸아(Pascua)로부터 60일이 지난 목요일입니다. 2017년의 경우 6월 15일, 2018년의 경우 5월 31일이 되는 것입니다.

성체인 그리스도의 몸을 대신한 빵 한조각과 성혈인 그리스도의 피를 대신한 포도주 한 모금을 성도들이 먹고 마심으로써 신앙심을 다지는 행사는 그 시점을 달리 하긴 하나 어느 나라 교회에서나 대부분 시행이 되는 것으로 알고 있습니다. 하지만 중남미 여러 나라 경우처럼 휴일로 지정하는 경우는 보기 드뭅니다.

또돌로 산토스 11월1일은 만성절(萬聖節/Dia de Todos los Santos/영어로는 All Saint's Day/ Hallowmas)로서 성모 과달루페의 날처럼 축일이 별도로 지정되지 못한 성인들이 많기 때문에 하늘나라에 있는 모든 성인을 기리는 대축일로서 중남미 대부분의 나라가 휴일로 기념하고 있습니다. 바로 전날(만성절 이브)이 핼러윈(halloween)으로 밤에 어린이들이 여러 재미있는 핼러윈 복장을 하고 이웃집들을 돌아다니며 노래를 부르다가 문을 노크하면 사탕(golosina)을 나눠주는 풍습들이 있습니다. 이때에 사탕 달라고 외치는 소리가 "사탕 안주면 장난칠 거야"(Truco o trato/ 영어로는 Trick or treat)입니다. 아예 노래를 부르기도 합니다. 필자 가족도 현지 근무당시 사탕을 준비해두고 어린이들을 기다리다가 반갑게 맞이해주곤 했는데, 어린이들은 동양인이 신기한지 사탕보다도 우리를 뚫어져라 쳐다보곤 했습니다.

만성절 다음날은 사자(死者)의 날(Día de los Muertos) 또는 위령의 날로 기념일로 지정은 되어 있으나 휴일로 하지는 않습니다. 만성절은 기독교와 관련된 휴일인 반면 사자의 날은 토속 신앙(미신)과 관련된 기념일로 보입니다. 같은 시기에 미신과 기독교를 기념하는 것은 토속신앙과 기독교의 조화로 보는 시각도 있고, 미신을 멀리하도록 기독교를 엎어 씌운 것으로 해석하는 시각도 있습니다.

인마꿀라다 꼰셉시온 12월8일은 Inmaculada Concepción으로 불리는 성모수태일입니다. 성모마리아가 하나님의 계시를 받아 아기예수를 잉태한 것을 기념하는 날로서 중남미 대부분의 나라가 휴일로 지정하고 있습니다. 그 외에도 성모승천일 등 여러 종교휴일이 있으나 중남미 모든 나라에 보편화된 것은 아니므로 이 정도로 마무리하겠습니다.

기독교적 문화요소가 담긴 중남미 인명 및 지명

중남미 사람들과 교류하다보면 기독교와 관련된 이름이 수없이 등장합니다. 그런데 스페인어 이다 보니 귀에 설어 기독교 신앙생활 하시는 분이라도 종교와 관련된 이름인지 모르고 지나치기 마련입니다. 물론 이러한 이름을 갖고 있다고 모두 기독교 신자라고 볼 수는 없으며, 단지 부르기 쉽고 듣기 좋은 이름으로 중남미 사람들로부터 선호되는 이름으로 이해하시는 게 무난하지 않을까 싶습니다. 다만 기독교 문화가 중남미 사람들 이름 깊숙이까지 파고들어가 있다는 측면에서 알아두시면 그들을 좀 더 깊이 이해하는데 도움이 되지 않을까 해서 소개해 드립니다.

주변에서 흔히 듣게 되는 가장 대표적인 이름이 María(마리아/Mary), Jesús(헤수스/예수/Jesus), José(호세/요셉/Joseph), Juan(후안/요한/John), Pablo(빠블로/바오로/Paul), Pedro(뻬드로/베드로/Peter) 등입니다. 실례를 들어볼까요? 호세 마리아 아스나르 전 스페인 총리, 후안 마누엘 산토스 현 콜롬비아 대통령, 스페인의 세계적 거장 파블로 피카소나 중남미 마약왕 파블로 에스코바르, 도미니카 국적의 프로야구선수 페드로 마르티네스 또는 온두라스 경제수도 산 페드로 술라 등 무척 많습니다.

*** 기독교 색채를 띤 보편적인 중남미 사람 이름**

Adán(아단/아담), Abraham(아브라암), Alfonso(알폰소), Ángel(앙헬/ 여자는 Ángela 앙헬라), Antonio(안또니오), Augusto(아우구스또), Baltasar(발따사르), Benjamín(벤하민), Camilo(까밀로), Carlos(까를로스), Cristóbal(끄리스또발), Damián(다미안), Daniel(다니엘/여자는 Daniela/다니엘라), David(다빗), Domingo(도밍고), Eduardo(에두아르도), Elías(엘리아스), Eliseo(엘리세오), Ezequiel(에세끼엘), Federico(페데리꼬), Felipe(펠리뻬), Fermín(페르민), Fernando(페르난도), Francisco(프란시스꼬), Gabriel(가브리엘/여자는 Gabriela/가브리엘라), Gerardo(헤라르도), Germán(헤르만), Gregorio(그레고리오), Guillermo(기예르모/윌리엄,빌), Heriberto(에리베르또), Honorio(오노리오), Ignacio(이그나시오), Isaac(이삭), Ismael(이스마엘), Javier(하

비에르), Jeronimo(헤로니모), Jacobo(하꼬보/야곱), Joel(호엘/요엘), Jonás(호나스/요나스), Joaquín(호아낀), José(호세/요셉/애칭인 Pepe/뻬뻬로도 많이 불림), Josué(호수에/여호수아), Juan(후안/요한/ 여자는 Juana/화나), Laureano(라우레아노), Lazaro(라사로), Leandro(레안드로), Leopoldo(레오뽈도), Lorenzo(로렌소), Lucas(루까스), Luciano(루시아노), Luis(루이스/여자는 Luisa/루이사), Manuel(마누엘/여자는 Manuela/마누엘라), Marcelo(마르셀로/여자는 Marcela/마르셀라), Marta(Martha/마르따), Mario(마리오/여자는 María/마리아), Martín(마르띤), Marcos(마르꼬스), Mateo/Matias(마떼오/마띠아스), Mauricio(마우리시오), Maximiliano(막시밀리아노), Melchor(멜초르), Miguel(미겔/마이클,미셀), Moisés(모이세스/모세), Nicolás(니꼴라스), Noé(노에/노아), Óscar(오스까르), Osvaldo(오스발도), Pablo(빠블로/바오로/여자는 Paula/빠울라, 포어로는 Pablo를 Paulo/빠울루로 표현), Patricio(빠뜨리시오/여자는 Patricia/빠뜨리시아), Pedro(뻬드로/베드로), Rafael(라파엘), Raimundo(라이문도), Reinaldo(레이날도), Raúl(라울), Ricardo(리까르도), Roberto(로베르또), Rodrigo(로드리고), Roque(로께), Salomón(살로몬/솔로몬), Salvador(살바도르), Samuel(사무엘), Santiago(산티아고), Sebastián(세바스띠안), Sergio(세르히오), Simón(시몬), Tadeo(따데오), Timoteo/Timothy(띠모떼오), Tobías(또비아스), Tomás(또마스), Valentín(발렌띤), Vicente(비센떼), Victor(빅또르), Vladimir(블라디미르), Zacarías(사까리아스)

중남미 지명에 담긴 기독교적 요소로는 산호세(San José/성 요셉), 산티아고(Santiago), 산타페(Santa Fe), 산빠블로(San Pablo/ 포어로는 상파울루 Sao Paulo) 등을 들 수 있겠습니다. 이에 대해서는 "재미있는 중남미 주요도시"편(도시 이름에 기독교 색채를 띤 동명이시/同名異市)에 상세히 수록되어 있으니 관심 있는 분은 참고해보세요.

제35강 중남미대륙에 도도히 흐르는 유대인의 숨결

| 유대인과 함께 하는 중남미 생활

필자가 아르헨티나와 멕시코, 콜롬비아에 근무하면서 여러 유대인들을 접하게 되었습니다. 필자가 임차한 아파트 집주인들이 우연히 유대인인 경우가 많다보니 솔직히 퇴거 시 보증금을 떼이지는 않을까, 공연히 무슨 트집을 잡히지 않을까 걱정하기도 했습니다. 멕시코에서는 유대인 주인이 성품이 좋아서 뜯기지 않고 무사히 퇴거에 성공했습니다만 아르헨티나에서는 보증금을 한 푼도 건지지 못했습니다. 멕시코 거주 당시 유대인 집주인은 임차료를 받으러 집으로 오곤 했는데, 올 때마다 자신의 어린 아들을 데려오는 것이었습니다. 돈이 오가는 현장을 직접 보여주면서, 돈이 뭔지 화폐의 중요성에 대해 깨우쳐주려는 것이었습니다.

아르헨티나 수도 부에노스아이레스에는 수만 명의 우리 교민들이 살고 있는데, 온세(Once), 아베자네다(Avellaneda) 등으로 불리는 시내 요지에서 옷가게를 많이 운영하고 있습니다. 그런데 우리 교민들이 힘들게 돈을 벌어서 남

좋은 일 시켜주는 꼴이었는데, 유대인들의 주머니를 채워주는 경우가 많았습니다. 건물주들이 유대인이 많아서 빚어진 현상입니다. 그만큼 유대인들의 아르헨티나 진출이 눈에 띌 만큼 아르헨티나에선 유대인 사회가 큰 세력을 형성하고 있었습니다.

콜롬비아 수도 보고타에는 유대인들이 만들어 운영하는 골프 클럽이 시내에 있어 골프 애호가들의 사랑을 받고 있고, 한국인도 회원이 될 수 있도록 문호를 개방하여 유대인클럽이 폐쇄적이라는 느낌은 받지 못했습니다. 반면 유대인 전통복장을 한 사람들이나 머리에 유대인 모자(키파/kippah)를 두른 학생들도 홀로 또는 단체로 시내에서 간간이 목격되기도 했는데, 이러한 모습들을 보면 머리를 보호한다거나 하나님에 대한 순종의 의미를 이해해주기보다는 그들의 배타적인 선민사상에 대한 선입견 때문인지 사실 상당한 거리감이 느껴지곤 했습니다.

중남미 곳곳에 포진해 있는 유대인들을 이해하지 못하고서는 중남미를 제대로 파악하기는 어려운 만큼 중남미 유대인을 살펴보는 시간을 갖는다는 것은 나름대로 의미가 있겠습니다.

| 신대륙 발견과 궤를 같이 하는 유대인의 중남미 진출역사

유대인들의 중남미 진출은 15세기 콜럼버스의 신대륙 발견과 궤를 같이 하고 있습니다. 1492년 스페인 왕국이 통일되면서 신대륙 탐험도 시작되었는데, 스페인 정부는 자국 영토에 살고 있던 유대인 추방령을 내립니다. 탐험대 참가 자격도 기독교신자로 제한합니다. 그래서 강압에 못 이겨 로마 가톨릭교로 개종했던 유대인들(꼰베르소/Conversos)을 중심으로 스페인이나 포르투갈의 신대륙 탐험대에 참가했던 유대인들이 유대인의 중남미 진출 역사를 열어가는 기원이 됩니다.

콜럼버스가 유대인 출신이라는 주장도 있는데, 이에 의하면 콜럼버스가 중남미에 첫발을 디딘 유대인의 효시가 될 수도 있습니다. 콜럼버스가 당초 14세기 이태리에서 종교박해가 행해졌을 때에 개종했던 유대인 가문 출신으로 그와 함께 원정대에 참여한 선원 6명도 유대인이었다고 하며, 콜럼버스가 추후 종교재판에 회부되어 특권이 박탈된 것도 이와 관련이 있다는 설도 있습니다.

스페인에서 살다가 추방된 세파르디 유대인들(Sephardic Jews/세파르디는 스페인을 뜻하는 히브리어)들은 네덜란드나 프랑스, 영국, 이태리 등으로 이주를 했으며, 거기서 신대륙 탐험대에 합류하게 됩니다. 그리하여 16세기 후반에는 포르투갈의 브라질 식민지, 네덜란드령 수리남 및 쿠라사오, 스페인의 산토도밍고 식민지, 영국의 자메이카 및 바베이도스의 식민지 등에 잘 정비된 유대인 공동체가 자리 잡게 됩니다.

15~17세기에 가톨릭 종교재판(Inquisition)이 성행할 때에는 멕시코, 콜롬비아, 페루, 쿠바, 푸에르토리코 등 스페인 식민지와 포르투갈 식민지에서 자신의 정체를 숨긴 유대인(Crypto-Jews)들을 중심으로 흩어져 사는 유대인 사회도 존재했습니다. 스페인의 포르투갈 합병(1580년~1640년) 기간 중 이루어진 유대인 박해를 피해 포르투갈 유대인들이 브라질, 아르헨티나, 페루, 콜롬비아 등 중남미로 이주해 왔습니다. 이들은 노예무역선이나 갈레온(군함 겸 상선) 선단을 이용한 국제해양무역을 통해 많은 부를 축적하기도 했습니다만 이중 상당수가 17세기 중반 시행된 스페인 부왕령(Virreinato)내 종교재판을 통해 처형당하거나 재산을 몰수당하는 등 많은 희생을 치르기도 했습니다.

브라질과 수리남 등에는 17세기 중반 경 광범위한 유대 공동체가 형성되었으며, 유대인들에게 보다 관대했던 영국과 화란 등의 통치를 받는 중남미 카리브 지역에서 여러 유대 공동체가 번성했습니다. 19세기 말에는 동유럽 출신 유대인 이민자들이 이들 지역으로 대거 몰려들었습니다. 세계 2차 대전 중 및 그 이후로는 유럽에서 살다가 박해를 피해 다니던 아슈케나지 유대인(Ashkenazi Jews/아슈케나지는 독일을 의미하는 히브리어. 독일과 프랑스를 중심으로 중유럽 및 동유럽에 퍼져 살았던 유대인을 의미)들이 난민 신분으로 중남미로 이주해왔습니다.

그 결과 현재 중남미에는 약 30만 명(진성 유대인 기준) 내지 50만 명(확장 유대인 기준)의 유대인이 살고 있으며, 아르헨티나, 브라질, 멕시코 등이 중남미의 유대인 공동체 중심지가 되고 있습니다. 이제 중남미 주요국별로 유대인들이 어떻게 분포되어 자리를 잡고 있는지 먼저 세계 속의 유대 인구 분포를 둘러본 뒤에 중남미 비중과 주요국 유대인 사회 형성과정을 살펴보겠습니다.

*** 토막 상식: 세계 속의 유대 인구**

2015년 예루살렘 히브리대가 발간한 세계유대인구 자료에 의하면 1,431만 명의 유대인(진성 유대인/Core Jewish population 기준, 확장 유대인/Enlarged Jewish population 기준으로는 2,023만 명)이 지구상에 존재하고 있으며, 세계인구가 전년 대비 1.13% 늘어난 것에 비해 유대인은 0.67% 증가한 것으로 나타나고 있습니다. 1945년 세계인구 1천 명당 유대인은 4.75명이었으나 2015년에는 1.98명으로 줄어들어 유대인이 전 세계 인구에서 점하는 비중이 점차 줄어들고 있음을 보여주고 있습니다.

유대인은 이스라엘 본국에 621만 명, 디아스포라(Diaspora/해외 거주지)에 809만 명으로 자국(43.4%)보다 외국 거주 유대인(56.6%)이 더 많음을 보여주고 있습니다. 디아스포라에서는 미주 대륙에 647만 명(미국 570만 명, 캐나다 38.6만 명, 남미 32.5만 명, 중미 카리브 57,000명), 구주 대륙에 139만 명(프랑스 46.7만 명, 영국 29만 명, 러시아 18만 명, 독일 11.7만 명, 우크라이나 6만 명, 헝가리 4.8만 명, 화란 및 벨기에 각 3만 명, 이태리 2.8만 명, 스위스 1.9만 명 등), 기타(호주 11만 명, 남아공 7만 명) 등지에 분포되어 있습니다.

(* 2014년 7월 기준 CIA World Factbook에 의하면 스페인에 3만 명, 포르투갈에 600명의 유대인구 기록, 히브리대 자료상에서는 스페인 누락)

38만 중남미 유대인, 아브멕 3국에 31만 명 최다 거주

중남미 거주 유대인 비중은 전체 유대인 인구의 2.7% 비중을 점유하고 있으며, 주요국별로 보면 1) 아르헨티나(세계 7위) 181,000명, 2) 브라질(10위) 94,500명, 3) 멕시코(14위) 40,000명, 4) 칠레(19위) 18,400명, 5) 우루과이 17,100명, 6) 파나마 10,000명 등이며, 기타 베네수엘라 7,800명, 콜롬비아 4,500명, 코스타리카 2,500명, 페루 1,900명, 푸에르토리코 1,500명, 파라과이 1,000명, 과테말라 900명, 쿠바 500명, 볼리비아 500명, 에콰도르 및 바하마에 각 300명, 도미니카 공화국 250명, 자메이카 및 수리남 각 200명, 엘살바도르 100명 등으로 집계되고 있습니다. (참고로 우리나라와 대만에도 각 100명 정도의 유대인이 있고, 일본은 1,000명, 중국 및 싱가포르에 2,500명, 홍콩에 5,000명이 거주중인 것으로 나타남.)

참고로 유대인은 디아스포라 지역에 따라 이베리아 반도의 스페인 및 포르투갈 계인 세파르디, 중동 지역의 미즈라히, 유럽의 아슈케나지 등 세 가지로 분류됩니다. 아슈케나지는 전체 유대인의 70%를 점하고 있으며, 1948년 건국 후에는 대다수가 이스라엘로 귀환하였습니다.

세파르디는 라디노어(Ladino/히브리어와 스페인어 합성)를 구사하는 반면, 아슈케나지는 이디시어(Yiddish/히브리어와 독일어 합성) 및 독특한 이디시 문화를 갖고 다른 유대공동체와 구분되어 전통을 중시하고 엄격한 유대사상과 관습을 지켜오고 있다고 합니다. 미국의 유대인 자본가 대부분이 아슈케나지라고 하며, 과학자 아인슈타인이나 시인 하이네, 음악가 멘델스존, 심리학자 프로이트 등이 대표적인 아슈케나지 유대인 이라합니다.

중남미 유대인들은 각국별로 유대인 연합체를 갖고 있고, 중남미 전체적으로 중남미 유대인 지도자 총회를 개최하면서 유대주의 세력 확장에 나서고 있습니다. 차베스 시절을 거치며 반유대주의 물결이 일고 있는 베네수엘라의 경우를 제외하곤 중남미에서 대체로 유대인들의 권익이 신장되는 추세라고 합니다.

ㅣ 아르헨티나 유대인

크립토 쥬

스페인 및 포르투갈의 종교재판을 피해 달아난 유대인들은 리오델라 쁠라따(Rio de la Plata) 부왕령(현 아르헨티나)에 신분을 숨기고 들어가 현지인들과 결혼하여 자리를 잡게 되었습니다. 당시 포르투갈 국적의 무역업자 내지 밀수업자 상당수가 유대인 신분을 감춘 크립토쥬(Crypto –Jews)로 여겨졌습니다.

박해를 넘고 아르헨티나 드림을 찾아서

1810년 아르헨티나가 스페인으로부터 독립한 이후부터 19세기 중반에는 유대인 이민자가 크게 늘었으며, 특히 프랑스 출신 유대인들이 많았습니다. 19세기말에는 러시아 및 폴란드 등 동유럽에서 짜르의 유대인 박해 및 학살(Pogrom)을 피해 많은 유대인들이 아르헨티나로 넘어왔으며, 이들은 보통 러시아인으로 불렸습니다. 세계 2차 대전을 전후해서는 유럽에 살던 유대인들이 홀로코스트(holocaust) 및 반유대주의(anti-semitism)를 피해 몰려들었습니다.

중남미 1위, 세계 7위의 디아스포라

현재 아르헨티나에는 18만 명이 넘는 유대인들이 거주하고 있으며, 부에노스아이레스, 로사리오, 꼬르도바, 멘도사, 라플라타, 뚜꾸만 등 주요도시에 흩어져 살고 있습니다. 아르헨티나 거주 유대인 공동체 규모는 중남미 1위, 전 미주 대륙 3위(미국 및 캐나다), 전 세계 7위로 기록되고 있는데, 아르헨티나 국민 백만 명이상이 적어도 한명이상의 유대인 조상을 갖고 있다는 조사결과가 밝혀진 바 있습니다.

유대교 법정휴일 인정

아르헨티나 유대인들은 26089법에 의거하여 유대 신년제(Rosh Hashanah) 첫 이틀, 속죄일(Yom Kippur/단식일), 유월절(踰越節/Passover/이집트 탈출 및 재앙

회피 기념) 첫 이틀 및 마지막 이틀 등 연간 7일간의 유대 법정 휴일을 받습니다.

반유대주의(Anti-Semitism) 폭탄테러

아르헨티나 유대인 얘기가 나오면 반드시 등장하는 화제가 있습니다. 29명이 사망한 1992년 부에노스아이레스의 이스라엘 대사관 폭탄테러 및 85명이 사망한 1994년 이스라엘-아르헨티나 친선협회(AMIA)건물 폭탄테러 등이 그것입니다. 이란이 반유대주의 선봉에 선 레바논 무장세력 헤즈볼라를 이용해 실행했다는 주장이 제기되었습니다.

2014년 아르헨티나와 이란 간 축구경기가 열린 브라질에서는 테러 20주년을 맞아 상파울루, 리우, 벨루오리존찌 등 여러 도시에서 중남미 유대인들이 모여 폭탄테러 희생자 추모행사를 열기도 했습니다.

중남미 최초로 동성결혼을 허용한 유대교의 놀라운 생존본능

마지막으로 아르헨티나 유대인 관련 흥미를 끄는 사례가 있어 여기 소개해 드리면서 아르헨티나 편을 마치겠습니다. 아르헨티나가 2010년 중남미 국가로는 사상 처음으로 동성결혼을 합법화하자 진보개혁성향의 아르헨티나 유대인 일부는 게이협회를 만들어 유대인 공동체회의 승인을 받은 후 부에노스아이레스 유대 회당에서 2016년 중남미 최초로 동성커플 간 유대인 전통결혼식을 올렸습니다.

놀라운 사실은 2014년 이들 여성 커플의 혼인신고 당시 동성결혼식을 불허했던 아르헨티나 유대인 공동체가 입장을 바꿔 허용했다는 것입니다. 2006년 유대교 보수파가 유대법과 전통의식에 따르는 조건으로 동성결혼 허용의견을 낸 바 있는데 이를 수용한 것입니다.

기독교가 불허하는 동성결혼을 유대교는 어떻게 허용할 수 있는지 사회변화에 대한 유대교의 놀라운 적응력이 돋보입니다. 유대교를 지키기 위해서는 모든 것을 포용할 수 있다는 의미일까요? 2천년 이상 온갖 박해와 수난 및 학살을 수없이 견뎌왔던 유대인! 그들에게 유대교란 결코 포기할 수 없는 선민의식 이상의 생존을 위해 처절히 필요한, 뭔가 각별한 의미가 담긴 것은 아닐까요?

| 브라질 유대인

종교의 자유를 찾아 네덜란드령 브라질로

유대인들은 화란(네덜란드)이 지배하던 브라질 지역에 일찍이 진출하여 1636년 브라질 헤시피(Recife)에 중남미 최초의 유대교 회당(Synagogue)이 세워졌습니다. 이들 대부분은 1536년 포르투갈에서 종교재판이 시작되자 포르투갈 및 스페인에서 꼰베르소(Conversos/가톨릭 강제개종 유대인)로 살던 유대인들이 이베리아 반도를 탈출하여 종교의 자유를 부여했던 네덜란드령으로 들어온 사람들이었습니다.

1656년 포르투갈이 브라질을 재정복하자, 유대인들은 그곳을 떠나 화란이 통치하던 카리브 도서국 및 뉴암스텔담(현 뉴욕) 등으로 흩어지게 되었고, 브라질이 포르투갈로부터 독립한 이후로 19세기 내내 및 20세기 초에는 유럽에 살던 유대인들의 브라질 이민이 쇄도했습니다. 특히 폴란드와 우크라이나 등을 포함한 제정 러시아로부터 발발한 대규모 유대인 학살(포그롬/Pogroms)을 피해 브라질로 엑소더스(Exodus)가 발생한 것이 크게 한 몫 했습니다.

유대인을 브라질로 내몬 반이민법과 이민 쿼터제, 히틀러의 탄압

1921년부터 1942년 사이에 세계 각지로부터 브라질로의 이민 행렬은 대폭(21%) 줄어들었으나, 유대인들의 브라질 이민은 무려 57,000명이나 급격히 늘어나게 되었는데, 여기에는 이유가 있었습니다. 유대인들이 그간 선호해오던 미국, 아르헨티나, 캐나다, 남아공 등이 반이민법 및 이민 쿼터제를 발효시키는 한편 1933년 독일에서 히틀러의 제3제국이 들어서고 대대적인 유대인 탄압이 시작되자 브라질이 최적의 대안으로 급부상하게 된 것입니다.

정착 선배 유대인들의 유대인 끌어들이기 작전

브라질에 성공적으로 정착한 유대인들은 브라질 내에서 유대인들이 부를 일굴 수 있는 기회를 제공해주는 한편 이를 단단히 뒷받침해주는 유인(誘引) 제도를 만들어 폴란드 등 동유럽 유대인들을 브라질로 끌어들였습니다. 그 결과 2010년에는 유대인구가 10만7천 명(브라질 유대인 연맹/CONIB은 12만 명으로 추산)을 기록했으나, 브라질 경제상황이 악화되자 2015년에는 9만4천 명으로 줄어든 상태입니다.

브라질 유대인들은 브라질 사회에 잘 통합되어 주류로 진출한 가운데 정계, 재계, 학계 및 스포츠 분야에서 두각을 나타내고 있습니다. 상파울루 주를 비롯하여 리우데자네이루 주, 리오그란데두술 주, 미나스제라이스 주, 파라나 주 등지에 터를 잡아 상당한 규모의 공동체를 형성하고 있습니다.

멕시코 유대인

오스트리아인 멕시코 황제의 독일 유대인 이주 초청

스페인의 종교재판을 피해 콘베르소(가톨릭 개종 유대인)의 멕시코 이주는 1521년부터 일찌감치 시작되었으나 멕시코 가톨릭교회의 힘이 워낙 강해 유대인 이주는 소수에 그쳤습니다. 그러다가 19세기후반(1860년대 중반) 오스트리아 황제의 동생으로 멕시코 황제가 된 막시밀리아노 1세로부터 초청을 받아 독일계 유대인들이 멕시코로 이주했습니다.

유대인을 멕시코로 등 떠민 제정러시아의 유대인 학살

1 881-1884년 오데사(현 우크라이나 도시) 등 제정러시아에서 반유대인 폭동 및 학살(포그롬/Pogroms)이 계속되자 유대인들의 멕시코 이주가 본격화되었고, 1903-1906년에는 더 큰 규모의 포그롬이 발생하자 이를 피해 아슈케나지 유대인들의 멕시코 이주가 봇물을 이루게 됩니다. 1880-1914년 사이에 제정러시아에 거주하던 백만 명이 넘는 유대인들이 주로 영국과 미국으로 이주하면서

일부는 멕시코로 방향을 잡은 것입니다.

오스만제국의 붕괴와 나치의 박해

1922년 오스만제국(오토만투르크)이 붕괴되자 터키와 모로코, 프랑스 등지에 살던 세파르디 유대인들이 멕시코로 몰려들었고, 세계2차 대전 시기에는 나치의 박해를 피해 유대인들의 멕시코 이주가 이루어졌습니다.

낀따나로 유대인 공동체와 명문 유대 가문 후손이 자리 잡은 라파스

깐꾼이 위치해 있는 멕시코 낀따나로 주에 유대인 공동체가 발달해 있으며, 바하 칼리포니아 주에도 수백 년 동안 유대인 공동체가 유지되어 왔습니다. 이들은 대부분 멕시코 사회에 동화되어 살고 있긴 하나 라파스 지역에는 명문 유대 가문 후손들이 자리 잡고 있다고 합니다.

멕시코 유대인들은 여타 중남미 진출 유대인들에 비해 출산율이 높고, 평균 연령도 젊다는 특징을 보이고 있습니다. 이들 중 일부는 미국이나 이스라엘로 빠져나가기도 하며, 일부는 여타 지역에서 멕시코로 들어가기도 합니다.

이것으로 일단 중남미 유대인 강의를 마치겠습니다. 비즈니스에 도움이 될 만한 심층정보가 미약한데 추후 기회가 되면 보완토록 하겠습니다.

제36강 중남미를 움직이는 막강파워 아랍계 후손

필자가 중남미 여러 나라에 거주하면서 레바논이나 시리아 출신 아랍계 중남미 사람들이 그들만의 사교클럽을 갖고서 상당한 영향력을 행사한다는 느낌을 많이 받곤 했습니다. 사실 유대인보다 더 큰 힘을 발휘하는 막강파워 집단이 바로 라틴아랍(Latin Arab)입니다. 중남미에 정착한 아랍인 후손을 의미하는 라틴아랍, 그들은 누구인지, 중남미 사회에 어떠한 영향을 미치고 있는지 등에 대해 알아둔다면 중남미 정치경제사회 지형을 보다 깊이 이해하실 수 있을 겁니다.

ㅣ 중남미 각국에서 겪어본 아랍인들의 이미지는 폐쇄적?

필자가 중남미 여러 나라를 살면서 느꼈던 점은 중남미에는 유대인 세력도 빵빵하지만 아랍계는 인구도 훨씬 많고 단합도 잘 되고 현지사회에 잘 동화되어 현지사회를 움직이는 힘이 더 강한 것 같다는 느낌이었습니다. 제일 먼저 라틴아랍을 접촉했던 것은 과테말라 거주 당시였습니다. 필자가 살던 공동주택 바로 옆집에 아랍계가 살던 저택이 있었습니다. 음악을 크게 틀어놓고 수시로 파티를 즐기더군요. 무슨 일인가 베란다에 나가보면 파티 중인 그 집 정원에 사람이 북적대는 것이 한눈에 들어오곤 했는데, 어느 날 공동주택 내 이웃이 자신이 직접 당한 사례를 얘기해주며 주의를 주었습니다. 중동 사람들이 프라이버시가 강한 사람들인데 이를 침해당할 경우 벽이나 유리창에 대고 총을 쏘기도 하니 조심하라는 주의였습니다. 그렇지 않아도 그곳은 치안이 불안한 나라로 거리에는 총 든 경비원들을 수시로 볼 수 있는 환경이었기 때문에 라틴 아랍을 경계하게 되었습니다.

그 이후 멕시코나 아르헨티나, 도미니카공화국, 콜롬비아 근무 시절에도 주변에서 보면 아랍인들은 호사를 누리며 사는 분위기였습니다. 레바논 클럽이나 시리아 클럽 등이 눈길을 끌곤 했는데, 우리 같은 동양인에게도 문호를 개방하는 미국 클럽(American Club)에 비해 외부인에게는 항상 굳게 닫혀있는 폐쇄적인 이미지로 다가왔습니다. 하지만 친근한 이미지로 다가오는 경우도 있었습니다. 도미니카공화국 근무 시절에는 무역관이 입주한 같은 빌딩 내에 아랍계 치과의사가 있어서 고객으로서 가까이서 접할 수 있었습니다.

우리나라 기업들의 중남미 딜러 중에서 알고 보면 그 조상이 레바논이나 시리아 등인 경우도 보게 됩니다. 중남미 여러 나라에서 비즈니스를 하고 있는 에콰도르 최대기업으로 손꼽히는 엘후리(Eljuri) 그룹(산하에 160개사 보유) 총수 가문도 레바논 후손입니다. 우리나라 대표 글로벌 브랜드인 H사와 K사 독점 딜러를 맡을 정도로 실력 있는 기업입니다.

중남미에는 아랍계 디아스포라가 폭넓게 분포되어 있습니다. 그중 상당수는 기독교도(마론 가톨릭)지만 이슬람교도, 즉 무술만(musulmán/ 무슬림의 스페인어 표현)도 상당한 세력을 형성하고 있습니다.

| 라틴아랍(중남미 아랍계 디아스포라)의 중남미 국별 분포

브아베콜멕 5국에 2천만 명 세계이민기구(IOM)의 2017년 자료에 의하면, 세계 최대의 아랍계 디아스포라(diaspora)는 브라질입니다. 무려 1,200만 명이 살고 있습니다. 세계 5위의 아랍 디아스포라인 아르헨티나에도 450만 명의 아랍계가 있는데, 이는 미국 거주 아랍계 370만 명을 능가하는 수치여서 눈길을 모으고 있습니다. 세계 8위~10위도 중남미 국가입니다. 베네수엘라에 160만, 콜롬비아에도 160만, 멕시코에 150만 명이 분포되어 있어 세계 10위권에 절반인 5개국이 모두 중남미인 셈입니다. 그만큼 아랍인들의 해외 정착지로서 중남미 선호도가 매우 높다는 점을 특징으로 들 수 있겠습니다.

스페인에도 135만 명의 아랍계가 있어 중남미와 관련성이 있으며, 칠레에 80만 명, 에콰도르 25만 명, 온두라스 20만 명 등이 중남미 주요 디아스포라입니다. 기타 파라과이와 코스타리카, 과테말라, 엘살바도르, 도미니카공화국, 아이티 등 중미카리브 지역에도 광범위하게 퍼져 있습니다..

중남미 전체로 보면 2,500만 명 규모인데, 이는 라틴아랍이 중남미 거주 유태인 디아스포라보다 규모가 훨씬 크다는 점을 수치로 확인시켜주는 대목이 되겠습니다.

레바논, 시리아, 팔레스타인계가 라틴아랍의 압도적 주류 브라질 거주 라틴아랍(Arab Brazilian) 1,200만 명 중 700만 명이 레바논 출신입니다. 통계에 오류가 없다면 레바논 본토 인구(450만 명)보다 더 많은 인구가 브라질에 거주하고 있는 것입니다. 아랍계 브라질인 중 400만 명은 시리아계입니다. 즉, 레바논과 시리아 두 나라 출신이 90%를 넘어서는 것입니다. 나머지 지분을 팔레스타인, 요르단, 이집트, 사우디 등이 차지하고 있습니다.

아르헨티나(Arab Argentine)의 경우 역시 레바논과 시리아가 절대 주류이며, 기타 소수가 팔레스타인, 이집트, 모로코계입니다. 베네수엘라도 레바논, 시리아, 팔레스타인이 절대다수를 차지하고 있습니다. 콜롬비아의 경우 한때 중동 출신이 인구의 8.5%를 차지하고 있다는 연구가 발표될 정도로 많이 몰렸으며, 레바논, 요르단, 시리아, 팔레스타인 등이 아랍계 콜롬비아인(Arab Colombian)의 주류를 형성하고 있습니다. 멕시코(Arab Mexican)의 경우 다른 나라에 비해 다채로운 출신지역을 갖고 있는데, 레바논, 사우디, 시리아, 이라크, 모로코, 예멘, 팔레스타인 등입니다. 칠레(Arab Chilean)의 경우 팔레스타인이 압도적 비중(63%)을 차지하는 가운데 시리아(30%), 레바논(7%) 등으로 구성되어 있습니다. 칠레는 팔레스타인인들에게 각별한 의미가 있는 나라로서, 중동 외 디아스포라에서는 칠레가 팔레스타인 최대 거주지가 되고 있습니다.

ㅣ 아랍인들의 중남미 이주 배경

라틴아랍의 주류인 레바논인(Libanés/Lebanese)은 우리가 익히 역사책에서 배웠다시피 기원전부터 교역으로 부를 일군 국제상인(merchant) 페니키아인(Phoenician)으로 알아왔던 종족입니다. 바빌로니아와 페르시아를 거쳐 로마의 지배를 받은 탓에 기독교가 오래 전부터 전파되었고, 7세기부터 아랍 지배를 받으면서 이슬람도 확산되었습니다. 그러다가 1516년 오토만 제국(오스만 터키) 내 레바논 공국으로 편입되어 투르크 술탄의 지배를 받게 됩니다.

1차 이주 - 종교 전쟁 및 학살 1853년 오스만 제국 등 서구 동맹국과 러시아 사이에 종교전쟁(크림전쟁)이 발발하자 전화(戰禍)를 피해 이주하는 사람들이 나타나기 시작합니다. 본격적으로는 1860년 이슬람(드루즈파) 세력의 기독교도(마로나이트) 대학살 사태가 발발하자 이를 피해 미국과 중남미 등으로 이민행렬이 시작됩니다. 즉, 초기 이민은 종교박해를 피해온 기독교도(마론 가톨릭)가 중심이 된 것입니다. 그 이후로는 아메리칸 드림(continente promisorio)을 꿈꾸며 미주대륙으로 본격적인 이주가 이루어져 1890년경까지 이어집니다. 이 시기(19세기 후반)를 1차 이주기(Primera ola de inmigración)로 봅니다.

2차 이주 – 오스만제국의 세계1차 대전 참전 및 패전 2차 이주는 1918년 터키(오스만제국)가 영국-프랑스에 맞서 세계1차 대전 패전으로 제국이 와해되는 시기에 이루어집니다. 제국의 지배를 받던 레바논이 시리아와 함께 프랑스 지배를 받게 되고, 프랑스는 이주를 장려하면서 레바논-시리아 인들의 중남미 이주가 다시 봇물처럼 터져 나오게 됩니다.

팔레스타인의 경우 1910년 중동을 지배하던 투르크 제국이 서구열강과의 전쟁 및 내부반란 진압을 위해 술탄군대에 입대할 것을 강요하자 전쟁을 피하고 종교의 자유 향유를 위해 중남미로 향합니다. 당시 주체가 되었던 것이 베들레헴에 살던 기독교인 팔레스타인인들이었습니다. 이때 이집트에서 배를 타고 부에노스아이레스 항구로 간 다음 안데스 산맥을 넘어 약속의 땅으로 알려진 칠레로 가 정착을 하게 됩니다.

3차 이주 – 이스라엘 건국 3차 이주는 1948년 이스라엘이 중동 팔레스타인 땅에 건국되자 팔레스타인 인들을 중심으로 중남미로 대규모 이주가 재개되며, 대부분 동족들이 이미 건너가 자리 잡은 칠레로 향하게 됩니다.

4차 이주 – 레바논 내전 1975년 기독교(마론)와 여러 이슬람 세력(수니파, 시아파, 드루즈파 등)간 종교 갈등으로 유발되어 1990년까지 지속된 레바논 내전을 맞아 수많은 레바논 인들이 해외 이주를 하며, 이중 일부가 브라질 등 중남미로 들어갑니다. 그 이전 이민자들은 주로 기독교(마론 가톨릭) 신자였던데 비해 이때에는 이슬람 신자들이 대부분이라는 특색이 있습니다.

라틴아랍의 성공적인 중남미 정착

레바논 인들의 경우 대부분 브라질이나 아르헨티나 등 중남미를 직접 겨냥했으나 베이루트항구를 떠나 미국으로 가고자 했던 이민자 일부가 선박회사 농간으로 브라질(리우항구, 산투스항구)이나 아르헨티나(부에노스아이레스항구),

멕시코(베라크루스항구) 등 중남미로 실려 가는 사례도 있었다고 합니다.

"뚜르꼬(turco)"- 아랍인 멸시와 홀대 이들은 레바논인(libanés/리바네스), 시리아인(sirio/시리오), 팔레스타인인(palestino/빨레스띠노) 등으로 국적이 구분되어 불리기도 했지만 보통은 뚜르꼬(turco/터키인)라는 통칭으로 불렀습니다. 이 뚜르꼬는 당시 중동의 지배자였던 오토만 투르크(오스만 제국)의 여권을 갖고 들어온 레바논, 시리아, 팔레스타인 출신 아랍인 이민자들의 통칭으로 널리 쓰였는데, 경멸적 어감이 들어가 있었습니다. 투르크제국 붕괴 후 프랑스 지배를 받던 시기에는 프랑스 여권을 갖고 들어오는 경우도 있었지만 보편적이진 못했습니다.

초기 아랍계 이민자들은 젊고 가난한 남자 단독 이민이 많았고, 이들은 대체로 스페인어를 몰라도 꾸려나갈 수 있는 보부상(행상) 일을 주로 하며 정착해 나가면서 가족들을 단계적으로 중남미로 불러오게 됩니다.

당시 중남미 사회는 뚜르꼬(turco/아랍계 이민자)들을 환대하지 않았습니다. 그들이 주로 날품팔이 육체노동(oficio manual)에 종사하든가 싸구려 행상(보부상/buhonero)일을 많이 했고, 일부는 시골하급귀족(hidalgo)처럼 토지임대료나 받고 사는 등 그들의 행태가 고결하지 않다고 생각했기 때문입니다. 이에 따라 뚜르꼬가 백인이긴 했으나 해를 끼치는 종족(razas perniciosas)으로 규정되어 한때 흑인이나 중국인 등과 함께 입국을 금지당하기도 합니다.

한편 레바논 출신들이 먹던 음식 중에 키베(kibbeh)라는 생 양고기 음식과 타타 스테이크(steak tartare)라는 날 소고기 요리가 있었는데, 육류를 날 것으로 먹는 것을 보고 식인종(cannibal)으로 오해를 받는 경우도 있었고, 이는 아랍계 이방인에 대한 혐오감과 적대의식을 불러오기도 합니다.

또한 이주민 주류가 종교적으로 같은 가톨릭교도이긴 했지만 중남미의 주류인 로마 가톨릭과는 성격이나 의식이 다른 마론 가톨릭파로서 현지 적응하는데 많은 어려움을 겪습니다.

언어 포기, 종교 포기 - 놀라운 현지 동화(Asimilación) 중남미로 이민 온 아랍인들은 점차 현지인들과 문화적으로 동화되어 갑니다. 살아남기 위해서는 현지사회와 잘 적응하는 모습을 보여야만 했던 당시 상황과도 맥이 닿아 있습니다. 이들의 동화 능력은 뛰어났습니다. 당초 기독교도(마론 가톨릭)들이 많이 이주해온 탓도 있었지만, 회교도의 경우에도 오랫동안 자신의 문화적 정체성을 외부에 크게 드러내지 않거나 기독교인으로 개종하는 등 잘 적응해서 살아갔습니다. 아르헨티나의 경우 1980년대 중반에야 첫 번째 이슬람식 성전인 모스크(mosque/스페인어로는 메스끼따/mezquita)를 짓게 된 것도 이런 맥락에서 접근해볼 수 있겠습니다.

라틴아랍인들은 자신들의 외모가 유럽계 중남미 인들과 약간 차이가 나긴 했지만 흑인이나 황인처럼 크게 두드러지지는 않았기 때문에 현지 사회에 동화되는데 상대적으로 유리한 여건이었습니다. 그들은 아랍어를 쓰지 않고 자녀들에게도 전수하지 않았으며, 현지어인 스페인어나 포르투갈어를 구사하는 한편 자신들의 종교인 마론 가톨릭 의식이 로마 가톨릭보다는 이슬람에 훨씬 더 가까운 종교로 현지에서 인식하여 거리감을 두려는 분위기를 파악하고는 과감하게 자신들의 종교를 버리고 로마 가톨릭으로 개종합니다. 일부 무슬림들도 전향하여 기독교 사회로 파고듭니다.

그 과정에서 이민 2세대나 3세대 이상으로 넘어가면서 자신들의 언어적 정체성은 물론 문화적 정체성까지 상실해가는 경우도 어쩔 수 없이 발생하게 됩니다. 그래서 이에 대한 대책으로 본국과의 연결고리를 놓치지 않으려 애를 썼고, 라틴아랍 클럽들을 결성하여 문화적 정체성을 일깨우며 단합의 장으로 활용하기도 합니다. 레바논 클럽, 시리아 클럽, 팔레스타인 클럽 등을 중남미 주요 도시에서 볼 수 있는 것은 이러한 연유 때문입니다.

하지만 이들은 정체성 유지보다 현지 동화에 더 큰 비중을 두어 가급적 동족이 아닌 현지인과 결혼을 하고 자녀교육을 시킨 결과 정계, 재계, 문화계 등에서 놀라운 성취를 일궈내고 있습니다. 현지에 제대로 동화되지 못함으로써 엘리트 사회로 진출하는데 한계를 보이는 한국 디아스포라에 귀감이 되는 사례들이 창출되고 있는데, 라틴아랍이 중남미 사회에서 어떤 위상을 차지하고 있는지 살펴보겠습니다.

ㅣ 라틴아랍의 눈부신 엘리트사회 진출

아랍계 중남미 국가원수가 무려 10명, 이중 6명이 레바논 혈통

중남미에서 아랍계 국가원수가 배출된 사례가 무려 10건에 이른다는 것은 여타 대륙에 거주하는 아랍 디아스포라에서는 찾아볼 수 없는 중남미만의 독특한 성공사례로 평가되고 있습니다. 그중에서도 레바논계가 6명으로 압도적 비중이며, 팔레스타인계 3명, 시리아계 1명 등입니다.

중남미로 이민을 간 아랍계 외국인 후손이 국가원수로 선출되기까지 어떠한 노력이 있었을 지는 누구나 미루어 짐작해볼 수 있을 겁니다. 현지인들의 따가운 눈총 속에 뚜르꼬(turco)로 불리며 배척되거나 천시당하다가 철저한 현지동화(integración completa)를 이뤄내 인종차별을 극복해낸 점에서 라틴아랍계에 박수갈채를 보낼 수 있습니다. 하지만 뒤집어서 보면 중남미 국민들이 투표를 통해 아랍 이민자 후손들에게도 최상의 신뢰를 보여준 점은 그만큼 중남미가 보수적인 유럽이나 미국에 비해서 개방적이기 때문은 아닐까 하는 생각도 듭니다.

이와 관련, 중남미에서 원주민 출신 국가원수가 배출된 사례는 지금까지 4건(멕시코의 베니토 후아레스 대통령/1858~1872, 페루의 알레한드로 톨레도 대통령/1990~2000, 볼리비아의 에보 모랄레스 대통령/2006~현재, 페루의 오얀타 우말라 대통령/2011~2016)에 불과했다는 점은 시사하는 바가 있습니다.

브라질 미셰우 떼메르 대통령(레바논계) 우선 가장 최근의 사례를 보면 브라질의 미셰우 테메르(Michel Temer) 현 대통령을 들 수 있습니다. 그는 베이루트 북부 시골마을 출신의 아버지가 1925년 상파울루 주에 정착한 이래 1940년에 태어난 이민 2세대입니다. 마론 가톨릭 가문 출신이지만 로마 가톨릭으로 개종하는 등 브라질 사회 동화노력도 게을리 하지 않았고, 상파울루에서 박사 학위까지 받고 정계 입문 후에는 43살 연하의 미스 상파울루 출신 미녀모델과 결혼하여 세인의 이목을 끌기도 했습니다.

그가 부통령 및 대통령이 된 이후 레바논 시골 고향에서는 테메르의 성공을 기리기 위해 거리 이름을 그의 이름을 따 명명하는 등 유대감을 과시하기도 했습니다.

아르헨티나 까를로스 메넴 대통령(시리아계) 라틴 아랍의 또 다른 정계 진출 성공사례가 아르헨티나의 까를로스 메넴(Carlos Saúl Menem) 전 대통령입니다. 1930년 아르헨티나에서 태어나 시리아 출신 이슬람교 가정에서 자란 후 기독교도로 개종하여 장기간 최고 권좌(1989~1999)에 올랐던 인물입니다.

여타 아랍계 국가원수들을 정리해보면 다음과 같습니다.

레바논계

콜롬비아 뚜르바이 대통령 Julio César Turbay(1978~82)

에콰도르 부까람 대통령 Abdalá Bucaram(1996~97)

에콰도르 마우앗 대통령 Jamil Mahuad(1998~2000)

에콰도르 Julio Teodoro Salem(1944.5/대통령 대행)

도미니카공화국 Jacobo Majluta Azar(1982.7~8/대통령 대행)

팔레스타인계

엘살바도르 사까 대통령 Elias Antonio(Tony) Saca Gonzalez(2004~2009)

온두라스 플로레스 대통령 Carlos R. Flores Facussé(1998~2002)

벨리즈 사이드 무사 수상 Said Musa(1998~2008)

중남미에서 성공한 아랍계 출신 재계 및 문화계 인사

아랍인들은 정계 외에도 재계 및 문화계, 언론계, 예술계 등 다방면에 걸쳐 눈부신 성취를 일궈냈습니다. 레바논계인 멕시코 기업인 까를로스 슬림과 역시 레바논계인 콜롬비아 가수 샤키라 메바락 등이 대표 인사로 꼽힙니다. (미국에서는 애플 창업자인 스티브 잡스가 시리아계로 분류됨) 카를로스 슬림이 세계 최고 갑부에 오르기도 한 만큼 이 분을 중심으로 깊이 살펴보고, 샤키라에 대해서는 "비즈니스 상담 윤활유-콜롬비아" 편을 참고하시기 바랍니다.

멕시코의 까를로스 슬림(레바논계)

중남미 재계에서 가장 성공한 기업인으로 멕시코의 까를로스 슬림 엘루(Carlos Slim Helú)를 꼽습니다. 포브스지 선정 세계 2위 부자로 등극한바 있으며, 빌게이츠와 1위를 다투기도 했지요. 그의 부모 모두 레바논 출신이며, 마론(maronite) 가톨릭 신자였는데, 이민 2세인 그가 어떻게 세계 최고 갑부 자리에까지 오르게 되었는지 우리 모두에게 시사하는 바가 크기에 상세히 들여다보도록 하겠습니다.

***레바논계 멕시코인 까를로스 슬림은 어떻게 세계최고 갑부가 되었나?**

어려서부터 금융에 눈을 뜨다 슬림은 1940년 멕시코시티에서 태어나 어려서부터 아버지로부터 금융 및 회계의 중요성에 대해 배우며 비즈니스에 대해 일찌감치 눈을 뜨게 되었습니다. 그때부터 개인 금전출납부를 작성하기 시작해서 지금까지 이어오고 있다고 합니다. 그 결과 11세에는 금리에 눈을 떠 정부채권에 투자하고, 15세에 멕시코 최대은행 주주가 되었습니다.

멕시코((UNAM/멕시코 국립자치대)에서 토목공학을, 칠레에서는 경제학을 공부했는데, 특히 수학과 선형 프로그래밍에 뛰어난 점이 그가 향후 비즈니스 세계에서 우위를 점하는 데에 결정적 요소가 되었다고 합니다.

주식중개 및 부동산으로 기반을 닦고 돈 되는 사업은 모두 손대 1961년 대학 졸업 후 주식중개인으로 활동을 시작했고, 투자도 하면서 성공하여 1966년에는 부동산 회사 창업을 합니다. 70년대에는 건설, 음료, 인쇄, 광물(구리, 알루미늄 등), 자동차부품, 항공기, 화학제품, 담배, 케이블, 종이, 포장, 타이어, 시멘트, 소매 유통업, 호텔, 통신, 금융, 보험 등 제반 산업분야로 사업을 확대해 나갑니다.

위기는 기회다, 헐값에 사두라 80년대 들어 멕시코 경제가 휘청거리자 위기는 기회임을 깨닫고 오히려 막대한 투자를 퍼붓습니다. 여러 주력회사(flagship co.) 및 부실자산(troubled asset)을 헐값에 사들이고, 후일 비싼 값에 되파는 전략으로 엄청난 부를 일구게 됩니다.

꿈의 민영화, 통신기업 인수 1990년 초에는 멕시코 정부가 통신기업 민영화를 단행하자 텔멕스(Telmex)를 인수합니다. 이때부터 그의 회사 까르소 그룹(Grupo Carso)이 세계적으로 유명해집니다. Carso는 Carlos Slim의 Car와 그의 부인 Soumaya Domit의 so를 따와 작명한 이름입니다. 2006년에는 텔멕스가 멕시코 유선통신시장의 90%를 장악하며, 휴대폰 사업을 위해 설립한 뗄셀(Telcel/América Móvil)은 모바일 시장의 80%를 석권하게 됩니다.

미국으로, 여타 중남미로 쭉쭉 1999년부터는 미국으로 사업을 확대하여 수많은 소매 유통기업 주식을 사들이자 슬림은 미주 대륙에서 그를 모르는 사람이 없을 정도로 유명인사가 됩니다. 2000년대 들어 미국에 Telmex USA를 설립하고 미국 통신기업 주식이나 브라질, 아르헨티나, 과테말라, 에콰도르 등 여타 중남미 통신기업 주식들도 손아귀에 쥡니다. 나아가 콜롬비아, 니카라과, 페루, 칠레, 온두라스, 엘살바도르 등 중남미 여러 나라 기업에도 투자를 하여 영역을 뻗어나갑니다.

부의 원천의 다양화 2005년에는 중남미 개발고용 촉진자(Impulsora/ promoter)라는 의미를 가진 이데알(IDEAL)로 명명된 회사를 설립하여 각종 인프라 건설

사업에도 뛰어들어 많은 사업들을 따냅니다. 이데알은 그 외에도 178개의 유명 브랜드(Zara 등) 점포를 갖고 있는 쇼핑몰도 여는 한편 몰 인근에 대학교나 병원 등을 지어 임대하는 사업도 추진하고 있습니다. 멕시코의 최대 전자 유통 기업인 엘렉트라(Grupo Elektra)도 그에게 부의 창출 근원이 되고 있습니다.

2008년에는 세계경기침체로 인쇄물 기반의 광고수입이 크게 줄어들어 경영난을 겪는 미국 뉴욕타임스 컴퍼니 주식 6.4%를 취득합니다. 2012년에는 비중을 8%로 올리고, 2015년에는 스톡옵션을 구사하여 지분을 16.8%로 대폭 올림으로써 최대 주주가 됩니다.

그 외에도 유료도로 운영사업, 방송 사업, 교도소 위탁운영사업, 오일가스 등 에너지 사업 등 다른 수많은 사업 분야에도 진출하는 등 까를로스 슬림의 비즈니스 제국(business empire)은 쉴 새 없이 움직이고 확대되며 그를 세계 최고 갑부 반열에 올려놓고 있습니다.

까를로스 슬림의 아버지는 아들의 성공 기반을 어떻게 닦아놓았나?

술탄 군대 입대하라고? 난 못해! 까를로스 슬림이 이민 2세로서 세계 최고 갑부로 등극하게 된 데에는 부모가 기반을 잘 닦아놨다는 점도 빼놓을 수 없는 중요 포인트가 됩니다. 그의 아버지 훌리안 슬림(Julián Slim)은 14살 때인 1902년 오스만제국의 지배를 받던 레바논을 떠나 멕시코로 이민을 떠납니다. 투르크제국 술탄에 충성하는 군대에 징집되지 않기 위해서였습니다. 소년이 홀로 이민을 떠난 것은 이미 형들이 멕시코에 먼저 이민 가서 정착을 했기 때문에 가능했습니다.

창씨개명 훌리안 슬림의 원 이름은 Khalil Salim Haddad였는데, 아랍식 성이나 이름이 너무 눈에 띄어 현지 정착하는데 장애가 되지 않도록 중남미식으로 개명을 한 것이 훌리안 슬림(Julián Slim)이었습니다. 성까지도 살림(Salim)에서 슬림(Slim)으로 바꿔버린 것이 이채롭습니다. 아예 창씨개명을 했다고 볼 수도 있는 대목입니다.

위기는 돈 벌 기회다 혼란의 격동기였던 멕시코 혁명(1910~17)이 한창 진행되던 시기인 1911년 훌리안 슬림은 점포를 열고 장사를 시작합니다. 수완이 좋아 10년 만에 큰돈을 벌게 됩니다. 당시 멕시코에 살던 시리아계 수백 명이 혁명의 전화(戰禍)를 피해 미국으로 이민을 떠나는 등 불안하고 뒤숭숭한 와중에 오히려 이를 기회로 활용하여 돈벌이에 나선 것입니다. 또한 그는 1921년경 급매물로 나온 멕시코시티 최고 상업지인 소깔로(Zocalo)지역에 있는 알짜배기 부동산을 헐값에 구입하는 등 비즈니스에 남다른 재질을 발휘합니다. 1926년에는 동향(레바논) 출신인 린다 엘루(Linda Helú)와 결혼을 했는데, 그녀 부모는 19세기 말에 멕시코로 이민 와서 잘 정착한 가정이었습니다. 이들 부부는 까를로스 등 6남매(5남 1녀)의 자녀를 두고, 자녀교육에 무척 신경을 씁니다. 특히 돈의 흐름을 이해하도록 어릴 적부터 금융과 회계의 중요성을 깨우쳐주고, 위기가 기회라는 점도 일깨워준 점 등이 아들의 성공 발판으로 작용하게 됩니다. 즉, 큰돈 버는 방법을 가르쳐준 것입니다.

*** 까를로스 슬림이 두명?** 까를로스 슬림(Calos Slim Helú/엘루)의 아들 중에도 까를로스 슬림(Carlos Slim Domit/도밋)이 있습니다. 양자 간 구별을 위해 보통 모계 성까지 씁니다.
까를로스 슬림 엘루는 1967년 소우마야 도밋(Soumaya Domit)과 결혼하여 역시 6남매(3남3녀)를 두었습니다. 그중 장남이 67년생인 까를로스 슬림 도밋이며, 후계자로 키워 현재 Grupo Carso의 이사회 의장을 맡고 있으며, WEF(세계경제포럼)에 중남미 대표인사로 초청되기도 합니다.

*** 까를로스 슬림의 다른 면모** 슬림은 1986년 설립한 까를로스 슬림 엘루 재단(FCSH)과 1995년 설립한 텔멕스 재단(Fundacion Telmex)을 통해 엄청난 부의 사회 환원 및 자선활동을 하고 있습니다. 2011년에는 멕시코시티에서 대통령과 노벨상 수상자 등 사회저명인사들이 참석한 가운데 작고한 부인의 이름을 딴 소우마야 박물관(Museo Soumaya) 개관식을 가졌으며, 세계유명예술작품

전시활동과 스포츠 후원활동 등을 하고 있습니다. 부인은 1999년에 세상을 뜨고, 본인도 그해에 심장수술을 받는 등 고비를 맞기도 했습니다.

슬림은 종교는 마론 가톨릭이면서, 로마가톨릭교회가 세운 그리스도 레지오 수도회(Legion of Christ/사제와 신학생들로 구성)의 강력한 후원자가 되는 등 현지 가톨릭교단과도 좋은 관계를 맺고 있습니다. 슬림의 한 가지 특이한 점은 첨단기술에 정통하긴 했음에도 어렸을 적부터 수기로 기록해오던 금융장부만큼은 지금도 컴퓨터가 아닌 손으로 계속 꼼꼼히 작업하고 있다고 합니다.

ㅣ 라틴아랍의 자신감 - 정체성 확립 및 현지문화와의 조화

중남미에 성공적으로 안착한 라틴아랍인들은 그간의 성공을 발판으로 자신감을 갖게 됩니다. 그들이 버리지 않고 간직해온 한 가지 문화를 들라면 음식문화라고 할 만큼, 이것만 빼고는 고유 언어(아랍어), 종교(마로나이트 가톨릭 또는 이슬람교), 의복 등 자신들의 전통문화유산을 버리고 중남미에 먼저 정착해서 기득권을 보유했던 유럽인 후손들 문화에 스스로 맞춰나갔으나 이제는 자신들의 정체성을 드러내고 현지문화와의 조화를 통해 기득권 세력들로부터 인정을 받고자 합니다.

라틴아랍인들은 고대 페니키아인 내지 사막 유목민(nomad)으로부터 물려받은 타고난 상인기질과 아랍여성들의 섹시함 등 그간 자신들에 대한 부정적 이미지로 작용해오던 편견들을 끌어안는 한편 이를 긍정적 요소로 변신시킵니다.

라틴아랍 지식인들은 자신들의 고유한 동양주의(orientalism)를 주창하며 옹호에 나섭니다. 그들이 한편으론 유목민들의 나태하고 불합리한 성품을 물려받기도 했지만, 이베리아 반도를 수백 년간 지배하며 스페인과 피를 섞어왔기 때문에 중남미 국가들의 문화 도가니에 아랍인 문화도 이미 들어가 있음을 설득한 것입니다.

대표적인 사례를 멕시코와 브라질에서 들어볼 수 있습니다. 멕시코의 경우 여러 도시에 자리 잡은 시리아-레바논(Syro-Lebanese) 클럽들이 주최한 벨리댄스를 들 수 있습니다. 아랍여성들의 섹시함을 배꼽춤(벨리댄스/belly dance)을 통해 부각시켜 자신들의 문화적 강점으로 이미지 변신을 시도한 것입니다. 성공한 엘리트 아랍계가 이용하는 이 클럽들은 멕시코시, 과달라하라, 베라크루스, 메리다, 몬테레이 등 여러 도시에 위치하고 있으며, 부의 상징으로 화려함을 자랑하는 분위기 속에서 벨리댄스와 함께 자신들의 타고난 비즈니스 감각과 자신들도 멕시코의 일류시민임을 접합시켜 많은 호응을 얻어냅니다.

브라질의 경우 카니발을 들 수 있겠습니다. 브라질 아랍계는 자신들을 지배해왔던 오토만 제국의 터키적 색채를 걷어내고 예로부터 천막(caravan)생활을 하면서 양을 치며 살던 베두인족 고유의상을 입고 카니발에 참여합니다. 그러고선 동양적 환상을 연상케 하는 행진곡 마르시냐(marchinhas)를 부르며, 사막의 카라반 유목생활의 향수와 이슬람 문화를 브라질의 삼바(samba) 리듬 속에 절묘한 조화를 이루게끔 끼워 넣습니다.

라틴아랍의 새로운 시련과 도전

2001년 미국에서 벌어진 9.11사태 이후 라틴아랍계에 대한 중남미 사람들의 시각에 변화가 오게 됩니다. 중남미 전역에서 이슬람 공포증(Islamophobia)이 일어나게 되어, 아르헨티나나 파라과이 등 여러 나라에서는 아랍계라는 이유만으로 체포 및 구금을 당하는 사례도 발생하며, 거리에서 이슬람 복장을 한 여자들이 공격을 당하기도 합니다. 브라질에서는 프랑스계 알제리 물리학자가 알카에다 테러와 연관이 있다는 혐의에 따라 테러리스트로 몰려 추방당하는 일도 발생하며, 브라질 의회 개신교 신도 의원 90여명은 정부에 대해 이스라엘에 대한 관용적 정책을 주문하기도 하는 등 라틴아랍의 위상은 타격을 받기도 합니다만 그들은 놀라운 현지적응력으로 충격을 완화시켜나가고 있습니다.

브라질이나 아르헨티나, 칠레, 우루과이 등 여러 중남미 국가들은 2011년부터 유럽이 수용을 꺼려하는 시리아 난민들을 관용적 자세로 받아들이고 있습니다. 이는 프란치스코 교황의 호소도 작용했겠지만 그간 라틴아랍계가 쌓아 놓은 현지사회 통합노력 및 사회공헌이 효력을 발휘한 것으로도 풀이되고 있습니다. 물론 여기에는 중남미 각 도시 소재 라틴아랍 클럽들의 역할도 크게 작용했으리라 짐작됩니다.

참고로 중남미 무슬림(Muslim/이슬람 신자/스페인어로는 무술만/Musulmán)은 약 600만 명으로 추산되는데, 이는 중남미 인구의 1% 수준이며, 여기에는 인도네시아나 파키스탄 등 여타국 출신 무슬림도 포함되어 있다고 합니다.

ㅣ 중남미 주요국별 아랍 디아스포라는 어떻게 형성되어 있나?

브라질 상파울루, 브라질리아, 리우데자네이루, 꾸리찌바, 히우그란지두술, 포스지이과수 등에 주로 분포해서 살고 있으며, 100개에 달하는 회교 사원 및 기도원이 있다고 합니다.

브라질 아랍인은 이민 초기에 주로 행상을 하다가 섬유산업 쪽으로 관심을 갖게 됩니다. 그래서 19세기말에 처음으로 섬유산업 공장이 들어서게 됩니다. 1929~32년 대공황을 겪으면서 브라질 등 중남미 정부들은 수입을 규제하고 국내 생산을 장려하는 보호정책을 쓰게 됩니다. 이를 계기로 브라질을 비롯한 중남미에서 섬유산업이 꽃을 활짝 피우게 됩니다. 그 결과 2차 대전 직전에는 브라질 비단 시장의 75%를 아랍계가 차지하게 됩니다.

한편 과학 및 의학 분야에서도 아랍계 명성이 높아, 지우마 호세프 전 대통령은 대통령 시절에 상파울루 소재 시리아-레바논 병원에서 치료를 받기도 합니다.

아르헨티나 부에노스아이레스, 코르도바, 살타, 후후이, 투쿠만, 라 리오하, 산환, 멘도사, 산티아고 델 에스테로, 미시오네스, 차코, 파타고니아 등 여러 지역에 걸쳐 광범위하게 퍼져 살고 있습니다. 이들 중 약 90만 명이 무슬림(무술만)으로 집계되고 있습니다. 아랍계 아르헨티나 커뮤니티에서는 종교를 따지지 않고 서로 다른 종족 간 결혼을 하는 것이 불문율로 되어 있습니다. 따라서 부모 중 한사람만이 아랍계인 것이 일반적 특징이라고 합니다.

멕시코 주로 데에페(D.F./멕시코시티를 현지에서 부르는 말. Distrito Federal의 약자)와 유카탄(Yucatán) 반도에 둥지를 틀고 살고 있습니다. 1906년 데에페에 마론 가톨릭 성당(Iglesia de la Candelaria)이 세워져 오늘에 이르고 있으며, 유카탄주 수도인 메리다(Mérida)에서는 유통업계의 30% 정도 시장을 레바논계가 잡고 있습니다. 이들은 레바논클럽(Club Libanés)을 만들어 강한 결속력을 보이고 있으며, 상당한 자부심을 갖고 있습니다.

멕시코는 대부분 레바논계 마론 가톨릭인데, 현지에서는 아직도 뚜르꼬(turco)로 불리는 경우가 많습니다. 우리 한국인들의 경우에도 꼬레아노(coreano)보다는 치노(chino)라고 불리는 경우가 많은 점을 보면 어느 정도 이해가 갑니다.

콜롬비아 대부분이 대서양(카리브) 해변도시에 정착해서 살고 있으며, 유통업에 많이 종사하여 유럽산 제품들로 가득 찬 컨테이너를 들여와 이를 팔아먹고살았다고 합니다. 아랍계의 약 90%가 상업분야에 종사하고 있으며, 10% 정도가 농·축산업에 종사하고 있다합니다. 콜롬비아 아랍인들은 현지에 동화되기는 했지만 출신본국(시리아, 레바논, 팔레스타인 등)과의 연결고리를 놓지 않고 계속 유지하고 있으며, 베들레헴청년클럽(Club la Juventud de Belén) 등을 결성하여 문화적 정치적 유대관계를 맺으면서 2세대 3세대들의 엘리트 사회 진출에도 기여하고 있습니다. 정계 진출 대표 사례가 팔레스타인계 뚜르바이(Turbay) 가문입니다. 1946년에 대통령 후보로 나선 가브리엘 뚜르바이나 1978년 대통령에 당선되어 82년까지 집권한 훌리오 세사르 뚜르바이가 손꼽힙니다.

콜롬비아 아랍계가 가장 많이 거주하는 최대 커뮤니티(comunidad)는 바랑끼야(Barranquilla)입니다. 레바논계인 세계적 유명가수 샤키라(Shakira)가 태어난 곳입니다. 그 다음 많이 모여 사는 곳이 카르타헤나(Cartagena)입니다. 카르타헤나 거주 시리아-레바논 후손 통합 클럽인 유니언클럽(Club Unión)이 있습니다.

그런데 이런 커뮤니티가 잘 갖춰져 있음에도 현지문화 동화(aculturación)는 거스를 수 없는 대세입니다. 아랍어 구사를 못함은 물론 자신들의 고유 전통도 상실했습니다. 다만 가족들과 또는 커뮤니티 활동을 통해 문화 명맥만 유지하는 정도입니다.

칠레 중동을 제외한 세계 최대의 팔레스타인 디아스포라는 그들이 약속의 땅으로 지목한 칠레입니다. 수도인 산티아고 시장을 팔레스타인계가 맡기도 하며, 칠레 국회의원의 약 10%가 팔레스타인계라고 합니다. 칠레에 40만 명이상이 거주하고 있으며, 유대인(1만 명 내외)을 수적으로나 질적으로 압도하고 있습니다. 금융업과 유통업, 의류도매업 등 전통적인 유대인 텃밭을 이들이 꿰차고 있는 것입니다.

3국 국경 디아스포라 브라질, 아르헨티나, 파라과이 3국 접경지역에 25,000여명의 아랍계 후손(기독교도 및 이슬람교도 혼재)이 살고 있는데, 특정지역 집중도가 높아 주목을 받고 있습니다. 이들은 1960년대 중동에서 정치경제사회 문제가 터지자 이를 피해 3국 접경지대로 이민 온 사람들입니다. 1970년대 중남미 최대의 수력발전소인 이타이푸 댐(Represa de Itaipú) 건설과 함께 아랍인들의 이민이 봇물 터지듯 몰려왔습니다. 동 댐 건설 관련 제품 생산 공장이나 서비스 제공 등이 주력이었고, 지금은 브라질의 포스두이과수(Foz do Iguaçu)와 파라과이의 시우닷델에스테(Ciudad del Este) 등 2개 접경도시가 아랍계 중남미 비즈니스맨들의 상업중심지가 되고 있습니다.

기타 국가 베네수엘라에서는 시리아계와 레바논계가 중동 석유업자와 베네수엘라 석유업자 등을 이어주는 역할을 하고 있고, 페루에서는 아랍계 2/3가 상업수도라 불리는 아레끼빠(Arequipa)에 정착해 살고 있습니다. 에콰도르에서는 주로 키토와 과야낄에, 온두라스에서는 경제수도인 산 페드로술라 중심지에 몰려 사는 등 대체로 보면 현지사회에 동화를 하긴 했지만 커뮤니티를 이루며 사는 모습들을 보이고 있습니다.

제7부

知彼知己! 중남미와 우리 관심국 간 관계

제37강 중남미와 스페인 관계

ㅣ 역사를 바꾼 은밀한 결혼식

중남미는 스페인과는 떼려야 뗄 수 없는 긴밀한 역사적 관계를 맺고 있습니다. 그 기원을 거슬러 올라가볼까요?

여러 왕국으로 갈라져 있던 약소국 스페인에서 1469년 일대 사건이 중북부 도시 바야돌리드에서 발생합니다. 바로 이사벨 공주와 페르난도 왕자의 비밀 결혼입니다. 왜 비밀리에 결혼했냐고요? 여러 왕국의 귀족들과 프랑스의 반대가 거셌기 때문입니다. 반대를 무릅쓰고 카스티야 연합왕국(갈리시아 왕국+레온왕국+카스티야왕국)의 이사벨 공주와 아라곤 연합왕국(아라곤왕국+카탈루냐왕국)의 페르난도 왕자가 천신만고 끝에 카스티야 왕국의 수도 역할을 하던 바야돌리드(*콜럼버스도 이 바야돌리드에서 생을 마침)에서 만나 은밀한 결혼식을 치름으로써 스페인은 통일의 기반을 닦아 유럽의 강대국으로 부상하게 됩니다.

1492년에는 이사벨 여왕과 페르난도 국왕 부부가 남아있던 이슬람 세력을 완전 축출하여 스페인 통일이라는 위업을 달성합니다. 나아가 이사벨 여왕은 주위의 만류를 뿌리치고 이태리에서 건너온 콜럼버스에게 힘을 실어줘 신대륙을 발견하게끔 합니다. 신대륙 발견은 전 유럽을 흥분의 도가니로 몰아넣기에 충분한 세기적 사건이었습니다. 이로 말미암아 세계무대에서 스페인 시대가 본격 개막되면서 중남미와 스페인의 관계도 그 서막을 올리게 되는 것입니다.

중남미와 스페인 간 관계는 시초인 15세기부터 살펴볼 필요가 있으나 여러 역사책에 상세히 소개되어 있으니, 여기서는 과거보다는 현재에 주로 초점을 맞추고, 특히 비즈니스 관점에서 깊이 있게 살펴보도록 하겠습니다.

ㅣ 부왕령: 식민시대 중남미-스페인 관계를 여는 핵심통치체계

식민지 시대 중남미는 부왕령(Virreynato)이라는 통치 시스템을 통해 스페인과의 관계가 설정되었습니다. 부왕령이 뭔지에 대해서는 일제 강점기 우리나라에 설치된 총독부를 떠올려보시면 쉽게 이해가 되시리라 봅니다.

스페인은 16세기 중반에 설치된 누에바 에스파냐(Nueva España) 부왕령(1535-1821/멕시코 중심 북미 및 중미지역/멕시코시티가 수도) 및 페루 부왕령(1542-1824/페루 중심 남미지역 전체/리마가 수도) 등 2개 부왕령을 중심으로 중남미를 통치해 오다가, 18세기 들어 페루 부왕령에서 누에바 그라나다(Nueva Granada) 부왕령(콜롬비아, 베네수엘라, 에콰도르, 파나마 등 4개국) 및 리오델라플라타(Rio de la Plata) 부왕령(아르헨티나, 볼리비아, 파라과이, 우루과이 등 4개국)이 분리되어 나오면서 총 4개 부왕령(페루 부왕령은 페루와 칠레, 브라질 서부 등으로 축소)을 통해 중남미를 식민통치했습니다.

누에바 에스파냐 부왕령에는 멕시코 및 중미5국(과테말라, 온두라스, 엘살바도르, 니카라과, 코스타리카)과 카리브(쿠바, 도미니카공화국) 등 중남미 지역 외에도 현재 미국 영토로 편입되어 있는 남부 지역(캘리포니아, 텍사스, 뉴멕시코, 네바다, 유타, 오클라호마, 루이지애나, 캔자스, 애리조나, 네브래스카, 아이오와, 미주리, 노스다코타, 사우스다코타, 플로리다)도 스페인 통치를 받고 있었으며, 멀리 아시아 태평양 지역의 필리핀과 팔라우도 이 부왕령에 편입되어 있었습니다.

본국 스페인과 식민지 중남미 간 갈등이 점차 누적되다가 18세기 후반 미국의 독립과 프랑스 대혁명 등에 영향을 받은 터에 19세기 초반 나폴레옹의 스페인 본토 침공 및 프랑스인(나폴레옹 형)의 스페인 왕 옹립을 기화로 독립의 불길이 요원처럼 번져간 결과 중남미가 점차 독립을 쟁취해 나감으로써 중남미와 스페인 간 식민관계는 점차 결별을 고하게 됩니다.

독립 이후로 중남미 인들은 스페인에게 경멸의 대상이 될 만큼 소원한 관계였으나, 19세기말 스페인의 미서전쟁(1898년) 패배로 스페인이 중남미에서 손털고 나간 이후 중남미에 대한 미국의 간섭이 커지자 중남미와 미국 간 관계에 틈새가 벌어지게 됩니다. 미국에 대항하기 위해 중남미는 스페인과의 관계 복원 필요성을 인식하게 되었고, 문화적, 언어적, 종교적 연대가 강조되면서 20세기 협력시대를 맞이하게 됩니다.

ᅵ 맞손과 어깃장! 대등한 주권국 이베로-라틴 관계

1960~70년대에 스페인이 급속한 경제 성장을 구가하게 되면서 중남미와의 교역 및 투자가 늘게 되고, 1975년 장기 집권해오던 프랑코 총통 사후 스페인에 민주정부가 들어서자 중남미에 외교정책의 주안점을 두게 됩니다. 국왕과 총리의 중남미 순방 등으로 중남미와 스페인 관계는 밀월시대를 구가하게 됩니다.

스페인의 중남미에 대한 각별한 애정 및 양자 간 밀월관계

스페인이 중남미를 얼마나 끔찍이 생각했는지 대표적인 세 가지 사례를 들어보겠습니다.

첫째, 공산주의와는 대척점에 서있었던 프랑코 총통은 1959년 쿠바에 카스트로 공산 정권이 들어서자, 쿠바와의 외교관계 단절을 요구받습니다. 하지만 단칼에 거절합니다. 자신이 혐오하는 공산주의라는 이념보다 중남미와의 역사적 유대관계를 더욱 중시하는 자세를 취한 것입니다. 감성이 이념을 누른 그의 태도는 서방세계를 깜짝 놀라게 했습니다.

둘째, 1982년 아르헨티나 군사정권이 영국을 상대로 말비나스(포클랜드) 군도를 되찾기 위해 전쟁을 일으키자, 그간 군사정권에 반대하는 입장을 취해오던 스페인은 아르헨티나 군사정권을 지지합니다. 스페인의 중남미에 대한 애정을 세상에 재확인시켜 주는 좋은 사례가 되었습니다. 특히 믿었던 미국은 신발을 거꾸로 신고 적국인 영국 손을 들어주는 상황이 발생하고 보니 스페인과 미국의 중남미에 대한 자세가 확연히 구분된 것입니다. 미국에 대한 배신감은 역시 믿을 것은 스페인뿐이라는 인식을 중남미에 확산시켜 줍니다.

셋째, 1991년 스페인은 이베로아메리카 정상회담(Cumbre Iberoamericana/이하 "꿈브레"로 호칭)이라는 중남미 정상들과 스페인, 포르투갈 정상들과의 연례 협의체를 멕시코 협력 하에 발족시켰습니다.

필자가 여러 중남미 국가에 오랫동안 근무하면서 느낀 점은 중남미 사람들 상당수가 스페인을 은연중 모국으로 생각하고 있다는 것입니다. 역사적, 언어적, 문화적, 종교적 연대의식이 중남미로 하여금 스페인과 공동운명체로 받아들여 맞손을 잡게끔 유도하는 원동력이 된 것으로 풀이됩니다.

중남미는 자신들을 라틴 아메리카 인으로서 정체성을 부여하지 이베로 아메리카 인으로 생각하지는 않습니다. 반면 스페인은 자신을 라틴 아메리카의 일원으로 대해주기를 바라고 있습니다. 양자 간 관계는 앵글로색슨 세계와는 문화적으로 구별되는 히스패닉 공동체(Hispanidad/이스빠니닷)로 인식되고 있고, 이에 따라 중남미와 스페인 관계는 "가족적(familial, fraternal)" 특성을 띠게 됩니다.

중남미가 스페인을 삐딱하게 보는 시각 및 관계 균열 지금까지 스페인의 중남미에 대한 애정을 소개해 드렸는데, 이런 분위기와는 달리 중남미는 스페인과의 공동체를 부정적으로 보는 경우도 있습니다. 쿠바의 라울 카스트로 경우

형과는 달리 꿈브레(Cumbre)에 한 번도 참석하지 않았고, 2014년 아르헨티나, 브라질, 볼리비아, 니카라과, 베네수엘라 등 당시 남미 좌파 정부들은 정상회담에 국가원수 내지 정부수반 대신 대참자를 보내기도 하는 등 꿈브레에 대한 관심도가 낮아지는 모양새입니다. 2012년 베네수엘라의 차베스 대통령은 스페인이 제국주의자처럼 처신한다며 스페인을 비난했고, 2015년 볼리비아의 모랄레스 대통령은 스페인을 신식민주의자로 매도했습니다. 스페인의 중남미 내 정치적 입지가 좁아진 모양새입니다. 막대한 오일 머니를 무기로 미국과도 맞장을 뜨며 중남미 지역대장이 되고자 했던 차베스로서는 보스처럼 군림해오는 듯 보인 스페인에게 어깃장을 놓은 것입니다.

이는 중남미 각국의 정치경제 상황과 스페인 다국적기업들의 중남미 비즈니스 영향, 스페인이 경제위기로 국력이 약해진 측면 및 스페인 내 카탈루냐 지역 분리주의 운동 등이 복합적으로 작용한 결과로 보입니다. 경제력이 비슷한 브라질과 스페인 간 중남미 패권 다툼도 한 몫을 했을 것입니다.

이에 따라 스페인의 대 중남미 전략도 다자간 관계를 중시하는 이베로 아메리카 공동체 구상 대신 양자 관계에 좀 더 초점을 맞추는 방향으로 전환이 요구되고 있고, 꿈브레도 격년 행사로 바뀌는 등 변화가 모색되는 분위기입니다.

31%-6%-20%: 스페인의 대 중남미 원조 및 투자 교역 관계

31%-6%-20%가 뭘까요? 31%는 스페인의 대중남미 원조 비중, 6%는 교역 비중, 20%는 투자 비중을 각각 의미합니다. 한마디로 요약하면, 원조와 투자가 많고 교역은 상대적으로 미미한 수준이라는 것입니다.

스페인은 중남미에 큰 비중을 두고 많은 원조를 하고 있습니다. 2014년 스페인의 공적개발원조(ODA) 규모는 19억 불이었으며, 이중 30.9%가 중남미 향으로서 어느 서방국가보다도 높은 비중을 점하고 있습니다. 스페인의 대외원조기관인 AECID(스페인 국제협력단)를 통해서 원조가 이루어지고 있는데, 콜롬비아, 에콰도르, 페루, 과테말라, 엘살바도르, 파라과이 등에서 다양한 원조 프로그램을 가동 중입니다. 좋은 예로 대학 장학금 공여사업이나 콜롬비아에서의 게릴라 무력충돌 희생자 구제 프로그램 및 기념관 건립사업 등을 들 수 있으며, 이러한 원조를 통해 중남미 국가들로부터 좋은 평가를 받고 있습니다.

스페인의 교역비중은 수출이나 수입 모두 중남미 전체에서 차지하는 비중이 6% 수준에 불과할 정도로 정치외교관계에 비해 상대적으로 작은 수준이긴 합니다만 절대적 규모로 보면 그리 작은 수치는 아닙니다.

투자 측면에서 보면 스페인이 중남미에 많은 공을 들이고 있음을 알 수 있습니다. 스페인은 전체 해외직접투자의 1/5 정도(19.6% /2014년)의 규모로 브라질, 멕시코, 콜롬비아 등 중남미 주요국들을 대상으로 투자하고 있으며, 이는 중남미향 전체 외국인투자의 14%(2011년) 내지 10%(2014년) 수준으로서 미국 등 주요국에 이어 서방세계 2~3위권의 위치를 점하고 있습니다.

스페인의 해외직접투자는 1970~80년대까지만 해도 GDP(국내총생산)의 1%에도 미치지 못하는 미약한 수준이었다가, 1992년 마스트리히트 조약 체결로 EU(유럽연합)가 탄생하자 유럽국들의 대 스페인 투자가 활성화되는데 자극받아 스페인의 해외직접투자도 활성화됩니다. 그 결과 90년대 스페인의 해외투자는 GDP의 17%를 기록하게 되었고, 이중 중남미가 차지하는 비중은 10%였습니다.

1993~2001 기간 중 스페인의 대중남미 해외투자 규모는 860억 유로를 기록했으며, 2002~2011 기간에는 620억 유로로 줄어들기도 했는데, 이 때 스페인은 EU 역내 국가로 투자를 대폭 늘리는데 주안점을 뒀기 때문입니다. 2004년 스페인의 해외투자규모는 GDP의 35%에 이르는 등 비약적 성장세를 보임으로써 투자대국의 반열에 오르기도 했습니다.

스페인이 유동성 위기를 겪었던 2012년에는 멕시코 -27.3%, 브라질 -11.6%, 콜롬비아 -8.7% 등 투자 회수현상이 빚어지기도 했습니다만 칠레, 아르헨티나, 페루 등에는 오히려 투자를 늘려 전체적으로 볼 때에 스페인의 대중남미 투자 비중은 46.2%에 이를 정도로 중남미에 집중하는 모습을 보이기도 했습니다. 이러한 노력에 힘입어 스페인의 대중남미 누적 투자액 규모가 2013

년 기준 1,150억 유로로 집계된 바 있습니다.

스페인 기업들의 대 중남미 주요 투자 분야는 금융, 에너지, 인프라, 통신 부문 등에 집중되고 있습니다. 주요 진출 국가를 보면 브라질, 멕시코, 콜롬비아, 칠레, 아르헨티나, 페루, 파나마 등으로서 사회주의 색채가 강한 나라(베네수엘라, 볼리비아, 에콰도르 등)는 스페인 기업들의 주된 관심지역에서 벗어나 있음을 보여주고 있습니다.

27시와 42% - 히스패닉 패밀리: 활발한 문화적/인적 교류

27시란 스페인 마드리드와 직항편이 개설되어 있는 중남미 27개 도시(17개국)를 말합니다. 42%란 재 스페인 유학생중 중남미 학생 비율로서 중남미와 스페인 간 활발한 인적교류의 징표가 되고 있습니다.

중남미와 스페인이 한 가족(Hispanic family)이라는 스페인식 개념은 중남미 정치경제 무대에서는 별 설득력을 얻지 못하고 있는 반면, 문화 측면에서는 동일한 문화와 언어를 공유하고 있다는 연대감이 쉽게 형성이 되어 시장 규모를 크게 키워가고 있음을 볼 수 있습니다.

영화나 TV 쇼 프로그램, 음악, 문학, 예술 등 세계에서는 스페인과 중남미가 통합된 같은 시장을 이루게 되며, 종교나 요리 등 분야도 같은 공동체라는 느낌을 받게 됩니다.

스페인과 중남미 간 인적교류에 별 장애요소가 없다는 점도 공동시장 형성에 기여하는 것으로 보입니다. 스페인 수도 마드리드 발착 중남미행 직항 항공편이 중남미 17개국 27개 도시를 스페인 마드리드와 이어주고 있으며, 스페인에서 유학중인 외국 학생 중 무려 42.5%(2010년 기준)가 중남미 국적이라는 점도 양 지역 간 활발한 인적교류를 입증해주고 있습니다.

뿐만 아니라 스페인에는 중남미 이민자가 많습니다. 2006년 인구센서스를 보면, 36.2%의 외국 이민자가 중남미 국적으로서 대부분 에콰도르, 콜롬비아, 아르헨티나, 볼리비아, 도미니카공화국 등 출신입니다. 스페인 이민요건이 중남미 사람들에게 비교적 용이하기 때문인데, 대부분 무비자 입국이 가능하며, 에콰도르, 볼리비아, 쿠바, 도미니카공화국 등은 비자가 필요하긴 하나 미국 비자에 비해 수월하게 취득이 가능한 관계로 불법이민자 문제는 부각되지 않고 있고, 스페인 내 가장 큰 이민 그룹인 에콰도르 인들은 61%가 스페인 시민권을 취득한 상태입니다.

스페인 인들의 중남미 이민자에 대한 반 이민 정서는 프랑스나 영국, 미국 등 여타국에 비해 매우 미약한 수준입니다. 이민을 혐오하는 극우정당은 의석을 확보하기 어려운 현실도 인적교류 활성화 요소로 작용하고 있습니다. 스페인에서 극우정당이란 곧 프랑코 독재시대(팔랑헤당)를 떠올리기 때문에 국민적 거부감이 강하다보니 운 좋게도 반 이민 정서가 스페인 국민들 마음속을 파고들 여지가 좁아진 것입니다.

하지만 스페인의 실업문제가 깊어지다 보니 외국인 혐오가 점차 늘어가는 추세이며, 극우정당의 외국인 혐오 집회가 도심에서 열리기도 합니다. 2009년 조사에 의하면 스페인 내 거주 중남미 인들의 58%가 차별이 광범위 확산되고 있다는 우려를 표하고 있어 스페인 정부의 과제가 되고 있습니다.

ㅣ 새 정복자의 제2차 상륙?: 황금알 낳는 거위 EME의 진출

중남미를 방어하라! 스페인 기업들의 중남미 투자진출 배경

스페인의 중남미 해외투자를 주도한 것은 EME로 불리는 스페인 다국적기업(EME)이었습니다. EME는 스페인 다국적기업을 의미하는 스페인어 Empresa Multinacional Española의 약어로서 스페인의 대중남미 투자의 4/5가 이들에 의해 이루어진 것입니다. 대표적인 기업이 뗄레포니까(Telefonica), 렙솔(Repsol), 가스 나뚜랄(Gas Natural), 엔데사(Endesa), 이베르드롤라(Iberdrola), 우니옹 페노사(Union Fenosa), 악바르(Agbar), 베베우베아*(BBVA), 산딴데르(Santander), 악쇼나(Acciona) 등입니다. (*영어의 브이/V는 중남미에서 보통 베로 발음됩니다만 여기서 우베로 한 것은 스페인의 경우 우베로 발음하기 때문에 고유명칭도 우베로 불러주는 것입니다.)

스페인 다국적기업들이 90년대 들어 국제화에 나서면서 중남미 투자진출을 급격히 서두르게 된 것은 중남미 시장이 유럽열강들에 의해 잠식당하지 않을까 하는 우려가 컸기 때문입니다. 즉, 중남미 시장을 방어하기 위한 전략(estrategia defensiva)으로 직접투자를 늘리게 된 것입니다. 이는 중남미 진출 스페인 기업들의 "거대한 모험"(gran aventura)으로 표현되기도 했으며, "새로운 정복자"(nuevos conquistadores /2009년 Greenpeace가 명명) 또는 콜럼버스의 제1차 상륙에 빗댄 "제2차 상륙"(el segundo desembarco) 으로 명명되기도 했습니다. 자라보고 놀란 가슴 소댕보다 놀란다고 스페인의 중남미 재진입에 대해 그만큼 경계 시각이 컸던 게 아니었나 싶습니다.

중남미에 가장 먼저 발을 들여놓은 스페인 기업은 Telefonica와 Iberia였으며, 이어 Endesa와 Iberdrola, Repsol 등이 진출했고, Santander와 BBVA 등 은행의 후속진출이 이루어졌습니다. 이들의 대표적인 성공사례로 1998년 Telefónica의 브라질 국영통신기업 Telebras의 민영화 참여, 1999년 Repsol의 아르헨티나 석유기업 YPF 인수와 Endesa의 칠레 전력에너지기업 Enersis 인수, 2000년 BBVA의 멕시코 Bancomer 인수 등이 꼽히고 있습니다.

공통언어와 문화 및 워싱턴 컨센서스, 민관 로비 → 스페인 기업들의 중남미 진출 성공 요인

스페인 다국적기업(EME)의 중남미 진출이 성공적으로 추진된 것은 중남미 각국의 민영화 붐(boom privatizador)이 결정적 기여를 했습니다. 민영화 물결은 1986년부터 1999년까지 이어졌는데, 이 민영화에 불길을 당기는 논리적 토대를 제공해준 것은 신자유주의(neoliberalism)를 주창한 워싱턴 컨센서스(Washington Consensus/상세내용은 '중남미와 미국 간 관계' 편 참조)였습니다.

스페인 기업들의 중남미 투자진출은 90년대부터 급물살을 이뤄 1993년부터 2006년까지 누적투자액은 1,267억 유로를 기록함으로써 역내 최대 투자국 반열에 오르기도 했는데, 다른 나라에 비해 스페인의 진출이 유독 두드러졌던 이유는 뭘까요?

그것은 바로 공통 언어, 공통 문화(lengua y cultura común)라는 기본적 특혜 요인과 더불어 규제철폐 및 자유화 과정을 겪으며 경쟁에서 살아남는 경험을 체득해두었던 점 및 전력 통신 등 분야는 이미 독점시장으로서 충분한 이윤을 확보할 수 있었던 점 등이 중남미에서 경합을 벌이는 스페인 기업들에게 매우 유리한 환경을 조성해줬기 때문입니다. 쉽게 얘기해서, 당시 중남미에 가서 비즈니스 하는 것이 여타국 기업 대비 스페인 기업들에게는 땅 짚고 헤엄치기였던 것입니다.

스페인 Santander 은행과 BBVA은행의 중남미 금융시장 진출과 관련해서 IMF(국제통화기금)와 세계은행(WB)의 역할도 주목해볼 필요가 있습니다. IMF와 세계은행은 중남미에 대해 금융자유화의 필요성을 설파하며 이를 적극 유도해내자 외국 은행들의 중남미 진입이 가능해지게 된 것입니다. 이를 활용하여 산딴데르와 베베우베아는 1997년부터 2002년까지 수많은 역내 은행들을 인수하여 확고한 기반을 중남미에 구축하게 됩니다.

가장 두드러진 사례로 칠레와 멕시코를 들 수 있는데, 칠레 은행시장의 23%, 멕시코 은행시장의 42%를 양 스페인 은행이 차지하게 된 것입니다. 중남미의 낮은 은행화지수와 높은 제도적 이윤이 이러한 눈부신 성과를 지탱해준 요인으로 평가되고 있는데, 중남미 성인의 50% 정도만 은행계좌를 트고 있었고, 20% 미만의 시민만이 신용카드를 갖고 있었던 점, 그리고 은행 규정상 스페인이나 여타 유럽국보다 훨씬 높은 마진율 책정이 가능했던 점 등이 외국 은행들의 성공적인 중남미 진입을 가능케 해준 요인으로 부각되고 있습니다.

스페인 기업들의 중남미 진출 성공요인으로 빼놓을 수 없는 중요 포인트가 아직 남아있습니다. 스페인 기업들의 로비와 스페인 정부의 로비 바로 그것입니다. 스페인 기업들은 중남미에서 비즈니스를 하는데 있어서 장관 같은 고위급 면담이 비교적 용이하다는 평가를 하고 있음은 시사하는 바가 큽니다.

자신의 비즈니스에 유리한 여건 조성 차 법 개정을 추진하기 위해 실세 여당 의원과 관계된 현지 유력 로컬 기업을 로비스트로 활용하기도 했고, 회사 설립을 위해 독재정권을 이용하는가 하면 비즈니스 확대를 위해 군이나 경찰, 민병대 같은 조직의 힘을 빌리기도 했습니다. 때로는 스페인 정부를 동원하여 중남미 내 자국기업의 이익을 옹호하도록 유도하는 등 제반 로비를 통해 스페인 기업들은 놀라운 성과를 이뤄냅니다만, 그 과정에서 부패연루로 부정적 평가를 받는 경우도 있었습니다.

금융서비스 및 공공서비스 분야가 70%: EME의 특징

스페인 다국적기업 협회(OEME)의 2010년도 자료에 의하면, 총 1452개사의 스페인 다국적 기업(EME)이 한 해 동안 4,744억 유로의 매출액(2007년 기준)을 올려 스페인 GDP(국내총생산)의 45%를 차지할 정도로 높은 위상을 보유하고 있습니다. 전체 직원은 총 213만 명인데 이중 135만 명은 스페인에, 78만 명은 해외 지사나 현지법인에 근무하고 있습니다.

이렇게 국제화된 것으로 간주되는 스페인 다국적 기업 중 93%가 비상장기업이며, 그 대부분이 중소기업입니다. 상장기업은 6.7%에 불과하나 이들이 매출액의 80%와 고용 인력의 75%를 점하고 있다는 특색을 띠고 있습니다.

다국적기업의 본사는 수도인 마드리드와 카탈루냐(바르셀로나가 주도), 바스크 등 주로 3개 지역에 61%가 분포되어 있고, 이들 3개 지역 소재 다국적기업이 전체 다국적기업 매출액의 84%를 담당하고 있습니다. 특히 마드리드의 약진이 돋보이는데, 전체 매출액의 57%를 마드리드가 장악하고 있습니다.

스페인 다국적기업(EME)의 주력진출분야를 보면, 금융서비스가 전체 해외 직접투자 금액의 52.7%를 점하고 있고(2008년 기준), 수도, 전기, 가스 등 공공서비스 분야가 18.3%로서 이 두 부문에 집중되는 양상을 시현하고 있습니다. 제조업 분야 진출은 10% 수준에 불과한 실정입니다.

중남미보다 EU가 우선! 스페인 다국적기업의 중남미 투자진출 추이

스페인 다국적기업 협회(OEME)의 2010년도 자료에 의하면, 스페인 기업의 해외 주력 투자처는 90년대에는 중남미였으나 2000년대에는 중남미보다

EU(유럽연합)로 관심이 쏠리게 됩니다. 1996~1998년 3년간은 중남미 투자가 압도적으로 많아 63%를 점하다가, 1999~2001년은 45.9%로 EU와 유사비중으로 투자가 이루어졌고, 2003~2005년은 17%로 비중이 대폭 하락한데 이어 2006~2008년은 6.8%로 대중남미 투자가 퇴조세(대EU 투자는 75%)를 보였습니다.

이는 그간 중남미에서 진행되어오던 민영화가 일단락 되고나서 더 이상 매력적인 투자대상을 찾기 어려워진 측면과, 중남미에서 핑크타이드(상세 내용은 중남미와 미국편 참조)가 진행되면서 좌파 정부들이 민영화에 제동을 걸고 나서는 한편 환경파괴 등 스페인기업들의 투자진출 부작용이 사회적 이슈로 대두되면서 이미지에 타격을 입은 점, 그간 진행시켜온 사업들이 안정적인 수익창출 모델로 자리 잡아 더 이상 대규모 투자 동인이 약화된 점 등 여러 요인이 복합적으로 작용한 것입니다.

황금알 낳는 거위: 중남미 진출 주요 EME

중남미 진출 스페인 기업의 직접투자금액 기준 95%가 6개의 대형 EME(스페인 다국적기업/Empresa Multinacional Española)에 집중되고 있습니다. 뗄레포니까(Telefonica), 렙솔(Repsol), 산딴데르(Santander), 베베우베아(BBVA), 엔데사(Endesa), 이베르드롤라(Iberdrola) 등 6개사는 스페인 증권시장 상장금액의 62%(스페인의 대표적 주가지수인 IBEX-35 지수 기준/2008년도)를 점유하는 거대기업으로서, 그들 수익의 1/3 내지 절반을 중남미에서 창출할 만큼 중남미는 스페인 기업에게 황금알 낳는 거위 역할을 톡톡히 해냈습니다.

이중 BBVA가 49%, Telefonica가 37%, Santander와 Endesa가 각 30%씩 중남미에서 풍성한 수확을 일궈낸 것입니다. 글로벌 금융위기가 휘몰아쳐오던 2009년에도 이들 6개 다국적기업은 293억 유로를 벌여 들였고, 그중 32.7%가 중남미에서 거둬들인 수익입니다.

멕시코, 브라질, 아르헨티나, 칠레 등 4개국에 스페인 해외투자 누적금액의 85%가 몰려 있습니다. 이중 특히 멕시코는 스페인 기업의 해외 자회사가 세계

두 번째로 많은 나라로 분류되고 있고(첫 번째는 포르투갈), 브라질은 다섯 번째 국가로 랭크되어 있습니다.

이제 중남미 진출 주요 스페인 기업들의 면모를 간략히 살펴보도록 하겠습니다.

뗄레포니까(Telefonica, S.A*)

뗄레포니까는 마드리드 소재 스페인 대표 통신회사로서 1924년 설립되었으며, 12만 명의 직원을 두고 있는 세계랭킹 5위 통신 기업이자 유럽 내 가장 중요한 통신회사로 자리매김 되고 있습니다.

뗄레포니카는 Telefonica라는 고유브랜드 외에 4개의 브랜드를 갖고 있는데, 스페인과 스페인어권 중남미에서는 Movistar를, 브라질에서는 Vivo를, 유럽에서는 O2라는 브랜드를 각각 사용하고 있습니다. 그 외에 Terra라는 인터넷 자회사 브랜드도 갖고 있습니다.

중남미에는 멕시코, 브라질, 아르헨티나, 칠레, 우루과이, 페루, 콜롬비아, 베네수엘라, 에콰도르, 파나마, 코스타리카, 도미니카공화국, 과테말라, 엘살바도르, 니카라과, 푸에르토리코 등 대부분 국가에 진출해 있습니다. (* S.A.는 Sociedad Anónima의 약자로서 주식회사를 의미)

렙솔(Repsol)

렙솔은 마드리드 소재 스페인의 대표적 석유화학 및 에너지 기업으로서 1987년 설립되었으며, 25,000명의 직원을 두고 있습니다. 석유 및 가스의 탐사와 생산, 운송, 정제 등과 함께 석유부산물, 석유화학제품, 액화석유가스 등도 생산 및 유통시키고 있으며, 천연가스 판매도 하고 있습니다.

*** Repsol-YPF 스페인-아르헨티나 분쟁**

스페인 렙솔은 민영화된 아르헨티나 최대 석유기업 이뻬에페(YPF)를 1999년 인수하여 영업을 잘 하고 있었습니다. 그러나 2012년 4월 아르헨티나의 크리스티나 페르난데스 대통령이 YPF의 국유화 수용조치를 단행하자 렙솔은 큰 타격을 받게 됩니다. 스페인 정부는 아르헨티나를 EU-메르코수르 FTA협상에서 아르헨티나를 제외시키는 한편 G-20에서도 아르헨티나를 배제시키려 합니다. 하지만 EU측의 동의를 얻지 못해 결국 아르헨티나의 승리로 종결되고 맙니다. 멕시코, 페루, 과테말라 등은 스페인 입장을 지지한 반면, 브라질, 베네수엘라, 우루과이, 칠레, 볼리비아, 니카라과 등은 아르헨티나의 국유화 수용조치를 지지했습니다. IMF는 YPF 국유화조치가 투자 및 성장에 도움이 되지 않는다는 논리로 국유화에 반대했으나, 국유화 조치 자체는 주권사항임을 인정하여 결국 아르헨티나의 주권 논리가 지지를 받았습니다.

산딴데르 은행(Banco Santander, S.A.)

산딴데르 은행은 산딴데르시 소재 스페인 최대 규모 은행(자산 규모 1위)으로서 1857년 설립되었습니다. (직원 19만 명) 1999년 센트랄 이스파노 은행과 합병되어 산딴데르 센트랄 이스파노 은행(BSCH)으로 불리다가 2007년 산딴데르 은행으로 본명을 되찾았습니다.

한때 우리나라 은행들에게도 롤 모델로 손꼽히다가 리스크 관리 실패로 시련을 겪고 있으며, 우리나라에도 사무소로 진출했다가 2016년 철수한 바 있습니다.

베베우베아(BBVA)

베베우베아는 Banco Bilbao Vizcaya Argentaria의 약자로서 당초 빌바오 은행으로 1857년 비스까야주 수도 빌바오 시에서 설립되었습니다. 비스까야 은행과 1989년 합병후 BBV(베베우베)라는 이름으로 영업하다가, 1999년 12월 아르헨따리아 은행과 합병함으로써 현재의 BBVA라는 명칭을 갖게 되었습니다. (직원 13만 명)

스페인 내 자산규모 2위의 거대은행으로서 우리나라에도 2007년 사무소를 열었고, 2011년 지점으로 승격되어 영업을 하다가 2017년 지점을 철수하고 사무소만 남아있습니다.

여담 한마디 할까요? 필자가 스페인에서 살고 있을 때 이 아르헨따리아 은행에서 계좌를 텄었는데, 중남미나 한국에서의 경험에 의하면 시간이 지나면 이자가 붙어야 하는데 오히려 마이너스 이자가 붙는 겁니다. 원금이 계속 깎여 나가는 것입니다. 각종 수수료 명목으로 상당액이 매월 공제가 되니 이대로 한참 세월이 흐르면 원금이 싹 사라질 것 같은 불안감이 엄습했습니다. 유럽 금융이 이렇게 차갑고 인정머리 없구나 하는 생각이 들면서 한편으론 떼어 가기는커녕 이자를 알아서 척척 넣어주는 우리나라 은행들이 새삼스레 따스하게 생각되기도 했습니다.

엔데사(Endesa, S.A)

엔데사는 마드리드에 본사를 두고 있는 스페인 최대 전력회사로서 바스크 지방에 본사를 둔 Iberdrola 및 바르셀로나에 본사를 둔 Gas Natural과 함께 스페인의 3대 전력회사로 꼽히고 있으며, 1944년 설립된 이래 발전, 배전 및 전력판매 등에 종사하고 있습니다. 이태리 기업인 ENEL이 2015년 9월부터 대주주로서 70% 지분을 보유하고 있으며, 25,000명의 직원을 두고 있습니다.

이베르드롤라(Iberdrola, S.A.)

이베르드롤라는 바스크 지방 빌바오에 본사를 두고 있는 전력회사로서 1992년 설립되어 30,000명의 직원을 두고서 발전, 배전 및 유통을 모두 하고 있습니다. 스페인 내 제2위의 발전 능력을 갖고 있으며, 풍력발전 분야에서는 세계 최고기업으로 인정을 받고 있습니다.

악쇼나(Acciona, S.A.)

상하수도 및 재생에너지 분야와 민자 사업 및 인프라 건설 분야를 대표하는 마드리드 소재 스페인기업으로서 1997년 설립되었으며, 34,000명의 직원을 두고 있습니다. 한국 등 세계 65개국에 진출해 있으며, 1862년 설립된 철도

회사 MZOV와 1931년 설립된 Entrecanales y Tavora가 1997년 합병해 탄생하게 되었습니다.

인프라 건설 및 수자원, 환경 프로젝트, 풍력발전 등 분야에서 세계적 인정을 받고 있으며, 중남미 내 영향력이 강해 우리 기업들이 프로젝트 수주를 위해 동사와 손을 잡는 경우도 나타나고 있습니다.

*** 중남미 진출을 위한 스페인 기업과의 제휴? 신중하게!**

우리나라 기업이 중남미에 진출하는 데에는 상당한 난관이 도사리고 있습니다. 스페인 기업이 가진 장점을 우리는 대부분 못 가졌으니 중남미 시장 진출이 어려운 과제로 다가올 수밖에 없습니다. 그러다보니 스페인 기업과 손잡고 동반 진출해보고자 하는 의욕이 커지는 것은 어쩌면 자연스런 현상으로 볼 수 있겠습니다.

실제로 중남미 인프라 프로젝트 시장 진출을 위해 스페인 기업과 제휴하여 수주에 성공한 우리 기업 사례도 언론에 소개된 바 있습니다. 이러한 성공사례들은 우리 기업과 스페인 기업 간 훌륭한 연결고리 역할을 수행하며, 스페인 기업과의 연대가 전략적 수단으로 강조되기도 합니다.

하지만 스페인 기업과의 제휴가 우리 기업의 비즈니스 성공으로 이어진다는 보장은 없습니다. 스페인 기업의 탁월한 능력 및 로비에 힘입어 수주에 성공한다고 해도 수주 성공이 곧 비즈니스 성공으로 이어지는 것은 아닙니다. 알짜는 스페인 기업에게 넘어가고, 우리 기업은 빈 깡통만 차게 되는 경우도 실제로 발생하고 있는 만큼 우리 기업이 실력을 키우지 않고 섣불리 스페인 기업에 대한 의존도만 높이는 것은 바람직하지 않습니다. 실력이 있어야 손잡아도 밀리지 않는 것이 자연의 섭리가 아닐까요? 물론 실력이 있으면 손잡을 필요성도 줄어들긴 하겠지만 중남미 문화에 대한 깊은 이해 측면이나, 스페인어를 좀 한다고 해도 현지인들과 충분한 교감을 할 수 있는 수준에 달하기는 쉽지 않습니다. 속으로 파고들수록 끈끈한 네트워크가 필요한데 중남미 비즈니스를 추구하는데 있어서 우리가 프로의 면모를 세우기에는 중남미를 손바닥

위에 올려놓고 요리하는 능수능란한 스페인과 비교를 해보면 뭔가 허술한 구석이 있는 점은 숨길 수 없는 사실입니다. 따라서 가격이나 품질 외에 문화, 언어, 네트워크 등 모든 요소에서 실력을 쌓고 나서 제휴한다면 우리가 알짜를 차지하거나 적어도 속빈 강정만 배당받는 일은 피할 수 있을 것입니다.

지금까지 중남미와 스페인 관계를 여러 측면에서 살펴보았습니다. 이어 중남미와 미국, 중남미와 중국, 중남미와 일본, 중남미와 한국 관계도 두루 섭렵해보시고 여러분의 중남미 비즈니스를 어떠한 방향으로 이끌어갈지 연구하는 데에 도움이 되기를 기원합니다.

제38강 중남미와 미국 관계

ㅣ 뒷마당? 애증의 두 세기

중남미는 미국의 뒷마당(backyard) 또는 미국이 기침하면 중남미가 감기 걸린다는 말이 있습니다. 중남미와 미국은 이런 말이 회자될 정도로 밀접한 관계를 맺어오고 있습니다. 19세기 초반 중남미가 스페인으로부터 독립하면서 미국이 중남미에 관심을 두기 시작했고, 유럽 열강을 중남미에서 따돌리기 위해 먼로 독트린을 발표하면서 중남미는 미국의 강력한 영향권 아래에 놓이게 됩니다. 특히 냉전시대를 맞아 미주상호원조조약(리우조약)으로 미국과 중남미 간 동반자 관계가 구축되기도 합니다만 영국과 아르헨티나 간 말비나스(포클랜드) 분쟁을 맞아 미국이 중남미에 등을 돌리는 태도를 취해 미국과 중남미 관계가 삐걱대기도 합니다. 그 이후 차베스와 마두로의 사회주의 노선 등 일부 중남미 지도자들이 주도하는 핑크타이드가 한때 조류를 이루며 중남미는 반미노선의 메르코수르와 친미노선의 태평양동맹 두 블록으로 나뉘어 갈등을 빚기도 합니다. 최근 트럼프 정부의 미국이 중남미와 거리를 두는듯한 입장을 취해 양자 관계에 균열이 일부 우려되고 있는데, 앞으로 어떠한 방향으로 관계가 정립될지 이목이 쏠리고 있습니다. 중남미를 깊이 있게 이해하기 위해서는 2세기에 걸친 중남미와 미국 간 애증의 관계를 짚어보는 것이 상당한 도움이 될 것으로 봅니다.

| 유럽은 가라! 미국 영향권 편입 서막, 먼로 독트린

1810년 베네수엘라 혁명정부가 미국의 승인을 득하고자 외교사절을 미국으로 보내오자 매디슨 정부는 이를 지지해주고, 그 이듬해에는 남미지역의 스페인으로부터의 독립운동 현황 및 전망 조사차 남미 스페인 식민지 특사를 칠레 산티아고로 보낸 것이 미국의 중남미 최초 개입 사례가 됩니다.

1823년 먼로 대통령이 미주대륙의 고립주의 외교노선(먼로 독트린)을 선언하면서 미국의 중남미 개입은 본격화되기 시작합니다. 구대륙(유럽)의 일은 유럽국들이 알아서 하고, 신대륙(미주)의 일은 미주국들이 알아서 할 테니 미국이나 중남미에 간섭하지 말고 신경을 끄라는 경고장인 셈입니다. 당시 미국의 국력은 오늘날과 같은 세계 패권국이 아니었기 때문에 미국 단독으로 했다고 보기는 어렵고, 영국의 협조와 지지를 받았을 것으로 보고 있습니다. 이에 대한 답례인지 미국은 1833년 영국이 포클랜드(말비나스)를 점령했을 때 먼로선언 침해행위임에도 불구하고 이를 묵인해준 적이 있습니다.

먼로선언 이후 미국의 첫 작품은 그 이듬해인 1824년 앤더슨-괄 조약(Anderson-Gual Treaty)입니다. 미국과 그란 콜롬비아(Gran Colombia: 독립 당시 베네수엘라, 콜롬비아, 에콰도르, 파나마 등 4개국 통합국가)간 맺은 평화우호항행통상조약으로서 12년간 상호 최혜국대우를 부여했습니다.

3차례의 전쟁과 패권시대 개막

미국의 영토 확장 및 히스패닉의 탄생 : 미-멕 전쟁(1846-1848)

미국이 오늘날의 광대한 영토를 갖게 된 것은 바로 미국-멕시코 전쟁 덕분입니다. 이 전쟁을 통해 텍사스를 비롯해 캘리포니아와 뉴멕시코, 애리조나 등을 멕시코로부터 할양받았으니 말입니다. 거저 뺏은 것은 아니고 토지 매매 형식으로 대금이 지불되었지만 전리품으로 취득한 것인데, 땅따먹기 시합에서 진 멕시코는 울며 겨자 먹기로 땅을 내줘 영토가 확 쪼그라들게 됩니다.

전쟁사유는 텍사스에 미국인들이 정착해 살다가 1836년 멕시코로부터 독립을 하고, 1845년에는 미국에 합병되자 멕시코가 개전선언을 한 것입니다. 멕시코 참패로 다른 땅까지 내주게 됨으로써 당시 그곳에 살던 6만 여명의 멕시코 인들이 미국인으로 국적이 바뀌게 되었는데, 이들이 오늘날 미국 히스패닉의 원조가 된 것입니다.

남북전쟁 이후 프랑스군 축출, 팍스(Pax) 아 메리카나 개막

1861년 미국에서는 남북전쟁(1861-1865)이 벌어지고, 멕시코에서는 원주민 출신으로 대통령이 된 베니토 후아레스 정부가 외채 지불을 동결합니다. 교회 재산을 몰수하고 꿔간 돈을 안 갚는 멕시코를 손보기 위해 1862년 프랑스 나폴레옹 3세는 멕시코에 프랑스군을 파병하여 점령한 후에 오스트리아 대공 막시밀리안을 황제로 세워놓고 통치합니다. 미국의 공백기를 이용한 것입니다. 하지만 1865년 전쟁을 끝낸 미국이 먼로선언을 내세워 중남미에서 손을 떼라고 철수를 압박해오는 한편 프러시아가 주변국을 압박하며 독일 통일에 박차를 가하자 위협을 느낀 나폴레옹 3세는 멕시코에서 프랑스군을 철수시킵니다. 이로써 미국의 중남미 패권시대(Pax Americana)가 본격 개막됩니다.

한편 군대를 빼앗긴 막시밀리안 황제는 멕시코 저항군에 체포당해 처형을 당하고 맙니다. 막시밀리안은 고국을 떠나 애꿎은 멕시코로 가 황제로 즉위했으나 베니토 후아레스가 이끈 멕시코 군에 의해 께레따로에서 총살당하는 비운을 맞이하자, 막시밀리안을 사지로 내몬 나폴레옹의 처사에 분개한 인상파 화가 마네(Manet)는 이를 "멕시코 막시밀리안 황제의 처형"제하의 그림으로 남겨 세상에 고발함으로서 유명세를 타기도 합니다.

미국 품에 안긴 쿠바: 미국-스페인 전쟁(1898년)

미국은 1854년 쿠바를 매수하려고 스페인에 제의했다가 거절당한 이래 쿠바에 눈독을 들여왔습니다. 1898년 2월 아바나 항구에서 미국 군함 메인(Maine)호가 침몰 당해 수많은(266명) 사망자가 나옵니다. 미국은 진행 중이던 쿠바 독립전쟁에 개입을 결정하고 스페인의 쿠바 지배를 포기하도록 종용하자 발끈한 스페인이 개전 선언을 합니다. 10주간의 전쟁 끝에 스페인 군함 두 척이 침몰되고 나서 파리 조약이 체결됩니다. 스페인은 쿠바와 더불어 푸에르토리코, 괌, 필리핀을 미국에 할양하게 되며, 이로써 중남미에서 스페인 식민지 시대는 마침표를 찍게 됩니다. (참고로 미국은 필리핀 할양 대가로 2천만 불(현 시가로 5.7억 불)을 지불합니다. 스페인이 그간 건설해놓은 각종 인프라 값으로 쳐준 것입니다.)

| 미국의 중남미를 향한 제국주의 발톱

미국은 빅 브라더! 빅브라더 정책(Big Brother Policy)

1880년대 미국의 제임스 블레인(Blaine) 국무장관 주도로 빅브라더 정책이 전개됩니다. 빅브라더(big brother)인 미국을 중심으로 중남미를 한데 모으고, 중남미가 미국 무역업자들에게 시장을 개방토록 하여 국부를 창출해나감으로써 공화당이 계속 집권할 수 있는 기반을 마련하려는 목표를 갖고 있었습니다.

1889년 최초의 범 미주 회의(Pan-American Conference)가 개최되고, 미국 물건이 무역거래를 통해 중남미 시장에 진출하게 됩니다. 당시 미국에서 생산된 물품들을 받아줄 해외시장이 절실히 필요했던 미국으로서는 중남미에서 그 해답을 찾고자 했습니다. 블레인 장관의 빅브라더 정책은 미국이 제국주의로 나아가는 단초를 제공하여 블레인은 제국의 건축가(Architect of Empire)로 불리기도 합니다.

미국은 국제경찰! 루스벨트 독트린-확대 먼로주의(1904년)

미국의 시어도어 루스벨트 대통령은 1904년 소극적 개념의 먼로독트린을 적극적 개념의 루스벨트 독트린(Roosevelt Corollary)으로 확대 천명합니다. 중남미가 유럽으로부터 점령 내지 간섭 위협을 받으면 미국이 국제경찰력을 발동하여 중남미 내정에 간섭할 것임을 노골적으로 선포한 것입니다.

1823년 먼로선언 당시는 미국의 국력이 그다지 강하지 못했으나 1904년 루스벨트선언 당시는 미국이 최강대국이 되어 대적할 나라가 없었기 때문에 나온 자신감이 이를 뒷받침해준 것입니다.

쿠바 내정간섭권 및 관타나모 해군기지 확보: 플랫 수정안

이미 미국은 이러한 슈퍼파워를 바탕으로 제국주의를 확대해 나갔는데, 1901년 3월 유명한 플랫 수정안(Platt Amendment)이 육군수용법의 한 부분으로 발효가 되고, 미국은 이를 근거로 쿠바와 빅딜을 합니다. 플랫 수정안은 미군의 쿠바 철수 조건 7가지를 쿠바에 제시하고 있는데, 쿠바는 이를 수용하기 위해 1901년 12월 개헌까지 단행합니다. 1903년 5월 22일 양국 간 조약을 체결하고, 미국에 쿠바 내정 간섭권을 인정하는 한편 미국에 토지를 임대하는 형식으로 관타나모를 미군 해군기지로 인정하게 됩니다.

미국이 파나마 독립과 파나마운하 건설을 서두른 이유

1898년 미서전쟁이 미국의 승리로 끝나긴 했으나 미 해군 함정의 신속한 기동력에 큰 문제가 있음을 깨닫게 됩니다. 아바나 항에서 미군 전함 메인호가 침몰하여 대체 전함인 오레곤호를 샌프란시스코에서 발진시켜 아바나로 보내기까지 우회 항로를 이용하다보니 무려 67일이 소요되었던 것입니다.

이 기간을 대폭(1/3로) 단축시키기 위해서는 태평양과 대서양을 잇는 운하가 절실히 필요했습니다. 당시 니카라과 운하가 검토 중이었으나 루스벨트 대통령은 이를 뒤집어 파나마 운하 건설로 방향을 전환하게 됩니다. 당시 파나마는 콜롬비아의 한 지방이었기 때문에 미국은 콜롬비아 정부와 담판을 벌여 1903년초 헤이-에란(Hay-Herran)조약을 맺었지만 콜롬비아 상원의 인준을 받지 못해 좌절되고 맙니다. 이에 독립운동을 전개 중인 파나마 반군을 지원하여 1903년 11월 독립선언을 유도하고 이를 쟁취하도록 지원합니다. 독립된 파나마 정부는 1904년 2월 천만 불을 받고 파나마운하 영구조차권과 치외법권, 무력 간섭권을 미국에 부여하게 됩니다.

* 미국은 4억 불을 들여 운하 완공 후 1914.8.15.~1999.12.31. 기간 75년 동안 소유권 및 관할권을 행사하다가 1950년대 이후 운하 반환을 끈질기게 요구한 파나마 정부에 이관함.

탄환 대신 머니(Money): 달러 외교

달러외교는 20세기 초반 미국의 태프트(Taft) 대통령과 녹스(Knox) 국무장관 주도로 시행된 팽창주의 정책입니다. 중남미 및 아시아에 대한 미국 자본의 투자를 장려하고 미국 상품의 해외진출을 촉진함으로써 정치적 영향력을 확보하고자 '탄환 대신 달러'를 중남미에 대한 세력 확대 수단으로 채택한 것입니다.

달러외교 역시 먼로선언 연장선상에서 유럽열강들의 중남미 침투를 막기 위해 중남미국들이 미국에서 차관을 얻도록 권장하고, 윌슨 행정부에서는 중남미에 투자된 자본 보호를 위해 자유주의 정권을 지원하는 등 여러 형태로 나타나게 됩니다.

달러외교는 미국 기업인들의 베네수엘라 석유산업 투자를 통해 양국 관계가 발전되는 등 긍정적 성과도 거뒀습니다. 하지만 1910~20년대 온두라스, 니카라과, 아이티, 도미니카 공화국 등지에 군사 개입(*바나나 전쟁)을 하는가 하면, 베라크루스 멕시코 혁명군을 미군이 진압하여 내정을 간섭하기도 합니다. 결국 달러외교는 미국에 대한 불신과 증오를 부추기는 부작용을 노출하게 됩니다.

1차 세계대전 후 미국 윌슨대통령이 주창한 민족자결주의(National Self-determination)도 패전국 식민지에만 적용되었지 우리나라나 중남미 같은 승전국 식민지에는 해당이 없었습니다. 윌슨 정부 역시 멕시코 혁명군 진압에 개입하는 등 중남미국들에게는 자신의 운명을 결정할 수 있는 권한을 부여하지 않은 것입니다.

* 바나나 전쟁은 1898년 미서전쟁 이후부터 1934년 선린정책이 나오기 전까지 미국 해병대 등의 중미국가 군사개입을 총칭. 당시 미국기업 United Fruit Co.가 중미지역 농장에서 바나나 재배를 하며 게릴라전이나 대선 등 내정개입으로 물의를 빚은 데서 비롯된 말임.

중남미는 좋은 이웃, 중남미를 방어하라!

군사개입은 그만! 경제문화 접근: 선린외교

대공황을 겪으면서 1934년 미국의 중남미 외교정책은 선린외교(Good Neighbor policy)로 바뀌게 됩니다. 프랭클린 루스벨트 대통령은 미서전쟁이후 시어도어 루스벨트 대통령 이래 추진되어온 내정간섭정책이 중남미와의 관계 악화를 가져온 것으로 보고 쿠바에 대한 플랫 수정안 철폐 및 내정간섭권 포기 등 중남미에 대한 내정불간섭을 천명하게 됩니다.

미국의 선린외교란 군사개입 대신 경제적 문화적 침투를 통해 중남미를 미국의 수출시장으로 확보해나감으로서 유럽세력의 진출을 막고자 하는 먼로주의가 좀 더 진화된 것으로 이해하시면 되겠습니다.

중남미를 방어하라: 미국 주도 지역기구(OAS, IDB) 창설

2차 세계대전 이후 냉전(Cold War)시대를 맞이해서 미국은 중남미국가들과 "반구(미주대륙) 방어(Hemispheric defense)를 위한 리우 조약(미주상호원조조약/Rio Treaty)"을 1947년 체결하고, 1948년 4월 30일 조지 마셜(Marshall) 미 국무장관 주도로 제9차 보고타 범 미주회의를 통해 미주 21개국 서명을 받아 미주기구(OAS)를 창설합니다. 1959년 12월에는 중남미를 수혜자로 하는 미주개발은행(IDB)이 미국 주도로 설립되는 등 냉전시대 미국과 중남미 관계는 새로운 차원으로 발전되어 갑니다.

* 토막상식: 미국의 냉전 대응전략으로 CIA(미 중앙정보국/1947년) 및 NATO(북대서양조약기구/1949년)도 냉전초기에 창설됨.

공산화를 막아라: 쿠바혁명 충격과 중남미 좌파확산 방지 총력

1959년 1월 쿠바혁명정권이 수립되자 미국은 1961년 카스트로 정권 전복을 위해 쿠바 반군들이 쿠바 피그만에 침공토록 합니다만 실패합니다. 이듬해인 1962년에는 미국과 소련 간 일촉즉발의 쿠바미사일 위기를 맞아 중남미에 핵전쟁의 전운이 감돕니다. 그 이후 미국은 중남미에서 또 다른 쿠바가 나타나 중남미 전역으로 공산화가 확산되지 않도록 좌파정부 확산 방지에 총력 경주합니다.

1964년 브라질 좌익정부 전복을 위한 쿠데타 지원, 1965년 도미니카공화국의 좌익정부 출현 방지를 위한 병력 파견, 1973년 칠레의 아옌데 사회주의 정권 전복을 위한 피노체트의 쿠데타 지원, 1976년 아르헨티나 비델라 장군의 쿠데타와 좌파 소탕을 위한 납치 및 실종 등 인권을 탄압한 더러운 전쟁(Guerra Sucia) 지원, 니카라과 혁명으로 산디니스타 민족해방전선 정권 등장(1979년) 이후 1980년대 동 좌익정권 전복을 기도하는 콘트라(Contra) 반군세력 지원 등 중남미의 공산화 방지에 미국은 정책 주안점을 두게 됩니다. 그 과정에서 1986년 이란-콘트라 스캔들(*레바논 억류 미국인 인질 구출에 도움을 받기 위해 이란에 무기 밀수출 및 동 자금으로 콘트라를 지원한 사건)이 터져 레이건 행정부를 탄핵위기로 몰고 가기도 합니다.

미국은 중남미 공산화 방지에 최우선순위를 두어 독재정권이든 마약사범이든 관계없이 반공산주의 세력을 지원합니다. 심지어 미국 중앙정보국(CIA)은 중남미에서 마약과의 전쟁을 벌이고 있는 미국 마약단속국(DEA)으로부터 니카라과 콘트라 반군의 마약거래를 보호하는 역할까지 수행하여 세계를 깜짝 놀라게 합니다.

믿는 도끼에 발등 찍힌 아르헨티나, 미-중남미 관계 균열

1947년 체결된 리우조약(미주상호원조조약)과 이듬해 탄생한 미주기구(OAS) 활동을 통해 견고하게 짜져왔던 미국과 중남미 간 반구관계(Hemispheric Relations)는 1982년 영국과 아르헨티나 간 말비나스 전쟁(포클랜드 전쟁)을 계기로 심각한 균열이 생깁니다.

영국이 불법 점유한 말비나스(영국은 포클랜드로 명명) 제도를 회복하고자 전쟁을 일으킨 아르헨티나 군사정권은 미국(레이건 행정부)이 같은 반구(미주) 식구로서 자기편을 들어줄 것으로 기대했습니다. 하지만 레이건은 적국인 마가렛 대처 영국 총리의 손을 들어준 것입니다.

당시 아르헨티나는 미국의 작전(Operation Charly/니카라과 산디니스타 좌파정권 전복작전) 참여 요청을 받아들여 니카라과 반군 콘트라를 적극 지원(예컨대 아르헨티나 국가정보부는 온두라스에서 네그로폰테 미국 대사의 감독 하에 콘트라 반군 훈련 실시)해주고 있었기에 미국 배신의 충격은 이루 말할 수 없이 컸습니다.

미국이 중남미에 등을 돌린 이 사태를 미국의 배신에 따른 반구관계의 파탄으로 받아들인 중남미 지도자들은 국가적 앙심을 품게 됩니다. 2001년 미국에서 9.11사태가 발생한 후 미국은 리우조약(미주상호원조조약)을 환기시키며 테러와의 전쟁에 동참해줄 것을 중남미 국가들에 요청했지만 그들의 반응은 대체로 싸늘했다는 평가가 내려지고 있습니다. 멕시코는 말비나스 해전 당시 미국의 배신을 이유로 2001년 아예 리우조약 탈퇴를 선언하기도 했습니다. 일부 학자들은 1947년 체결된 미주상호원조조약(리우조약)이 1982년 아르헨티나의 포클랜드 패전 당시 이미 사문화된 것으로 평가하고 있습니다.

카터와 고르바초프가 안겨준 선물, 민주화!

1977년 카터 대통령 취임 이후 미국의 중남미 독재정권 지원은 중단되고, 인권이 중시되어 미주기구(OAS) 내에 미주인권재판소가 설치됩니다. 이렇게 분위기가 변하자 중남미에 사상 처음으로 민주주의 꽃이 피기 시작합니다. 그리하여 70년대 말 80년대 초에 걸쳐 민주화 물결이 봇물 터지듯 격랑처럼 중남미를 휩쓸고 갑니다. 카터가 중남미에 민주화라는 고귀한 선물을 안겨준 것입니다.

그러다가 1985년 3월 고르비(미하일 고르바초프) 소련 대통령(당시 직함은 당서기장)의 등장과 그가 추진한 개혁(페레스트로이카/Perestroika), 개방(글라스노스트/Glasnost) 정책은 미-소 냉전시대의 폐막을 가져옴과 동시에 중남미에 또다시 민주화 붐을 일으키게 됩니다.

중남미 민주화의 상징으로 1991년 미주기구(OAS)가 채택한 결의1080호(Resolution 1080)가 거론되곤 합니다. 회원국내 쿠데타가 발생하면 미주기구 사무총장이 열흘 이내에 상임이사회를 소집해서 민주주의 수호조치를 발동하는 것이 핵심내용입니다.

정치적으로 민주화라는 눈부신 성과를 일궈낸 중남미 80년대는 경제적으로는 잃어버린 10년이라는 따가운 평가를 받기도 하는 등 중남미 민주화가 빵 없는 민주화로 평가절하 되기도 했습니다.

탈냉전 시대 마약 조직 토벌: 미국의 중남미 마약전쟁

파나마 침공(1989년): 노리에가 축출

이 시기 눈에 띄는 것이 미국의 중남미 마약전쟁입니다. 1970년대 초반부터 미국은 마약퇴치 노력을 기울여왔습니다만 반공에 눌려 제약을 받다가 1989년 12월 마약밀거래를 해오던 노리에가 대통령을 파나마 침공을 통해 체포하는 사건이 발생합니다. 미국은 1970년대 말부터 노리에가를 지원하여 그에게

무소불위의 권력을 안겨주기도 했으나, 마약밀매 등 각종 비리가 연이어 폭로되자 입장이 난처해진 미국은 국제마약사범으로서의 노리에가 제거를 통해 미국 중심의 새로운 국제질서를 확립코자 한 것입니다. 하지만 미국의 파나마 침공행위는 국제법 위반으로 유엔의 규탄을 받습니다.

플랜 콜롬비아(Plan Colombia)

2000년에는 마약의 본거지인 콜롬비아 마약카르텔 및 좌익 게릴라 소탕을 위해 미국 빌 클린턴 정부와 콜롬비아의 파스트라나 정부 간에 플랜 콜롬비아 프로그램이 탄생합니다. 콜롬비아의 안드레스 파스트라나 대통령은 1998년 6월 보고타 떼겐다마 호텔 연설을 통해 "마약퇴치를 위한 콜롬비아 마셜플랜"(Marshall Plan for Colombia)의 필요성을 주창했으며, 미국과의 오랜 조율을 거쳐 초기 13억 달러의 원조와 수백 명의 인력 지원을 약속받게 됩니다.

2001년 9.11사태 이후 마약 퇴치에 반테러가 추가되었으며, 2002년 집권한 콜롬비아 우리베(Uribe) 대통령은 마약퇴치와 아울러 테러를 자행하는 반군 퇴치에 보다 역점을 두게 됩니다. 동 결과 2016년 최대 반군단체인 콜롬비아 무장혁명군(FARC)과 콜롬비아 정부간 평화협정이 맺어져 52년 동안 이어져 온 내전이 종식됩니다. 이를 계기로 콜롬비아 산토스 대통령은 노벨평화상을 수상합니다.

메리다 이니셔티브(Merida Initiative)

콜롬비아 마약조직 소탕 작전으로 마약거래 주 무대가 멕시코로 옮겨짐에 따라 미국은 2008년 멕시코 및 중미지역 마약 조직 소탕을 위한 메리다 이니셔티브 프로그램을 본격 가동시키게 됩니다. 당초 플랜 멕시코로 명명되다가 플랜 콜롬비아에 대한 세간의 부정적 인식을 의식하여 미국 부시대통령과 멕시코 깔데론 대통령 간 멕시코 유카탄 반도에 위치한 메리다 정상회담을 계기로 메리다 이니셔티브라는 이름을 갖게 된 것입니다.

2006년 12월 마약과의 전쟁을 공약으로 내걸고 집권한 깔데론 대통령은 군경을 동원하여 마약전쟁을 벌여오다가 14억 달러의 예산이 배정된 메리다 이니셔티브의 지원을 받게 되자 더욱 과감히 마약조직의 고삐를 조이게 됩니다. 그 과정에서 마약두목 검거 및 마약/무기 몰수 등 수확도 거두긴 합니다. 하지만 애꿎은 일반 멕시코 국민들의 많은 희생(4년 동안 약4만 명의 사망자 발생)이 뒤따르는 등 빛 보다 그림자가 더 커지는 양상을 띠게 되면서 마약전쟁에 대한 멕시코 국민들의 반감이 높아가게 됩니다.

사법부나 행정부, 정계, 군부 등에 만연된 부패가 범죄토양을 비옥하게 만들어주는 역할을 하는 상황에서는 마약과의 전쟁이 실패할 수밖에 없고 무고한 국민들만 희생을 치르니 이를 중단하고 먼저 부패 척결에 나서라는 비난여론도 비등하게 됩니다.

워싱턴 컨센서스 채택: 신자유주의와 NAFTA

선거를 통해 들어선 중남미 민주정부는 인플레 및 실업, 외채문제 등 경제문제와 맞닥뜨리게 됩니다. 특히 1983년 멕시코의 외채이자 지불거절(모라토리엄)로 중남미 외채위기가 수면위로 떠올랐으며, 중남미 각국은 외채 해결을 위해 국제통화기금(IMF)과 세계은행(World Bank) 등의 권고로 미국식 자본주의 시장경제 국가발전 모델인 워싱턴 컨센서스(Washington Consensus)를 채택하게 됩니다. 1990년대에 중남미는 수입대체공업화정책을 수출주도공업화정책으로 전환하는가 하면, 무엇보다 무역자유화와 자본이동의 자유화, 정부개입 축소 및 긴축재정, 민영화와 무한경쟁 등의 일대 변혁 시대를 맞이하게 됩니다.

***토막상식: 워컨**(워싱턴 컨센서스)**이란?**

신자유주의(Neoliberalism) 내지 글로벌리즘으로 대표되는 워컨은 1989년 미국 정치경제학자 존 윌리엄슨이 중남미 경제위기 처방으로 제시한 개혁방안을 워싱턴 컨센서스로 명명한 데에서 유래. 그는 4대 자유화(무역자유화, 외국인직접투자 자유화, 금리 자율화, 환율 자율화)와 2대 긴축(긴축재정, 인프라 공공지출 삭감), 4대 개혁(외환시장 개방, 규제 철폐, 기간산업 민영화, 재산권 보호) 등 10가지를 제시.

이후 1990년대에 미국정부가 워싱턴에 위치해 있는 IMF 및 세계은행등과 함께 중남미 등 개도국들이 시행해야 할 구조조정 조치들을 정책합의로 도출해내고, 개도국이 경제정책으로 이를 채택하도록 유도하기도 했으며, 선진국에서도 경제정책 기준이 됨으로서 워컨(워싱턴 컨센서스)은 글로벌리즘 및 신자유주의 정책의 대명사로 자리매김 됩니다.

그 첫 번째 소산물이 바로 1994년 발효된 북미자유무역협정(NAFTA)입니다. 미국이 캐나다 및 멕시코와 무역자유화를 실현시킨 것입니다. 이를 배경으로 그해 마이애미에서 미주 정상회담이 개최되고, 미주자유무역지대(FTAA/ALCA)를 2005년까지 발족시켜 NAFTA를 전 미주로 확대시키기로 결의됩니다. 하지만 미국을 두려워한 중남미 국들의 반대로 FTAA 구상은 수포로 돌아가며, 미국의 독주를 견제하기 위한 움직임이 구체화됩니다. 1994년 1월1일 NAFTA 발효와 동시에 멕시코에서 사파티스타 반군이 결성되어 NAFTA 및 FTAA 반대활동을 편 점 및 2000년대 중남미 사회주의 물결(핑크타이드) 등을 단적인 예로 들 수 있습니다.

워컨(워싱턴 컨센서스) 퇴치: 중남미 핑크타이드

핑크타이드의 부상

1998년 베네수엘라에서 차베스(Hugo Chavez) 정권이 등장하고, 2002년엔 브라질에서 룰라(Lula da Silva) 정부가 들어선데 이어 2003년 아르헨티나 끼르츠네르(Nestor Kirchner) 정부, 2004년 우루과이 바스께스(Tabare Vasquez) 정부, 2005년 볼리비아 모랄레스(Evo Morales) 정부, 2006년 칠레 바첼렛(Michelle Bachelet) 정부 및 니카라과 오르테가(Daniel Ortega) 정부, 2007년 에콰도르 꼬레아(Rafael Correa) 정부, 2008년 파라과이 루고(Fernando Lugo) 정부, 2009년 우루과이 무히까(José Mujica) 정부 출범 및 볼리비아 모랄레스 재선, 2011년 페루 우말라(Ollanta Humala) 정부 출범 등 2000년대 들어 남미 각국이 줄을 이어 좌파 사회주의 정권을 택하게 됩니다. 이것이 마치 물결치는 것처럼 사조를 이루는 형태를 띠었다고 해서 핑크타이드(Pink Tide)라는 이름이 붙게 되었습니다.

당시 남미에서 핑크타이드와 확실히 선을 그었던 나라는 우익 친미 성향이 강했던 콜롬비아였습니다. 즉, 핑크타이드에 올라탄 국가들은 급진(베네수엘라와 볼리비아) 또는 온건 사회주의 성향으로 분류되거나, 강한 반미(베네수엘라와 볼리비아) 또는 약한 반미 내지 중도 성향 색채를 띠고 있다는 공통점을 갖고 있는 것입니다. 그러다보니 친미 보수성향이 강했던 콜롬비아로서는 인근 안데스 국가로부터 따돌림을 당하기도 합니다.

핑크타이드의 배경

그러면 왜 많은 남미국가들이 반미 성향의 사회주의 노선을 갖게 된 것일까요? 남미는 스페인으로부터 독립하자마자 미국의 경제적 원조를 받으면서 미국의 영향권에 서서히 포섭되었는데, 군부정권이 민주정권으로 교체되면서 외채 의존적 국가발전을 도모하다보니 외채위기로 이어지게 됩니다. 이의 해결을 위해 IMF(국제 통화기금)가 요구하는 신자유주의에 기반을 둔 정책체계로 가다보니 경쟁력이 약한 남미는 저성장의 덫에 걸리고 말았다는 문제인식을 갖게 된 것입니다. 이의 해결책으로 소득재분배를 통한 불평등 해소를 기치로 핑크타이드가 남미를 풍미하게 된 것이라는 해석이 가능해집니다. 즉, 핑크타이드는 안티워컨, 곧, 신자유주의(워싱턴 컨센서스)에 대한 반발로 볼 수 있습니다.

핑크타이드의 동력

그러면 이 핑크타이드를 가능케 했던 동력은 무엇이었을까요? 이 시기는 중국의 남미 원자재 싹쓸이라는 말이 나올 정도로 남미의 풍부한 천연자원이 최고의 호황기를 구가한 시기와 맞물립니다. 그러니 이를 재원으로 퍼주기 식 복지정책이 가능했던 것이 핑크타이드의 강력한 동력으로 작용한 것입니다.

반미사회주의 성향이 강했던 지도자로 베네수엘라 차베스와 볼리비아 모랄레스 등을 들 수 있는데, 특히 차베스가 남미 핑크타이드의 리더로 부상할 수 있었던 것도 베네수엘라가 가진 세계 최대의 석유자원 덕택이었습니다. 차베스는 막강한 석유자원을 갖고 베네수엘라를 중심으로 페트로 카리브(Petro-Caribe) 체제를 구축하여 미국과 맞장을 뜨기도 합니다.

쿠바 카스트로는 애초부터 반미 사회주의 노선이니 핑크타이드로 분류되지도 않습니다. 브라질 룰라, 아르헨티나 끼르츠네르 등도 워컨 과는 궤를 달리하여 개방정책과는 거리가 있었기 때문에 우리나라가 메르코수르(남미공동시장)와 추진해오던 FTA(자유무역협정)도 전혀 진전을 볼 수 없었던 것입니다.

핑크타이드의 퇴조

2008년 9월 15일 서브프라임 모기지론 사태로 미국의 리만 브라더스가 파산하면서 세계금융위기가 발발한 것은 잘 알고 계실 겁니다. 그 불똥으로 원자재 수요가 급감하자 국가경제의 원자재 의존도가 높았던 베네수엘라 등 남미 국가 경제는 크게 흔들리게 됩니다. 베네수엘라와 아르헨티나는 성장 동력 상실로 GDP(국내총생산)는 저성장 내지 마이너스 성장을 기록하는 가운데 물가불안은 심화되어 두 자릿수 인플레가 지속됩니다. 브라질은 대형 부패 스캔들 등 여러 악재까지 겹쳐 마이너스 경제성장을 기록하기도 합니다. 그러다보니 살기 힘들어진 남미 국민들의 정부에 대한 실망감과 분노로 우파정권으로 교체 바람이 일수밖에 없었을 것입니다.

이로써 남미 핑크타이드 시대는 서서히 저물어 가고 있으나, 정치사조는 시대 흐름과 맥을 같이 하는 만큼 종언을 고한 것으로는 볼 수 없겠지만 미국과의 관계에서 볼 때에 반미성향이 수그러들고 있는 것으로 이해할 수는 있겠습니다.

| 중남미는 무슨! 미국이 우선이야: 미국의 탈(脫) 중남미 정책?

그러나 이게 무슨 운명의 장난일까요? 중남미는 친미성향이 강화되는 시기에 정작 미국은 트럼프 시대를 맞아 미국우선주의(America First) 노선의 탈 중남미 정책을 펴고 있으니 말입니다. 불법이민을 막겠다고 멕시코와 물리적 국경장벽을 세우는가 하면 NAFTA(북미자유무역협정/1994년 발효된 미국, 멕시코, 캐나다 3국간 자유무역체계) 폐기 내지 재협상을 추진하면서 중남미 최대의 친미국가인 멕시코를 반미로 몰고 가는 한편, 전임 오바마 정부가 역점 추진해오던 TPP(환태평양 경제동반자협정)마저 탈퇴함으로써 여기에 가입되어 있는 전통적 친미권으로 분류해오던 중남미 블록 태평양동맹(PA/콜롬비아, 칠레, 페루, 멕시코 4국/ 이중 콜롬비아 제외 3국이 TPP회원국)마저도 미국과의 관계가 일부 소원해지는 모습을 보이기도 합니다. 2017년 11월 미국을 뺀 티피피 일레븐(TPP 11/당초 12개국에서 미국 제외)을 발효시키기로 회원국 간 합의한 것도 미국의 대중남미 영향력 약화와 연결될 소지가 있을 것입니다.

향후 미국과 중남미 관계가 어떤 식으로 변화되어 갈지는 미지수이나 미국과 중남미 간 오랜 관계 및 지리적 인접성, 미국의 진정한 국익 등에 비춰볼 때에 미국의 트럼프식 중남미 관계 설정이 그간 중남미에서 뿌리내려왔던 미국 헤게모니의 종언으로 굳어지기는 어려울 것으로 봅니다.

2017년 1월 트럼프 정부는 전 오바마 정부의 아르헨티나 레몬수입 금지조치 해제를 당분간 유예시킴으로써 아르헨티나와의 통상갈등이 점화될 것으로 예견되기도 했으나, 2017년 4월말 마크리 대통령의 방미 후 분위기가 반전되어 결국 5월말 16년 만에 금수조치가 풀리자 아르헨티나 정부의 환호 속에 트럼프 정부의 보호주의 정책에 변화가 온 것이 아닌가 하는 관측도 조심스레 나오고 있습니다. 2018년 들어서는 TPP 탈퇴를 재고하는 분위기도 띄우고 있습니다.

아메리카 퍼스트는 미국 우선주의라는 의미지만 아메리카를 넓게 보면 미주 전체를 의미하는 관계로 중장기적으로는 우리는 같은 아메리카라며 아메리카 퍼스트 범주에 라틴 아메리카도 포함시키는 날이 오지 않을까요?

중남미에 진출한 미국 상공회의소나 컨설팅사가 미국 기업인을 위해 펴낸 중남미 진출 가이드 자료를 보면 "중남미에서는 미국을 아메리카로 부르지 말라"라는 주의를 주고 있습니다. 중남미도 자신을 아메리카인이라고 생각을 하고 있는데 미국만 아메리카라고 표현하면 배척을 받게 되어 비즈니스에 좋을 게 없다는 시각을 반영하고 있는 것입니다.

지금까지 중남미와 미국 간 관계를 주로 역사적 및 정치 외교적 관점에서 살펴봤는데, 교역관점에서도 살펴볼 필요가 있습니다. 하지만 미국이 중남미 어느 나라와도 대부분 교역 패권국이라는 사실은 널리 알려진 사실로서 흥미가 덜할 것으로 보이는 관계로 여기서는 빼도록 하겠습니다. 다만 교역 중심으로 진행될 중국과 중남미 관계에서 미국을 양념으로 살짝 언급하는 것으로 하고, 본 강의를 마무리 짓겠습니다.

제39강 중남미와 중국 관계

중국은 중남미에 어떤 존재일까요? 그리고 중남미는 중국에 어떤 존재일까요? 미국과 같은 지리적 인접성이나 스페인과 같은 역사적, 문화적 연결고리가 없는 중국으로서는 중남미와 별 관련이 없어 보이는데, 왜 중국과 중남미 관계가 국제적 조명을 받고 있는 걸까요? 왜 우리가 중국과 중남미 간 관계까지 관심을 가져야 하죠?

후자 이유는 이걸 모르면 중남미 비즈니스 판세를 제대로 읽을 수가 없기 때문입니다. 지금부터 그 궁금증을 함께 풀어가 보도록 하겠습니다. 다만 미국과의 관계와는 달리 여기서는 정치외교 분야보다는 교역투자분야에 특화해서 살펴보고자 합니다.

*** 약자의 설움? 중남미의 중국 인식 및 한국 인식 차이**

중남미는 중국과 한국을 어떻게 보고 있을까요? 이번 주제와 관련하여 필자가 겪은 이야기를 잠깐 들려드리겠습니다. 필자가 아르헨티나 근무하고 있을 당시였습니다. 중국 후진타오 주석의 현지 방문 관련 뉴스가 신문이나 방송 등 언론을 도배했습니다. 우리 대통령도 거기 방문하는데 그에 대해서는 언론이 쿨쿨 단잠에 빠져 있더니 중국 수장이 온다니 벌떡 일어나 야단법석을 피우나 하고 야속하다는 생각까지 들었습니다. 사실 국제사회 생리상 당연한 것인 만큼 야속하다는 생각 자체가 잘못된 것이긴 합니다. 그런데 너무 지나치다 싶은 일이 벌어집니다.

당시 우리나라, 중국, 베트남 등 3개국 지도자들이 비슷한 시기에 아르헨티나를 방문하게 되었습니다. 결론만 말씀드리자면 중국에 대해서는 엄청 신경을 쓰면서도 우리나라와 베트남에 대해서는 무시하는듯한 태도를 취해 국제의전 상 큰 결례가 되는 상황이 연출될 뻔 했다는 것입니다. 심각한 상황이 수습되기까지 대사관은 벌집 쑤셔놓은 듯 발칵 뒤집혔습니다. 이런 일을 직접 겪어보면 모두들 국력의 중요성을 실감하실 겁니다. 그 이후 아르헨티나는 강대국 이외 국가 외교관들의 무덤이라는 말까지 돌았습니다. 우리처럼 조그만 나라의 국위를 지키는 일이 그만큼 어렵다는 얘기입니다. 지금 이 순간에도 중남미 각국에서 국위 선양을 위해 분투하는 우리 외교관들에게 격려의 박수를 보냅니다.

그런데 우리는 어떨까 뒤집어 생각해보면 서러워할 일도 아닌 것 같습니다. 우리도 국내에서 우리보다 못사는 나라 출신 외국인들을 보면 부지불식간에 무시하는 태도를 취하지는 않는지 되돌아봐야겠다는 생각을 해봅니다. 그들도 우리처럼 약소국의 비애를 느끼지 않도록 말입니다.

중국은 중남미의 2대 교역시장!

중국이 국제무대에 본격적으로 등장한 것은 2001년 12월 세계무역기구(WTO)에 가입하면서부터입니다. 중국의 WTO 가입 이후 세계교역에서 차지하는 중국의 위상은 급격히 높아지게 되고, 중남미 진출도 활발하게 추진됩니다. 그 결과 2000년에는 불과 120억 불에 불과했던 대 중남미 교역량이 2009년에는 1,300억 불로 급증했고, 2013년에는 2,780억 불로 정점을 찍게 됩니다.

(그 이후부터는 중국도 중남미에서 다소 숨고르기를 하고 있는 양상입니다.)

동 결과 중국은 미국에 이어 중남미의 세계 2위 수입시장의 위상을 꿰차게 되었고, 중남미의 수출시장에서는 미국 및 EU(유럽연합)에 이어 세계3위 수출시장으로 각광받고 있습니다.

중남미의 대중국 수출(중국의 대중남미 수입)

중남미의 대중국 수출은 대부분 석유, 석탄, 철광석 및 대두 등 원자재와 1차 산품입니다. 2008년 세계금융위기 도래 전까지 국제 원자재 가격이 높은 시세를 형성한 관계로 중남미는 대중국 교역에서 꽤 쏠쏠한 재미를 보았습니다. 중국의 수요만으로도 국제 시세를 충분히 끌어올릴 수 있었던 터라 2000년대 중반 5년간 수익이 그 이전 10년간의 수익보다 높았습니다. 덕택에 중남미 여러 나라가 기대이상의 경제성장을 기록했습니다. 대중국 원자재 수출로 혜택을 본 나라들은 브라질, 아르헨티나, 칠레, 베네수엘라, 페루 등 원자재가 풍부한 5개국에 집중이 되었습니다.

중남미의 대중국 수출이 정점에 달했던 2013년 교역상황을 2015년과 비교해보면 아래 표와 같습니다.

중남미 주요국의 대중국 수출현황 (단위 : U$백만)

구 분	2013년	2015년
브라질	46,026	35,608
칠레	19,090	16,671
베네수엘라	13,374	6,888
페루	7,354	7,333
멕시코	6,468	4,873
아르헨티나	5,512	5,174
콜롬비아	5,102	2,264

자료원 : CEPAL/ECLAC(2016년)

중국은 브라질, 칠레, 페루에게는 세계 최대의 수출시장으로 부상했으며, 아르헨티나, 코스타리카, 쿠바에게는 세계 2위 수출시장이 되고 있습니다. 중국 교역 덕에 브라질이나 칠레 등에서는 중산층이 새로이 부상하기도 했다니 중국의 영향력이 참으로 대단함을 실감할 수 있게 됩니다. 중남미 중산층의 부상으로 우리 기업들의 대 중남미 전략이 새로 짜이는 것도 알고 보면 중국이 뒤에 있었던 것입니다. 따라서 중국의 움직임을 예의 주시해보면 중남미의 변화 움직임을 미리 감지할 수도 있지 않을까요?

위의 5개국(브아칠베페)이 중국에 원자재를 수출해 돈을 벌었다면, 멕시코나 코스타리카, 엘살바도르 등은 주로 하이테크 공산품 수출로 이익을 냈습니다. 하지만 전체적으로 보면 중남미의 대중국 수출의 90% 정도가 1차 산품에 집중되는 특징을 갖고 있습니다.

한편 브라질 Embraer사가 제조한 항공기를 2014년에 중국이 구입한 바 있는데, 이는 중남미의 중국 수출이 1차 산품에만 국한되지 않음을 보여주는 대표적인 사례가 되고 있습니다. 하지만 경쟁력이 약한 중남미 공산품이 까다로운 중국 시장을 뚫는다는 것은 그리 쉽지는 않은 일입니다.

중남미의 대중국 수입(중국의 대중남미 수출)

중국은 각종 공산품들을 값싸게 만들어 세계 시장에 공급하고 있는데 중남미에서도 예외가 아닙니다. 중남미에서 중국 제품들이 시장을 장악하는 사례는 흔히 볼 수 있으며, 이로 인해 중남미 국가로부터 반덤핑 제재를 당하는 경우도 나타나게 됩니다. 특히 아르헨티나, 브라질 등 자체 제조업을 갖고 있는 나라들은 중국산 철강, 섬유, 가전 등의 시장 침투 및 교란으로 골머리를 앓기도 합니다.

ㅣ 중국은 고 위험국가에 투자?

중국의 해외 직접투자의 85%가 자원 채취에 집중되어 있고, 금융자본도 60%가 자원 채취분야로 진출하고 있습니다. 그만큼 중국이 중남미를 보는 시각 역시 장기 안정적으로 국가발전을 이끌어가기 위해 필요한 원자재, 즉 구리, 철광, 석유, 대두 등 자원의 안정적 확보 측면이 강합니다.

*** 베이징 컨센서스**(Beijing Consensus)

중국의 중남미 진출을 좀 더 깊이 이해하기 위해서는 먼저 베이징 컨센서스에 대한 이해가 필요합니다. 미국식 자본주의 발전모델의 대외확산을 뜻하는 워싱턴 컨센서스 대응개념으로 베이징 컨센서스*는 중국식 사회주의 발전모델의 대외확산을 의미합니다. (*2004년 칭화대 쿠퍼 라모 교수가 제시한 개념/ 정부 주도의 점진적 경제개혁, 균형적 발전, 주권존중 및 내정불간섭이 핵심)

중국은 중남미에 대외원조 및 대규모투자를 통해 원자재 확보에 주력하는 한편 공자의 유교철학을 비롯한 중국 문화와 중국어를 세계적으로 확산시키기 위해 각국에 공자학원 네트워크를 운영하거나 금융지원을 앞세운 문화산업 진흥계획을 추진하고 있습니다.

공자님은 중국혁명기에 죽었다가 다시 살아나더니 이제는 머나먼 중남미까지 여행을 하시는군요. 이래서 사람은 모름지기 이름을 남겨야 하나 봅니다.^^

중국의 대중남미 직접투자 현황

중국의 해외직접투자(ODI)는 연간 1천억 달러대를 보이다가 2014년에는 2천억 달러대로 올랐으며, 2010년부터 2014년까지 5년간 누적투자액은 9천억 달러에 육박하고 있습니다. 이중 1,060억 달러가 중국이 중남미에 투자한 금액입니다.

2010년 이전 중국의 대중남미 직접투자는 존재감이 없었습니다. 1990년부터 2009년까지 20년간 누적투자액이 73억 달러에 불과했기 때문입니다. 그러다가 2010년 한 해 동안 137억 달러를 기록하며 중남미를 깜짝 놀라게 하며 주목을 받기 시작했습니다. 그 이후 하락세를 보이긴 했으나 절대 규모로는 여전히 큰 존재감을 과시하고 있고, 석유, 가스 및 광물개발 등 분야에 집중되고 있습니다. 이를 국별로 정리해보면 다음과 같습니다.

중국의 대중남미 직접투자 현황

(단위 : U$백만)

국명	2010년	2011년	2012년	2013년	2014년	2015년
브라질	9,563	5,676	6,067	2,094	1,161	4,719
아르헨티나	3,100	2,450	600	-	-	-
페루	84	829	1,307	2,154	9,605	2,142
베네수엘라	900	-	-	1,400	-	-
콜롬비아	14	867	150	34	70	-
에콰도르	45	59	86	88	79	94
기타	14	867	150	34	70	-
전체 중남미	13,712	10,174	9,206	5,770	10,915	6,955

자료원 : CEPAL/ECLAC(2016)

중국의 해외직접투자 10대국을 보면 북미, 호주, 영국, 프랑스, 독일 등 유럽 선진국에 치우쳐 있고 중남미 국가는 모두 빠져 있어, 중남미가 중국 투자의 핵심 관심지역이라고 보긴 어렵습니다. 하지만 중국의 대중남미 5개년 투자계획이 진행 중인데, 예정대로 이행된다면 분위기가 달라질 수도 있겠습니다.

중국은 투자위험국가 선호? 일본과 대비되는 중국투자의 특색!

중국의 대중남미 직접투자 현황을 2014년 기준 국별로 보면 브라질이 23.3%로 최대비중을 점하며, 베네수엘라가 20.5%, 아르헨티나가 14.7%, 에콰도르가 7.8%, 멕시코가 4.4%, 칠레가 1.6% 등 순인데, 독자 여러분은 여기서 뭔가 특이한 점을 발견하셨나요?

법치지수(Rule of Law Index)가 낮은 Poor Governance국가(투자위험국가)로 분류되는 베네수엘라, 아르헨티나, 에콰도르 등에 투자가 상대적으로 많이 몰렸습니다. 중국은 중남미를 상대로 고위험 고수익(High Risk High Return)을 좇는 걸까요? 바로 이점이 중국의 대중남미 투자의 특색으로 주목받고 있으며, 뒤에 이어질 일본의 중남미 투자와 확연히 차별화되는 부분이 됩니다.

예컨대, 에콰도르의 경우 중국 기업이 프로젝트 수주 분야에서 괄목할만한 성과를 내고 있는데, 1986~2014년 기간 동안 총27개 프로젝트에 중국기업이 참여한 바 있으며, 이중 19억 달러 규모의 CCS 수력발전소 건설사업 등 대형 프로젝트 13건이 2008년 이후에 이뤄진 것으로 나타나고 있습니다.

중국이 에콰도르에서 이 같은 눈부신 실적을 거둘 수 있었던 비결은 바로 중국정부의 자금지원이었습니다. 2008년 12월 꼬레아 대통령은 과다한 외채 이자 지불이 부당하다며 디폴트 선언을 했습니다. 그 결과가 어떻게 됐겠습니까? 당연히 국가신용등급이 최하등급으로 강등당해 국제금융시장에서 차입이 불가능한 상황에 몰리게 될 수밖에요. 이러한 고립무원의 절박한 시기에 따스한 구원의 손길을 내민 것이 바로 중국 정부였습니다.

2009년 11월 47억 달러 규모의 경제협정이 맺어지고, 중국이 에콰도르 원유를 담보로 자금을 지원해주자 수력발전소와 공항고속도로 건설 프로젝트 시행 등 양국 간 교류가 급물살을 타게 되었던 것입니다.

전반적으로 볼 때에 브라질, 아르헨티나, 페루는 중국의 대중남미 직접투자가 집중되는 곳입니다. 2010-12년까지 3년 동안 중국은 320억 불을 중남미에 투자했습니다. 이중 페루의 구리 채굴 프로젝트에 200억 불을 투자했는데, 이는 당시 페루 구리광산 투자를 주도했던 미국과 캐나다 기업들의 합산투자금액보다 큰 규모라고 합니다.

한 가지 특이한 점은 중국의 대중남미 투자 상당액이 영령 버진군도나 케이만 군도를 통해 이루어지고 있으며, 그 자금의 최종 종착지는 알려져 있지 않습니다.

중국의 대중남미 향후 투자계획

중국은 중남미와 전략적 동반자관계를 이끌고 가기 위한 5개년계획을 2014년 7월 발표했습니다. 동 계획의 핵심은 양 지역 간 교역량을 2019년까지 5천억 달러 수준으로 끌어올리는 한편 직접투자는 2,500억 달러 수준에 달할 때까지 자본을 쏟아 붓는다는 것입니다. 신흥국인 중국이 중남미 지역에 대한 세계 최대 투자자로 부상한다는 의미입니다.

중국의 대중남미 금융자본 진출

중국 금융자본은 중국 수출입은행(China EXIM bank)과 중국 산업은행(CDB) 등 국영 은행이 주체가 됩니다. 2010년 중국 은행들이 중남미에 제공한 금융지원 규모는 무려 371억 달러로서, 세계은행(WB)과 미주개발은행(IDB), 미국 수출입은행 등이 중남미에 공여한 합산 여신규모를 상회하는 엄청난 규모입니다.

2010년은 예외적인 케이스였던 만큼 다른 해의 경우를 살펴봐야 현상을 좀 더 정확하게 바라볼 수 있겠죠? 2007년 48억 달러, 2008년 63억 달러, 2009년 136억 달러를 기록하다가 2010년에 갑자기 371억 달러로 치솟았습니다. 2011년에는 178억 달러로 정상화되었고, 2012년에는 38억 달러로 대폭 쪼그라드는 모습을 보이다가 2013년에는 129억 달러, 2014년에 221억 달러를 기록하고 있습니다. 중국이 2014년 221억 달러 규모의 차관을 중남미에 제공했다는 것은 세계은행과 IDB의 합산 차관액을 상회하는 대규모라는 의미로서 중국의 중남미 내 파워를 다시 한 번 실감케 해준 계기가 되었습니다.

베네수엘라(53%)가 최대 수혜국, 베브아에 4국에 95% 중국 금융자본은 이미 파악하신 바와 같이 아르헨티나, 베네수엘라, 에콰도르 등 국가신용도가 낮아 외국 금융기관으로부터 차입이 어려운 처지에 있는 한계국가들을 주요 대상으로 하고 있습니다. 중국의 대출조건이 까다롭지 않아 베네수엘라의 경우 석유수출을 담보로 전체 외채의 절반 정도를 중국으로부터 차입해 쓰고 있습니다.

2007년부터 2015년까지를 기준으로 볼 때 베네수엘라는 중국이 중남미에 공여한 차관의 53%를 점할 정도로 중국 자본의 혜택을 톡톡히 봤습니다. 브라질이 18%로 2위, 아르헨티나와 에콰도르가 각 12%로 3위를 점하는 등 4개국에 중국 대출자금의 95%가 집중된 점이 특징적입니다.

중국은 왜 고위험국가에 차관을?

그러면 여기서 강한 의문이 제기됩니다. 중국은 대체 왜 그럴까요? 중국이 여타 구미선진국들이 대출을 기피하는 고위험 국가에도 아랑곳하지 않고 차관을 제공해주는 이유는 과연 뭘까요? 중국이 뭘 모르고 그런 건가요? 아니면 우리가 짐작하기 어려운 다른 이유가 있는 걸까요?

중국이 대외 금융투자 역사가 짧은 신흥국이다 보니 자금을 떼일 수 있다는 위험을 간과했을 수 있다는 전문가들의 지적도 물론 나오고 있습니다. 한편 중국의 자금투자 주체가 국영기업들이다보니 민간기업 만큼 투자수익에 목멜 필요가 없었다는 평가도 있습니다. 또한 정부 간 거래 베이스로 사업을 추진하기 때문에 위험을 피해갈 수 있다는 해석도 있고, 경제적 관점이 아닌 다른 차원의 정치적 목적이 담겨있을 가능성도 있다는 등의 다양한 관측이 나오고 있습니다.

베네수엘라의 경우 국제석유위기를 맞아 대출금 상환이 어렵게 되자 중국은 어쩔 수 없이 대출조건을 베네수엘라에 유리하게 조정해주는 한편 신규 대출을 일체 중단하기도 했으며, 대 베네수엘라 직접투자 역시 대폭 줄이는 등 자구책을 마련하는데 안간힘을 쏟고 있는 것을 보면 중국의 우려를 읽을 수가 있습니다.

그러면 첫 번째 분석이 맞는 걸까요? 하지만 이렇게 쉽게 결론을 내리기는 어렵습니다. 복합적이라고 봐야 합니다.

중국이 선부른 중남미 금융자본진출로 큰 피해를 입게 될 가능성이 진단되는 가운데 중국의 대중남미 투자진출 방향이 전환점을 맞게 될지 아니면 중국만의 이런 특색이 지속될지 향배를 지켜봐야겠습니다.

중국의 대중남미 정치경제 협력관계 구축

중국은 2004년 미주기구(OAS) 옵서버로 가입을 하고, 2008년에는 미주개발은행(BID/IDB)에 자금 공여국(donor) 자격으로 가입을 하여 중남미와의 공식 연결고리를 마련합니다. BRICS(브라질, 러시아, 인도, 중국, 남아공) 그룹 창설 및 참여는 중국과 브라질 간 관계를 돈독히 하는데 큰 기여를 합니다.

2014년에는 브라질 포르탈레자에서 열린 브릭스 정상회의에 중남미국가공동체(CELAC)의 11개 회원국 정상들이 참가하여 중국과 남미 정상들 간 네트워킹을 위한 만남의 장이 제공되자 시진핑 주석은 350억 달러의 금융지원 약속과 함께 중국-중남미 포럼 개최를 제의합니다.

중국은 2008년 중국의 대중남미 정책방향을 제시한 백서를 발간한 바 있고, 2012년 6월에는 원자바오 총리가 칠레 소재 유엔 중남미경제위원회(CEPAL/ECLAC)를 방문하여 중국과 중남미 간 정치경제협력 강화방안을 내놓습니다.

시진핑의 야심작, 대중남미 협력 5개년계획(2015-2019)

시진핑 주석은 2013년 6월 T&T(트리니다드토바고)와 코스타리카, 멕시코 등을 방문한데 이어, 2014년 7월에는 브라질, 아르헨티나, 베네수엘라, 쿠바 등 당시 중남미의 대표적인 좌파 국가들을 방문하여 포괄적 전략협력자 관계(아르헨티나, 베네수엘라, 멕시코)로 발전시키면서 야심찬 대중남미 협력 5개년계획(2015-2019)이 발표됩니다.

동 계획의 일환으로 2015년 1월에는 중국의 심장 베이징에서 중국과 중남미 공동체(CELAC)간 장관급 포럼이 최초로 개최되고, 이어 5월에는 리커창 총리가 브라질, 콜롬비아, 페루, 칠레 등 4개국 순방을 통해 의욕적인 남미대륙 횡단철도 건설 구상(중국, 브라질, 페루)을 내놓게 됩니다. 이듬해인 2016년 11월에는 시진핑 주석의 리마 APEC(아시아태평양경제협력체) 정상회담 참가차 에콰도르, 페루, 칠레 등 중남미 순방이 이어지며, 칠레 소재 CEPAL(중남미경제위원회/ECLAC) 본부에서는 시진핑이 천명한 중국-중남미 간 포괄적 전략 동반자 관계(Comprehensive Strategic Partnership)가 크게 부각됨으로써 트럼프의 중남미를 경시하는 듯 하는 입장과 대조를 이루기도 합니다.

대만과의 외교 각축전

중국의 대중남미 외교 주안점은 미국을 견제하기 위한 중남미와의 정치외교군사협력도 있지만 중남미 국가들과 대만 간 외교관계를 단절시켜 대만을 고립시킴으로써 하나의 중국 정책을 펴나가는 것도 겨냥하고 있습니다. 대만과 외교관계를 맺고 있는 전 세계 20개국 중 11개국이 중미 카리브 국가인데, 대만은 이들과 외교관계 유지를 위해 수표책 외교(Checkbook Diplomacy)를 전개하면서 경제적 원조와 군사훈련 지원 등을 제공해오다가 2008년 하나의 중국 원칙(92공식/共識-1992년 중국-대만간 컨센서스)을 존중하는 마잉주 총통이 이끄는 국민당 정부가 들어서고 나서 중국과 외교휴전이 선포되자 체크북 외교 정책은 자취를 감추게 되었습니다.

그러다가 2016년 하나의 중국원칙을 부인하고 독립을 시도하는 민진당의 차이잉원 정부가 등장하자 체크북 외교가 부활하고 중국의 대만 고립작전도 재개됩니다.

그 결과 2017년 6월 파나마는 대만과 외교관계를 단절하고 중국과 국교수립을 선포함으로써 중국에 외교적 승리를 안겨주었습니다. 이로서 중남미내 대만과의 외교관계 유지국은 당초 12개국에서 11개국(파라과이, 니카라과, 도미니카공화국, 과테말라, 온두라스, 엘살바도르, 아이티, 벨리즈, 세인트 3국/KN,L,VG)으로 줄어들게 되었고, 파라과이나 도미니카 공화국, 니카라과 등 여타 국가로 파급될 전망입니다. 중국은 파나마, 파라과이 및 도미니카공화국 등 3개국으로부터 이미 2009년 제안을 받은 바 있었으나 친중국 대만정권 보호를 위해 보류해왔던 터라 파나마의 대만 단교는 이미 예견된 것이었습니다. 향후 중국의 대만 고립작전에 따라 중남미 국가들과 중국 간 외교관계 확대는 더욱 진전

될 전망입니다.

아니나 다를까 2018년 5월로 들어서자마자 도미니카공화국은 중국과 수교를 하고 대만과 단교를 선언합니다.

중국과 중남미 간 군사관계

베네수엘라, 칠레, 볼리비아, 쿠바 등이 중국과 군사협력을 주로 하고 있는데, 군고위급 방문, 장교 교환파견, 해군함 기항 및 군수물자 매매 등이 주요 내용입니다. 2009년엔 중국 해군이 칠레, 에콰도르, 페루를 방문하기도 했고, 2011년에는 중국-볼리비아 군사협력협정이 체결됐습니다.

한편 2015년 아르헨티나 페르난데스 대통령은 10억 불 상당의 중국산 전투기와 초계함 구매계약을 체결하는가 하면, 중국에 파타고니아 지방 네우껜 주에 인공위성 추적기지 건설권을 부여합니다. 네우껜 인공위성 기지 운영은 순수 우주 탐사용으로서 군사목적이 아니라고 설명되고 있으나, 중국 인민해방군이 운용 주체가 되고, 파라볼라 안테나가 군사용으로 전용될 가능성도 있어 미국 뒷마당(중남미)에 위치한 중국의 미국 감시 기지로 쓰이게 될 것이라는 관측까지 나오고 있습니다.

| 중남미의 중국 의존도 심화에 따른 부작용

중남미는 중국을 어떻게 볼까요? 첫 번째가 반제국주의 수거 대디(Sugar Daddy/여자에게 씀씀이가 큰 돈 많은 중년남자) 이미지입니다. 반미 사회주의 국가로부터 환영의 대상이 됩니다. 두 번째가 사회주의 혁명 전파자, 아니면 궁극적으로 중남미 산업을 피폐케 하는 빈곤전파자 내지 신 제국주의자의 이미지입니다. 따라서 경계의 대상으로 비춰지기도 합니다.

어찌됐든 중국은 중남미에서 승승장구하며, 상품 수출입 등 교역 부문을 비롯해서 직접투자나 금융자본 등 여러 수단을 동원하여 중남미가 중국에 의존하도록 제반 여건을 조성하고 있습니다. 그 결과 중남미에는 긍정적 변화도 있지만 부정적 측면도 나타나고 있습니다.

1차 산품 수출의존도 심화

그 대표적인 사례가 중남미의 1차 산품 수출의존도 심화입니다. 1980년대 초반에는 원자재 수출비중이 52%였다가 1990년대 후반에는 27%로 떨어져 있었습니다. 그런데 2000년대 들어서부터 세계 원자재를 거침없이 빨아들이는 진공청소기 역할을 톡톡히 하는 중국의 영향권에 들게 되자 2008년 말 세계금융위기 발발 직전에는 다시 50% 이상으로 높아진 것입니다.

이게 무슨 의미인지 따져볼까요? 원자재 수출비중이 높아지면 국제시세의 불안정에 따른 교역조건의 변동성이 증대되어 GDP(국내총생산)의 안정성이 확보되기 어렵게 됩니다. 그로 인해 국가경제에 주름살 요인이 될 수 있는 약점을 안게 될 것입니다. 그래서 중남미 각국은 1차 산품 수출의존도를 낮추려는 노력을 하게 되는데, 그간의 이러한 정책적 노력을 무위로 돌려버리는 결과를 낳은 겁니다.

제조업 비중 축소

중남미 제조업이 GDP내 차지하는 비중도 1980년에 25%였던 것이 2000년에는 21%로, 2010년에는 15%로 줄어들었습니다.(CEPAL자료) 여기에는 물론 다른 요인도 있겠지만 중국 탓이 컸던 것이라고 합니다.

중국이 워낙 싼값에 공산품을 대주다보니 중남미 역내 자체생산보다 중국산 수입이 싸게 먹힌다면 누가 생산을 하겠습니까? 생산해봤자 가격경쟁력에서 뒤처지니 생산이 줄어들 수밖에 없을 것이고, 그러면 중남미 역내 제조업 기반은 자연히 약해질 수밖에 없습니다. 물론 중국산 덤핑 상품에 대해 반덤핑 제재를 가한다거나 특정 물품이 시장에 범람할 때 세이프가드를 발동하는 등 내국시장 보호수단을 동원하기는 하지만 역부족인 겁니다.

중남미의 중국 안주(安住) 부작용을 좀 더 깊숙이 들어가 살펴볼까요?

세계 가치사슬 편입 도태

필자는 중남미 무역관 근무시절 미주개발은행(BID/IDB) 초청으로 한국이 눈부신 성장을 일궈내는 동안 왜 중남미는 제자리걸음을 했나 하는 자성론과 함께 발전 전략을 논의하는 자리에 함께 한 적이 있습니다.

중남미의 발전 정체는 한국과는 처한 여건이 다르긴 하지만 한국과 같은 제대로 된 발전 모델을 채택하지 못했기 때문이라는 분석도 그 하나가 됩니다. 수출 증대 모델은 채택했더라도 무궁한 자연자원에도 불구하고 흔히 인프라로 불리는 사회간접자본에 대한 지속적 투자와 기술혁신 노력을 게을리 했던 것도 또 다른 원인으로 제기됩니다. 중국이라는 수거 대디가 가져다주는 달콤한 선물에 취해 배짱이로 지내는 세월동안 중남미는 세계무역이라는 국제무대에서 세계가치사슬(Global Value Chain)에 편입되지 못하고 도태된 것이라는 분석도 나옵니다.

중남미는 21세기 첫10년 동안 GDP의 2%정도만 수송 인프라 및 전력 인프라 등 국가경쟁력 확보를 위한 핵심 인프라에 투자했습니다. 동아시아 신흥국들의 절반에도 미치지 못하는 수치입니다. 신속한 통관이나 통신, 무역금융 등 교역활성화 수단들도 수준에 한참 미달되었고, 노동생산성 향상이나 제조업 기반강화를 위한 연구개발(R&D)과 특허권 같은 기술혁신노력과 수출다변화 노력 등이 제대로 수반되지 못했던 것이 오늘의 발전 지체를 낳은 것입니다.

지역공동체와의 갈등

한편 중국의 중남미 국내 직접투자 추진과정에서 현지문화와 괴리된 상태로 밀어붙이기식 투자를 강행하면서 지역공동체와 충돌을 일으킨다거나 환경을 파괴하는 등의 여러 문제와 사회적 비용이 발생하고 있는 점도 지적되고 있습니다.

대표적인 예로 중국이 에콰도르 수력발전소 건설 프로젝트를 수주해서 진행하다가 2012년 말 에콰도르 노동자들의 파업을 계기로 중국기업의 부당노동행위와 비위생적 노동환경이 고발당하는 등 사회문제로 대두되기도 했습니다.

이러한 문제인식을 갖고 오늘날 중남미가 중국과의 관계에서 중국이 주는 단물을 어떻게 자양분으로 섭취하고 쓴물은 어떻게 정화시켜나갈 것인지 향후 귀추를 주목해볼 필요가 있습니다.

ㅣ 미국의 탈 중남미 공백과 중국의 위상 변화전망 관측 변수

미국을 다시 위대하게 만들겠다는 트럼프의 미국우선주의(America First)가 중남미에서 중국을 위대하게 만들 것이라는 관측까지 나오고 있습니다.

대표적인 사례가 트럼프 대통령이 선포한 NAFTA(북미자유무역협정/1994년 발효된 미국, 캐나다, 멕시코 3국간 FTA) 폐기 내지 재협상 추진과 미국의 TPP(환태평양 경제동반자협정/싱가포르, 브루나이, 칠레, 뉴질랜드 등 4개국 체결 이래 NAFTA3국, 일본, 호주, 페루, 베트남, 말레이시아 등 총 12개 회원국으로 확대) 탈퇴가 될 것이라는 관측입니다.

트럼프 정부가 중국과 중남미 간 향후 관계에 어떤 영향을 미칠지 몇 가지 국별 변수를 통해 한 번 짚어보도록 하겠습니다.

멕시코 변수

NAFTA를 통해 교역장벽을 걷어내고 멕시코가 미국과 같은 한 울타리 속 공동체가 된 것인데, NAFTA가 폐기된다면 두 나라를 이어온 강력한 연결고리가 끊어지는 것으로서 중남미 세력 확장을 꾀하는 중국에게는 호재가 될 수밖에 없겠지요.

멕시코는 미국의 최대수출시장(2016년 2,300억 불)이며, 멕시코는 NAFTA 덕에 1차 산품 수출국에서 공산품 수출국으로 거듭날 수 있었기에 NAFTA 폐기는 멕시코와 미국 모두에게 피해를 주게 됩니다. 따라서 폐기 카드는 현실적으로 채택이 어렵습니다만 중국이 이 틈을 파고들고 있습니다.

중국 국영기업 JAC Motors는 중남미 최대부호인 슬림(Carlos Slim)이 소유한 Giant Motors와 SUV차량 합작생산을 위해 22억 달러를 투자함으로써 중국은 멕시코 자동차산업의 메이저 플레이어로 등장하게 되었습니다.

멕시코가 메인 파트너를 미국에서 중국으로 바꾸고, 경제 분야 외에 정치군사 분야에서도 협력관계를 다져나가게 된다면 미국에게는 무역통상 분야는 물론 국가 전략적 측면의 위협요소가 될 수도 있다는 지적이 나오고 있습니다.

페루 변수

그간 미국이 주도해오던 TPP체제에 편입되어있던 페루는 진작부터 중국의 영향력을 실감하고 중국이 주도하는 RCEP(역내포괄적경제동반자협정/중국, 일본, 한국, 인도, 호주, 뉴질랜드, 아세안 10국 등 총 16개 회원국) 문을 두드리고 있어, 중남미로서는 최초 회원국이 됩니다.

페루 쿠친스키 대통령은 2016년 7월 취임 이래 최초 순방지로 미국 대신 중국을 택했으며, 여기서 한발 더 나아가 2017년 3월 중국이 주도하는 AIIB(아시아 인프라 투자은행/2017년 6월 기준 77개 회원국)의 회원국으로 가입하는 등 중국에 적극 다가서는 자세를 취하고 있습니다.

니카라과 변수

한편 중국기업의 니카라과 운하 건설 및 운영권 확보도 눈여겨볼 필요가 있습니다. 2012년 9월 니카라과 정부는 중국 통신장비기업인 신웨이(信威)그룹 계열사인 홍콩니카라과운하개발(HKND)과 MOU (양해각서)를 체결하였고, 2013년 6월 관련법이 니카라과 국회를 통과하고 7월에는 운하계획안이 최종 선정되자, HKND사는 2019년 말 완공을 목표로 2014년 12월 기공식을 갖고 운하 건설에 착수하였습니다.

반미 성향의 니카라과 오르테가 대통령은 50년간의 운영권과 이후 50년간의 추가연장 계약권까지 부여하는 법률안을 만들어 중국기업에 약속한 상황이라 중국 정부가 배후에서 은밀히 영향력을 행사할 수 있게 된 데에 의미가 부여되고 있습니다.

*** 토막 상식: 니카라과 운하 건설 – 파나마운하 독점시대의 종언?**

총 500억 달러가 투입되어 2022년부터 개통된다면 니카라과 운하(길이 276km)는 폭 230-520m, 수심 27m로 2016년 6월 확장 개통된 파나마운하(길이 82km)보다 훨씬 큰 규모를 갖게 됩니다. 12만 톤급(14,000 TEU) 선박까지만 통과되는 파나마 운하에 비해 25만 톤급(25,000 TEU) 선박도 수용 가능하여 지금까지의 파나마운하 독점시대는 막을 내리고, 태평양과 대서양을 잇는 양 운하 간 경쟁체제가 세계 해운지도를 바꿔놓게 될 거라고 합니다.

샌프란시스코-뉴욕 항로의 경우 니카라과 운하 이용시 파나마 운하 통과시보다 800km가 더 단축되어 경쟁력을 확보함으로써 세계 물동량의 5%를 차지하게 된다고 합니다.

하지만 식수원인 니카라과 호수의 생태계 파괴를 우려한 환경운동가 및 지역 주민들의 반대 등으로 사업이 지연되고 있는데다가, 시공사(HKND)의 왕징 회장은 중국내 자사 주가하락(2015-16년)에 따라 엄청난 자산 손실을 입어 자금 조달에 애로를 겪고 있다고 합니다. 이에 따라 운하착공이 늦어져, 개통 시기는 2022년 이후로 늦춰지거나 중도 취소될 가능성까지 거론되고 있어 개통 여부는 지켜봐야 할 것입니다.

라틴 실크로드

이외에도 군사관계에서 기 언급된 아르헨티나 변수 및 기타 브라질 변수, 에콰도르 변수, 베네수엘라 변수 등 제반 변수들을 종합 고려해볼 때에 중국의 대중남미 관계는 아직은 중남미에서의 궁극적 Pax Sinica(중국 패권)를 예단하기에는 유동적 요소가 많습니다. 하지만 중국의 대중남미 5개년 계획이 착착 진행되는 반면 미국은 계속 중남미를 홀대하거나 방임한다면 중국에게 라틴 실크로드(Latin Silk-road)를 깔아주는 기회가 열릴 수도 있지 않을까요?

제40강 중남미와 일본 관계

중남미와 일본 간 관계는 중남미와 중국 간 관계 접근법과는 차원을 달리하여 접근이 되고 있으며, 우리에게도 많은 시사점을 던져주고 있습니다. 또한 160만 명의 일본계 브라질인 및 일본계 페루 대통령 배출 등 사례를 보면 중남미와 일본 간 관계에 역사적 뿌리가 존재함을 보게 됩니다. 어떤 관계인지 그 근원을 먼저 살펴보고 현재의 비즈니스 관계까지 훑어보도록 하겠습니다.

도쿠가와 막부와 멕시코 함선: 일본과 중남미 최초접점

일본 막부시절인 1609년 쇼군 도쿠가와 이에야스는 필리핀-멕시코 간 교역 항로를 누비던 누에바 에스파냐(현 멕시코) 함선 사절단의 알현을 받으면서 중남미와 처음으로 접촉하게 됩니다. 1613년에는 멕시코와 쿠바, 스페인 등으로 약140명의 무역사절단을 보내는 등 중남미와 교류가 시작됐으나, 영주들의 외국과의 교역에 따른 부의 축적과 선교사들의 가톨릭교 포교 등이 막부통치에 위협이 되자 1639년 쇄국정책으로 일본의 문은 닫히게 됩니다.

| 중국 노예로 인한 일본과 중남미 간 최초 수교

그러다 200여년이 지난 1854년 미국 함포외교로 일본 막부는 빗장을 풀고 개항을 합니다. 1868년에는 메이지 유신으로 막부체제가 붕괴되고 왕정이 복고된 후 유럽과의 교류가 활발해지는 상황에서 1872년 마리아루스 호 사건이 발발하자 이를 계기로 1873년 중남미 최초로 페루와 수교를 하게 됩니다.

* 마리아루스호 사건은 일본이 중남미 최초로 페루와 수교하도록 이끈 유명한 사건입니다. 요코하마에 정박해있던 페루의 노예운반선(마리아루스호)에 타고 있던 청나라 노예가 탈출하자 영국 군함이 개입하여 일본 측과 페루측이 재판법정에서 노예 관련 법리공방을 벌입니다. 그 결과 당시 공창제도가 발달했던 일본은 창기가 노예와 동등시됨에 따라 성노예 국가로 국제적으로 각인됩니다. 결국 이 사건을 계기로 일본은 국제적 망신을 당하면서 페루와 국교를 여는 한편, 인신매매 금지 및 창기 해방령을 반포하게 됩니다. 중국 노예 때문에 일본과 중남미 간 수교 물꼬가 트였다는 점이 이채롭습니다.

| 일본의 수교확대 효과: 메이지유신 후유증 해소와 전승(戰勝)

멕시코, 브라질, 아르헨티나 수교 페루 수교에 이어 1888년에는 멕시코와 우호통상항행조약을 맺고, 1895년 브라질, 1898년 아르헨티나와 수교를 확대하게 됩니다. 일본의 대중남미 관계 확대는 일본에게 여러모로 많은 이익을 안겨다 주게 됩니다.

영세농부와 사무라이 실업자여, 중남미로! 메이지 유신 이래 농지개혁이 이루어지자, 영농기술개혁에 뒤쳐지고 세금 부담이 커진 엄청난 규모의 영세 농부들이 경쟁에서 도태되어 도시로 몰려들게 되며, 조세개혁으로 사무라이들에게 국가가 지급하던 급여도 중단되자 사무라이들은 실업자 신세로 전락하게 됩니다. 도시의 갑작스런 팽창으로 실업사태와 사회갈등이 분출되자 일본 정부는 해외 이민정책으로 활로를 모색하게 되며, 농민이나 상인, 사무라이 및 지식인들은 북미와 남미로 각자 새로운 삶을 찾아 떠나게 됩니다.

이민이 시작된 1869년부터 초창기에는 하와이 및 미국 본토와 캐나다 등으로 이민을 보냈으며, 1885년에는 하와이 조약으로 공식이민 문호까지 개방되어 탄력을 받는 듯 했으나 북미권이 일본인 이민 유입을 제한하자 이민 문호를 적극 개방한 중남미가 대안으로 등장하게 됩니다.

브라질 등 중남미 이주 물결 그 결과 브라질, 멕시코, 페루로 이민행렬이 이어졌고, 이어 아르헨티나, 파라과이, 볼리비아로 확대되어 나가게 됩니다. 당시 대세를 이뤘던 브라질로 이민을 떠난 일본인 가족들은 커피나 목화 대농장에 둥지를 틀기도 했으며, 도시로 간 경우 가족의 노동력 동원이 필요한 세탁소나 과일 채소 장사를 하며 차츰 정착해 나가게 됩니다.

아르헨티나 방산물자 구입과 러일전쟁 승리 중남미는 이민 문제만 해결해준 것이 아니었습니다. 1898년 일본이 아르헨티나로부터 구입한 군함 리바다비아호와 모레노호는 러일전쟁(1904-5)에서 일본에게 짜릿한 승리를 안겨다줍니다.

이는 당시 아르헨티나의 막강한 국력을 실감케 해주는 대목이 되기도 하며, 일본의 러일전쟁 승리의 한 요인을 중남미가 제공해준 격이 되기도 합니다. 어쩌면 요코하마 중국 노예 사건이 일본의 국익을 해친 것이 아니라 오히려 강화시켜준 결과가 된 것으로 볼 수도 있겠습니다.

니케이진(일본계 중남미 국적 보유자)

1908년 첫 브라질 이민이 시작된 이래 현재 중남미에는 180만 명의 일본계 현지국적 보유자(니케이진)가 살고 있으며, 브라질과 페루에 집중된 모습을 보이고 있습니다. 이들은 농업계, 보건계, 교육계 및 정계 등에서 두각을 나타내고 있으며, JICA(일본국제협력기구) 협력 사업에도 종사하고 있습니다.

성공적인 니케이진의 대표적인 사례가 페루 전 대통령인 알베르토 후지모리와 페루 대선에 유력후보로 나선 바 있는 그의 딸 게이꼬 후지모리입니다. 후지모리가 권좌에 있는 동안(1990년대) 일본과 페루는 밀월관계였으나, 일본으로 망명간 후지모리의 신병인도를 강력히 요구한 후임 톨레도 정부와는 소원한 관계였다가 가르시아 정부가 들어선 이후 양국관계는 회복세를 보이게 됩니다.

※ 알베르토 후지모리의 부상과 몰락

후지모리 부모는 1936년 페루로 이민을 가 정착했으며, 알베르토는 1938년 리마에서 태어나 현지 농과대를 수석으로 졸업하고, 프랑스에서 수학을 공부한 후에 미국으로 건너가서 정치학을 공부한 다음 페루로 돌아와 모교 농대에서 교수 및 총장을 거쳐 전국대학연합회 회장으로 선출되면서 정계에 입문했고, 국영TV 정치프로그램 사회자를 맡으며 유명세를 타게 되었습니다.

그러다 신당을 만들어 1990년 노벨문학상 수상자인 바르가스 요사와 접전끝에 중남미 최초의 동양계 출신 대통령이 되었습니다. 그 이후 재선 금지 헌법 개정을 통해 유엔사무총장 출신 케야르 후보와 맞붙어 재선된 다음 2000년에는 헌법해석법 발효를 통한 3선 연임까지 달성하여 독재 기반을 닦았으나 부정선거 시비로 일본 도피 및 사직서 제출 후 의회 탄핵을 받아 물러나게 되었습니다. 2010년 25년 징역형 선고받고 수감생활중 야당의원인 아들 겐지 의원과 탄핵위기에 몰린 쿠친스키 대통령간 막후 거래로 사면되어 2018년1월 출소한 것으로 알려져 있습니다.

한편 일본 내 거주중인 중남미(주로 브라질) 국적 일본계는 약 25만~30만 명으로 추정되고 있으며, 중남미와 일본 간 경제사회적 유대관계 강화에 기여하고 있는 한편 3D 업종에 종사하는 경우가 많다보니 본토 일본인으로부터 괄

시의 대상이 되기도 하는 등 골치 아픈 사회문제가 되고 있습니다. 그로 인해 2009년 니케이진들의 도쿄 시위가 발생합니다. 일본 내 부족한 노동력을 메우는 한편 노령화가 급격히 진행되자 젊은 피 수혈을 위해 일본정부가 1980년대 말 이들을 고국으로 불러들인 것인데, 라틴문화에 익숙하고 일본어에 서툰 니케이진들의 일본 정착에 많은 어려움이 가로놓인 것입니다.

※니케이진(이민 국적 일본계) **중남미 국별 분포**(2014년 기준)

중남미 총 180만 명

1) 브라질 160만 명 (80%가 상파울루 거주)

2) 페루 10만 명

3) 아르헨티나 23,000명

4) 멕시코 20,000명

5) 볼리비아 11,350명

6) 파라과이 5,800명

7) 칠레 2,600명

8) 콜롬비아 1,800명

9) 쿠바 1,000명

10) 베네수엘라, 우루과이, 도미니카(공) 각 800명

(자료원 : Japan-Latin America Report 2016/Inter-American Dialogue)

ㅣ 일본과 중남미 간 무역 관계

1960년대부터 일본과 중남미 간 교역투자관계는 큰 폭의 성장세를 보여 왔습니다. 중남미 입장에서 볼 때 무역 분야에서 일본의 위상은 중국의 진출이 본격화되기 전(2003년)까지는 아시아태평양권 최대의 무역파트너(60~70% 비중)였으며, 투자 분야에서는 일본이 무역 분야보다 더 큰 위상을 구축하고 있었습니다.

일본의 미약한 대중남미 무역위상

1960-70년대에 중남미와 일본 간 교역은 연 평균 두 자릿수(15~19%)의 높은 성장률을 보이다가 중남미가 경제위기상황을 맞이했던 1980년대에는 연평균 2%로 성장이 둔화되었으며, 일본의 잃어버린 10년 시기였던 1990년대에는 지금까지의 양 지역 간 균형 무역추세와는 달리 중남미의 대일 무역역조가 심화되기도 했습니다.

1980년부터 2014년까지 기간 중 중남미는 일본 전체 수출의 5%, 수입의 4%를 차지해 왔습니다. 그러나 중남미의 아시아태평양과의 교역상 일본의 점유 비중은 크게 줄어들어, 과거(중국의 중남미 진출 이전) 60~70%대를 기록하다가 2014년에는 11~13%대를 기록했습니다. 일본의 중남미 위상이 중국(대중남미 교역량이 일본의 5배)에 크게 가려진 것입니다.

칠브멕페 등 중남미 4국이 대일본 수출 견인

중남미의 대 일본 주요 수출국을 보면, 칠레와 브라질이 선두를 달리는 가운데 멕시코와 페루가 그 뒤를 잇고 있습니다. 이들 4개국이 중남미의 대일본 수출물량의 86%(2011-2014년)를 점하고 있습니다. 대중국 수출의 경우 브라질이 단연 선두(약 50%)를 달리는 가운데 칠레, 멕시코, 페루 등이 뒤를 이어 4개국이 동기간 총 87% 비중을 보이는 것과 유사한 상황입니다.

동광, 철광, 육류, 옥수수, 커피, 생선, 알루미늄, 제지용 재목, 원유, 선철 등이 중남미의 더 일본 주요 수출품이며, 대두 및 대두유, 철광, 동광, 정제 구리, 원유 등이 중남미의 대 중국 주요 수출품으로 나타나고 있습니다. 즉, 자원 및 식품 등 일차산품이 중남미의 대일본 및 대중국 주력수출품인 셈입니다.

칠레 연어와 멕시코 참치, 콜롬비아 커피: 대일 대표수출상품 구체적인 예를 들어볼까요? 일본은 몰리브덴 수요의 2/3를 칠레와 멕시코에 의존하고 있고, 리튬은 칠레와 아르헨티나에서 수요의 대부분을 충족하고 있습니다. 식품 분야에서는 브라질, 멕시코, 칠레 등 3국이 일본 국민의 닭고기 및 돼지고기 수요를 상당부분 충족시켜주고 있으며, 특히 칠레는 일본인이 가장 선호하는 연어 수입의 90%를 공급하고 있고, 일본 스시 점들은 멕시코산 참치에 크게 의존하고 있는 상황입니다. 콜롬비아 커피는 일본 커피시장에서 확고한 위상을 점하고 있고, 콜롬비아 화훼 역시 일본시장에 성공적으로 진출하고 있습니다.

ㅣ 우회전술의 달인 소고쇼샤(종합상사)의 고차원적 현지진출

제조기지 구축으로 통상마찰 회피 일본기업들은 중남미 제조업 분야에 일찌감치 진출하여 이제는 자동차나 가전분야에서 확고한 제조 기지를 구축한 상황입니다. 일본 기업들은 중남미 생산기지에서 생산한 제품들을 중남미 내수 시장이나 제3국 시장으로 수출함으로써 중남미 국가 내 고용창출은 물론 무역수지 개선에도 기여하는 모습을 보이고 있습니다.

중국이 중남미국 해당산업에 피해를 유발하며 공산품을 수출함으로써 반덤핑 등 규제와 견제를 받는 것에 비해 일본의 중남미 수출은 이를 피해가는 전략을 택해 많은 공산품을 수출하면서도 통상마찰을 거의 야기하지 않는 특징을 보이고 있습니다.

일본의 중남미 진출은 일본에서 중남미로 공산품을 직접 수출하는 재래식 진출방식 외에 소고쇼샤(일본 종합상사)의 현지진출을 통한 고차원적 진출방식이 특징적입니다. 따라서 일본과 중남미 간 직접적 교역 상황만 보면 일본기업들의 이러한 우회활동은 포착되지 않게 됩니다.

중남미 자원을 내 것처럼 소고쇼샤는 일본 본사 차원에서 직접 또는 중남미 진출 현지법인이나 지사 등을 통해 중남미의 풍부한 광물자원이나 곡물 등을 발굴 및 개발하여 중국 등 아시아 지역으로 수출하는 중개자로서 많은 수익을 창출해내고 있습니다. 즉, 일본이 아니고 제3국인 중남미 자원을 마치 자신들의 수출자원인 것처럼 잘 활용한다는 것입니다.

수출자+투자자+융자자: 멀티 플레이어 소고쇼샤들은 투자은행으로서의 역할도 톡톡히 수행하고 있습니다. 자신들이 중남미에 투자한 현지기업 경영에 직접 참여한다든가 특정 프로젝트 추진을 위해 여타 일본기업이나 현지기업 내지 제3국 기업등과 손잡고 공동으로 융자에 나서기도 합니다. 즉, 일본기업들은 단순한 수출자로서의 역할에만 그치지 않고 때로는 투자자로서 때로는 융자자로서의 역할까지 수행하면서 중남미 시장에 깊이 침투해 들어가 있는 것입니다.

중남미 자원으로 돈벌이: 일본의 대중남미 직접투자 형태

브라질과 멕시코 위주 제조업 확보형 직접투자 패턴

1960년대 일본은 산업생산용 투입 원자재 확보를 위해 중남미 지역에 많은 투자를 합니다. 그 결과 1965년경에는 중남미는 일본 해외투자의 최대비중을 점하는 지역(25%)으로 부상하게 됩니다. 1970~80년대에는 일본의 투자 패턴이 원자재 확보형에서 제조업 기반 확보형으로 변신을 하게 됩니다. 국제적 가격경쟁력 확보를 위해 저렴한 인적자원 등을 활용한 저가형 생산기지 구축에 초점을 맞춘 것입니다.

일본자본의 최대 진출 국가는 브라질과 멕시코였습니다. 내수 시장이 탄탄하게 받쳐주고 있는데다가 보호무역 규제를 피해 북미시장이나 인근 남미 시장 진출도 겨냥할 수 있었기 때문입니다. 1984년 경우를 예로 들어보면, 브라질에 투자 진출한 363개사의 일본기업중 절반이 제조업에 진출했고, 여타 기업들은 상업이나 서비스업, 건설업, 금융업 등으로 진출했습니다. 멕시코에는 126개사의 일본기업이 진출했고, 그중 77개사가 제조업에 진출했습니다.

일본은 왜 중남미에 투자진출하게 되었나? 추이는?

1980년대에 일본기업의 해외 투자 진출이 활성화된 것은 엔화의 가파른 등귀와 일본 내 인건비 상승, 외국의 무역규제 심화 등에 따라 해외직접투자를 수단으로 돌파구를 찾다가 중남미가 대안으로 떠오르게 되었습니다.

그러나 80년대 중남미는 외채위기에 오랫동안 허덕여온 터라 80~90년대 일본의 해외투자가 집중(10배 증가)된 시기에 중남미는 일본기업들의 투자 우선순위에서 멀어져갔습니다. 일본기업의 대중남미 투자는 1989년 675억 달러 규모 투자를 정점으로 일본의 대중남미 투자는 가파른 내리막길을 걷게 되며, 그 결과 중남미의 비중이 1980년 15%에서 1995년 2%로 급락하게 됩니다.

인력자원에서 자연자원으로: 남의 자원 팔아 재미 보는 일본기업!

그러다가 2000년대 들어 중남미 경제가 연간 5% 정도 성장하며 다시금 일본기업들의 관심을 끌게 됩니다. 미쓰비시, 미쯔이, 마루베니, 스미토모 등 일본 종합상사(소고쇼사)들은 중남미 자원 부국들에 진출해 중남미 1차 산품들을 아시아 시장으로 수출하는 데 있어 핵심적인 역할을 수행하게 됩니다. 인력자원 활용에서 자연자원 활용으로 방향을 튼 것으로 볼 수 있습니다.

늘어난 중산층 겨냥 발 빠른 현지생산

뿐만 아니라 브라질, 칠레, 콜롬비아, 멕시코, 페루 등 주요국에서 중산층이 유력 구매층으로 부상하자 자동차 및 가전은 물론 유흥제품 및 의료제품에 이르기까지 현지 생산을 통해 중산층 수요를 흡수해갑니다. 발 빠른 현지화 전략입니다.

* 2010~2013년 기간 중 일본의 대중남미 직접투자는 연 평균 69억 불 규모(중국은 107억 불 규모)로서 중남미 전체 외국인투자의 5% 비중을 점하고 있습니다. 2013년 말까지 일본의 대중남미 직접투자 누적 규모는 총 1,200억 불로서, 중국보다 150억 불이 더 많아 중남미에서의 일본기업의 위상은 여전히 높습니다. 2015년까지 일본의 대중남미 직접투자 누적 진출현황을 산업별로 보면, 1차 산업(농림수산광업)에 22%, 2차 산업(제조업)에 40%, 3차 산업(서비스업)에 35%로서 산업간 어느 정도 균형을 맞추고 있는 것으로 보입니다.

| 일본과 중국의 대중남미 투자 비교

일본은 브칠멕, 중국은 브페아 일본과 중국의 대중남미 해외투자(2010-2013년)를 국별로 간단히 비교를 해보겠습니다. 양국 모두 브라질에 최대 비중을 두고 있다는 점은 같습니다. 그런데 일본이 칠레를 브라질 다음으로 중시(*칠레의 전체 외국인투자에서 차지하는 일본의 비중은 압도적/2013년 34.7%) 하는 반면 중국의 칠레 투자는 매우 빈약하여 현격한 대조를 이루고 있습니다. 한편 일본은 페루에는 거의 투자를 안 하는데 반해 중국은 페루를 브라질 다음으로 높은 비중을 두고 투자하고 있습니다.(2013년에는 대 페루 투자액이 대 브라질 투자액 상회) 또한 일본은 투자지로서의 멕시코의 값어치를 중시하는데 반해 중국은 멕시코의 가치를 별로 쳐주지 않는 모양새입니다.

일본의 대중남미 Top5 투자국은 브라질, 칠레, 멕시코, 아르헨티나, 콜롬비아 등 순으로 메르코수르 2국(브아) + 태평양동맹국 3국(칠멕콜/4국 중 페루 제외)이라는 특징을 보이고 있습니다.

중국의 대중남미 Top5 투자국은 브라질, 페루, 아르헨티나, 베네수엘라, 콜롬비아 등 순으로, 메르코수르 3국(브아베) + 태평양동맹 2국(페콜)입니다. (*베네수엘라는 회원국 활동 중단)

파나마, 브라질, 멕시코 등 3국에 집중된 중남미 진출 일본기업

중남미 진출 일본기업의 수는 2013년 기준 1,251개사로 일본정부가 공식 집계한바 있는데, 해외진출 전체 일본기업 24,000개사의 5% 수준(*중국에 33% 등 아시아권에 66% 집중)입니다. 이를 주요 진출국별로 보면 파나마 396개사, 브라질 288개사, 멕시코 269개사 등이며, 주요 진출 분야별로 보면 비제조업이 932개사로서 주로 운수업 및 도매업에 진출해 있고, 제조업은 319개사로서 이중 주력분야는 자동차 등 운수장비 제조업으로 125개사이며, 천연자원 개발 관련 분야 진출기업 수는 일반적 예상과는 달리 비교적 작은 비중을 점하고 있습니다.

해외진출 일본기업의 호주머니는 누가 채워주나? 중국과 중남미!

중남미 진출 일본기업이 벌어들인 매출액 규모는 2013년 한해에만 14조엔(1,430억 불)에 달하고 있으며, 이는 2004-2013년의 10년 기간 중 연평균 10.4%의 높은 성장률을 기록한 결과로서 아시아 8.3%(중국 제외), 아프리카 7.3%, 북미 2.5%, EU –1.6% 등 저조한 성장률의 여타 지역 대비 중남미가 해외 일본기업의 호주머니를 두둑이 채워준 2등 공신으로 평가되고 있습니다. (1등 공신은 중국/연 평균 16.8% 성장)

2013년 기준 중남미 지역 진출 일본기업의 총 매출액 중 53%(750억 불)는 제3시장 수출액(자동차가 최대 비중)이며, 42%가 중남미 내수시장 판매액, 나머지 5%가 일본시장으로의 역수출 규모입니다.

이와 관련, 눈여겨봐야할 부분이 일본기업의 중남미 직접투자로 역내 25만 명의 신규 고용이 창출되었다는 것입니다. 이중 80%가 제조업 분야이며, 그중에서도 자동차 분야 고용 인원이 10만 명에 달해 일본 기업들의 중남미 투자가 당해국가에 고용 유발 효과를 톡톡히 안겨주고 있다고 합니다. 물론 이는 일본 측 분석 자료를 근거로 한 것인 만큼 객관성이 어느 정도 담보되어 있을지는 미지수입니다.

비즈니스 전도사 일본정부의 역할: 기업과 정부는 명콤비!

그런데 좀 더 깊이 파고 들어가면 이러한 성과가 일본 기업들만의 노력으로 이루어진 것은 아니고 일본 정부의 협력이 있었다는 사실을 접하게 됩니다. 일본 정부는 일본 국제협력은행(JBIC)의 차관(Loans)과 일본 국제협력단(JICA)의 원조(ODA)를 수단으로 하여 일본기업들이 인프라, 에너지, 광업 분야 프로젝트를 개발하는데 기여를 합니다. 정부간 협력과 민간기업 투자가 조화를 이뤄냄으로써 일본의 대중남미 투자가 좋은 평가를 받으면서도 훌륭한 성과를 거양하고 있는 것입니다.

그러면 일본정부가 어떠한 방식으로 자국 기업들의 중남미 진출을 지원해 왔을까요? 유상원조와 무상원조로 대별하여 살펴보도록 하겠습니다.

일본기업 관심분야로 투입되는 일본 정부의 차관

중남미가 1980년대 외채위기를 맞게 되자 일본 정부가 양자 또는 다자 베이스로 양허차관 내지 상업차관 형태의 금융원조를 중남미에 제공하게 됩니다. 유엔 중남미경제위원회(ECLAC) 1996년 자료에 의하면, 일본 수출입은행은 1987년 이후 75억 불을 중남미 국가들에 비구속성 차관(untied loans)으로 제공했으며, 양허요소가 25% 이상 되는 양허성 차관(concessional loans) 즉, ODA(공적개발원조)차관 관련, 일본 해외협력기금(OECF)은 1993년까지 중남미 지역 정부의 83개 프로젝트에 대해 66억 불의 차관을 제공하는 한편, 민간기업들의 174개 프로젝트에 대해서는 11억 불의 투융자를 지원했는데, 지원된 분야는 대부분 수송 인프라, 에너지 및 통신, 농업 등 일본기업들의 관심진출 분야이며, 환경 분야로도 일부 지원이 이루어졌습니다.

2000년대 들어서는 일본국제협력은행(JBIC/1999년 수출입은행과 해외협력기금의 통합으로 발족)을 통해 금융지원이 이루어졌으며, 중국 금융자본과 경합을 치루기도 했습니다. 2013년까지 중국과 일본의 대중남미 투융자 누적 규모는 공히 각각 1천억 달러에 달하고 있으며, 일본의 대중남미 금융지원 규모가 세계은행(WB/IBRD)이나 미주개발은행(IDB) 등과 비견되는 높은 수준(2012년 JBIC 100억 불, 세계은행 66억 불, IDB 114억 불)에 이르고 있음을 볼 수 있겠습니다.

자원 확보는 국가적 과제: 금융 융단폭격 민관협력(PPP)

일본은 중남미에 왜 이렇게 금융공세를 퍼붓는 것일까요? 2014년 JBIC 자료에 의하면, JBIC(일본국제협력은행) 자금의 중남미 참여도는 전 세계로 향하는 자금의 20%를 점할 정도로 높은데, 이는 중남미를 구리나 석유, 가스, 철광 등 자연자원의 안정적 확보 원천으로 보고 있기 때문으로 풀이되고 있습니다.

그래서 JBIC는 전 세계를 무대로 활약하는 일본기업들이 중남미에서 전략적으로 자원을 확보하도록 지원하는 데에 각별한 목표를 두고 있으며, 한편 일본기업들의 글로벌 밸류 체인(GVC/세계적 가치 사슬)망 구축 관련해서 중남미 제조업 분야 투자진출을 지원하거나, 인프라 프로젝트 수행을 지원하기도 합니다.

이것이 바로 일본의 해외진출 전략의 특징이라고 할 수 있는 민관협력시스템(PPP)의 한 측면입니다. 일본 기업들은 자원의 장기 안정적 확보라는 국가 과제를 이행하기 위해 중남미를 글로벌 영업의 전략적 기지로 활용하고, 일본 정부는 자국 기업들이 중남미를 제대로 활용할 수 있도록 각종 자문과 지원을 제공해줌으로써 국가 과제를 상호 협력 하에 추진하는 것입니다.

사례를 들어보겠습니다. 2013년 JBIC는 일본기업의 광산 확보 프로젝트 지원을 위해 볼리비아와 광산 확장 차관계약을 체결했고, 일본기업들이 눈독을 들이고 있는 브라질 농업 기업 및 곡물 수출기업들에 대한 지분획득 내지 인수합병(M&A) 지원을 위한 차관계약을 체결했습니다.

한편 일본기업들의 멕시코 자동차 산업 납품을 위한 강관 제조용 차관 제공, 브라질 상파울루 지하철 확장 프로젝트에 차관 공여 등 일본 국책은행은 중남미 정부의 친시장적 경제정책을 지지하는 모양새를 취하며 일본기업의 중남미 진출을 지원했습니다. 그 때문에 일본의 금융지원은 주로 태평양동맹 국가(칠레, 멕시코, 콜롬비아, 페루) 및 브라질에 치중하는 모습을 보여 왔습니다.

JBIC같은 국책은행 외에도 미쓰비시 UFJ 금융그룹, 미쓰이 스미토모 금융그룹, 미즈호 금융그룹 등 일본 3대 메가 은행(mega- banks)들의 상업차관도 큰 역할을 담당했습니다. 즉, 중남미에서의 일본정부의 역할은 국가과제를 일본기업이 주도토록 하고 그곳에 자금을 퍼부어주는 민관일체의 비즈니스로 요약됩니다. 1986년 아르헨티나, 브라질, 멕시코, 칠레, 베네수엘라 등의 일본 은행 차입누적금액은 286억 달러에 달했으며, 2000년대 이후 증가세를 보이고 있습니다.

*** 일촌일품운동과 무역원조: 일본의 대중남미 ODA 특징**

1980~90년대 일본의 대중남미 공적개발원조(ODA/Official Development Aid)는 일본 전체 ODA의 8~9% 비중으로서 일본이 아시아에 쏟아붓는 ODA가 60% 비중인 것에 비하면 초라한 수준이며, 2013년에는 2.7억 달러 규모로 줄어들었고, JICA(일본국제협력기구)의 전체 ODA 중 2.3%로 비중도 떨어지는 추세를 보이고 있습니다. 한때 1984-1994년 기간 중 일본의 대중남미 ODA지원 누적액은 71억 달러에 달했으며, 90년대 초에는 일본의 대중남미 ODA 지원 규모가 미국에 이어 세계 2위에 랭크되기도 했습니다.

일본의 대중남미 ODA를 2013년도를 기준으로 부문별로 보면, 기술협력 분야가 전체의 8.4%를 차지하는데 비해 차관 원조는 1.2%, 무상증여는 2.8%를 점해 기술협력 부문이 강세를 보이고 있습니다.

2000년대 일본의 대중남미 기술협력 성공사례로 브라질의 세라도(Cerrado) 프로젝트와 칠레의 연어 프로젝트, 파라과이 농식품 체인 및 클러스터 구축 프로젝트가 있습니다. 세라도라는 낙후된 지역이 대두 및 옥수수, 기타 곡물 등의 세계적 수출기지로 변신하게된 것과, 경쟁력이 미약했던 칠레의 연어 수산업이 국제경쟁력이 가장 높은 수출 분야로 부상하게 된 것, 그리고 2014년도 파라과이 농식품 체인 및 클러스터의 성공적 구축 등은 JICA가 추진해온 일촌일품운동(One Village One Product Movement)과 생산인프라 및 유통 인프라의 구축, 기술이전, 자금지원 및 인적자원 개발, 현지 기업들과의 긴밀한 협조, 국가개발전략 토론 적극 참가 등 제반활동이 성과를 거둔 것이라는 평가를 받고 있습니다.

일본의 ODA사업 특징으로 제조업 및 경제 인프라, 서비스 분야 원조를 특색으로 하는 무역원조(AfT/Aid for Trade)를 들 수 있습니다. OECD/DAC(경제협력개발기구/개발원조위원회) 자료에 따르면 1990~2004년 기간 중 일본이 DAC 회원국의 동 분야 원조중 약 절반(47%)을 차지할 정도로 일본의 무역원조 비중이 압도적임을 보여주고 있습니다.

농림수산업 분야 원조도 일본이 DAC 회원국 ODA의 40%를 점유할 정도로 일본은 농림수산업의 수출산업화를 통한 국가발전전략 및 빈곤퇴치전략을 중시하고 있습니다. (하지만 2009~11년 일본의 대중남미 무역원조 비중은 전체 무역원조의 2.8%에 불과)

환상적 민관궁합 EPA: 일본과 중남미 간 특징적 연결고리

우리나라나 미국, EU 등 대부분의 국가가 외국과의 통상진흥 수단으로 FTA(자유무역협정)를 선호하는 데 비해 일본은 주로 EPA(경제연대협정)를 이용하고 있으며, ODA(공적개발원조) 정책과 전략적으로 연계(PPP)하여 실질적 성과를 내는 특색을 보이고 있습니다.

일본은 EPA를 왜 중시하며, 중남미에서 어떤 성과를 내고 있을까요? EPA가 일본기업의 중남미 진출을 어떻게 돕고 있는 것이며, 우리 기업에 주는 시사점은 어떤 것일까요?

EPA(Economic Partnership Agreements)는 경제동반자협정 또는 경제연대협정으로 불리는데, FTA(자유무역협정)와 같은 무역투자자유화 조치와 더불어 촉진(facilitation)과 협력(cooperation)을 부가 요소로 하고 있습니다. 이 때문에 FTA보다 관심범위가 더 넓다고 볼 수 있는데, 일본기업들이 해외 영업활동을 원활하게 영위할 수 있도록 기술협력을 공통분모로 하는 ODA사업과 조화를 이뤄 국내외 비즈니스 환경을 개선하는 데에 초점을 맞추고 있습니다. 그런 의미에서 EPA는 공공부문과 민간부문이 조화를 이뤄 성과를 창출해내는 일본의 PPP(Public-Private Partnership) 방식의 총화로 이해해볼 수 있습니다. 즉, EPA는 환상적 민관궁합(民官宮合), 그 자체로 볼 수 있습니다.

모든 EPA에는 정부와 민간부문간 협력을 규정하고 있으며, 그 범주 안에서 비즈니스 환경 개선 위원회를 발족시켜 양국 정부 관계자와 민간부문 관계자를 참여시킵니다. 중남미 영업을 하는 일본기업들이 중남미 정부 관계자와 직접 소통할 수 있는 통로를 공식적으로 마련해줌으로써 일본기업들이 애로를 해소할 수 있는 제도적 장치로서 역할하게 된다는 데에서 EPA는 ODA와 손잡고 그 진가를 발휘하게 됩니다.

해당 국가들은 이 위원회를 통해 협정 내용을 수정보완 내지 개선하여 자신의 정책적 니즈를 충족시켜나가니 모두가 윈윈(win-win)하는 모델이 될 수 있습니다. 일본정부의 ODA는 일본과 중남미 기업들 간 유대관계를 형성하는 툴로서 기능하는 한편 EPA가 중시하는 협력 부문에서도 중요한 역할을 수행해 냄으로서 이러한 윈윈 구조가 가능해진 것으로 풀이됩니다.

일본은 중남미에서 2005년 멕시코를 시작으로 칠레, 페루 등 3개국과 각각 EPA를 발효시켰으며, 콜롬비아와는 2012년 제1차 협상부터 2016년 제14차 협상까지 지난한 EPA협상을 벌이고 있습니다. 일본과 EPA 관계를 맺고 있는 4개국은 모두 태평양동맹국이라는 공통점을 갖고 있는데요, 일본이 2013년 1월부터 태평양동맹 회의에 최초의 옵서버 국으로 참여하고 있는 것을 볼 때에 일본의 태평양동맹 중시 성향을 읽을 수 있겠습니다.

* 참고로 EPA는 중남미에서 AAE(Acuerdo de Asociacion Economica) 또는 TLC(Tratado de Libre Comercio) con un plus(la cooperacion) 등으로도 불리고 있으며, ODA는 AOD(Ayuda Oficial al Desarrollo)로, PPP는 APP(Alianza Publico-Privada)로 불리기도 합니다. 중남미 현지 언론기사나 자료를 참고할 경우 현지 표현을 알아두면 유용할 겁니다.

일본-멕시코 EPA(2005), 일본-칠레 EPA(2007), 일본-페루 EPA(2012) 등은 이들 국가들의 대일본 수출 증대 효과를 도출해냈으며, 나아가 아시아권 국가들로부터 직접투자를 이끌어내는 데에도 성과를 발휘했다는 평가를 받고 있습니다.

EPA를 근거로 일본의 대 칠레 직접투자가 브라질과 유사 수준으로 증대된 사례나, 일본의 대 멕시코 직접투자가 강한 증가세를 타고 있는 것도 이 같은 맥락에서 볼 수 있겠습니다. EPA 이후 일본은 칠레로부터 자원을 안정적으로 공급받게 되었으며, 멕시코 시장에서는 일본 상품들의 입지가 크게 강화되는 등 성과가 도출되고 있습니다. 멕시코 진출 일본기업의 숫자가 2009년 399개사에서 2014년 814개사(이중 160개사는 자동차 분야)로 대폭 늘어난 것(*주의: 자료원이 Pricewaterhouse Coopers 2015로서 앞서 밝힌 일본정부의 2013년 통계와 큰 차이)도 EPA 효과로 거론되고 있습니다.

일본주도의 TPP 11과 중남미 3국의 입장

마지막으로 환태평양경제동반자협정 TPP(Trans Pacific Partner- ship)에 대한 일본과 중남미 입장을 살펴보고 본 강의를 마무리 짓겠습니다. 일본은 당초 미국 주도 TPP에 별 관심을 갖지 않다가 대미 통상관계를 고려해서 뒤늦게 합류했지만, 정작 미국이 트럼프 정부가 들어서고 나서 TPP 탈퇴를 선언하자 가장 적극적으로 TPP 살리기에 나서고 있습니다. TPP 12개국 중 미국을 뺀 11개국(아시아대양주7 + 중남미3 + 캐나다)으로 TPP11을 발효시켜 중국 주도의 아시아태평양지역 역내 포괄적 경제동반자협정 RCEP(Regional Comprehensive Economic Partnership/아세안 10국 + 한중일 + 인도, 호주, 뉴질랜드 등 총 16국 자유무역협정)에 대해 견제를 하려는 것입니다.

나아가 한중일 FTA 협상도 주도하는 한편 미국 차기 정부의 TPP 편입까지 종합 고려한 포석으로 평가되고 있는데, TPP11에 포함되어 있는 중남미 3개국 중 칠레와 페루는 정작 미국의 빈자리를 중국이 채워주기를 바라는 분위기이고, 멕시코는 미국과의 NAFTA(북미자유무역협정) 재협상이 발등의 불이어서 신경 쓰기 어려운 상황이라 일본이 어떻게 TPP11을 성사시켜 나갈지 자못 관심을 끌었습니다. 그런데 2018년 3월 칠레 산티아고에서 11개 회원국이 서명하여 CPTPP(포괄적점진적TPP)라는 이름으로 TPP11을 결국 출범시키기에 이릅니다. 2019년초 발효를 목표로 6개국 이상 비준을 받으면 즉시 발효되며, 교역품목의 99%가 관세철폐되는 관계로 우리나라도 가입의 득실을 따져 저울질중입니다. 향후 미국의 가입이나 멕시코와의 FTA 효과를 봐선 가입이 필요하나, 일본과의 FTA 효과는 부담이 되는 측면이 있을겁니다.

제41강 중남미와 한국 관계

1905년 한인들의 멕시코 이민으로 한국과 중남미 관계가 서막을 올린 이래 1948년 대한민국 정부수립 이후 많은 중남미 국가들이 한국을 유일합법정부로 승인했습니다. 1950년 한국전쟁이 발발하자 콜롬비아가 참전했고, 멕시코 등 여러 나라는 의약품 등 구호품을 보내오는 등 중남미는 우리나라에 대해 많은 지원을 해주었습니다.

중남미는 냉전시대부터 지금까지 국제무대에서 우리나라의 입장을 지지해주는 우방이자 우리나라의 최대 무역흑자 시장으로 자리매김 되고 있는데, 중남미와 한국 관계를 여러 측면에서 살펴보는 것은 독자 여러분이 중남미와 업무를 추진하는데 있어 상당한 의미가 있을 것으로 보입니다.

| 멕시칸 드림과 눈물의 에네껭 농장 이민 / 5만 명 대 16만 명 인적 교류

에네껭과 멕시칸 드림: 한국인의 중남미 이주

1904년 12월 황성신문의 멕시코 이민자 모집공고를 보고 1,031명의 다양한

계층의 조선인들이 각자 저마다의 부푼 꿈을 안고 제물포항을 떠납니다. 40일의 항해 끝에 1905년 5월 유카탄 반도의 살리나 크루스 항에 도착합니다. 이들은 메리다 소재 22개 에네껭(henequen) 농장으로 분산 수용되어, 당초 기대와는 달리 무더위 속 고통스런 노예생활을 견디며 4년의 계약기간을 버텨내지만, 일본의 합병으로 돌아갈 고국이 없어져버리자 멕시코 전역 및 쿠바, 하와이 등으로 흩어지게 됩니다. 한국인의 중남미 관계는 이렇게 고달프고 서글픈 모습으로 시작됩니다.

1차 세계대전 이후 설탕가격의 폭등으로 쿠바 제당산업이 호황을 누리자 290명의 한인이 1921년 쿠바 사탕수수 농장이나 에네껭 농장으로 이주하여 악전고투하게 됩니다. 멕시코와 쿠바에서의 애달픈 제1기 중남미 한인 이민시대는 바로 이렇게 열린 것입니다.

1962년 해외이민법이 제정되자 브라질, 파라과이, 아르헨티나를 중심으로 한국인들의 중남미 이민이 본격 추진되며 제2기 중남미 이민시대가 열립니다. 한국인 특유의 근면성실로 인정을 받아 정착에 성공하면서 상파울루의 봉헤찌루나 부에노스아이레스의 백구촌 등 한인 타운이 형성되어 오늘날까지 이어지고 있습니다. 브라질 한인은 한때 10만 명을 넘어서기도 했으나 지금은 4만 명 수준이며, 아르헨티나에는 3만 명, 멕시코에는 1만 명이상의 동포들이 거주하고 있습니다.

이들 이민자들이 1960~70년대에 고국으로 보내준 외화는 당시 가난했던 한국으로서는 경제 발전에 큰 보탬이 되기도 했습니다. 기타 페루, 칠레, 파라과이, 콜롬비아, 에콰도르, 베네수엘라, 과테말라, 도미니카공화국 등 대부분의 중남미 국가에 한인들이 이주하여 중남미와 한국을 이어주는 가교 역할을 톡톡히 해내고 있습니다. 아무쪼록 중남미 거주 우리 한인 동포들의 무궁한 건승을 기원 드립니다.

브멕페아콜 등 30여국 4천여명: 한국 거주 중남미인

한국체류 중남미인 실태조사 자료(대외경제정책연구원/2011.12)에 의하면,

2010년 기준 한국 체류 중남미 이주민은 총 34개국 4,269명이며, 이중 1/4 정도는 한국 내 영구 거주를 희망한다고 합니다.

이주민 대다수(92.5%)가 브라질, 멕시코, 페루, 아르헨티나, 콜롬비아, 파라과이, 칠레, 과테말라, 에콰도르, 베네수엘라, 볼리비아, 엘살바도르 등 12개 국가 국적 소지자로 나타나고 있으며, 특히 브라질(1,248명), 멕시코(608명), 페루(588명), 아르헨티나(489명), 콜롬비아(206명) 등 선두 5개국이 3,139명으로 전체 체류자의 73.5%를 차지하고 있는데, 체류 자격을 보면 브아, 멕콜, 페루 등 세 그룹으로 나뉩니다.

브라질과 아르헨티나는 재외동포 이주 역사가 길고 해당국 거주 한인 수가 많다보니 방문이나 동반, 재외동포 자격으로 입국하는 이주민들의 비중이 높은 반면, 멕시코와 콜롬비아는 이주민의 과반수가 전문 인력 비자로 입국하여 허가기간에만 한국에 거주하는 경향이 있어 합법 체류자 비중이 월등히 높은 특징을 보이고 있습니다.

페루의 경우 단기체류 비자 소지자 비중이 매우 높은 특성을 보이고 있는데, 1994년 68명에서 1995년 494명, 1996년 1,603명, 1997년 1,568명 등으로 급증세를 보이다가 1998년 이후 500~700명 수준을 꾸준히 유지해오고 있습니다. 단기체류 비자 소지 이주민 상당수가 일본을 거쳐 한국으로 이주해온 `여행노동자'로 분류되며, 여행노동자 형태로 입국하여 저숙련 이주노동자로 근무하는 경우 대다수가 10년 이상의 불법 장기체류로 이어지는 경향을 보이고 있습니다.

전문직 이주 사례로는 대학생, 스페인어 강사, 축구 선수, 체력관리 코치, 프로젝트 매니저, 음악인, 요리사 등을 들 수 있으며, 거주 지역은 서울이나 울산, 거제, 부산, 대구, 진주 등 전국적인 분포를 보이고 있습니다. (이중 거제는 이주민이 아닌 주재원 신분)

서울 소재 중남미 인들의 경우 한남동 소재 프란시스코 수도회의 일요일 종교행사 참석을 통해 연결이 되거나, 보문동 소재 천주교 외국노동자 상담소의 포괄적 공동체 활동을 통해 연결되고 있다고 합니다. 한남동 수도회에는 멕시코 및 콜롬비아 국적 이주민이, 보문동 상담소는 페루, 에콰도르, 볼리비아 등 안데스 국가 출신이 집중되는 것으로 알려져 있습니다.

5만 명 대 16만 명: 중남미-한국 인적교류

2000년대 들어 한국과 중남미 간 관광이나 출장 등 인적 이동이 활발하게 진행되고 있습니다. 2009~2013년 기간 중 양 지역 간 인적 왕래가 80% 늘어났으며, 중남미 여행 한국인 숫자가 한국 여행 중남미 인에 비해 3배 더 많습니다.

2009년에는 29,637명의 중남미 인이 한국을 다녀갔으며, 90,631명의 한국인이 중남미를 다녀온데 비해, 2013년에는 한국 여행 중남미인은 52,860명으로, 중남미 여행 한국인은 166,286명으로 각각 증가한 것으로 나타나고 있습니다.

중남미 국가 중 한국인이 많이 다녀간 나라는 어딘지 궁금하시죠? 브라질? 멕시코? 아르헨티나? 페루? 마침 궁금증을 해소해주는 자료로 CEPAL(유엔중남미경제위원회)자료가 있습니다. 2009년 수치와 2013년 수치가 비교되어 있습니다. 멕시코(26,178명 => 59,249명), 브라질(24,140명 => 44,339명), 페루(7,824명 => 14,000명), 칠레(6,582명 => 10,796명), 과테말라(9,361명 => 8,182명), 콜롬비아(4,015명 => 5,382명), 파라과이(3,672명 => 5,252명) 등으로 집계되고 있는데, 아르헨티나는 안 보이는군요. 아마 통계 누락이 아닌가 싶습니다.

통계를 보면 우리 한국인들이 중남미 중에서는 멕시코를 가장 많이 방문합니다. 그래서 서울-멕시코시티 직항편이 개통된 것입니다.

그럼 중남미 인들이 한국에 많이 다녀간 나라는 어딜까요? 역시 인구대국인 브라질입니다. 브라질(10,145명 => 15,739명), 멕시코(5,472명 => 10,953명), 페루(1,690명 => 4,615명), 콜롬비아(2,376명 => 4,088명), 칠레(1,735명 => 3,299명), 아르헨티나(2,350명 => 3,296명), 베네수엘라(1,421명 => 2,399명) 등입니다.

* 수교와 정상외교: 중남미와 한국 간 정치외교 관계

'59년 브라질 시초, 쿠바 제외 중남미 32개국과 수교

우리나라는 중남미 국가 중 최초로 1959년 10월 브라질과 외교관계 수립을 시작으로 1962년 수많은 중남미 국가들과 국교를 개설합니다. 1980년대에 이르러서는 중남미 33개국 중 쿠바를 제외한 32개국과 모두 수교하게 됩니다. 쿠바는 워낙 북한과 관계가 끈끈해서 북한 눈치 보느라 우리와 수교가 안 되고 있는 상황입니다. 한국은 현재 중남미 거의 전역에 상주 대사관을 설치하고 있으며, 중남미 각국도 대부분 서울에 상주 대사관을 운영하고 있습니다.

'91년 멕시코 필두, 활발한 중남미 순방 정상외교

1990년대 들어 우리나라와 중남미 관계는 비약적 발전을 이룹니다. 1991년 노태우 대통령이 중남미 최초로 멕시코를 방문한데 이어 1996년 김영삼 대통령이 과테말라, 칠레, 아르헨티나, 브라질, 페루 등 5개국을 순방하였고, 김영삼 정부 시절 중남미 17개국 정상들이 방한함으로써 정치, 외교, 경제 등 다양한 분야에서 양자 간 협력 강화의 기틀이 마련됩니다.

이를 보면 80년대까지만 해도 중남미가 우리나라에서는 찬밥 신세였나 봅니다. 어려운 나라 살림에 먼 곳까지 우리 정상이 갈만한 곳으로 간주되지 않았나 봅니다. 90년대 들어 지구 끝 중남미도 정상외교 대상지가 된 것은 바꿔 말하면 그만큼 우리 국력이 신장된 것입니다. 과거 못살던 시절에는 4강이나 유럽, 아시아 등에도 신경 쓸 일이 많은데 머나먼 중남미까지 신경 쓸 여력이 없었을 것입니다.

이 시기에 외교부내에 중남미국이 신설되는데, 과 단위가 국 단위로 승격된 것은 중남미와 한국 간 관계가 긴밀해지고 있음을 나타내는 증표 역할을 하는 것 같습니다. 특히 1991년 창설된 KOICA(한국국제협력단)는 한국과 중남미 간 정치외교관계에서 ODA(공적개발원조)를 협력수단으로 중요한 역할을 담당하게 됩니다. 중남미 국가들은 한국 정부가 중남미를 국으로 격상시켜 외교를 강화하는데 대해 긍정적 평가를 했다는 것입니다. 자신들의 한국 내 위상이 올라간 것으로 여기는 것입니다. 그래서 그 이후 한 때 국을 과로 격하시키려는 움직임도 있었나본데, 당시 주한 중남미 공관들이 집단 반발하는 움직임이 포착되기도 했었다합니다. 내정간섭으로 받아들일 수도 있겠지만 미묘한 외교무대에서는 무시할 수 없는 힘으로 작용하는가봅니다.

김대중 정부에서는 1998년 11월 쓰라린 IMF체제하에서 경제위기 타개책으로 칠레에 자유무역협정(FTA) 체결을 제안하여 처음으로 FTA 물꼬를 텄으며, 브라질의 까르도주 대통령 및 멕시코의 폭스 대통령이 방한합니다.

2000~2001년 김대중 대통령은 중남미 순방을 계획했으나 여러 사정으로 불발에 그치게 되고, 2004년 11월 노무현 대통령의 아르헨티나, 브라질, 칠레 방문과 2005년 9월 멕시코, 코스타리카 방문, 2007년 7월 IOC(국제올림픽위원회) 총회 참석차 과테말라 방문으로 이어집니다.

이명박 대통령은 2008~2012년 기간 중 중남미 17개국 정상들과 총 27회의 정상회담을 가졌으며, 특히 2011년에는 콜롬비아 산토스 대통령이 방한하고 이듬해 2012년에는 사상 처음으로 한국 대통령이 콜롬비아를 방문하여 양국간 FTA가 타결됩니다. 콜롬비아는 한국전 유일 참전국으로서 한국 국가원수의 방문이 줄기차게 요구됨에 따라 늦게나마 2012년에 성사된 것입니다.

이명박 대통령 시기에 2008년 브라질 및 페루 방문, 2010년 파나마와 멕시코 방문, 2012년 브라질, 칠레, 콜롬비아, 멕시코 방문 등 중남미 정상외교가 활발하게 진행됩니다.

그 시기에 중남미에서는 어느 나라 정상들이 다녀갔을까요? 페루 대통령은 무려 3회(2009, 2010, 2012)나 방한했네요. 파라과이는 2회(2008, 2012), 칠레도 2회(2009, 2012)씩 방한했고, 파나마(2010), 볼리비아(2010), 에콰도르(2010), 브라질(2010), 온두라스(2011), 콜롬비아(2011), 코스타리카(2012) 등 중남미 여러 나라 대통령들이 한 차례씩 방한하였습니다.

이중 페루 대통령이 3회나 방한한 것이 이채로운데, 그분이 한국을 무척 좋아했나 봅니다. 주인공이 오얀타 우말라 대통령인데, 과거에 주한무관을 역임하면서 한국에 대한 좋은 인상을 가졌던 것 같습니다. 그 결과 한-페루 FTA 체결(2011년)과 정부간(G2G)수출계약(2012년) 등 구체적인 비즈니스 성사로 연결되기도 했습니다.

박근혜 대통령은 2013년 멕시코 및 페루와의 정상회담을 시작으로 2015년 콜롬비아, 페루, 칠레, 브라질 등 4국 순방, 2016년 멕시코 방문을 했으며, 온두라스(2015)와 코스타리카(2016) 대통령의 방한이 있었습니다.

문재인 대통령은 2007년 에콰도르 특사로 간 적이 있어 중남미와 인연을 맺었으며, 2017년 5월에는 중량급인 박영선 의원을 에콰도르 신임대통령 취임식 경축특사로 보내는 등 중남미에 관심을 표하고 있습니다.

멕브칠페는 후끈, 아베는 썰렁: 중남미 순방 정상외교의 특징

우리 정상의 중남미 순방을 되돌아보면 몇 가지 특징을 추려내 볼 수 있습니다. 첫째, 멕시코와 브라질, 칠레, 페루 등 4개국이 인기 순방국이라는 점, 특히 멕시코는 정상외교 스타트를 끊을 만큼 가장 신경 쓰는 나라인 것 같고, 칠레, 페루와 함께 태평양동맹국이라는 또 다른 특색이 있습니다. 둘째, 중남미 빅7(브, 멕, 아, 콜, 칠, 페, 베)중 3개국(아콜베)은 정상외교 관련해서는 상당히 쳐진 느낌을 받게 되는데, 아르헨티나, 콜롬비아, 베네수엘라 경우는 다른 차원에서 접근이 되는 모양새입니다.

아르헨티나는 96년 및 2004년 두 차례에 걸쳐 방문한 바 있었는데 그 이후론 방문이 뚝 끊겨 그렇잖아도 먼 나라가 더 먼 나라로 느껴집니다. 아르헨티나도 95년 메넴 대통령이 한국에 한 번 다녀간 이후 더 이상 발길을 끊은 모습입니다. 물론 2010년 11월 G20 정상회의 참석차 크리스티나 대통령이 방한하긴 했지만 여기에 포함시키기에는 성격이 다른 것 같습니다. 아르헨티나는 우리나라에 대한 관심도가 미약한 탓인지 우리를 썩 반기는 모습은 아닌 것 같고, 그러다보니 우리도 거기는 잘 안 가려는 서먹서먹한 분위기가 읽혀집니다. 부부 끼르츠네르 집권기에 아르헨티나 정부가 외교를 소홀히 하는 모습을 보여 작은 나라 정상들이 푸대접을 받을 뻔 한 일들이 발생한 점도 작용하리라 봅니다. 하지만 이제는 신정부도 들어서고 했으니 조만간 교류가 있을 것입니다. 콜롬비아 경우는 어떨까요? 과거에는 전혀 방문이 없다가 늦게나마 두 차례(2012, 2015) 방문이 이루어진 덕분에 소원했던 감정이 풀려 한층 가까워진 느낌이 듭니다. 콜롬비아는 87년, 96년, 2011년 등 3차례에 걸쳐 대통령이 방한한바 있습니다. 그런데 베네수엘라의 경우 한 때는 우리 기업들이 군침을 흘리던 훌륭한 시장이었는데 우리 정상이 카라카스를 방문했다는 얘기는 못 들었습니다. 차베스 대통령은 김대중 정부 시절 99년에 한 번 방한한 적이 있었는데... 그 이유는 아마도 베네수엘라의 외교정책노선이 반미전선 주도국으로서 중남미 여타국과는 달리 워낙 독특하다보니 전통적 친미국인 우리나라가 정상방문에 큰 부담을 안고 있었던 것은 아니었을까 생각됩니다.

9%대15%=>53%대13%/ 뻥튀기! 100억 불시장x7년=400억 불시장 - 중남미와 한국 간 무역관계

중남미는 한국이 짧은 시간에 어떻게 경제 빈국에서 경제 강국으로 부상하게 되었는지, 중남미는 왜 경제발전에서 뒤처지게 되었는지에 대해 많은 관심을 기울이며, 한국 배우기에 나서는 모습을 자주 접하게 됩니다. 먼저 양자 간 경제적 위상이 어떻게 변화되어 왔는지 살펴보고, 국별 교역상황을 짚어보도록 하겠습니다.

미국의 9%=>53%로, 15%=>13%로!: 중남미와 한국의 위상변화

1970년에 한국의 1인당 GDP(국민소득)는 미국의 9% 수준이었고, 중남미는 미국의 15%선으로 중남미가 한국보다 잘 살았습니다. 그런데 45년이 지난 2014년도 수치로 비교해보니 한국은 미국의 53%가 되어 있는데 반해 중남미는 미국의 13%로서 약간 퇴보했거나 그 수준 그대로 머물러 있는 겁니다. 중남미로서는 기가 막힐 노릇일 것입니다.

좀 더 현실감을 갖도록 대표국가를 예로 들어볼까요? 1970년 우리나라 1인당 국민소득은 멕시코의 42% 수준이었습니다. 2014년에는 어떻게 되었을까요? 놀랍게도 멕시코가 한국의 35% 수준이 되어 있네요. 위상이 완전 뒤바뀌어 있는 것입니다. 그야말로 상전벽해가 아닐 수 없으니, 중남미에서 한국을 보며 자성론이 이는 것은 어찌 보면 당연한 것이 아닌가 싶습니다.

2014년 10월 필자가 워싱턴 IDB 본부 포럼에 초청을 받아 참석한 적이 있었는데, 거기서 상기 주제가 발표되었습니다. 한국 국민으로서 자부심이 느껴지기도 했지만 왜 차이가 발생하게 되었는지에 대해 반추해보는 시간을 갖게 되었습니다.

자원이 풍부해서 먹고 살 것이 많은 중남미와 부존자원 빈약으로 먹고 살 것이 없는 척박한 한국을 비교해보면 70년대 상황이 2000년대에도 그대로 이어지는 것이 마땅했겠지만 한국은 상식을 뒤집은 겁니다. 어떻게 뒤집었는지는 독자 여러분 모두가 알고 있는 상식이니 여기서 새삼 거론할 필요는 없으리라 봅니다만, 수출이 반세기 한국 경제기적의 핵심 수단으로서 역할을 해왔다는 중남미 국제기구(CEPAL/유엔 중남미경제위원회/영어로는 ECLAC)의 인식을 바탕으로 지금부터 교역투자관계를 중심으로 중남미와 한국 간 경제관계를 풀어가 보도록 하겠습니다.

***팁: 한-중남미 교역 첨병 무역관을 비즈니스에 활용하라!**

본론에 들어가기에 앞서 중남미 교역투자 확대 관련, 짚어보고자 하는 사항이 있습니다. 양 지역 무역거래가 꾸준히 는 것은 우리 기업들의 시장개척을 향한 불굴의 의지와 노력이 가장 큰 요인이었습니다. 다만 우리 업계의 이런 노력을 뒷받침하려는 정부의 지원노력도 어느 정도 기여를 한 것으로 봐줄 수 있습니다. 따라서 우리나라와 중남미 간 교역 활성화를 위해 우리 정부가 설립한 KOTRA 무역관에 대해 간략히 짚어보는 것도 나름 의미가 있는 것은 아닐까 싶습니다. 자화자찬으로 몰아붙이는 분도 계실 텐데, 부디 열린 마음으로 너그럽게 봐주시길 바랍니다.

자원빈국의 대한민국이 경제발전을 이루기 위해서는 수출 외에는 달리 방도가 없지 않았습니까? 그래서 무역입국(貿易立國)을 기치로 우리 정부는 1962년 대한무역진흥공사(KOTRA)를 발족시켰습니다. 코트라(KOTRA) 탄생과 함께 1962년 뉴욕, LA, 방콕을 필두로 해외무역관이 설립되기 시작하여 2017년 기준 86개국 126개 무역관이 해외 일선에서 첨병으로 활약하고 있으며, 중남미에도 일찌감치 60년대 후반부터 진출하여(1969년 파나마가 효시) 현재 중남미 14개 도시에 무역관이 진출해 우리 기업의 수출, 투자 및 프로젝트 수주 등 각종 비즈니스를 지원하고 있습니다. 아무쪼록 독자 여러분께서 중남미 비즈니스 동반자로 무역관들을 잘 활용해보시기 바랍니다. (www.kotra.or.kr)

* KOTRA의 중남미 지역 무역관 개설 현황 : 13개국 14개 도시에 설치

1960년대 1개소 개설 : 1969년 파나마 무역관

1970년대 7개소 개설 : 1970년 카라카스 무역관, 1973년 멕시코시티 무역관, 상파울루 무역관, 1975년 부에노스아이레스 무역관, 1976년 리마 무역관, 1977년 보고타 무역관 및 산티아고 무역관

1980년대 이후 6개소 개설 : 1985년 과테말라, 1996년 산토도밍고, 2003년 아바나, 2012년 리우데자네이루, 키토, 아순시온 무역관

(그 이전에 개설되었다가 폐쇄된 후 재개설된 경우도 있음. 현재 폐쇄된 무역관은 제외)

한국의 대중남미 교역액 5~600억 불, 점유비중은 5%

1970~2010년의 40년 기간 동안 한국의 수출은 연평균 16%의 성장률을 기록한 결과, 1960년대 중반만 해도 국제 시장에서 전혀 존재감이 없었던 한국의 위상은 2013년 세계 7위의 수출국이자 세계 9위의 수입국으로 세계 시장에 우뚝 서게 되었습니다.

2000~2014년 기간 중 한국의 대중남미 무역은 연평균 11.7%씩 신장되어, 동 기간 한국의 전체 무역증가율 10.7% 보다 높은 성장을 이뤄냈으며, 대 중남미 연간 수출은 2014년 기준 359억 불, 수입은 183억 불로 한국의 대중남미 무역 규모는 542억 불을 기록했습니다.

하지만 놀라운 신장 속도에도 불구하고 한국의 전체 교역량에서 중남미가 차지하는 비중을 보면 5% 수준(4.9%/수출은 6.3%, 수입은 3.5%)의 낮은 비중으로서 앞으로도 많은 발전 여지를 남겨두고 있는 유망시장임을 보여주고 있습니다.

뻥튀기! 2004년 100억 불 수출시장이 7년 만에 400억 불 시장으로!

한국의 대중남미 수출은 1984년에 10억 불을 달성한 이래 꾸준히 증가해 왔으며, 2004년에는 31.4%의 놀라운 성장세를 보이며 처음으로 100억 불을 돌파했습니다. 그 때부터 한국의 대중남미 수출은 무서운 성장세를 견지하며 2006년에 200억 불 달성, 2008년에 300억 불 달성, 2011년에 400억 불 달성 등 눈부신 성과를 일궈냈습니다. 수출 뻥튀기! 마치 중남미 수출이란 상품을 뻥튀기 기계로 돌려 내놓은 것 같은 놀라움과 한국의 수출 저력에 절로 감탄사가 나옵니다.

이러한 경이적 성과를 배경으로 한-중남미 교역규모는 2011년 수출 401억 불, 수입 201억 불로 총 602억 불을 기록했습니다. 그러나 그 이후 수출이 500억 불대로 진입하기는커녕 매년 꺾어지기 시작하여 2016년에는 수출이 254억 불, 수입이 152억 불을 기록하는 등 교역규모가 400억 불 선으로 주저앉았다가 2017년 부터 조금씩 회복되는 추세를 보이고 있습니다. 단기간에 커버리니 설익은 부분이 있었을 것입니다. 조만간 500억 불 고지도 돌파하고 궁극적으로 1천억 불 고지를 향하여 우리 대중남미 수출기업들의 건투를 빕니다. 파이팅!

멕시코와 브라질은 각각 100억 불 수출시장: 주요국 교역규모

중남미 국가 중 우리나라의 최대교역국인 멕시코의 경우 2014~15년 2년간 한국의 연간 수출액이 100억 불을 넘어서는 기염을 토하기도 했으나, 2016년 100억 불 선을 하회하다가 2017년에 다시 상승세를 타고 있습니다.

한때 중남미에서 우리나라의 최대교역국의 위상을 과시한 바 있는 브라질의 경우 2011~12년 2년 동안 멕시코에 앞서 우리의 수출 100억 불 고지를 넘어선 바 있었습니다. 하지만 2011년을 정점으로 감소세로 반전된 이래 2015~16년 브라질 경제 추락에 따라 40억 불대로 급격히 밀리는 양상까지 시현하다가 2017년 들어 가까스로 진정기미를 보이고 있습니다.

멕시코나 브라질이 한국에 상당한 규모의 무역흑자를 안겨주고 있는데 반해 칠레는 우리가 현격한 무역적자를 떠안고 있는 전혀 다른 모습을 보여주고 있습니다. 칠레는 2007년 우리 수출이 31.2억 불, 수입이 41.8억 불을 기록하여 교역규모가 처음으로 70억 불 대를 돌파한 것을 정점으로 매년 부침을 거듭해 왔습니다. 특히 수입에 비해 수출이 크게 위축되어 적자폭이 벌어지는 모양새이며, 2016년에는 수출이 16억 불, 수입이 37억 불로 교역규모가 50억 불대로 내려앉은 상황입니다.

빨간 신호등: 중남미는 한국과의 교역 상황을 어떻게 보나?

그런데 중남미 전체 시각에서 보면, 2000년 50억 불의 대 한국 무역적자가 2013년에는 190억 불로 악화된 점이 돋보입니다. 우리가 중남미를 상대로 공적 분야나 사적 분야나 각종 업무를 추진할 때에 신경을 써야할 부분이 중남미 각국이 우리를 어떻게 보고 있느냐 입니다. 그래서 중남미 시각에서도 한국과의 교역 관계를 조명해볼 필요가 생깁니다.

세팔(CEPAL/유엔 중남미경제위원회/ECLAC)의 2015년도 자료(한국과 중남미간 경제관계)에 의하면, 중남미는 2000~2013년 기간 중 한국과의 교역에서 5개국(아르헨티나, 베네수엘라, 칠레, 페루, 볼리비아)만 제외하고는 모두가 적자가 심화되고 있는 상황이며, 대표적 사례로 멕시코는 34억 불에서 120억 불로, 브라질은 9억 불에서 39억 불로 악화되고 있다는 인식을 분명히 하고 있습니다. 무역 전선에 빨간 신호등이 켜진 것입니다.

중남미의 대한국 수입비중은 3.1%, 수출 비중은 1.3%

중남미의 전체 무역 대비 대한국 무역 비중은 2000년 1.5%에서 2013년 2.2%로 올라가 있긴 하지만 여전히 낮은 수준입니다. 대한국 수입 비중은 동기간 1.8%에서 3.1%로 가파른 오름세를 타는데 반해, 대한국 수출은 1.1%에서 1.3%로 거의 횡보 수준의 미약한 오름세를 보이고 있으니 그럴 수밖에 없을 것입니다.

무역규모가 GDP에서 차지하는 비중은 중남미가 39%인데 비해 한국은 92%로서 무역이 경제에 미치는 효과가 한국이 중남미보다 훨씬 큽니다. 수출기업 숫자도 한국이 멕시코와 칠레 및 여타 역내 7개 중소국가 등 9개국 수출기업 합산치보다 더 많은 점에 대해 세팔(CEPAL/ECLAC)은 의미를 부여하고 있습니다.

*** 중남미 주요국내 한국의 무역**(수출입) **위상 추이**

2000년과 2013년을 비교년도로 하고 먼저 중남미의 수출 대상국으로서 당해 국가 전체 수출시장 내 한국의 위치를 보면, 멕시코에서는 21위에서 16위로, 브라질에서는 18위에서 8위로, 칠레에서는 8위에서 5위로, 콜롬비아에서는 29위에서 33위로, 아르헨티나에서는 28위에서 25위로, 페루에서는 12위에서 9위로 등 일부만 제외하곤 대부분 한국이 중남미의 수출시장으로서의 입지가 올라가는 모습을 볼 수 있습니다만 우리의 절대적 위치는 대부분 10위권 밖의 미약한 수준에 머물고 있습니다.

이번에는 반대로 중남미의 수입 대상국으로서 당해 국가 전체 수입시장 내 동 기간 중 한국의 위치를 보면, 멕시코에서는 6위에서 4위로, 브라질과 칠레에서는 공히 8위에서 6위로, 콜롬비아에서는 14위에서 9위로, 아르헨티나에서는 12위에서 13위로, 페루에서는 11위에서 6위로 등 일부만 제외하곤 대부분 한국이 중남미의 수입시장으로서의 입지가 더욱 탄탄해지고 있으며, 절대적 위치 또한 대부분 10위권 이내로 양호한 성적입니다.

대한국 수출대국은? 브라질(33%)과 칠레(30%)가 중남미 1,2위

중남미 전체에서 각국이 차지하는 대한국 수출 비중을 2013년 기준 주요국별로 보면, 브라질이 33%, 칠레가 30%, 멕시코와 페루가 각 11%, 아르헨티나가 7%, 볼리비아가 3%를 점하는 것으로 나타나고 있어 브라질과 칠레 등 2개국이 압도적 비중(63%)으로 한국으로 수출을 가장 많이 하고 있음을 알 수 있습니다.

대한국 수입대국은? 멕시코(40%)와 브라질(28%)이 중남미 1,2위

반대로 중남미 전체에서 각국이 차지하는 대한국 수입 비중을 보면 멕시코가 40%, 브라질이 28%, 칠레가 8%, 페루가 5%, 콜롬비아와 아르헨티나가 각 4%로서 멕시코와 브라질 등 2개국이 압도적 비중(68%)으로 한국에서 수입을 가장 많이 하고 있음을 알 수 있습니다.

중남미 내 한국의 수출시장 지위는 14위, 수입시장 지위는 6위

중남미 전체적으로 보면, 중남미 수출에서 한국의 순위는 21위에서 14위로 상승했고, 중남미 수입에서 한국의 순위는 9위에서 6위로 올라갔는데요, 수입시장 내 순위가 수출시장 내 순위보다 매우 높은 점이 두드러집니다. 즉, 한국은 중남미에 물건을 많이 내다 팔고 적게 사가는 나라로 인식되고 있는 것입니다.

1차 산품 받고 2차 산품 내주고: 중남미-한국 교역품목

중남미와 한국은 서로 어떤 물건을 주고받을까요? 중남미가 한국으로 수출하는 품목은 대부분 광물자원(동광, 철광, 은, 납, 아연 등)이나 곡물(옥수수, 대두 등), 기호품(커피 등), 제지원료(펄프) 등 1차 산품(primary goods/ commodities)이며, 간혹 원유가 대한국 주종 수출품으로 떠오르기도 합니다.

반면 중남미가 한국에서 들여가는 품목은 대부분 중간기술 제품이나 고도기술 제품 등 부가가치가 높은 2차 산품(공산품)입니다. 중남미가 한국에서 주로 수입하는 품목 즉, 한국의 대중남미 주력수출상품을 좀 더 구체적으로 보면, 자동차 및 동 부품, 전자부품(반도체 등), 산업용 전자제품(컴퓨터 등), 기초산업기계(원동기 등), 철강제품(철강판 등), 석유화학제품(합성수지 등) 등입니다. 가전제품은 예상 외로 수출물량이 별로 없는데, 그것은 삼성전자나 LG전자 등 우리 기업들이 브라질이나 멕시코 등 중남미 현지에서 생산하는 물량이 많기 때문으로 보입니다.

* 비즈니스 팁 : 중남미 각국과 우리나라 간 수출입 품목 현황 정보가 필요하신 분은 KOTRA 홈페이지(www.kotra.or.kr, news.kotra.or.kr)상 국가정보 또는 무역협회 수출입통계(stat.kita.net)를 참고하시면 되며, 독자 여러분이 중남미 특정국으로 물품을 수출코자 할 경우 적용되는 관세율 등을 알아보고 싶다면 중남미 해당국 관할 KOTRA 무역관 홈페이지 상 Q&A란을 통해 문의(품목별 HS 코드 명기 필요)하시면 무료 답변 받으실 수 있습니다.

상위 5대 수출품목 편중도 58~99%: 중남미의 대한국 수출 특성

2013년 기준 중남미의 대한국 수출 품목은 HS코드(국제상품분류체계/Harmonized System) 6단위 기준으로 1,680개였는데 비해, 중남미의 대한국 수입 품목은 3,464개로서 중남미의 대한국 수출품목이 다양하지 못하다는 점을 CEPAL(중남미경제위원회/ECLAC)은 부각시키고 있는데요, 중남미 각국이 중국이나 일본, 미국, 유럽, 중남미 역내국 등에 수출하는 품목은 한국으로 수출하는 품목보다 훨씬 다양하다는 점에서 대한국 수출품목 다변화 필요성이 제기되고 있으며, 우리 기업에도 비즈니스 영역 확대 관련 시사하는 바가 크다고 봅니다.

* **멕시코**는 2013년 한국으로는 달랑 841개 상품을 수출하는데 그쳤으나 중국에 1,444개, 일본에 1,296개, 미국에 4,218개, EU에 2,899개, 역내국에는 3,910개의 상품을 수출. **브라질**은 한국에 645개, 중국에 1,370개, 일본에 1,214개, 미국에 2,794개, EU에는 3,038개, 역내국에는 3,934개의 상품을 수출. **아르헨티나**는 2013년 한국으로는 겨우 178개 상품을 수출했으나, 중국에는 437개 상품을, 일본에는 359개를, 미국에는 1,402개, EU(유럽연합)에는 1,700개, 역내국에는 무려 3,557개의 상품을 수출. **칠레**는 한국에 231개, 중국에 388개, 일본에 264개, 미국에 1,296개, EU에 1,381개, 역내국에 2,985개를 수출. **콜롬비아**는 한국에 116개, 중국에 232개, 일본에 201개, 미국에 1,806개, EU에 1,370개, 역내국에 3,219개를 수출.

중남미 전체로 보면, 2013년 중남미의 대한국 수출 품목은 1,680개에 그친 반면, 대중국 수출 품목은 2,459개, 대일본 수출 품목은 2,251개, 대미국 수출 품목은 4,543개, 대EU 수출 품목은 4,106개, 역내 수출 품목은 4,702개로 집계되고 있습니다.

특히 중남미의 대한국 수출품목이 다변화되기는커녕 5~10대 품목에 편중되는 모습인데요, 상위 10대 품목(동광, 철광, 납광, 은광, 아연, 대두박, 옥수수 등)의 편중도가 2000년 38%에서 2013년 64%로 심화되고 있고, 2013년 상위 5대 품목 비중이 국별로 58%에서 99%까지 집중되는 현상을 보이고 있습니다. 한국의 경우 대중남미 수출품목이 2013년 기준 5대품목이 36%, 10대 품목이 49%로 집계되고 있는 점과 많은 차이가 납니다.

중남미 14개국 대한국 수출기업 수 = 한국의 대중남미 수출기업 수

중남미로 수출을 하는 한국 기업은 2007년 기준 4,181개사로서 한국으로 수출을 하는 멕시코, 브라질, 칠레 등 중남미 14개국 기업 수를 합친 숫자와 맞먹는 규모이며, 이중 84%인 3,531개사는 중소기업(이중 대브라질 1,621개사, 대멕시코 1,362개사, 대칠레 888개사 등)입 니다.

대한국 수출 중남미 수출기업은 67%가 중소기업으로서 한국 대비 중소기업 비중이 낮은 편이며, 특히 수출 금액으로 보면 전체 대한국 수출의 4.5%에 불과(2008~2011년 기준)하여 한국 중소기업의 대중남미 수출 기여도(금액 기준) 12.6%에 비해서도 낮은 수준임을 보여주고 있습니다.

중남미 국가들로서는 대한국 수출기업을 육성하는 것이 당면 과제임이 여실히 드러나고 있습니다. 수출산업 육성이나 금융지원 등과 함께 내수기업을 수출기업으로 육성하기 위해서는 제대로 된 수출 진흥기관도 필요한데, 아예 없거나 명목상 있어도 제 구실을 못하는 경우가 많다는 점이 수출기업이 턱없이 부족한 이유가 되지 않을까 싶습니다.

일화 한 가지 소개해 드리겠습니다. 필자가 근무했던 어느 나라 수출기업인들이 한국으로 어떤 제품을 수출하고 싶어 해서 KOTRA 무역관을 찾아온 적이 있었습니다. 그런데 코트라는 한국 상품을 외국으로 수출하는 것을 지원하지 외국 제품을 한국으로 수출하는 것을 지원하지는 않습니다. 그래서 그 나라 수출 진흥기관을 소개해줬습니다. 그런데 거기서 되돌아온 답변이 걸작이었습니다. 코트라는 모든 정보를 갖고 있으니 코트라에 부탁해보라는 거였답니다.

대중남미투자 83%가 제조업/ 450개사 진출/ 무 존재감? - 한국-중남미 직접투자 교류현황

투자2/3는 브멕, 83%는 제조업: 한국기업의 대중남미 직접투자

세팔(CEPAL/중남미경제위원회/ECLAC) 자료에 의하면, 우리나라의 대중남미 해외직접투자(FDI)는 2001~2006년 기간에는 전체 투자 중 평균 5%를 점하다가 2007~2012년 기간에는 평균 7% 수준으로 올랐습니다. 2003~2012년 기간에는 한국의 대중남미 직접투자가 40억 불에서 270억 불로 크게 늘어났지만, 중국의 투자가 30억 불에서 880억 불로 크게 늘어나는데 묻혀 큰 주목은 받지 못했습니다.

2003~2012년 10년 동안 한국의 대중남미 투자의 2/3는 브라질과 멕시코 등 두 나라로 집중됐습니다. 멕시코의 북미시장 접근성과 브라질의 거대 내수시장을 겨냥한 것입니다. 그 외에 파나마, 페루, 칠레, 콜롬비아 등이 한국의 대중남미 투자처로 각광을 받고 있습니다.

2003~2014년 기간 동안 한국의 대중남미 직접투자의 83%가 제조업 분야로 진출했습니다. 금속, 전자, 자동차, 섬유직물 및 의류, 합판 등이 대표적 진출분야입니다.

*** 한국의 대중남미 투자진출 사례**

CEPAL(중남미경제위원회/ECLAC)은 대표적 사례로 브라질 현대차 진출과 과테말라 봉제의류투자, 칠레 합판투자 등을 들고 있으며, BID(미주개발은행/IDB)는 멕시코 LG전자와 브라질 현대차를 대표 사례로 들고 있는바, 4개 사례를 간략히 소개해 드리겠습니다.

브라질 현대차 진출

2004년 현대자동차는 브라질 내 트럭 생산법인 진출 이후 브라질 내 9위 자동차 생산기업의 위상을 구가하다가, 2012년 7억 불을 투입하여 상파울루 주에 생산라인을 가동시켜 고유 승용차 모델(HB20)을 출시하자마자 시장에서 크게 히트를 치자 2013년에는 일약 5위 기업으로 단숨에 뛰어올랐습니다. 이에 힘입어 2014년 생산라인이 확대되어 연산 185,000대의 생산능력을 갖추게 되었으며, 이제는 열차 제조공장 설립까지 발표하는 등 브라질 내 비즈니스 영역을 확대해 나가고 있습니다.

과테말라 봉제의류 진출

2005~2013년 사이 한국의 대표적인 6개의 섬유의류기업 중 4개사가 과테말라를 중심으로 하는 중미지역에 65억 불을 투자하였으며, 그 결과 과테말라 내 의류제조기업 200개사 중 120개사가 한국인 운영기업으로서 과테말라 섬

유의류 수출액의 80~90%를 한국 기업들이 담당하게 되었습니다.

한국기업들은 DR-CAFTA(중미국과 미국 간 자유무역협정)를 활용하여 과테말라 등 중미지역 생산 봉제의류를 미국시장으로 수출하기 위한 전진기지로서 투자 진출한 것입니다. 대표적 기업으로 Hansae(한세), INT 트레이딩, Sae-A(새아) 등이 꼽히고 있습니다.

칠레 합판투자

칠레 투자진출 대표 사례로는 이건산업이 꼽힙니다. Eagon Lautaro를 1972년 설립한 이래 1993년에는 현지 기업을 인수하여 5년 만에 합판 생산능력을 대폭 키웠으며(월 400m^3 => 5,000m^3), 2008년에는 월13,000m^3 생산규모로 성장했습니다.

멕시코 LG전자 진출

LG전자는 1988년 멕시코에 진출하여 메히깔리(Mexicali)에 TV 생산 공장을 짓고, 몇 년 후에는 따마울리빠에 있는 Zenith전자를 인수한데 이어 2000년에는 몬테레이에 LG전자 몬테레이 법인을 설립하고, 1억 불을 들여 누에보레온 주에 냉장고 생산 공장을 세워 2002년부터 가동에 들어갑니다. 사업이 호조를 보이자 추가로 1억 불을 투자하여 세탁기와 에어컨 생산라인도 깔게 됩니다.

2006년에는 4천만 불을 추가 투입하여 냉장고 생산라인을 증설하고, 2008년에는 전자레인지 생산도 개시합니다. 아울러 2008년 6,500만불 추가투자를 통해 세탁기와 건조기 생산 공장을 확장하면서 미국 시장 및 여타 중남미 시장으로의 수출을 강화해 나가자 LG 전자의 멕시코 내 위상은 더욱 높아졌으며, LG는 이제 구글TV(인터넷TV) 생산을 새로운 도전 과제로 설정하는 등 멕시코 LG의 성공신화를 계속 일궈가고 있습니다.

한국 기업이 중남미 주요국에 얼마만큼씩 투자를 했는지 잠깐 짚어보겠습니다.

브라질에 대한 직접투자는 2001~2006년 기간에는 3.3억 불 수준이었는데 2007~2012년 기간에는 34.9억 불로 급증했습니다. 멕시코로는 동 기간 1.8억 불에서 11.3억 불로 크게 늘었습니다. 파나마는 3.7억 불로 브라질보다 더 컸었다본데 7.8억 불로 늘긴 했지만 투자가 두 대국으로 확 쏠리다보니 순위는 3위로 밀리고 말았군요. 페루는 3.8억 불에서 4.3억 불로, 칠레는 2천만 불에서 2억 불로, 콜롬비아는 5백만 불에서 1.9억 불로, 아르헨티나는 –1천만 불에서 4천만 불로 등등 대부분 큰 폭의 증가세를 기록했습니다.

마이너스 투자가 뭐냐고요? 투자를 대거 회수한 거죠. 투자가 새로이 이루어진 부분보다 투자를 접고 철수하는 부분이 더 컸던 것입니다. 유독 아르헨티나에서만 이런 현상이 나타난 것은 2002년 외환위기를 겪으면서 경제가 나락으로 떨어졌기 때문에 빚어진 현상으로 보입니다. 당시 현지 진출 우리 기업들이 견뎌내기 힘들어 투자 규모를 대폭 줄이거나 철수를 단행했기 때문입니다.

한편 2001~2006년 기간보다 2007~2012년 기간에 우리 기업들의 직접투자가 더 줄어든 나라도 있습니다. 과테말라는 2,800만 불에서 2,300만 불로, 온두라스는 5,700만 불에서 1,400만 불로 감소세를 보였습니다.

한국기업 450개사 현지진출

참고로 중남미에 우리 기업이 얼마만큼 진출하고 있는지 살펴볼까요? 코트라가 자체 조사를 통해 발간하는 2016년도 해외진출 한국기업 디렉토리에 의하면 중남미에 총 450개사가 나가 있습니다. 멕시코에 183개사, 과테말라에 78개사, 브라질에 63개사, 칠레에 28개사, 페루에 27개사, 콜롬비아에 22개사, 파나마에 18개사, 아르헨티나에 12개사, 파라과이에 6개사, 베네수엘라 및 도미니카공화국에 각 5개사, 쿠바에 2개사, 에콰도르에 1개사 등으로 등재되어 있습니다. 동 수치는 여기에 실수로 누락되었거나 지사/법인이 공개를 꺼리는 경우 내지 코트라 망에 포착되지 못해 등록 기회를 얻지 못한 경우 등 동 자료에 담기지 못한 사례가 있어 정확한 수치라고 보기는 어려울 것입니다.

어쨌든 어느 나라에 어떤 기업이 언제 진출하여 얼마만큼 매출을 일으키고 있는지 등 정보가 궁금하시다면 디렉토리를 구입해 보시거나 아니면 코트라 염곡동 사옥 3층 자료실을 방문해서 무료로 보시는 방법도 있습니다. 물론 코트라 각 무역관 사이트에 일일이 접속해보시는 것도 방법이 될 수 있습니다.

무 존재감? 존재감 없는 중남미 기업의 대한국 직접투자

세팔(CEPAL/ECLAC) 자료에 의하면, 중남미 기업의 대 한국 투자는 2001~2006년 사이에 3,800만 불을 기록했고, 2007~2012년 사이에는 더 줄어 2,600만 불을 기록하는 등 미미한 수준에 그치고 있습니다. 우리가 브라질 한 나라에만 35억 불을 투자하는 것에 비하면 조족지혈이겠지요.

아마도 중남미 기업들에게 한국은 매력적인 투자처가 되지 못하고 있나 봅니다. 그보다는 중남미가 아직은 한국이라는 조그만 나라에까지 투자할만한 여력이 없겠지요. 국력이 좀 더 커질 때까지 기다려야 하지 않을까요?

다만 칠레, 페루, 콜롬비아 등과 한국 간 양자 FTA가 각각 체결되고, 상기 3개국 및 멕시코와 4개국 간 태평양동맹이 활성화되면서 한국을 아시아태평양 시장 진출 교두보로 바라보는 시각이 점차 형성되고 있는 점은 향후 전망을 밝게 해주고 있습니다.

콜롬비아의 태평양 연안 항구도시 부에나벤투라에서 필자가 만나본 기업인들은 앞으로 태평양시대가 열리게 될 거라며 기대감에 한껏 부풀어 있었습니다. 이 기대감이 투자와 반드시 연결되는 것은 아니지만 적어도 교역 활성화에는 기여하는 면이 있겠지요. 이들이 주로 기대하는 점은 대서양 항구에 비해 발전이 뒤쳐진 태평양 항구가 활성화될 거라는 점이었습니다. 우리 수출기업들도 태평양 항구가 워낙 낙후되어있다 보니 화물통관이 지체되는 탓에 비싼 운하 통과료를 물면서까지 대서양 항구를 이용하는 경우가 많았습니다.

* 11개국 5.8억 불 ODA: 한국의 대중남미 개발협력 현황

CEPAL 자료에 의하면, 한국은 2000~2013년 기간에 총 5억 8,740만 불의 중남미 협력기금을 출연했습니다. 남미에 53%, 멕시코를 포함한 중미 카리브 지역에 47%가 배분되었습니다. 주요 수원국을 동 기간 원조액 순서대로 열거해보자면 에콰도르, 페루, 니카라과, 파라과이, 콜롬비아 등이 Top5입니다. 이어 도미니카공화국, 온두라스, 볼리비아, 과테말라, 엘살바도르, 아이티 등 11개국이 주로 혜택을 보았습니다. 이들이 한국의 대중남미 전체 ODA(공적개발원조)의 90%를 차지하고 있습니다.

2000~2006년에는 페루, 니카라과, 볼리비아가 중점 지원을 받았고, 2007~2013년에는 에콰도르, 콜롬비아, 도미니카공화국이 중점지원 대상국이었습니다. 2015년 3월 제21차 한국 국제개발협력위원회(국무조정실이 관장)는 ODA 중점협력국으로 24개국을 선정했으며, 이중 중남미는 콜롬비아, 페루, 볼리비아, 파라과이 등 4개국이 포함되어 있습니다.

콜롬비아와 페루 같은 중고(中高) 소득국이 여전히 중점협력국으로 선정된데 대해 일부 논란이 제기되긴 했으나, 자원부국 및 대형 인프라 프로젝트 지원(EDCF 수출금융패키지사업) 가능국 여부 척도에서 높은 점수를 받은 것으로서, 우리나라와의 FTA 후속조치 관련 우리 기업들의 이들 국가 진출을 지원하려는 국가적 배려가 읽히는 대목인 것 같습니다.

주요 지원 분야는 인프라 및 사회 서비스 분야로서 교육, 보건, 수자원 등을 들 수 있으며, 에너지, 공공행정 및 농림수산업 분야와 제조생산 분야로도 광범위한 개발협력이 이루어지고 있습니다.

국무조정실이 총괄하고, 외교부와 KOICA(한국국제협력단)가 주요 주체가 되어 시행하는 ODA사업 외에도 기획재정부와 수출입은행이 주체가 되는 EDCF(경제협력개발기금)사업 및 기재부와 KDI(한국개발연구원) 등이 주요 주체로 수행중인 KSP(지식공유사업/한국경제발전경험 대개도국 전수사업) 등 다양한 개발협력 사업들이 중남미 등 개도국 대상으로 왕성하게 추진되고 있어 우리 기업들의 대중남미 비즈니스 환경을 밝게 해주고 있습니다.

기업과 ODA를 연계시키려는 우리 정부의 노력은 점차 확대되는 분위기인 것 같습니다만 일본의 경우처럼 우리 기업의 관심사안과 ODA를 전략적으로 엮어보려는 노력이 부족한 점은 다소 아쉬운 대목인 것 같습니다.

드라마와 K팝에 빠져드는 중남미 낭자군단: 후끈한 한류열기

멕시코에서 불기 시작한 드라마 한류1.0

2014 한류백서에 의하면, 중남미 한류(Hallyu)는 2002년 멕시코에서 "별은 내 가슴에", "이브의 모든 것" 등 한국 드라마가 방영되면서 열풍이 불기 시작했으며, 멕시코에 안재욱, 장동건 등 한류스타 추종 팬클럽이 자생하게 되었습니다. 이들은 2005년 9월 노무현 대통령의 멕시코 방문시 대통령 숙소 앞에서 한국 드라마 스타들의 멕시코 방문을 촉구하는 시위를 열어 한류 열기를 확인시켜 주기도 했다합니다. 이어 대장금, 내조의 여왕, 겨울 연가, 꽃보다 남자, 천국의 계단 등의 한국 드라마가 파나마, 코스타리카, 에콰도르, 페루 등에서 인기리에 방영되었습니다.

드라마 위주의 방송 콘텐츠는 태평양 연안으로 국한되어 브라질이나 아르헨티나 등 대서양 연안국으로는 확산되지 못했으며, 양 대양을 끼고 있는 콜롬비아에는 2010년에야 한국 드라마가 진출했습니다.

브라질에서 달궈지기 시작한 K팝 한류2.0

2011년을 기점으로 케이팝(K-pop)이 상륙하면서 중남미 한류는 드라마 위주의 한류 1.0에서 K팝 위주의 한류 2.0 시대로 진입하게 됩니다. 2011년 6월 1만5천 관객이 운집한 SM의 파리 공연이 유럽을 강타하자 그간 유튜브나 페이스북 등 SNS를 통해 K팝을 즐기던 남미 K팝 팬들이 열광하기 시작했으며, 2011년 8월 상파울루에서 개최된 드림 콘서트에 브라질 청소년으로 구성된 K팝 노래 및 커버댄스 8개 팀이 예선을 통과하여 본선에 출전하는 등 열풍으로 번져가 브라질 이민역사 반세기만에 한국인이 브라질 인으로부터 환호를 받는 일이 일어남으로써 교민사회에 놀라움을 안겨주기도 했습니다.

그 이후 상파울루 공연지 주변 도심교통을 마비시킬 정도로 성황이었던 MBC의 상파울루 K팝 로드쇼 등 한류 행사가 이어져 브라질 한류가 급부상함에 따라 2011년 12월 처음으로 비스트, 포미닛, 지아 등 K팝 스타의 유료

공연이 이루어졌고, 싸이의 강남스타일이 세계적 명성을 얻게 된 2012년에는 JYJ의 칠레 공연, 유키스의 콜롬비아 공연에 이어 2012년 11월 지상파 방송의 본격적인 남미 현지공연 성격의 KBS 뮤직뱅크 공연(슈퍼쥬니어, 씨엔블루, 엠블랙, 애프터스쿨 등이 출연)이 칠레에서 이루어졌습니다.

2013년 2월 싸이의 브라질 카니발 초대 출연, 4월 슈퍼쥬니어의 상파울루 단독공연, 8월 엠블랙의 멕시코시티 공연 등이 이어졌고, 엠블랙은 멕시코 유력언론인 우니베르살(El Universal)지 선정 2013년 뮤지션에 비욘세와 저스틴 비버 등 세계적 스타들과 함께 이름을 올렸습니다.

중남미 한류 팬 142만 명, 5백만 명 시대를 꿈꾸며

삼바, 카니발, 탱고 등 고유의 엔터테인먼트 문화와 자체 콘텐츠 생산능력으로 문화적 자부심이 강한 중남미에서의 한류 확산 관련, 드라마의 경우 2002년 이후 소강상태가 지속되고 있으나, K팝이 드라마, 영화, 음식, 한국어 등의 인접 한류를 선도하는 현상이 나타나고 있습니다.

2014년 기준 중남미 한류 팬은 페루(124개), 멕시코(78개), 칠레(79개) 등 19개국 661개 팬클럽과 총 142만 명의 회원 수를 기록하고 있는데, 아무쪼록 중남미 한류가 순항하여 조만간 500만 명 돌파를 기대해 봅니다.

젊은 여성이 한류 핵심소비층

한국 드라마와 K팝의 중남미 핵심 시청자군은 여타 지역과 마찬가지로 10대 후반~30대 초반 여성으로 추정되고 있습니다. 필자가 콜롬비아 몇몇 현지인들에게 한류에 대해 분위기를 떠봤더니 남성들은 거의 관심이 없었고, K팝은 낭자들이 선호하는 반면 드라마는 엄마와 딸이 함께 보며 눈물도 찔찔 짜면서 감정을 공유하는 경우가 많은 것 같습니다.

유튜브와 드라마피버가 한류전파 주요 수단

한국 방송사들의 주요 음악 프로그램이 유튜브에 공식 공급됨에 따라 주로 유튜브를 통해 케이팝을 소비하고 있습니다. 중남미 지상파나 케이블 TV의 방송을 타지 않고도 한류 팬이 늘어나고 있는 것은 유튜브가 한류 확산의 핵심 유통경로 역할을 수행하기 때문인 것으로 한류백서는 풀이하고 있습니다.

K드라마에 영어 내지 스페인어 자막을 달아 인터넷 스트리밍 서비스로 공급하고 있는 드라마피버(dramafever/미국의 아시아 드라마 영상 스트리밍 사이트/2014년 월방문자수 2,100만 명) 등 OTT 서비스(Over the Top/범용 인터넷을 통한 미디어 콘텐츠 이용 서비스/넷플릭스가 대표주자)를 통한 시청도 빠르게 증가하고 있는데, 드라마피버의 전 세계 방문자 중 5%가 아르헨티나로 나타나 월 1백만 명(중복)의 아르헨티나 한류 팬이 한류 콘텐츠를 즐기는 것으로 보입니다.

쿠바까지 한류 열기가!

미수교국인 쿠바에서도 한류가 뜨고 있어 주목을 받고 있습니다. 쿠바 한류의 공식 기원은 2013년에 쿠바 국영TV(Canal Habana)에서 방송하여 선풍적 인기를 끈 MBC "내조의 여왕"입니다. 그 덕에 주인공 윤상현은 쿠바에서 단연 인기남이 되었으며, 이후 아가씨를 부탁해, 시크릿 가든, 대장금 등이 절찬리에 방영되었습니다. "내조의 여왕" 여주인공 선우선, "꽃보다 남자"의 이민호 등이 쿠바인의 사랑을 받으면서 최고 통치자 카스트로의 아들(알렉스)도 한류 팬이 되었다고 합니다. 윤상현과 선우선 등은 코트라(KOTRA)의 홍보대사 자격으로 쿠바를 방문해 양국 간 경제교류 촉진에도 기여함으로써 향후 양국 간 수교에도 밑거름이 될 것으로 기대를 모으고 있습니다.

콘텐츠 교역은 역조!

한편 콘텐츠 유료판매 실적을 보면 한류의 앞길이 험난한 것 같습니다. 중남미는 구매력도 작고 불법 다운로드나 해적판 출몰로 집계가 어려운 점은 있으나, 2013년 기준 우리나라 방송 프로그램 수출액에서 중남미가 점유하는 비중이 0.14%에 그치고 있으며, 대중남미 콘텐츠 수출액(34만불)보다 수입액(72만불)이 더 커서(브라질의 방송 드라마 텔레노벨라가 큰 비중) 콘텐츠 부문에서는 한국이 대 중남미 무역 역조를 보이고 있다고 합니다.

K컬쳐, 약진 앞으로!

하지만 한류 앞길이 험난하기만 한 것은 아닙니다. 2014년 11월 LA 소재 KBS월드가 중남미 위성방송 및 케이블채널 등 플랫폼에 진출하여 미국 히스패닉과 중남미 팬들을 위한 스페인어 라티노 방송을 개시했으며, 아르헨티나 한류 팬들의 한국드라마 방영 청원운동에 따라 2015년 1월 현지 최대 미디어 그룹인 끌라린(Clarin)이 운영하는 케이블방송 Magazine TV를 통해 한국 드라마가 주말 프라임 타임(매주 토 저녁8시)에 안방극장에 진출한 데 이어, 2015년 2월 한류매거진 'K-Wave'브라질 판이 남미 최대 규모 서점인 상파울루 Livraria Cultura에 입점하는 등 긍정적 시그널이 나오고 있어 K컬쳐의 중남미 진출이 가속화될 것으로 기대됩니다.

이것으로 한국과 중남미 관계 강의를 모두 마치도록 하겠습니다. 그런데 한 가지 빠진 게 있지요? 매우 중요한 사항인데 왜 전혀 언급이 없을까 궁금해 하는 분이 계실 텐데, 바로 FTA입니다. 이 부분은 "중남미와 우리나라 간 FTA" 편에서 뵙도록 하겠습니다.

제42강 중남미와 북한 관계

ı 21개국 수교, 5개국(쿠브멕페베)에 대사관 상주

북한은 워낙 은둔국이어서인지 정보가 빈약하고 그 내용도 들쭉날쭉해서 혼란스러운 경우가 발생합니다. 집계 기준이나 시점을 달리하는 경우 등 여러 정황이 있습니다. 그래서 북한과 중남미 간 외교관계를 짚어보는 정보를 몇 가지 출처로 소개해 드릴 테니 비교해 보시고 이를 종합하여 아이디어를 얻으시면 되겠습니다.

세계 대사관 정보 전문 사이트(embassy-finder.com)에 의하면, 북한 소재 중남미 대사관은 쿠바 1개국만 존재하는 것으로 나와 있으며, 중남미 소재 북한 대사관도 쿠바 1개국이 유일한 것으로 나타납니다. 그런데 위키 자료에는 브라질도 평양에 대사관을 갖고 있는 것으로 나타나고 있습니다.

한편 2015년 부에노스아이레스 대학의 북한-중남미 관계 연구 자료에 의하면, 북한은 중남미 8개국과 외교관계를 맺고 있으며, 쿠바, 브라질, 멕시코, 페루, 베네수엘라 등 5개국에 대사를 파견하고 있는 것으로 나타나고 있습니다.

나무위키 자료에 의하면, 중남미와 북한 간 상호 대사 파견국은 쿠바 1개국이며, 주중 대사가 북한 대사를 겸임하는 나라가 베네수엘라, 칠레, 페루 등 3개국, 주한 대사가 북한 대사를 겸임하는 나라가 멕시코, 과테말라 등 2개국, 주일 대사가 북한 대사를 겸임하는 나라가 니카라과 1개국으로 나타나 있습니다.

페터슨 국제경제연구소(PIIE)가 북한 동서센터 위원회를 출처로 인용한 2017년 최신자료에 의하면 중남미에서 총 21개국이 북한과 외교관계를 맺고 있습니다. 여기에는 카리브의 미니 도서국들이 다수 포함되어 있는데, 표로 정리해보면 다음과 같습니다.

*** 북한과 외교관계 수립 중남미 국가**(총21개국)

(1960년대) 쿠바(60)

(1970년대) 칠레(72), 베네수엘라(74), 가이아나, 자메이카, 바베이도스, 그레나다, 세인트루시아, 니카라과(79) 등 8개국

(1980년대) 멕시코(80), 페루(88), 콜롬비아(88) 등 3개국

(1990년대) 안티과바부다, 세인트 빈센트 그레나딘, 바하마, 벨리즈, 도미니카연방, 세인트 키츠네비스 등 6국

(2000년대) 브라질(01), 도미니카공화국(07), 과테말라(07) 등 3국

*북한 대사관 상주국(5): 쿠바, 브라질, 멕시코, 페루, 베네수엘라

*북한 주재 대사관 상주국(2): 쿠바, 브라질

북한의 대중남미 외교 수난

아르헨티나의 단교 조치

아르헨티나는 1973년 북한과 수교했다가 1977년에 부에노스아이레스 주재 북한대사관 방화사건으로 단교한 바 있고, 2007년 북한은 관계 복원을 시도했으나 아르헨티나가 방화사건에 대한 북한의 사과와 배상 등을 재개조건으

로 내걸어 접점을 찾지 못함으로써 복원이 되지 않은 상황입니다.

멕시코의 북한대사 축출

2017년 8월 중순 칠레를 방문 중이던 마이크 펜스 미국 부통령은 북한의 상주 대사관이 설치되어 있는 5개국 중 브라질, 멕시코, 페루 등 3개국과 칠레 등 4개국에 대해 북한과의 외교 통상관계를 끊을 것을 촉구했습니다.

그러자 다음 달인 9월 초순 멕시코 정부는 북한이 핵미사일로 아시아 및 세계평화를 위협한다는 이유로 주재 북한 대사를 비우호인물(Persona non grata)로 낙인찍고 72시간 내 멕시코를 떠날 것을 요구했습니다. 북한 대사는 이런 조치가 세계평화에 도움이 되지 않고 오히려 악화시킬 거라는 불만을 표출하며 떠나갔습니다.

페루의 북한대사 축출

페루는 2017년 9월 중순, 멕시코의 북한대사 축출 조치 다음 주에 주재 북한 대사를 역시 페르소나 농그라타(비우호인물)라며 5일 이내에 페루를 떠날 것을 명령했습니다. 북한은 80년대 말 알란 가르시아 정부 시절 외교관계 수립 이후 페루 산 구리를 사가고 북한 제 무기를 파는 등 호시절을 구가하기도 했고, 쿠친스키 대통령에게 북한 방문을 초청하는 등 외교적 노력을 경주했지만 결국 대사 축출이라는 수모를 당하게 됩니다.

북한의 동맹국 쿠바와의 끈끈한 반세기: 60년대 북한은 쿠바 발전모델

이렇듯 북한은 중남미 21개국과 외교관계를 갖고는 있으나, 쿠바를 제외하고는 정치외교 협력관계가 공고화되지 못한 것으로 보입니다.

쿠바는 특히 북한과 강력한 동맹관계가 이어져오는 모양새인데, 쿠바는 1960년 8월29일 북한과 외교관계를 수립했으며, 반미 제국주의를 연결고리로 중남미 내 북한의 가장 강력한 동맹국 역할을 하고 있습니다.

체게바라는 정부 각료 자격으로 1960년 북한을 방문하여 북한을 쿠바가 지향해야 할 발전모델로 천명한 바 있으며, 1986년에는 피델 카스트로 국가평의회 의장이 북한을 방문하여 88서울올림픽 불참을 선언함으로써 북한과의 연대감을 과시하기도 했습니다.

2013년에는 북한 선박 청천강호가 쿠바로부터 무기를 싣고 북한으로 가려다가 파나마 운하에서 나포당하는 사건이 벌어졌으며, 2016년에는 양국 간 구상무역 시스템이 구축된데 이어, 북한 노동당과 쿠바 공산당의 유대강화가 추진되기도 했습니다.

특히 2016년 11월 피델 카스트로가 사망하자 북한은 3일간의 애도기간을 선포하고 최룡해를 단장으로 하는 조문 사절단을 쿠바로 파견하는가 하면, 평양 소재 쿠바 대사관을 김정은 위원장이 직접 찾아 애도를 표하는 등 양국은 각별한 관계를 지속해가고 있습니다.

북-쿠 밀월관계는 굳건해 보이는데, 일설에 의하면 김일성 주석과 피델 카스트로 국가평의회 의장 간에 형제지맹(兄弟之盟)을 맺었다는 소문도 있습니다. 어찌됐든 피델 카스트로와 할아버지 간 끈끈한 동맹관계 내지 친구관계가 손자 김정은에게 영향을 줘 조문외교의 장으로 이끈 것이겠지요.

2018년 4월19일 라울 카스트로 의장이 국가평의회 의장(대통령)직에서 물러나고 현 부통령인 디아스 까넬(Miguel Díaz Canel)이 의장으로 선출되었습니다. 하지만 북-쿠 관계에 당장 어떤 변화가 오기는 어렵지 않을까 생각됩니다. 라울이 2021년까지는 쿠바공산당 제1서기장 직위는 유지할 것으로 보여 여전히 막후 실세로 남아 있을 가능성이 점쳐지고 있기 때문입니다. 그런데 라울이 구순을 바라보는 고령임을 감안해보면 50대('60년생)의 디아스 까넬이 자신의 색깔(실용주의, 개방주의 성향)을 점차 드러낼 수도 있어 북-쿠 관계와 미-쿠 관계에서 독자적인 리더십을 보일지, 카스트로의 오른 팔(right-hand man)로서 지금까지의 노선을 추종할지 관심이 모아집니다.

우리나라는 공식채널이 없어 KOTRA를 통해 아바나 국제박람회 한국관 참가 및 투자조사단 파견 등 경제통상 측면에서 오랫동안 정성을 쏟아오고 있는데, 북한과의 오랜 인연 때문인지 한국이 내미는 손을 뿌리쳐 왔습니다. 우리나라의 쿠바 짝사랑이 언제쯤 끝나고 수교가 될지 궁금한데, 90년대 후반 쿠바 출장 시 필자가 만났던 쿠바 관계자 입에서 나온 말이 아직도 귓전을 울립니다. "지성(至誠)이면 감천(感天)! 끝까지 포기하지 말고 매년 아바나 국제박람회 참가하고, 꾸준히 경제협력을 확대하다 보면 언젠가는 한국의 손을 잡게 될 것이다." 문제는 그 언젠가가 언제냐 하는 것이겠지요.

ㅣ 멕시코 석유와 페루 구리가 북한의 주 수입품! 수출품은?

중남미와 북한 간 교역관계는 관련 자료가 절대적으로 부족하고, 현지 무역통계 등 공식자료나 사이트에 등재된 비공식 자료들도 신빙성을 담보하기 어려운 문제가 있습니다. 다만 MIT대 경제복합성관측소(OEC) 자료를 바탕으로 북한이 상주대사관을 운영 중인 5개국 및 미국으로부터 북한과의 관계단절 요청을 받은 칠레 포함 6개국과의 수출입 상황을 간단히 살펴보는 것으로 그치도록 하고, 이어 북한 교역 정보 관련 주의사항을 말씀드리겠습니다.

북한은 2015년 멕시코에 반도체장비, 변압기, 자동차부품 등 1,380만불 어치를 수출하고 4,570만불 규모의 석유를 수입하는 등 교역을 해온 것으로 OEC(MIT대)는 밝히고 있습니다. 멕시코는 북한의 해외수입물량의 1.3%(2015년 기준)를 공급하는 것으로 중남미에서는 가장 큰 대북한 수출국으로 나타나고 있습니다.

북한은 2015년 페루로부터 2,120만불 규모의 동광(copper ores)을 사가고, 28만불 규모의 에틸렌 중합체(화학제품)와 승용차 등을 판 것으로 나타나고 있습니다. 브라질로부터는 화학목재펄프 및 의료용품, 가죽, 냉동어류 등을 248만불 어치를 사간 대신 1,550만불 규모의 전자회로나 기계류 등을 판 것으로 기록되어 있습니다.

미국이 북한과의 관계단절 요구를 하지 않은 쿠바와 베네수엘라의 경우 북한과 물품을 사고판 최근 실적이 OEC 자료상에서는 나타나지 않고 있는 반면 칠레의 경우 2015년 북한에 2백만불 규모의 정제 구리 내지 구리합금을 수출하고, 2,310만불 규모의 철강제품을 사들인 것으로 나타나고 있습니다.

ㅣ 중남미의 남북한 혼동 해프닝과 무역통계 혼선

그런데 상기 무역통계는 액면 그대로 믿기는 곤란하니 상당한 주의가 필요합니다. 지금부터는 중남미에서 흔히 빚어지는 남북한 혼동 사례와 무역통계 혼선에 대해 말씀드리겠습니다.

헷갈려요, 평양과 평창

평창에서 개최되는 국제회의에 참석하려다가 여행사 직원 실수로 평양행 비행기를 잘못 타 곤욕을 치른 케냐인 이야기가 화제가 된 적이 있었습니다. 한국에 대해 잘 모르는 경우가 많다보니 얼마든지 벌어질 수 있다고 봅니다. 중남미에서도 남한과 북한을 혼동해서 해프닝이 빚어지는 경우가 종종 발생합니다. 어떤 경우인지 사례를 들어볼까요?

쿠바 공항과 김일성 뱃지 가방

필자가 쿠바 출장 당시 겪은 일화입니다. 동 내용은 "중남미 생활현장 에피소드"편에 별도로 소개되어 있으니 참고하시기 바랍니다.

페루 호텔 투숙명세서: 서울이 북한?

필자가 페루 출장을 가서 시내 호텔에 투숙했었는데, 체크아웃 하면서 내준 명세서를 보니 제 국적이 북한으로 표기되어 있었습니다. 우리가 체크인 할 때에 주소 란을 보통 Seoul, Korea로 마무리하는데, 호텔 직원이 제 딴에는 한국이 분단국이고 민주주의 국가이니 Korea 옆에 Democratic을 추가시켜놓은 것이 아니었나 싶습니다. 남한이 Democratic 이라 생각한 것인지, 아니면 서울이 북한 도시인 것으로 알고 북한으로 표기한 것인지 확실치는 않습니다.

다만 분명한 것은 조선민주주의인민공화국(La Republica Popular Democratica de Corea)이라는 공식 명칭이 북한을 의미하는지 남한을 의미하는지 조차 대부분이 잘 모른다는 겁니다. 마찬가지로 대한민국(La Repulica de Corea)이라는 공식 명칭도 남한인지 북한인지 현지인들은 대부분 잘 모릅니다.

보편화된 남북한 혼동 교역통계

제 말씀을 좀 더 이해하기 쉽게 보편적이고 일반화된 사례를 하나 소개해 드리겠습니다. 과테말라나 멕시코, 아르헨티나, 도미니카공화국, 콜롬비아 등 필자가 근무했었던 나라 모두가 그러했으니, 중남미 어느 나라나 대부분 사정은 마찬가지일 것으로 봅니다. 보편화된 사례란 바로 남북한 수출입 통계상 남북한 혼동입니다.

한국이 중남미 해당국으로 수출한 품목이 당해국가가 북한으로부터 수입한 실적으로 집계하는가 하면, 한국이 수입한 품목이 자신들이 북한으로 수출한 실적으로 잡기도 한다는 것입니다. 중남미 무역통계에서는 대한민국(La Republica de Corea)이나 조선민주주의인민공화국(La Republica Popular Democratica de Corea)이라는 애매한 공식 표기 대신 남한(Corea del Sur) 또는 북한(Corea del Norte)으로 표기되는 경우가 많은 점을 고려해보면 이들이 남북한을 확실하게 혼동하고 있음을 보여주고 있다고 할 수 있습니다.

따라서 중남미 각국의 북한 수출입통계를 액면 그대로 믿어서는 곤란합니다. 그래서 우리 정부가 아마 정정을 요구해봤을 수도 있겠지만 그리 쉽진 않을 것입니다. 어쩌면 우리가 해당국에 대해 일부러 시정을 요구할 필요조차 없을 수도 있습니다. 우리 수입액보다 수출액이 너무 커 상대국 무역 역조가 심화되면 상대국으로부터 역조를 완화시켜달라는 압력을 받을 수 있을 테니까요. 그러니 정책적으로 양국 간 무역 갭을 줄이는 게 바람직한데, 통계가 알아서 조치를 척 해주니 통계 오류가 반드시 부정적인 것으로만은 볼 수 없을 것입니다.

어차피 상품이 들어오고 나가는 집계 시점이 다르기 때문에 한국이 특정 중남미 국가로 수출한 통계와 당해국의 대한국 수입통계가 일치할 리가 없고, 그 반대 경우 역시 딱 맞아떨어질 수 없기 때문에 양국 간 통계 불일치는 자연스런 측면이 있으며, 그 정도가 현격하지만 않다면 여간해선 큰 문제가 되지는 않을 것으로 봅니다.

어떤 중남미 사람들은 서울이 남한인지 북한인지 조차도 모르는 경우가 많습니다. 필자더러 어디서 왔냐는 현지인 질문에 서울서 왔다고 답하자 당신은 북한사람이냐 남한 사람이냐고 물었습니다. 중남미 일반인에게는 서울조차 인지도가 낮으니 다른 지방도시야 두말할 나위 없을 것입니다. 우리 같은 동양인들은 중남미 거리에서는 흔히 치노(Chino)라는 말을 듣게 됩니다. 중국인이라는 의미인데, 우리를 비하하는 의미로 안 좋게 받아들이는 경우들이 있지만 과거 우리가 미국인들을 부정적 어감을 개입시키지 않고도 양키라고 부른 것처럼 치노를 그렇게 나쁘게 볼 필요는 없지 않나 생각됩니다. 치노가 아니라 꼬레아노라고 밝히면 수르(남)냐 노르떼(북)냐 묻습니다. 어떤 경우에는 수르라고 밝혔는데도 서울이냐 평양이냐고 추가로 물어오는 경우도 있었습니다.

바람직한 한국 주소 표기법

그래서 주소 표기할 경우에 북한으로 오인하지 말아달라는 의미에서 South(남)를 덧붙여주는 게 좋습니다. Seoul, Korea(South) 또는 Seúl, Corea(Sur)처럼 말입니다. 특히 북한 도시(평양)와 영문표기가 유사한 지명(평창)의 경우에는 더욱 주의해야합니다. Pyeongchang, Korea(South)라고 말입니다. 좀 더 확실히 하려면 아예 스페인어로 꼬레아델수르(Corea del Sur/남한)로 표기해주는 것이 바람직할 것입니다. República de Corea(Republic of Korea)같은 공식 국명을 쓰는 것은 바람직하지 않습니다.

독자 여러분이 상대하는 중남미 기업인이나 공직자라면 남북한을 아마도 확실히 구분하겠지만, 그들을 보조하는 비서나 직원들 중에 남북한을 혼동하는 사람이 충분히 있을 수 있고, 여기서 남한으로 가야할 우편물이 북한으로 가지 않는다고 장담할 수 있을까요? 현지 특성을 고려해 볼 때에 엉덩이가 들

썩들썩 주말 분위기에 젖어 마음이 붕 뜨는 금요일 오후에 우편물 작업하다 보면 특히 실수가 많이 나올 수 있습니다. 문화적 특성을 깊이 이해하고 돌다리도 두드려보며 건너가라는 말을 되새겨보게 됩니다.

제8부

알아두면 유익한 중남미 국제기구 및 FTA

제43강 태평양동맹과 메르코수르: 중남미 양대 블록

중남미와 비즈니스를 수행하다보면 중남미 지역 고유의 여러 국제기구들을 접하게 됩니다. 대표적인 지역기구로는 메르코수르(남미공동시장)와 태평양동맹을 들 수 있겠고, 프로젝트 관련해서는 미주개발은행(IDB)이나 중남미개발은행(CAF)을 제일 먼저 손꼽을 수 있습니다. 그런데 이러한 지역기구들에 참여하고자 하는 역외 국가들의 관심이 매우 큰 데, 특히 태평양동맹이나 미주개발은행의 인기가 많은 것 같습니다.

필자가 지금까지 강의를 진행해 오면서 중남미 국가들을 태평양동맹과 메르코수르로 구분하곤 했는데, 중남미를 이렇게 크게 두 개의 블록으로 나눠 접근하는 것이 유용하기도 하고, 중남미를 깊이 이해하는 데에도 도움이 되기 때문입니다.

중남미에는 수많은 지역기구들이 있습니다. 경제통상 및 비즈니스와 관련해서 의미가 큰 기구들을 관심을 갖고 살펴보되 이에 대해 수많은 연구물들이 나와 있으니 깊이 들어가지는 않겠습니다. 이어 정치외교 측면에서 의미가 부여되는 지역기구들은 가볍게 둘러보는 것으로 그치겠습니다.

| 메르코수르(Mercosur/남미공동시장)

중남미 정치경제 및 무역통상 분야를 실질적으로 이끌어가고 있는 대표적 기구라면 메르코수르와 태평양동맹을 들 수 있겠습니다. 중남미의 큰 판이 이 양대 기구로 짜여 있다고 보면 되는데, 양 진영의 노선 차이가 좌우로 뚜렷하게 대립되어 왔습니다. 먼저 역사가 깊은 MERCOSUR(남미공동시장/Mercado Común del Sur)부터 보시겠습니다.

메르코수르는 스페인어인 MERCOSUR로 표기되기도 하고 포르투갈어인 MERCOSUL로 표기되기도 하는데, 4+1개 회원국 중 브라질만 빼고는 모두 스페인어권인 관계로 MERCOSUR가 보편화된 명칭으로 보시면 되겠습니다.

적군에서 한 지붕 네 가족으로 - 메르코수르 발족

메르코수르는 브라질과 아르헨티나 주도로 통합 움직임이 가시화된 후에 파라과이와 우루과이의 합류로 1995년부터 발효되었습니다. 한때 적국으로서 서로 총을 겨눴던 나라들이 손을 잡은 것입니다.

1825~28년 기간에는 우루과이(당시 브라질 시스플라티나 주) 독립을 놓고 브라질과 아르헨티나 간 전쟁이 벌어져 영국 중재로 우루과이 독립이 이루어진 사례가 있었고, 1864~70년 기간에는 브라질과 아르헨티나, 우루과이 등 3국을 상대로 전정을 일으킨 파라과이가 패전했던 아픈 역사도 안고 있으니 말입니다.

기구 본부는 브라질이나 아르헨티나가 아닌 우루과이 수도 몬테비데오에 위치해 있습니다. 강대국간 힘겨루기 하다보면 약소국이 어부지리를 취하는 경우가 종종 있습니다. EU 본부도 통합을 주도했던 독일이나 프랑스가 아닌 조그마한 벨기에에 설치된 것도 같은 맥락일 것입니다. 사실 우루과이가 브라질로부터 독립한 것도 아르헨티나와 브라질 간 완충지대가 필요했던 국제정치 상황으로부터 가능했던 점을 보면 맥을 같이 하는 것 같습니다.

베네수엘라 차베스의 메르코수르 사랑

베네수엘라는 차베스 집권 이후 2003년부터 메르코수르에 구애를 합니다. 2006년에는 미국과 자유무역을 모색하는 안데스 공동체(CAN)에서 탈퇴하는 등 튀는 행보를 보이면서 메르코수르 진영에 합류코자 했지만 파라과이 반대 등으로 짝사랑으로 끝나고 말았습니다. 그러다가 2012년 말에 이르러서야 메르코수르 호에 어렵게 올라타 차베스는 결국 뜻을 이룹니다. 그러나 약속했던 4년 이내 정회원국 의무 이행 지체로 2017년부터는 회원국 자격이 정지되어 있는 상태이니 2013년 타계한 차베스 입장에서 보면 무척 마음이 아프겠지요?

대내 결속력 미약, 대외 폐쇄적 - 메르코수르의 한계

메르코수르는 역사는 오래되었지만 양 대국과 양 소국으로 구성된 태생적 한계로 인한 회원국 간 이견으로 역내 관세 및 비관세 장벽 철폐를 통한 시장 개방은 제대로 이루어지지 못하고 있습니다. 정치 외교적으로는 반미노선을 오랫동안 견지해와 역내 기업인들로부터 많은 반발을 사기도 했습니다.

역내 시장자유화 비율이 70%에도 미치지 못하고, 역내 유치 외국인투자 가운데 회원국 점유 비중은 3.2%에 불과한 수준이니 지역통합체로서의 결속력은 미약한 수준을 면치 못하고 있는 것입니다. 메르코수르의 대외 자유무역비중은 7%에 불과할 정도로 대외개방이나 협력에도 소극적이어서 우리나라와도 자유무역협정(FTA) 체결을 위한 노력을 기울이긴 해왔으나, 10년 이상 허송세월만 하며 이렇다할만한 진전을 보지 못하고 있는 상황입니다.

2017년 들어서는 브라질 재계로부터 메르코수르의 폐쇄적 운영방식에 대한 비판 및 개선 제안서가 정부에 제출되면서 테메르 브라질 대통령과 마크리 아르헨티나 대통령 간 메르코수르 활성화 움직임이 나타나고 있어 메르코수르가 조만간 환골탈태하는 모습을 보여줄지 주목해볼 필요가 있습니다.

태평양동맹(PA/ 알리안사 델 빠시피꼬)

메르코수르가 활력을 잃고 보호무역으로 발달 장애 증세를 보이는 동안 자유무역의 기치를 내세운 신생 태평양동맹은 무서운 기세로 세를 확장해가고 있습니다. 태평양동맹은 Pacific Alliance의 약어인 PA로 보통 표기됩니다만 중남미 현지에서는 알리안사 델 빠시피꼬(Alianza del Pacifico)로 통용됩니다.

비즈니스 환경 우등생 - 태평양동맹의 성격

태평양동맹은 2012년 5월 칠레 아타카마 사막에서 멕시코, 콜롬비아, 칠레, 페루 등 태평양 연안 4개국 정상회담을 통해 출범한 이후 3년 만인 2015년 8월 발효되었습니다. 회원국 간 교역의 92%가 자유화되어 무관세로 통관이 되며, 투자환경도 우수해서 중남미에 대한 외국인투자의 약 절반 정도가 태평양동맹 권에 몰려있습니다.

세계경제포럼(WEF)이 발표한 투자환경 비교에서 칠레, 페루, 멕시코, 콜롬비아 등 태평양동맹 4국이 중남미 1위부터 4위까지 차지했습니다. 그리고 세계은행이 발표한 중남미 국가 중 비즈니스하기 좋은 나라 2015년도 순위에서 회원국들이 최상위권(1위 콜롬비아, 2위 페루, 3위 멕시코, 4위 칠레)을 싹쓸이했습니다. 이 두 가지 평가를 놓고 보면 태평양동맹의 성격 및 위력이 유감없이 과시되고 있음을 금방 알아차리실 겁니다.

태평양동맹은 경제개방 및 친미 노선을 바탕으로 상품의 자유이동(자유무역)은 물론 자본, 서비스, 인적 자원 등 생산요소의 자유로운 이동까지 추구하고 있는 한편 아시아태평양 국가와의 협력관계 강화 및 동맹국 간 공동 대응을 천명하고 있습니다.

태평양동맹과 우리나라 - 3국 FTA, 옵서버, 한국시장 공동개척

동맹국과 개별 FTA 우리나라는 최초의 FTA(자유무역협정)를 칠레와 맺었는데, 1999년부터 협상을 개시하여 3년 만에 타결시켰고, 2004년 4월1일부로 발효되었습니다. 한국 최초의 FTA를 중남미와 맺은 것으로서 의미가 부여되고 있습니다. 이어 중남미 두 번째로 페루와 2011년 8월1일부로 FTA가 발효된데 이어, 세 번째로 콜롬비아와 2016년 7월15일부로 발효가 됐습니다. 이로써 태평양동맹 4국 중 3국과는 자유무역이 이미 시행되고 있습니다. 반면 멕시코와는 자유무역협상이 오래 전부터 시도는 되었지만, 메르코수르 경우처럼 오랜 기간 지지부진 정체되어온 관계로 한-멕 FTA는 미래 과제로 남겨져 있습니다.

태평양동맹의 서울식품전 공동 참가 우리나라에서 KOTRA 주관으로 매년 서울식품전(Seoul Food)을 개최하고 있는데, 이 전시회에 태평양동맹 국가들이 공동관처럼 4개국이 모여서 출품하고, 한국시장 진출을 위한 시장개척 활동도 공동대응하자는 전략을 취하고 있습니다. 필자도 콜롬비아 식품 제조업체 및 수입상들과 함께 이 행사에 참가하여 태평양동맹국들의 한국 시장에 대한 관심도를 직접 확인해볼 수 있는 좋은 기회가 되었습니다.

4개국 정부 관계자들이 서로 눈치를 봐야 해서 4개국 중 어느 한 나라가 전시회에 불참하는 것도 쉽지는 않은 것 같습니다. 2016년에도 콜롬비아가 자국 정부의 전시예산 삭감을 이유로 식품전 불참을 선언한 바 있었으나, 필자가 여타 태평양동맹 회원국들은 모두 참가한다는 사실을 흘리며, 태평양동맹 공동관을 구성할 수 있게끔 코트라 측의 협조 의향을 밝히자 아시아태평양권 시장개척 공동대응방침에 위배된다는 점에 부담감을 느껴선지 참가로 선회한 것이 좋은 사례가 될 수 있을 것 같습니다.

옵서버 참가 태평양동맹은 이처럼 많은 매력을 갖고 있는 지역기구이다 보니 우리나라도 미국이나 중국 등과 함께 옵서버(참관국) 지위로 참여하고 있습니다. (우리나라는 2013년 6월말 콜롬비아에서 개최된 제8차 각료회의에서 옵서버 가입 승인을 득함), 2013년 당시 20개국이던 옵서버가 2016년에는 42개국으로 급증하고 있어 이제는 지역기구의 범주를 넘어서고 있는 모습입니다.

옵서버(Observer)란 회의 참석 발언권은 가지나 의결권 내지 발의권은 없는 제한된 지위입니다. 우리나라는 태평양동맹-옵서버 국가 장관회의(2016년 제1차 개최) 참가 등을 통해 태평양동맹국들과의 교류 강화 및 인프라 분야 협력방안 등을 논의함으로써 우리 기업들의 비즈니스 지원에도 일조하게 될 것으로 보입니다.

*** 토막상식: 밀라**(MILA/중남미 통합주식시장)**와 한국**

태평양동맹은 교역 분야 외에도 자본시장 통합도 추진 중입니다. 밀라(MILA)로 명명된 중남미통합주식시장(Mercado Integrado Latinoamericano)이 콜롬비아, 칠레, 페루 3국간에 2011년부터 추진이 되어오다가 2013년 5월에 공식 출범했습니다. 2015년 1월에는 멕시코가 합류함으로써 브라질을 제치고 중남미 최대의 주식시장으로 부상했습니다. 이로서 4개국 기업들은 자금 조달이 보다 용이해졌고, 역내 투자자나 역외 외국인투자자들에게 다양한 투자 상품을 제공하게 되었습니다.

회원국 간 주식의 자유거래가 이루어지고 있어 향후 금융시장 통합까지 나아갈 수 있는 발판이 마련되어 가고 있다는 평가도 받고 있습니다. 이 밀라(MILA)에 대한 우리 증권업계의 관심도 높아져 한 때 증권업계 사장단이 콜롬비아를 방문하기도 했습니다. 미래에셋은 밀라(중남미통합주식시장)의 가능성에 착안하여 2013년 콜롬비아 주식시장에 ETF(상장지수펀드/Exchange Traded Fund)를 상장하여 밀라 진출에 나선 우리나라 최초 기업으로 자리매김 되었습니다.

깐(CAN) : 안데스 공동체

중남미를 메르코수르와 태평양동맹의 양대 블록으로 나눠봤는데, 여기에 하나 더 추가해서 깐(CAN)으로 불리는 안데스공동체에 대해서도 알아보고자 합니다. 깐까지 알아두면 적어도 남미는 완성됩니다. 필자 보고타 무역관 근무

시절 깐 회원국 간 물품 교역 시 적용되는 관세율에 대해 문의하시는 무역인 분들이 많았습니다. 개별 품목별 관세율에 대해서는 해당상품 국제 고유번호인 HS코드를 갖고 무역관 Q&A란에 질의하시면 답변 받으실 수 있으며, 또는 해당 사이트 접속하여 직접 알아보시는 방법도 무역관 홈페이지에 소개되어 있습니다.

깐(CAN) 회원국은?

깐(CAN)은 꼬무니닷 안디나(Comunidad Andina de Naciones)의 약어로 안데스공동체를 의미합니다. 1969년 콜롬비아, 에콰도르, 페루, 볼리비아, 칠레 등 5개국으로 출범한 이래 베네수엘라가 1973년 가입하여 오랫동안 회원국으로 활동하다가 2006년 탈퇴하였고(차베스가 콜롬비아와 페루의 미국과의 FTA 체결에 불만), 칠레는 1976년 탈퇴한 이래 2006년 준 회원국으로 재가입한 상태입니다. 메르코수르 4개국과 파나마도 CAN 준 회원국 지위를 갖고 있습니다. CAN은 현재 콜롬비아, 에콰도르, 페루, 볼리비아 등 4개국 간에만 적용되고 있습니다.

허약체질이 된 깐(CAN)

그런데 베네수엘라가 탈퇴한데다가 콜롬비아와 페루가 태평양동맹에 편입되자 깐의 위상은 현저히 약화된 상태로 보입니다. 역사는 오래되었어도 주도적 역할을 할 수 있는 회원국도 없고, 통합을 진전시키려는 유인도 결여되어 깐이 지향하고 있는 공동시장 완성은 요원한 과제로 남아 있습니다.

깐과 우리나라

하지만 안데스공동체 회원국 간 관세동맹체제는 일단 발효가 된 상태로서 깐(CAN)이라는 양허관세체계가 나름대로 정립되어 운용되고 있습니다. 깐은 역내 무역 자유화에 일조하고 있습니다만 역내 수출이 전체 수출의 15%선에 머물러 있는 것은 역내교역규모가 미미함을 나타내주고 있습니다.

우리나라는 2006년부터 깐(CAN)과 자유무역협정(FTA)을 검토하다가 깐의 위상 약화로 페루 및 콜롬비아와 각각 개별 FTA를 추진하는 것으로 전환되어 발효가 된 상태입니다. 에콰도르와도 현재 FTA가 협상 중에 있으니 깐 회원국들과 우리나라 간 FTA망이 촘촘히 구축되는 모양새입니다.

제44강 우리나라와 중남미 간 자유무역협정(FTA)

한국은 중남미 어느 나라들과 FTA를 체결했나?

우리나라는 2004년 4월 칠레를 시작으로 2011년 8월에는 페루와, 2016년 7월에는 콜롬비아와 각각 양자간 FTA를 발효시킨 바 있습니다. 한-칠레 FTA는 우리나라 최초의 FTA라는 점에서 국가적인 관심 사안으로 떠올라 언론의 큰 주목을 받은바 있습니다. 페루의 경우 협상 개시부터 타결까지, 그리고 타결부터 협정 체결 및 발효까지 과정이 비교적 순탄하게 진행된 반면 콜롬비아의 경우 체결 이후 많은 우여곡절 끝에 발효라는 열매를 맺게 되어 남다른 의미가 부여되고 있습니다. 한편, 콜롬비아에는 아시아권 최초의 FTA라는 점에서 높은 가치가 매겨지고 있습니다.

에콰도르와는 SECA(전략적 경제보완협정)라는 준FTA를 추진코자 2015년 8월 협상개시 공식선언 이후 지금까지 양국 간 협상을 계속 진행 중에 있지만 에콰도르 내 반대여론도 만만치 않아 협정 체결까지는 좀 더 시간이 소요될 전망입니다.

2016년 11월에는 과테말라, 엘살바도르, 온두라스, 니카라과, 코스타리카, 파나마 등 중미6국과 다자간 FTA 협상을 타결 지었습니다. 2017년 3월에는 과테말라를 제외한 중미5국과 FTA 협상책임자 간 가서명을 했으며, 2018년 2월 21일에는 중미 5국 통상장관들과 우리 통상교섭본부장간 FTA 본 협정을 서명한 상황입니다. 2015년 6월 협상 개시 이후 FTA 서명까지 2년8개월이 소요된 것으로서 여타 FTA에 비해 속도가 빠른 편입니다. 앞으로 우리 국회 및 중미 5국의 의회 비준 절차를 거쳐 발효될 예정입니다.

한편 메르코수르(남미공동시장/브라질, 아르헨티나, 파라과이, 우루과이)와는 FTA가 한 때 검토되긴 했으나 메르코수르 측의 부정적 의견이 지배적인 관계로 전혀 진행이 되지 못했습니다. 2016년 역내 주요국들의 정권 교체이후 폐쇄적 입장에서 개방적 입장으로 변화의 조짐이 비치는 상황이나 한국과의 FTA 협상 개시까지는 좀 더 많은 시간이 소요될 전망입니다.

2017년3월 우리 정부는 메르코수르 의장국인 아르헨티나 정부와 FTA 협상 개시 공동선언문에 서명합니다. 단지 FTA라는 명칭에서 F(Free)를 뺀 TA(무역협정)라는 명칭으로 추진키로 했습니다. 메르코수르 국가나 국민들이 FTA에 민감한 반응을 보이기 때문인데, 과연 순항할 것인지 기대를 모아 왔습니다. 하지만 협상은 개시되지 못하고 2018년으로 넘어갔으며, 브라질 테메르 정권의 지지율이 한자릿수로 떨어진데다가 아르헨티나의 경우 페소화가치 폭락으로 또다시 외환위기 재연 조짐을 보이며 급기야 IMF에 구제금융을 또다시 요청(2018.5.8)하는 상황에 직면하면서 FTA 협상이 과연 개시되어 순항할 것인지 여부는 짙은 안개속에 가리워 있었습니다. 그러다가 2018년 5월25일 메르코수르 4개국 통상장관이 방한하여 TA협상개시 선언이 이루어집니다. 2004년 검토 개시 14년만에 늦깎이 협상개시가 선언된 것입니다. 협상이 칠레나 페루, 콜롬비아 경우처럼 성공하여 서명에 이르게 될지 아니면 자유(F)라는 단어를 꺼려하여 FTA 대신 SEPA라는 용어를 채택했던 에콰도르 경우나 논의가 중도에 중단된 멕시코 경우처럼 협상이 교착상태에 빠져들지 귀추가 주목되고 있습니다. 아무쪼록 메르코수르 4국 국민들이 한국이 FTA를 경제위기 돌파

수단으로 삼았던 사례와 태평양동맹국들이 FTA를 통해 개방경제를 지향하면서 국민들의 삶의 질 향상에 기여하는 사례들에서 교훈을 얻어 당사국 모두가 윈윈하는 현명한 선택을 하기를 기대해 봅니다.

멕시코와는 2007년 협상이 개시되었다가 멕시코 산업계의 반대로 2008년 논의가 중단됩니다. 그러다가 2016년 4월 박대통령의 중남미 순방 당시 양국 정상간 FTA 협상 재개를 위한 실무협의체 구성에 합의했고, 2017년 5월에는 문대통령이 FTA 협상 재개를 유선통화로 제안하고 페냐 니에토 대통령이 이에 화답하는 등 재개 모양새를 갖춰나가고 있으나 멕시코 사정상 좀 더 뜸을 들여야 할 것으로 보입니다.

한국과 중남미 간 FTA를 표로 간략히 정리해둔 자료가 있어 다음과 같이 소개해 드립니다.

한·중남미 FTA 체결/발효/타결/추진 현황

	칠레	페루	콜롬비아	중미6국	에콰도르	멕시코	계
체결(발효)일자	2004.4	2011.8	2016.7	2016.11	협상 중	재개 추진	
전체수입 시장규모	625억 불	380억 불	540억 불	877억 불	215억 불	4,053억	6,690억 불
우리 수출규모	17.4억 불	12.2억 불	11.3억 불	32.7억 불	6.4억 불	109억 불	189억 불
주요 수출품목	승용차, 합성수지, 자동차 부품, 무선 전화기	승용차, 합성수지, 칼라 TV, 정밀화학 원료	승용차, 자동차 부품 합성수지, 타이어	승용차, 무선 전화기, 의약품, 전자기기	승용차, 합성수지, 자동차 부품, 무선 전화기	평판디스플레이, 자동차 부품, 칼라TV, 승용차	
누적 인구 기준 시장규모 ('16년, 만 명)	1,765	4,839	9,561	14,136	15,744	28,061	2.8억 명
누적 GDP 기준 시장규모 ('15년, 억 불)	4,224	8,115	14,789	17,065	18,053	20,280	2조 달러

자료원 : KOTRA 중남미지역본부

❘ 왜 칠레가 한국의 첫 FTA 상대국이 되었을까?

1998년 11월 5일 우리나라 정부는 사상 최초의 FTA를 머나먼 남미대륙에 위치한 칠레와 추진하기로 하는 결의안을 통과시킵니다. 그러면 여기서 우리는 두 가지 의문을 갖게 됩니다. 우리나라가 왜 FTA에 관심을 갖게 되었을까요? 그것도 왜 가까운 아시아 국가가 아닌 지구 끝 대척점에 위치한 칠레를 첫 상대국으로 골랐을까요?

IMF위기 돌파 수단으로 채택된 우리나라의 FTA 관심 먼저 첫 번째 의문에 대한 답을 함께 찾아보겠습니다. 우리나라가 FTA에 관심을 갖게 된 계기는 1997년 한국을 포함, 아시아권 여러 나라로 확산된 금융위기입니다. 우리나라는 외환위기를 맞아 IMF(국제 통화기금)체제에 편입되어 국민적 고통분담의 세월을 견뎌내야 했으며, 이 경제위기를 벗어날 전략적 대안으로 FTA가 부상하게 된 것입니다.

FTA(자유무역협정/Free Trade Agreement)는 수출확대를 통한 국부 창출 수단입니다. 상품이 국경을 넘으려면 관세를 물어야 하는데 이 관세를 내지 않으면 우리 상품 값이 경쟁국 상품에 비해 값이 싸져서 잘 팔리기 때문인 점은 모두 아실 겁니다. 그래서 무관세 혜택을 부여하는 FTA가 수출확대를 위한 강력한 무기로서 위기돌파 수단으로 채택된 것으로 볼 수 있습니다.

칠레가 첫 상대국이 된 이유 그렇다면 왜 하필 지구 끝에 붙어있는 칠레가 시범 FTA 대상국으로 선택되었을까요?

첫째, 한국과 경쟁적 산업구조를 갖고 있는 나라보다는 보완적 산업구조를 갖고 있는 나라가 FTA를 추진하기에 적합하리라는 것은 당연한 논리입니다. 그러니 일본이나 중국 등 우리와 경쟁적 산업구조를 갖고 있는 나라는 우선순위가 떨어지는 것입니다.

둘째, 당시 한국은 FTA 경험이 전혀 없는 상황이었습니다. 그러니 생면부지의 FTA와 마주한다는 것이 얼마나 불안했겠습니까? 따라서 FTA 경험이 풍부한 나라와 시작하게 되면 안심도 되고, 협상과정에서 노하우를 터득할 수 있는 기회가 될 수도 있습니다.

셋째, 경제규모가 너무 큰 나라는 우리 첫 협상 상대로 버거울 테니 우리나라보다 경제력이 작은 나라가 부담이 덜할 것입니다. 이 세상에 공짜가 어디 있겠습니까? 받는 것이 있으면 주는 것도 있어야 합니다. 큰 나라와의 FTA는 우리 국민경제에 미치는 파급효과가 매우 크기 때문에 산업피해가 예상되는 부문의 저항 또한 만만찮을 것입니다.

이 세 조건을 모두 충족시키는 나라가 바로 칠레였습니다. 왜냐고요?

첫째, 칠레는 수출액의 90%가 구리 등 자연자원이 주종인 비공산품인 반면 한국은 수출액의 85%가 공산품으로서 양국은 최상의 보완적 산업구조를 갖고 있습니다.

둘째, 당시 칠레는 EU(유럽연합), 멕시코, 메르코수르(남미공동시장) 등과 FTA를 이미 체결한데 이어 미국과의 FTA 체결을 앞둔 상황으로서 거대규모 경제권과의 FTA 경험이 풍부한 나라였습니다.

셋째, 2001년 기준 칠레와 한국의 경제규모를 비교해보면, 한국의 GDP(국내총생산)는 4,230억 불인데 비해 칠레는 665억 불이었습니다. 따라서 한국이 협상력을 가질 수 있을 것으로 보였고, 협상과정에서 나타나는 문제점들도 비교적 적게 돌출될 것이라는 기대를 가질 수 있었습니다.

칠레와 FTA 협상개시에서 협정체결 및 발효까지 칠레와의 본격적인 협상은 1998년 11월 개시되어 2000년 12월까지 몇 차례의 협상이 진행되었습니다. 그러나 농산물 및 공산품 분야 관세철폐 문제를 놓고 첨예한 이해대립을 보인 끝에 오랫동안 협상은 멈춰 섰습니다. 우리나라는 국내 농업 보호에 초점을 맞춰 사과, 배, 포도, 쌀 등 민감 품목에 대해서는 시장개방 대상에서 제외시키고자 하였으나 칠레는 10년 기한을 주고 모든 농산물에 대한 관세철폐를 집요하게 주장했기 때문에 접점을 찾지 못했던 것입니다.

2002년 협상이 재개되어 타협점을 모색한 결과 협상 개시 이래 총 6차례의 공식협상 끝에 10월에 협상이 타결되었고, 2003년 2월에는 협정 정식서명이 이루어집니다. 이때부터 발효를 위한 비준 절차에 돌입합니다. 2004년 1월 칠레는 의회 비준을 무난하게 통과하지만, 한국은 농촌지역구 국회의원들의 반대에 부딪혀 난항을 거듭하다가 2004년 2월 찬성 162표, 반대 71표로 비준동의안이 국회를 통과하게 됩니다. 그리하여 한-칠레 FTA 협정은 2004년 4월1일부로 공식 발효되고, 한국 수출품의 66%가 무관세로 칠레 시장에 진출하면서 우리나라 FTA 역사는 막을 올리게 됩니다.

ı 우리나라가 중남미 3개국과 맺은 FTA 성과는?

FTA 성과를 따져보는 것은 매우 어려운 작업입니다. 보통 수출입통계를 발효 직전 시점과 이후 특정 시점을 비교해서 증감 폭을 계산해보고 이를 성과로 제시하게 되는 것이 일반적인 방법인데, 좀 더 깊이 파고 들어가 보면 의구심이 드는 경우가 발견되기 마련입니다. 상황적 요인이 많이 작용하기 때문입니다. 그렇지만 모든 척도를 완벽하게 반영하여 성과를 정확히 도출해내기는 사실상 어려운 만큼 KOTRA와 대외경제정책연구원 등의 일반 연구 자료에 근거하여 살펴보도록 하겠습니다.

수출 5억=>25억, 수입 11억=>47억 - 한-칠레 FTA 10년 성과

한-칠레 FTA 협정문은 총칙, 상품무역, 투자 및 서비스, 정부조달, 지식재산권, 행정 및 제도 규정 등 총 21장 및 부속서 등으로 구성.

한국은 공산품에 대해서는 발효 즉시 관세를 철폐한 반면 취약한 농산물은 단계적 관세철폐(5~16년) 내지 계절관세(포도/10년 균등 철폐하되 11~4월 기간에만 양허 적용), 또는 양허에서 아예 배제(쌀, 사과, 배) 내지 유예(마늘, 양파, 고추/DDA* 논의 이후로 적용 유보)시키는 등 보호 장치를 마련해뒀습니다.

* DDA(도하 개발 아젠다) : 제9차 라운드(다자간 무역협상), WTO(세계무역기구) 출

범 후 첫 다자간 무역협상, 2001년 카타르 도하에서 협상 개시, 2008년 농업 및 광공업 분야 협상 결렬로 논의 중단

FTA효과를 보면, 발효직전인 2003년도와 10년이 경과된 2013년도 양국의 교역 규모는 16억 불에서 71억 불로 크게 늘어났으며, 한국의 대 칠레 수출은 5억 불에서 25억 불로 4.8배, 수입은 11억 불에서 47억 불로 4.4배 는 것으로 나타납니다. 수출은 매년 평균 약 17%씩, 수입은 16%씩 늘어난 셈입니다.

물론 이 기간 중 칠레의 전체 수입도 크게 증가한 점을 고려해보면 한-칠레 FTA 순효과 절대치는 낮아질 수밖에 없습니다. 하지만 칠레는 전 세계 60개국과 FTA를 맺고 있는 매우 개방적인 경제체계를 갖고 있는데다가 2006년 중국-칠레 FTA 발효, 2007년 일본-칠레 FTA 발효 등 한국의 경쟁국들과의 FTA 요인까지 포함시켜 보게 되면 그대로 낮춰보는 데에 무리가 따르게 됩니다. 만약 한국이 칠레와의 FTA가 없었다면 수출 증가폭은 이보다 크게 줄어들었을 가능성도 배제할 수 없다는 얘기입니다.

FTA효과를 좀 더 구체적으로 살펴볼까요? 자동차나 휴대폰, 화학제품 등에서 칠레 시장 내 한국 상품의 약진이 두드러졌습니다. FTA 최대 수혜품목은 자동차라고 할 수 있을 정도로 승용차, 화물차, 부품 등의 수출이 대폭 증가한 결과 한국산 자동차의 칠레 시장 점유율은 현재 30~35%를 점하고 있습니다.

건설, 에너지, 플랜트 사업 측면에서도 건설 중장비 관세인하 혜택 등으로 한국 기업의 수주 경쟁력이 높아진 점이 눈에 띄는 FTA 효과가 되겠습니다.

*** 한-칠 FTA 발효 이후 우리 기업의 대형 프로젝트 수주 대표적 사례**

1) 포스코건설의 Ventanas 등 4개 화력발전소 EPC(설계, 조달, 시공)사업 수주(2006년, 28억 불), 2) SK건설의 Red Dragon 석탄화력 발전소 건설사업 수주(2013년, 12억 불), 3) 남부발전(컨소시엄)의 Kelar 복합화력 발전소 IPP(민자 발전)사업 수주(2013년, 6억 불), 4) 현대건설(컨소시엄)의 칠레 국책사업인 Chacao대교

건설사업 수주(2014년, 74억 불)

자원 확보형 FTA - 한-페루 FTA 성격 및 효과

페루는 자원부국으로서 한국은 FTA를 통해 자원의 안정적 공급처를 확보한다는 성격이 강한 만큼 한-페루 FTA는 페루 시장 선점이라는 일반적인 FTA 성격 외에 자원FTA 특성을 띠고 있습니다.

(*페루의 광물 매장량 세계 순위 : 은 1위, 아연 2위, 동 3위, 주석 3위, 납 4위, 금 5위)

어떻게 성사됐나? 한-페루 FTA는 2005년 11월 부산에서 개최된 APEC(아시아태평양경제협력체) 정상회담에서 페루 톨레도 대통령의 제안으로 논의가 시작됩니다. 2007~8년 경제적 타당성에 대한 민간 공동연구를 거쳐 2009년 3월 협상이 개시되고 1년 반도 안 되어(2010년 8월) 협상이 타결됩니다. 가서명, 본서명, 의회 비준 등 모든 절차를 일사천리로 진행하여 타결 1년 만에(2011년 8월 1일부) 발효가 되었습니다.

FTA 성과는? 한국 상품의 대 페루 수출은 FTA 발효 직전년도인 2010년에는 9.4억 불에 불과했으나 FTA 발효원년인 2011년에는 13.7억 불로 껑충 뛰어올랐습니다. 2012년에도 전년에 이어 승용차를 주 수혜품목으로 14.7억 불로 증가하는 등 FTA 효과를 보는 듯했습니다. 그러나 2013년에는 14.4억 불로 횡보했고, 2014년에는 13.9억 불, 2015년에는 12억 불 등으로 뒷걸음칠 치는 모습까지 연출됩니다.

대 페루 수입측면에서도 2010년 10.4억 불에서 발효 당해(2011년)에는 19.5억 불로 폭증세를 보였다가 이듬해(2012년) 16.4억 불을 거쳐 2013년에는 19.8억 불로 FTA가 잘 먹히는 듯했습니다. 하지만 2014년 14.3억 불, 2015년 11.3억 불 등으로 퇴보함으로서 FTA 효과 산출이 쉽지 않게 되었습니다.

수출이 준 것은 페루의 경기 둔화에 따라 자동차 등 구매수요가 한풀 꺾였던 것으로 보이며, 광물이 대 페루 수입의 80%나 차지하는 편중된 수입구조상 광물의 국제가격 하락 및 한국 내 광물수요 감소 등 요인에 따라 수입이 줄 수밖에 없었던 것으로 보입니다.

FTA 효과 산출이 여의치 않긴 하나 연 평균 증가율로 산출해보면 발효 전인 2010년에 비해 발효 후 2015년까지 수출은 연 평균 5.2% 늘어났고, 수입은 1.8% 늘어났습니다. 한편, 페루 원유 및 천연가스 채굴업 부문에 대해 2013년 우리 기업이 23억 불 규모의 막대한 투자를 한 바 있는데, 이를 FTA 효과로 볼 수도 있습니다. FTA는 무역창출도 하고 투자창출도 합니다. 나아가 문화 교류나 인적교류도 증대시켜 양국 관계가 보다 긴밀해지는 효과도 큽니다. 다만 여기서는 교역 측면에서 따져보고자 합니다.

한-페루 FTA 발효 이후 양국 관계가 긴밀화됨에 따라 2012년 및 2015년 두 차례에 걸쳐 G2G(정부 간 거래)방식에 의한 신규 수출거래가 성사된 점도 FTA와 직접 연계시키기는 어렵지만 넓게 보면 FTA 효과로 편입시킬 수 있지 않을까요? 동 관련 일화를 한 번 보고 판단해보시지요.

*** 한-페 FTA 발효 이후 G2G 방식 수출 성과 창출 일화**

2011년 8월 한-페루 FTA가 발효된 지 한 달여 만인 2011년 9월 페루 우말라 대통령이 뉴욕 UN 총회 계기 정상회담에서 우리 대통령에게 경찰 순찰차 800대 구매를 G2G거래방식으로 제의해옵니다. 이에 따라 2012년 12월 일반 물자로는 한국 최초의 GtoG계약이 KOTRA(대한무역투자진흥공사)대표와 페루 내무부장관 간 체결됩니다. 그 결과 현대 산타페 모델이 스마트 경찰차로 변신하여 포스코대우(당시 대우인터내셔널)를 통해 페루로 공급됩니다.

한국형 순찰차를 이용해보고 만족감을 느낀 페루 정부는 2015년 12월 KOTRA와 다시 G2G계약을 체결하게 됩니다. 이때에는 산타페보다 고사양 모델인 쌍용 렉스턴이 채택되었고, 규모도 2천여대로 늘어나 스마트 순찰차로 부가가치를 입힌 뒤에 페루로 수출됩니다. 부가가치 창출에는 우리 중소기업들이 참여했습니다. G2G거래를 통해 대-중소기업 동반진출이 이루어진 것입니다.

이는 우말라 대통령이 과거 주한 페루 대사관 무관으로 근무하면서 형성된 친한(親韓) 성향 요인에다가 한국 자동차의 우수성과 FTA 발효 이후 한국 상품의 가격경쟁력 제고(특히 2차 사업) 등이 거래 성사 요인이었던 것으로 평가해 볼 수 있지 않을까요?

중남미 3위 거대시장 - 한-콜롬비아 FTA 성격 및 성과

칠레 및 페루와의 FTA는 소비시장보다는 안정적인 원자재 공급에 초점을 맞춘 반면 콜롬비아는 자원 측면도 무시할 수는 없으나 인구 5천만 명에 육박하는 중남미 내 3위 규모의 큰 시장으로서 FTA 가치가 차별화되고 있습니다.

어떻게 성사됐나? 2008년 7월 콜롬비아 측의 제의로 검토가 시작된 한-콜 FTA는 2009년 11월 협상개시 선언을 기점으로 12월부터 협상이 개시됩니다. 총 일곱 차례 협상을 거쳐 2012년 6월 이대통령의 콜롬비아 방문 시점에 협상안이 타결되기에 이릅니다. 2013년 2월 서울에서 양국 통상장관 간 정식 서명을 거쳐 2016년 7월 15일 드디어 발효가 됩니다. 협상 타결 후 무려 4년 만에 발효가 된 데에는 상당한 우여곡절이 있었습니다. 이에 대해서는 별도 강의 편(중남미 공적 비즈니스 현장 에피소드)에 소개된 비하인드 스토리를 참고해보시기 바랍니다.

한-콜 FTA의 특별한 의미: 발효와 내전 종식, 지렛대 콜롬비아는 52년 동안 게릴라와 내전을 벌여온 관계로 정치사회적 불안에 시달리느라 칠레, 멕시코, 브라질, 아르헨티나 등 여타 중남미 주요국에 비해서 국가개발 진전속도가 매우 느렸습니다. 그 결과 덩치 값도 못하고 오랫동안 중남미 내 7위 경제권에 머물러 있다가 2000년대 이후 반군 세력 약화에 따른 국가개발 재개로 3~4위 경제권으로 떠오릅니다.

내전이 발발한지 52년만인 2016년 9월 26일 산토스 대통령과 최대 게릴라 단체(FARC) 수장 티모첸코(로드리고 론도뇨)간 평화협정이 카르타헤나에서 체결되고, 11월 30일 상하원 심의를 통과함에 따라 본격적인 국가개발에 시동을 걸게 된 역사적인 해에 한-콜 FTA가 발효되었다는 점에서 색다른 의미가 부여됩니다. 아니 그것보다는 FTA 발효가 콜롬비아에 평화체제 정착이라는 축복을 안겨준 것으로 해석하면 과한 측면이 있고, 종전에 대한 국민적 공감대 형성도 부족하지만 어찌됐든 태생이 같다는 점에서 FTA가 양국 국민에게 번영과 행복을 안겨드리기를 축원합니다.

한편 콜롬비아로서는 한국이 아시아 최초의 FTA국이 된 만큼 우리나라를 지렛대 삼아 아시아 태평양 시장에 진출하려는 의지를 다지고 있는 점도 긍정적 신호 요인으로 판단됩니다.

또한 콜롬비아가 WTO(세계무역기구) 정부조달협정(GPA) 미가입국으로서 한국과의 FTA를 통해 정부조달시장 상호개방에 합의한 만큼 상품조달은 물론 각종 인프라 건설 프로젝트 시장 진출에도 청신호가 켜진 것으로 풀이됩니다.

FTA 활용은 어떻게? KOTRA 보고타 무역관에 우리 정부의 FTA 활용지원 센터가 2017년 6월 설치된 바 있고, 국내에도 전국 각지에 FTA 활용지원 센터(한국무역협회 FTA 종합지원 센터 http://okfta.kita.net - FTA 콜센터 1380)가 열려 있습니다. 독자 여러분이 칠레, 페루, 콜롬비아 등지 수출 관련 원산지 증명서나 기타 FTA 관련 상세내용이 필요하시면 FTA 센터들을 잘 활용하여 보시기 바랍니다.

FTA 성과? 한-콜 FTA가 발효된 지 1~2년이 지난 시점에 효과를 논하는 것은 시기상조로 보여 생략하겠습니다. 우리나라 수출이 늘고 있긴 하나 이것이 그대로 FTA 효과분이 되는 것은 아닐 것입니다. 무역효과와 투자효과, 성장 및 후생효과, 생산효과, 고용효과 등 종합평가는 2020년 이후에나 가능해지지 않을까 생각됩니다.

아래 표는 교역 규모 증대와 FTA가 반드시 정비례하는 것은 아님을 보여줍니다. 교역에 영향을 미치는 인자들이 워낙 많다보니 FTA 성과를 무역통계치만 갖고서 섣불리 평가하는 것은 매우 위험한 작업이 될 수 있습니다.

우리나라의 중남미 FTA 체결 3국과의 교역 추이

(단위: U$백만, %)

구분	수출			수입		
	2003	2014	증가율	2003	2014	증가율
세계	193,817	572,664	195%	178,827	525,514	194%
중남미	8,802	35,897	308%	4,594	18,364	300%
칠레	517	2,083	303%	1,057	4,810	355%
페루	204	1,391	582%	194	1,432	638%
콜롬비아	295	1,509	411%	76	607	699%

자료원: 한국무역협회(KOTIS)

한-멕시코 FTA 답보! 이유 및 전망은?

콜롬비아와 FTA가 발효됨으로써 우리나라는 중남미 3개국과 FTA를 맺게 되었는데, 이들 3개국이 태평양동맹(PA) 회원국이라는 공통점을 갖고 있습니다. 따라서 태평양등맹 4국 중 남은 멕시코와 FTA 체결이 과제로 남겨지게 되었습니다.

진행상황 멕시코와는 2004~5년 산관학(산업계, 관계, 학계) 공동연구가 진행된데 이어, 2007년 12월 1차 협상을 개시했으나 멕시코 자동차 및 철강업계의 반발로 2008년 6월 2차 협상을 끝으로 논의가 중단되었습니다. 그 후 2010년 7월 및 2012년 6월 등 두 차례에 걸쳐 양국 정상간 FTA 협상 재개가 합의되긴 했으나 진전되지 못했습니다. 2015년 11월 APEC 정상회의 때 FTA 협상 재개에 대한 양국 정상간 긍정적 의견교환에 이어 2016년 4월 우리 대통령의 멕시코 방문 때 실무협의체 구성에 합의하는 등 협상재개 선언 분위기가 무르익었습니다. 하지만 여전히 진전이 없자 2017년 5월 우리 국가원수가 멕시코 정상에게 협상 재개를 유선으로 주문하여 호응을 얻어냄으로서 속도를 낼 수 있을지 관심이 쏠리고 있습니다.

진행전망 논의 중단 이후 기아차 등 우리 자동차 및 부품업계의 멕시코 투자진출에 따라 멕시코 자동차업계의 반발이 누그러질 것으로 기대가 되었으나 한국에 대한 멕시코 산업계의 두려움은 여전히 진행형인 것으로 보입니다. 더구나 2017년 5월 미국 트럼프 정부와 NAFTA(북미자유무역협정) 재협상 절차가 개시됨에 따라 멕시코 정부의 입장은 2018년 대선 전까지 동 재협상 마무리에 최우선 순위를 두고 있어, 그 이전에는 한국과의 FTA 협상 재개 선언이 나오기는 어려울 것으로 보입니다.

멕시코는 1994년 NAFTA 발효를 기점으로 대외 시장개방에 본격 나선 결과 현재 미국, 캐나다, EU, 콜롬비아, 칠레, 페루, 볼리비아, 일본 등 46개국과 15개 FTA를 맺고 있습니다. 특히 2012년 6월 멕시코, 칠레, 콜롬비아, 페루 등 중남미 4개국으로 결성된 이래 2015년 7월 20일 협정 발효로 정식 출범한 태평양동맹(PA)을 매우 중시하고 있는 점은 우리가 눈여겨봐야합니다.

2017년 6월 제7차 PA 정상회담에서 준회원국(estado asociado) 제도를 확립하고, 호주, 뉴질랜드, 캐나다, 싱가포르를 정식 준회원국으로 발표한 바 있습니다. (한국은 2013년 옵서버로 가입된 상태)

대응방향 KOTRA 멕시코 무역관이 멕시코 외무부 아태지역 관계자를 2017년 7월 인터뷰한 자료에 의하면 한국이 멕시코와의 FTA를 추진하려면 태평양동맹을 통한 협력관계 확대 방법을 활용하라는 조언을 참고할 필요가 있겠습니다.

또한 멕시코 무역투자기술위원회(COMCE) 및 경제부(SE) 관계자 인터뷰 자료에서도 NAFTA 재협상이 최우선과제이며, TPP(환태평양경제동반자협정)와 PA(태평양동맹) 공고화 등 사안도 우선과제인 만큼 한-멕 FTA 논의는 단시일 내에는 어려울 것이라는 멕시코 측 실무진의 전망도 고려해야 하겠습니다.

ㅣ 성큼 다가오는 중미 시장: 한-중미 FTA(2018년 2월 서명)

멕시코나 브라질 등 큰 나라에 가려 우리에게 잘 알려져 있지 않던 중미 시장이 이제 성큼성큼 우리 곁으로 다가오고 있습니다.

한국은 중미 6개국과 2010년 10월부터 이듬해 4월까지 FTA 공동연구를 진행하다가 공백기를 거쳐 2015년 6월 FTA 개시가 공식 선언됩니다. 그해 9월부터 협상이 개시된 지 1년 2개월 만인 2016년 11월 중미통합기구(SIECA) 의장국인 니카라과 수도 마나과에서 각국 통상장차관들 기자회견을 통해 협상타결이 선언되며, 이듬해 2017년 3월에는 코스타리카 수도 산호세에서 과테말라를 제외한 5개국과 FTA 가서명이 이루어집니다. 이어 2018년 2월 21일 서울에서 (소공동 롯데호텔) 중미 5국 통상장관과 우리 산업통상자원부 통상교섭본부장간 본 서명이 완료됩니다. 앞으로 의회 비준절차가 원활히 진행된다면 2018년 중에 발효될 수 있을 것으로 보입니다.

중미 5국이 동시에 아시아 국가와 FTA를 체결한 것은 한국이 처음이며, 중미지역은 커피, 설탕, 열대과일(망고, 바나나, 파인애플) 등의 한국 시장 진출에 관심을 갖고 있는데 비해, 한국은 자동차 및 부품, 철강, 합성수지 등을 주력수출품으로 하고 있습니다.

한-중미 FTA는 상품, 서비스, 투자, 정부조달, 지적재산권, 원산지, 협력 등 총 24개 챕터로 구성되어 있으며, 파나마, 코스타리카, 니카라과, 엘살바도르, 온두라스 등 5개국은 협정문의 24개 챕터 모두 합의한 반면 과테말라는 자국 산업계의 반발을 고려하여 시장접근 및 원산지 등 일부 분야는 타결에서 제외시킨 상황입니다. 그래서 과테말라는 그간 한국과 별도로 양자 협상을 진행해 왔으나 타협점을 찾지 못해 가서명과 본 서명에서 빠지게 된 것입니다. 과테말라가 중미 외톨이로 남을 가능성은 크지 않은 것으로 전망되고 있어 아마 시차를 두고 협상을 타결시켜 별도로 발효되지 않을까 생각됩니다.

발효가 되면 한국 수출품의 약95% 품목이 관세가 즉시 또는 단계적으로 축소되며, 주로 자동차, 철강, 가전, 섬유, 화장품, 의약품 등이 혜택을 보게 될 전망입니다. 우리는 중미산 커피나 원당에 대해 관세를 즉시 철폐하고, 파인애플, 바나나, 망고 등 관세는 단계적으로 축소됩니다. 파인애플은 중미가 세계시장 점유율 1위이며, 바나나는 2위를 차지하고 있습니다. (쌀, 고추, 마늘, 양파 등 민감 농산품은 양허에서 제외)

특히 중미 정부조달시장이 FTA를 통해 우리 기업에게 열렸다는 점에서 앞으로 나오게 될 각종 인프라 건설 프로젝트 수주 가능성이 높아진 점에 대해 상당한 의미가 부여됩니다.

한-에콰도르 SECA(전략적 경제보완협정)

2012년 4월 양국 통상 당국자 간 무역협정 타당성 연구진행 합의 이래 2012년 9월부터 2013년 6월까지 민간공동연구가 진행되었으며, 2015년 4월 대국민 공청회를 거쳐 그해 8월 서울에서 양국 통상장관 회담에서 SECA 협상 개시 선언이 나왔습니다.

왜 SECA라는 명칭을 쓸까? SECA란 Strategic Economic Complementary Agreement의 약어로 전략적 경제보완협정인데, FTA(자유무역협정)에 비해 포괄 범위 및 자유화 수준이 낮은 경제협정입니다. 에콰도르 정부가 자국 산업계의 반발을 고려하여 SECA라는 이름으로 무역협정 추진을 희망한데 따른 것이라합니다.

한-멕시코 FTA도 당초 SECA라는 이름으로 조심스레 추진되다가 결국 멕시코 산업계 반발로 중단된 적이 있습니다. 따라서 SECA는 정치적 민감도를 약간 희석시킨, 개방정도가 비교적 낮은 FTA로 이해하시면 되겠습니다만 내용상 큰 차이는 없는 관계로 성사가 여의치 않음을 내포하고 있다고 볼 수도 있겠습니다.

협상 교착 이유 및 타개 관건은? 2016년 1월 키토 1차 협상이 개시된 이래 서울, 키토를 번갈아가며 11월 5차 협상까지 진행되었습니다만 에콰도르 일부 산업계의 반발 및 부정적 언론, 정권 교체(5월) 등 사유로 2017년에는 후속협상이 이어지지 못한 것으로 보입니다.

자동차 조립, 백색가전, 철강, 섬유 의류, 플라스틱, 신발 등 에콰도르 산업계의 반대를 에콰도르 신정부가 어떻게 극복해내느냐가 관건이 될 것입니다.

제45강 비드와 까프: 중남미 경제핵심 금융기구

빋/비드(BID), 까프(CAF)? 이게 뭔지 들어보셨나요? 우리에게 보편적으로 알려진 명칭을 쓰지 않고 중남미 현지에서 보편적으로 쓰이는 명칭을 쓰다 보니 생소하게 들리는 것은 당연합니다. 하지만 중남미와 비즈니스를 하시려면 현지에서 통용되는 용어에 친숙해질 필요가 있으니 이번 기회에 친해지도록 해보십시다.

BID(미주개발은행/IDB)의 역할과 비즈니스 활용

빋(BID)은 Banco Inter-americano de Desarrollo의 약어로 미주개발은행입니다. 우리에게 영문 약자인 IDB(Inter-american Development Bank)로 잘 알려져 있는 미주개발은행은 중남미 현지에서는 빋 내지 베이데(BID)로 명명되는 것이 일반적인데, 중남미 비즈니스에 미치는 영향이 매우 커서 강의시간을 좀 더 할애하도록 하겠습니다. 우리 기업인들이 반드시 알아두고 활용해볼만한 중요성이 높은 기구입니다.

BID 회원국

빋(BID)은 미국 주도로 1959년에 설립되었으니 OAS(미주기구/스페인어로는 OEA/1890년 미주연맹으로 창설, 1948년 개칭)나 세빨(CEPAL/유엔중남미경제위원회/ECLAC/1948년 창설) 등을 제외하곤 아마 역사가 가장 오래된 주요 지역기구가 아닐까 생각됩니다. 회원국은 역내 28개국, 역외 20개국으로 총 48개국인데, 역내국은 중남미 26개국과 미국, 캐나다 등 북미 2개국이 가입되어 있고, 역외국은 유럽 17개국과 동아시아 3국(한중일)으로 구성되어 있습니다.

BID의 역할

빋(BID)이 하는 역할은 매우 큽니다. 공적 측면에서는 중남미 국가들의 경제사회개발을 위해 필요한 자금을 빌려주거나, 자연재해를 입은 나라에도 구호자금을 대주고 있습니다. 민간 측면에서는 기술협력도 제공해주고, 역내 및 역외국과의 비즈니스 거래의 장도 마련해주고 있습니다. 2010년에는 지진으로 대형 참사를 당한 아이티 지원을 위해 5억 불에 육박하는 채무를 면제해주는가 하면 2020년까지 매년 2억 불씩 지원하는 구제기관 역할도 해내는 것을 보면 BID은 중남미에 없어서는 안 될 핵심기구로서 확고한 위상을 구축하고 있는 것으로 보입니다.

BID 총재는 누가?

BID는 미국 주도로 설립되긴 했으나 역대 총재들은 모두가 중남미 출신들이 맡아오고 있습니다. 일단 취임하면 10년 이상 장기집권을 하고 있다는 특징을 보이고 있습니다. 칠레, 멕시코, 우루과이, 콜롬비아 출신들이 차례로 수장을 맡아 왔습니다. 2005년부터 현직에 있는 모레노(L. A. Moreno) 총재는 콜롬비아 출신입니다. 그래서 비즈니스를 하는데 있어서 콜롬비아가 혜택을 보는 것 아니냐는 얘기도 나오고 있지만 오히려 손해 보는 측면도 있다고 합니다. 필자가 만나본 BID내 직원에 의하면 수장이 자기 출신국 위주로만 사업을 챙겨주면 장기집권하기 어려워지기 때문에 균형 있게 처리를 하고 있고, 어떤 측면에서는 오히려 출신국에 불리한 경우도 있다고 합니다. 하지만 BID 본부 내 인적 구성을 보면 콜롬비아 출신이 가장 많다는 얘기들이 흘러나왔습니다.

BID와 우리나라

BID 가입 우리나라는 2005년에서야 BID에 가입했는데, 결코 쉽게 이루어진 것이 아닙니다. 1979년부터 가입을 시도하다가 80년부터 옵서버로 참석하였고, 2000년부터 기술협력신탁기금으로 매년 20만 불씩 지원해왔습니다. 그러다가 2002년에 어느 유럽 소국(보스니아)이 보유지분을 포기함에 따라 우리에게 천금 같은 기회가 찾아왔습니다. 2004년 11월 BID 이사회와 총회의 승인을 득한 후 2005년 2월 우리 국회 비준을 거쳐 3월16일 드디어 회원국 가입(47번째/아시아 2번째) 숙원이 이루어진 것입니다.

한국의 역할 우리 정부는 전체 규모 대비해서는 지분이 매우 미미한 수준입니다. (한국은 0.003%, 일본 5.0%, 스페인 1.9%, 중국은 한국과 동일, 미국이 30%로 최대 지분, 중남미에서는 브라질 및 아르헨티나가 11.3%씩 거대 지분 보유) 그러나 중남미 경제사회발전 및 기술교류협력, 빈곤퇴치사업 등에 상당한 자금을 출자하여 대중남미 관계를 발전시켜나가고 있습니다.

BID 워싱턴 본부에 우리 기획재정부와 산업부, KOTRA 등이 우수 직원을 파견하여 BID 조직의 한 축을 담당하고 있습니다. 이분들의 노력으로 2015년에 가입 10주년을 맞아 부산 벡스코에서 BID 연차총회를 성공적으로 개최함으로써 우리나라와 중남미 간 거리를 좁히는 역할을 해냈습니다. 한국과 중남미 간 교류 증진을 위해 중요 역할을 해주시는 BID 파견 우리 공직자분들에게 박수갈채를 보내드립니다.

특기할만한 것은 우리나라가 BID에서 1억 8천만불 규모의 4개 신탁기금(지식협력기금, 빈곤감축기금, 중소기업기금, IIC 중소기업개발기금)을 2006년부터 운영하고 있는데, 이 신탁기금이 지원된 사업을 우리 기업들이 컨설턴트로 추천받아 수주 실적을 내고 있다는 점입니다.

몇 가지 예를 들어볼까요? 아르헨티나 기술교육지원 사업, 자메이카 토지등록사업, 중남미 에너지 효율성 강화사업, 콜롬비아 안티오키아 교통개선 프로그램 지원 사업, 파라과이 농촌 국도건설 지원 사업, 에콰도르 지역경제 경쟁력 강화사업, 중남미 철도 기반시설 개발지원 사업, 파라과이 빈곤층 주거환경 개선사업 등 다양합니다. 우리나라 국력이 커져 이러한 활동을 전개할 수 있다는 점에 자긍심이 느껴지는 대목이 아닐 수 없습니다.

한편 자금력이 부족한 중남미 국가들이 인프라 건설사업 등 각종 프로젝트 추진시 BID 자금을 끌어다 쓰는 경우가 매우 많습니다. 이 분야에 안테나를 세워두면 비즈니스 참여기회를 얻는데 많은 도움이 되실 겁니다. 우리나라가 회원국 지위를 갖고 있는 관계로 BID 차관 조달시장에 우리 기업의 참여가 가능해진 때문입니다..

중남미 나라들마다 BID 사무소를 두고 있으니 찾아가서 정보도 적극 구해보시기 바랍니다.

아울러 BID가 2015년부터 개시한 ConnectAmericas.com 포털도 잘 활용해보시면 여러분의 비즈니스에 의외의 도움이 될 수도 있습니다. 우선 회원 가입(무료)부터 하시고 커뮤니티 일원으로 활동해보실 것을 권해드립니다. BID 사업 정보들도 좀 더 쉽게 접하실 수 있을 것입니다. BID도 우리 기업들과 중남미 기업들 간 네트워킹이 활발히 이루어지길 기대하고 있습니다. 스페인어를 잘 몰라도 영어만 가능하다면 활동하는데 별 지장은 없을 겁니다.

동 포털 활용 관련 좀 더 구체적인 내용은 "중남미 비즈니스는 이렇게" 편을 참고하시기 바랍니다.

자매기구 CII(미주투자공사/IIC)의 역할과 비즈니스 활용

세이이(CII)의 역할 BID(미주개발은행/IDB)은 산하기구 또는 자매기구라 할 수 있는 미주투자공사(IIC/CII)를 통해서도 중남미 비즈니스 활성화에 기여하고 있습니다. IIC(Inter-american Investment Corporation)는 중남미에서는 보통 스페인어인 CII(세이이/Corporacion Interamericana de Inversiones)로 표기되며, BID의 민간 부분 활동 보완을 위해 1989년에 설립된 이래 중남미 중소기업에 대한 투융자와 보증 등을 지원하고 있습니다.

CII조직 확대와 한국 지분 확대 특기할만한 사항으로 2015년3월 부산 BID 총회 합의를 계기로 2015년 12월 BID 이사회에서 BID내 민간부문 프로젝트 지원조직의 CII(미주투자공사)로의 이관을 결의합니다. 이로써 2016년 1월부터 CII 조직이 대폭 확대(100명선=>300명선)됩니다. 한편, 확대CII 기구 내 우리나라 지분이 중국 등과의 경쟁을 뚫고 0.22%에서 무려 4%로 껑충 뛰어올라 스페인과 동등한 지분을 갖게 됩니다. 이점은 비약적 발전으로 볼 수 있으며, 장차 우리 기업의 중남미지역 민간투자 프로젝트에 대한 접근도가 상당 폭 개선되지 않을까 기대됩니다.

CII의 비즈니스 활용 우리 기업과 관련해서 CII는 2007년에 대한상공회의소와 업무협약을 체결하여 한국-중남미 기업 간 투자 및 교역을 지원하기도 했으며, 2013년에는 한-중남미협회(www.latinamerica.or.kr)와 손을 잡고 우리 기업이 중남미 기업과 합작해서 중남미로 진출할 수 있도록 지원해주는 역할도 했습니다.

필자가 보고타 무역관 근무 시절 CII와 한-중남미협회 공동행사를 지원한 바가 있는데, 한국기업과 중남미기업 간 합작투자를 연결시켜보려는 CII와 협회의 의지와 노력이 돋보였습니다. 당시 콜롬비아 행사 참가 우리 기업인들이 코코씨(코리아콜롬비아CII)라는 재미있는 이름을 가진 동호회를 만들기도 했습니다. 이렇게 CII(미주투자공사/IIC)를 통한 중남미 시장 접근이 가능해진 것은 우리나라의 BID 가입 당시 CII 가입도 동시에 이루어졌기 때문인바, 소중한 회원국 지위를 여러분의 비즈니스에 적극 활용해보시기 바랍니다.

까프(CAF/ 중남미 개발은행)의 역할과 비즈니스 활용

까프(CAF)가 뭐지? 안데스 개발공사? 중남미개발은행?

까프(CAF)는 스페인어인 Corporacion Andina de Fomento의 약어로 당초에는 "안데스 개발공사" 또는 안데안 개발공사 등의 명칭으로 불렸습니다. 눈여겨볼만한 것은 까프가 활동영역을 안데스 지역에 국한하지 않고 중남미 전체로 영역을 확대함으로써 이제는 "중남미개발은행"이라는 명칭을 공식 채택하고 있다는 점입니다. 따라서 지금은 안데스 개발공사라는 명칭보다는 중남미 개발은행(Banco de Desarrollo de America Latina/ Development Bank of Latin America)으로 불리는 것이 일반적이지만, 공식 기관명은 그대로 CAF를 쓰고 있습니다.

까프(CAF)의 역할: 중남미 지역 발전 및 산업 현대화 자금지원

까프(CAF/중남미개발은행)는 1968년 보고타에서 설립이 합의되어 1970년 안데스 산맥 주변국인 콜롬비아, 베네수엘라, 페루, 에콰도르, 볼리비아 등 5개국이 카라카스에 본부를 두고 발족시킨 지역금융기구입니다. 70년생 CAF는 69년생 CAN(안데스공동체)과 더불어 안데스 지역의 양대 핵심 기구였던 셈입니다.

안데스 지역의 발전 및 통합이 주목적이었는데, 안데스 국가의 공공기관 내지 민간단체가 지역발전 및 산업현대화 등을 위해 차관 형태로 자금을 끌어모아 프로젝트를 추진하도록 지원해줍니다. 자금이 부족하면 여러 국제금융기구로부터 중장기 대출을 받아 회원국 경제발전에 기여하고 있습니다.

우리 기업이 이들 지역 프로젝트 사업을 수주하려다보면 자금줄이 CAF(중남미개발은행) + IDB(미주개발은행) 또는 IFC(국제금융공사)나 WB/IBRD(세계은행/스페인어로는 BM /Banco Mundial) 등으로 나타나는 경우를 종종 보게 됩니다. IFC는 워싱턴에서 태어난 56년 생으로 세계은행(WB) 산하기관이지만 WB 자금과는 달리 정부보증을 요하지 않고 대출과 함께 자본투자도 병행하고 있어 민간업계 비즈니스에 중요 역할을 담당하고 있습니다. 대출지역도 중남미가 아시아 지역과 더불어 최대 비중을 점하고 있어, 중남미 지역기구는 아니지만 중남미 비즈니스와 연관성이 매우 높습니다. 우리나라는 1964년에 가입했고, 2012년 한국계 미국인 세계은행 총재(김용)가 나온 이래 2014년 한국에도 IFC 사무소가 설립되어 있습니다.

까프(CAF) 회원국: 19개 회원국(5+6 정회원국, 8 준회원국)

CAF는 카라카스에 본부를 두고 있으며, 2017년 기준 정회원국이 11개국에 이를 정도로 덩치를 키워왔습니다. 창설 멤버 5개국(콜베페에볼)외에 메르코수르 4국(브아우파) 및 파나마, T&T(트리니다드토바고) 등 6개국이 정회원국 지위를 갖고 있습니다. 안데스 국가뿐 아니라 메르코수르 국가도 모두 회원국이고, 거기다가 중미권인 파나마와 카리브의 T&T도 포함되어 중남미(LAC) 전역을 커버하니 2011년부터 중남미 개발은행이라는 명칭을 갖게 된 것입니다.

준회원국을 볼까요? 스페인, 멕시코, 도미니카공화국, 칠레, 코스타리카, 포르투갈, 바베이도스, 자메이카 등 8개국이 준회원국으로 등록되어 있습니다. 식민 종주국이었던 스페인과 포르투갈이 관심을 갖는 것은 당연합니다. 베세이에(BCIE)라는 중미은행이 별도로 있음에도 정회원국인 코스타리카나 도미니카공화국도 참여하는 것을 보면 BCIE로는 양이 안 차는가 봅니다.

CAF의 특징

2014년 KIEP(대외경제정책연구원)자료에 카프 특징이 잘 정리되어 있어 이를 인용하여 말씀드리겠습니다. 첫째, 차입국 중심의 지배구조입니다. 역내 회원국은 물론 역외 회원국까지 모두가 주주이자 차입국이다 보니 여타 개발은행(MDB)과 달리 비차입국의 눈치를 볼 필요가 없어 의사결정이 신속하다는 특징을 갖고 있습니다. 하지만 정보공개의 투명성과 책임성이 부족하며, 사회적/환경적 기준을 잘 준수하지 않는다는 비판도 받고 있습니다. BID의 경우 공여국이 49.9%의 투표권을 갖는 것과는 달리 CAF는 공여국 투표권이 제로(0%)입니다.

둘째, 회원국의 높은 충성도입니다. CAF는 중남미 국가들이 설립한 은행이어서 회원국의 주인의식이 매우 높은 관계로 지난 40년간 회원국의 CAF 차관에 대한 디폴트 사례는 전혀 없다고 합니다. 뭉치기 좋아하는 중남미 사람들의 특성이 나타나 있는 것 같습니다.

셋째, 베네수엘라 및 에콰도르 등 신용등급이 낮은 안데스 국가의 주요 자금 조달 창구가 되고 있다는 점입니다. 이점은 태생이 안데스 중심 기구인 만큼 당연한 것이겠습니다. 아르헨티나 좌파정부도 카프 자금의 주요 수혜자로 올라 있었습니다.

넷째, 대중남미 대출규모가 2011년부터 세계은행을 능가하여 중남미 제2개발은행으로 부상했으며, 10년 이내에 BID까지 능가할 것이라고 합니다.

다섯째, 인프라 및 전력부문 지원에 특화되어 있어 이 부문 대출규모는 세계은행은 물론 BID까지 넘어섰습니다.

여섯째, 90년대까지는 민간부문 대출비중이 높았으나 2000년대 들어 공공부문에 집중하고 있어 공공부문 대출이 절대적 비중(2013년 82%)을 차지하고 있습니다.

일곱째, 자금 대출 행정처리가 신속합니다. 차관 신청에서 승인까지 6~9개월밖에 소요되지 않아 BID의 경우 보통 2년이 소요되는 것과 대비됩니다.

여덟째, 대출 금리는 여타 MDB보다 다소 높습니다. 대다수 회원국들이 개도국이다 보니 기관 신용도가 여타 MDB보다 낮은 편이란 점이 반영된 것입니다. (*MDB는 다자개발은행으로서 BID/CAF-중남미, IBRD-세계, EBRD-유럽, ADB/AIIB-아시아, AfDB-아프리카 등이 이에 해당함)

아홉째, 총재 권한이 막강하고 이사회 권한은 미미합니다. 공공부문의 경우 7,500만 달러 미만, 민간부문의 경우 5천만 달러 미만은 총재 권한사항입니다.

여타 MDB와 달리 상근 이사가 없고 연차 총회 역시 열리지 않는다고 합니다.

CAF 총재는 볼리비아 천하?

이왕 총재 얘기가 나왔으니 CAF 총재에 대해 잠깐 알아보도록 하겠습니다. 1970년 볼리비아의 리나레스(Adolfo Linares Arraya)가 초대 총재를 맡아 6년간 집권 이후 다른 볼리비아 출신이 지휘봉을 넘겨받아 5년간 총재직을 맡았습니다. 그 이후 에콰도르 출신 2명이 각 5년 동안 CEO가 되어 CAF를 총괄합니다. 그러다가 1991년 다시 볼리비아가 조타수가 됩니다. 가르시아(Luis Enrique García Rodríguez) 총재가 2017년 3월말까지 무려 26년 동안 장기 집권하게 됩니다. 결국 볼리비아가 CAF 수장을 37년 동안이나 맡아온 셈입니다. 가르시아 총재는 IDB에 17년간 근무하다가 볼리비아 경제수장 겸 기획부장관으로 발탁되어 2년간 봉직했습니다. 당시 세계은행, IDB, IMF 등의 위원으로도 활약하던 경력을 살려 CAF 총재를 맡게 된 것입니다.

2017년4월 1일부터는 페루 국적의 까란사(Luis Carranza Ugarte)가 총재로 취임하여 CAF 최초로 페루 수장 시대가 열렸습니다. 까란사 총재는 페루 재무장관을 역임한 바 있고, 이전에는 스페인의 BBVA은행과 IMF(국제통화기금)에서 근무한 경력을 갖고 있습니다. 1966년생으로서 CAF에 어떠한 변화를 몰고 올지 주목되고 있습니다.

안데스 3국(페베콜)이 지분 53%, 준회원국인 스페인이 4.2%

납입자본금 측면에서 보면 페루, 베네수엘라, 콜롬비아 등 3개국이 각각 18~17%대 비중을 갖고 있습니다. 아르헨티나, 브라질, 에콰도르/볼리비아 등 4국이 각각 9%,7%,5%대의 지분을 갖고 있으며, 나머지 정회원 4국은 2%대 지분을 쥐고 있습니다. 준회원국인 멕시코나 칠레는 각각 1.3%, 0.6% 지분에 불과한 점이 눈길을 끕니다.

한편 스페인이 준회원국임에도 4.2%의 높은 지분을 보유하고 있는데, 이는 스페인의 중남미시장 장악과 관련하여 눈여겨봐야할 부분인 것 같습니다.

스페인의 CAF 활용 중남미 비즈니스 공략

스페인은 2003년 역외국으로 첫 회원국 가입하면서 지분 4.2%를 챙겼습니다. 이베로 아메리카 카테고리로 끌어들여 다방면으로 영향력을 행사하면서 스페인 기업의 중남미 시장 진출도 지원하겠다는 포석이 깔려있는 것입니다. 한 예로 컨설팅 기금을 조성해서 구속성 F/S(프로젝트 타당성 검토/Feasibility Study)사업을 무상 지원하면서 스페인 은행들(Santander, BBVA 등)의 크레딧 라인 제공을 통해 본 프로젝트를 따내는 전략을 쓰고 있습니다. 그 결과 총 37억 불의 CAF 공사계약을 따냈습니다. 주요 사례로 2009년 3억 불 규모의 파나마 운하 확장공사, 2010년 5천만 불 규모의 페루 북부고속도로 공사, 2011년 5억 불 규모의 파나마 지하철 1호선 공사 등을 들 수 있습니다.

우리 기업의 중남미 비즈니스와 카프(CAF) 활용

CAF는 BID과 함께 대규모 민관협력 프로젝트에 차관 또는 보증형식의 금융 제공을 통해 자금조달 창구역할을 하고 있습니다. CAF는 특히 인프라 개발 사업에 치중하는 경향을 보이고 있고, 비회원국 기업에도 사업 참여기회를 열어놓고 있습니다. 따라서 우리 기업도 CAF를 잘 활용하면 중남미 인프라 사업 진출이 용이해집니다.

CAF가 어떠한 인프라 프로젝트를 지원하고 있는지 살펴볼까요? 지속가능 에너지 개발사업, 지형정보 시스템 구축사업, 대도시 교통정보 데이터 구축사업, ICT 프로젝트, 수출산업의 경쟁력 강화 및 지역통합 촉진을 위한 항만운영 시스템 개선사업(일등항구 프로그램), 국경지역 공동개발관리사업, 남미국가 인프라 통합사업, 중미 멕시코 인프라 및 교통망 건설사업, 지속가능한 친환경 포괄적 지능 도시 개발사업 등이 열거되고 있습니다.

우리 기업들이 충분히 경쟁력을 갖고 있는 사업들로 보이는데, 우리 수출입은행이 2006년 개설한 2천만 달러 규모의 크레딧 라인 및 2012년 체결된 협조융자 활성화 업무협약 등도 연결고리로 활용해볼 수 있지 않을까 생각됩니다.

*** 중남미 진출을 위한 우리 기업과 정부의 CAF 활용 방안**

우리나라의 CAF 활용방안을 깊이 연구해놓은 자료가 있어 소개해 드립니다. 2014년 KIEP 권기수 박사팀 연구 자료인데, 우리나라의 대표적인 싱크탱크답게 KIEP(대외경제정책연구원)가 정보 심층연구를 통해 중남미 비즈니스에 크게 일조하는 모습입니다.

첫째, 금융협력채널로 활용: 회원국 정부나 기업을 CAF와의 공동개발 사업에 활용 또는 CAF의 금융자문서비스 활용

둘째, 프로젝트 발굴 및 개발 채널로 활용: CAF는 인프라 전력 분야에 네트워크 및 노하우를 축적하고 있는바 이를 프로젝트 개발에 활용

셋째, 중남미 틈새시장 진출시 금융협력 파트너로 활용: 정치 리스크로 국제금융시장 접근이 어려운 베네수엘라, 볼리비아, 에콰도르 등 틈새시장은 CAF 자금 의존도가 높은 점 활용. 특히 PPP나 양허보다 턴키방식 선호

넷째, 기술협력기금 출연을 통한 우리 기업의 진출 도모: 비회원국도 기술협력기금 출연 가능하며, 구속성(tied) 차관으로 운영 가능한 점에 착안

다섯째, CAF 추진 중점개발 프로젝트에 선도적 참여: 국제공모를 실시하는 경우도 있음. 대표사례) 2011~13년 미래도시개발사업 국제 공모

여섯째, Country Office 활용: 정회원국 소재 국별 사무소를 협력 네트워크로 활용하여 사업 발굴

일곱째, 협력협정 체결을 통한 협력사업 개발 추진: CAF는 한국의 개발경험에 높은 관심. 한국 기관과의 협력에 매우 적극적. 매칭 펀드 조성

제46강 중미지역의 핵심기구와 세팔(CEPAL), 기타 기구

이번 강의에서는 중남미에서 상대적으로 소외되어 있는 중미지역 기구에 대해 집중적으로 알아보고 중남미 정보 접근에 필수 불가결 조직인 세팔(CEPAL)에 대해서도 살펴보도록 하겠습니다.

우리가 보통 중남미 하면 멕시코, 브라질, 아르헨티나, 콜롬비아, 칠레, 페루 등을 떠올리게 되지 과테말라나 도미니카 공화국 등 중미/카리브의 소국들은 중남미 시장진출전략 보고서에 여간해선 등장시키지도 않습니다. 나라가 작고 시장도 작으니 찬밥 신세입니다.

하지만 2016년 11월 우리나라와 중미 간 FTA가 타결되었고, 2018년 2월에는 본서명까지 진행되어 2018년 중에는 발효되지 않을까 싶은데(한국과 중남미 간 FTA는 별도 강의 편 참조) 중미 시장에 대한 관심이 증대되고 있는 만큼 중미 기구 탐색에 나서볼만한 값어치가 있지 않을까요?

중미공동시장, 중미관세동맹과 SAC(중미공동관세)

필자가 과테말라 무역관에 근무할 당시 중미통합체제(SICA) 및 중미경제통합기구(SIECA) 창설이 현지 주요 뉴스로 보도되는 것을 보면서 거대한 중미 통합 움직임을 느낄 수 있었습니다. 그 때가 1993년 2월이었습니다. 중미 맹주를 자처하는 과테말라가 주축이 되고 온두라스와 엘살바도르가 보조축이 되는 뜨리앙굴로 델 노르떼(Triangulo del Norte/북중미 3국/North Triangle)가 중심 역할을 하면서 코스타리카와 니카라과를 끌어들여 중미국을 하나처럼 통합하자는 것입니다.

1823년 스페인으로부터 독립한 이후 이 5개국이 중미연방을 결성한 전례가 있었습니다. 비록 15년 만에 해체되었지만 그 때에 대한 향수가 남아 있어 다시금 한나라로 뭉쳐야 약소국 설움도 받지 않고 통합시너지도 챙기면서 잘 살 수 있지 않겠느냐는 생각을 갖고 있는 것 같습니다.

*** 후끈 달아올랐던 중미 카탈로그 수출상담회 – 중미를 주목하자**

소외당한 중미 지역 기업인들이 얼마나 비즈니스에 몸 달아 있었는지 사례를 들어 보겠습니다. 필자가 90년대 초중반에 겪었던 사례인 만큼 현 상황과는 차이가 있으리라는 점을 염두에 두고 참고 하시기 바랍니다.

필자가 온두라스에서 우리 중소수출기업들의 카탈로그 수출상담회를 가진 적이 있었습니다. 산 페드로술라 상공회의소와 공동 추진했는데 온두라스 기업인들의 반응이 매우 뜨거웠습니다. 상의 측에서는 기자회견까지 준비해둔 상황이었습니다. 사전예고도 없이 갑자기 맞닥뜨린 기자회견에서 얼렁뚱땅 원론적 얘기만 하고 서둘러 끝내고 나오니 힘이 쫙 빠졌습니다.

그런데 그 이후가 더 문제였습니다. 너무도 많은 기업인들이 한국과 무역을 해보겠다고 몰려든 겁니다. 당시 온두라스 수입상들은 비즈니스 기회 자체가 부족했던 것 같습니다. 그래서 이번 한국 상품 수입상담회에서 뭔가 비즈니스 기회를 잡아보려는 풋내기 바이어들이 많았고, 그중에서 일부 진성 바이어도 발굴할 수 있었습니다.

엘살바도르에서도 유사한 행사를 했었습니다. 한국과 비즈니스 기회를 잡아 보려는 기업인들의 발걸음으로 행사장이 붐볐습니다. 산살바도르에서 국제박람회가 있었는데 워낙 시장이 작다보니 우리 기업들의 참가수요가 없었습니다. 그래서 각종 카탈로그들을 들고 코트라가 현지 출장 가서 우리 업체들을 대신해서 상담을 진행했습니다. 당시에는 인터넷도 거의 없었던 시기라 정보에 목말라할 수밖에 없었던 바이어들의 참여도가 높았습니다.

이렇게 발굴된 중미 지역 바이어들 중 진성 바이어를 골라내어 1994년 서울 국제무역박람회(SITRA)에 북중미 3국(과온엘) 수입사절단을 구성하여 참가하는 등 중미 지역 기업인들과 많은 접촉을 하면서 그들이 얼마나 한국과 비즈니스 기회를 갈망하는지 생생하게 느낄 수 있었습니다.

지금도 이들 중미 지역은 우리 기업들이 선호하는 지역이 아닌 것 같습니다. 각 지자체 단위로 또는 각종 협회 차원에서 중남미로 무역사절단 내지 시장개척단을 매년 보내고 있습니다만 브라질이나 멕시코, 콜롬비아, 아르헨티나, 칠레, 페루 등 주요국은 각광을 받지만 중미 국가들은 찬밥 신세를 면치 못하고 있습니다. 그래서 오히려 중미권에 좀 더 관심을 가져야 하지 않을까 싶습니다. 큰 나라 시장은 레드오션화된 반면 작은 나라들은 아직도 블루오션으로 남아있는 부분이 있을 테니까요. 더구나 FTA가 곧 뒤를 밀어줄 테니 지금껏 눈길조차 주지 않았던 중미 시장에도 관심을 가져 보시는 것은 어떨까요?

5국 중미공동시장과 2001 역외공동관세(5가지 관세율 체계) 채택

중미지역 시장 진출이 주 관심사가 될 우리 비즈니스맨들에게 중미지역기구 중 가장 의미 있는 기구는 아마 중미공동시장(CACM)이 아닐까 합니다. 영어로는 Central American Common Market 으로 명명되나 현지에서는 메르까도 꼬문 센뜨로아메리까노(Mercado Común Centroamericano/MCCA)로 알려져 있습니다. 1960년 12월에 초기관세동맹 성격의 중미공동시장이 과.온.엘 북중미 3국과 니카라과 등 4개국으로 출범하였습니다. 코스타리카가 1962년에 가입하여 5개 회원국 간에 역내 관세 및 비관세장벽 철폐를 통해 자유무역이 추진되고 있습니다.

2001년부터 역외공동관세가 채택되어 현재 5가지 관세율이 부과되고 있습니다. 역내 비생산 자본재 및 원자재는 무관세(0%), 역내 생산 원자재는 5%, 역내 비생산 중간재는 10%, 역내 비생산 소비재는 15%, 역내 생산 소비재는 20% 등입니다.

2016년 과-온 실질적 중미관세동맹 발효

역내국 간에는 커피나 설탕 등 민감 품목 외에는 자유화가 크게 진전된 상황입니다. 2007년 12월에는 중미관세동맹을 창설키로 합의되어 기본협정이 서명되었습니다. 북중미 3국(과/온/엘)과 니카라과는 비준한 반면 코스타리카는 비준을 미룬 상태입니다. 과테말라와 온두라스가 특히 적극적이어서 2014년 관세동맹(Customs Union) 협상을 개시한 이래 2015년 의정서가 교환되고, 2016년 5월 4일 공동합의서 서명이 이루어짐과 동시에 중남미 최초의 실질적 관세동맹(Union Aduanera Centroamericana)이 발효되었습니다. 마치 한나라처럼 양국 간 물품 교역이나 인력이동의 전면자유화가 가능해져 중미통합이 가시화되는 분위기입니다. 중미국간 교역비중이 20%대에 머물러온 점은 취약점으로 지적되어 왔는데 앞으론 통합이 가시화되면서 역내교역비중도 상향되지 않을까 싶습니다.

2016 SAC(중미공동관세 체계) 개정: 8자리 => 10자리 상품코드

여기서 한 가지 더 짚고 넘어가도록 하겠습니다. 중미국간에는 삭(SAC)으로 불리는 독자적인 관세체계가 가동되고 있습니다. SAC이란 Sistema Arancelario Centroamericano의 약어로 중미 공동 관세체계를 의미하는데, 1993년 2월 중미공동시장 5국간에 도입되었습니다. 보통 품목분류체계는 세계적인 HS(1988년 채택된 국제통일 상품분류체계/Harmonized System) 코드를 따르나, 중미국은 HS와 유사하긴 하나 독자적인 SAC 코드를 씁니다. 그런데

HS코드가 10자리 분류체계를 가진데 비해 SAC코드는 8자리에 불과해 세분화된 상품코드번호 부여에 문제가 많았었는데, 2016년 8월 SAC 개정을 통해 2017년 1월부터 10자리 코드로 늘어나게 되어 이러한 문제는 해소되었습니다.

ㅣ 시에까(SIECA), 시까(SICA), 베세이에(BCIE/CABEI)

8 SICA(중미통합체제)와 6 SIECA(중미경제통합기구)

앞에서 시까(SICA)와 시에까(SIECA)가 뭔지 귀띔을 드렸지만 잘 이해가 안 되시지요? SICA는 Sistema de Integración Centro americana의 약어로 "중미통합체제"이며, SIECA는 Secretaría de Integración Económica Centroamericana의 약어로 "중미경제통합기구"입니다. SIECA는 1960년에 중미공동시장과 함께 탄생한 바 있으나 제 역할을 못하다가 SICA의 기술적 행정적 보조기구로서 1993년 2월 과테말라 의정서 서명 5개국(북중미 3국, 니카라과, 코스타리카)으로 공식 발족되었습니다. 2010년 파나마 가입으로 현재 6개 회원국인바, 중미공동시장(CACM) 5개 회원국 대비 1개국(파나마)이 추가된 것으로 이해하시면 되겠습니다. (사무국은 과테말라시에 소재) * 6과 8의 숫자를 앞에 붙인 것은 회원국 숫자입니다. 두 기구가 이름이 유사한 관계로 헷갈리다 보니 편의상 붙여본 겁니다.

SICA는 중미지역의 정치경제적 통합 및 발전은 물론 사회문화적 통합 및 발전까지 추구하는 지역 정치외교기구로서 1993년 2월 테구시갈파 의정서 서명으로 창설되었습니다. SICA 회원국은 SIECA의 6개 회원국에 벨리즈(영어로는 벨리즈, 스페인어로는 벨리세)와 도미니카 공화국(인구 7만 명의 카리브 영어권 미니 도서국인 도미니카 연방과는 다른 나라임을 구별하기 위해 공화국을 덧붙임. 인구 1천만 명)이 추가되어 총 8개국입니다. 옵서버로는 멕시코, 브라질, 아르헨티나, 칠레, 대만, 일본, 독일, 스페인, 이태리 등을 들 수 있습니다.

우리나라도 옵서버로 참여하고 있으며, 2009년부터 인턴을 뽑아 사무국(산살바도르 소재)으로 파견근무도 시키고 있습니다. 우리나라와 SICA간 한-중미 정상회의도 이따금씩 열리고 있는데, 1996년 9월 과테말라 1차 회의에 이어 2005년 9월 코스타리카 2차 회의, 2010년 6월 파나마 3차 회의 등이 개최된 바 있습니다. 2017년 3월 한-중미 FTA 가서명을 이뤄낸 것도 우리 정부의 그간의 노력이 밑거름이 된 것으로 봐야합니다.

SICA(중미통합체제) 기구를 보면, 정상회의, 외교장관회의, 집행위원회, 사무국 등의 행정기구는 물론 중미의회(Parlacen)와 중미사법재판소(CCJ) 등 입법 사법 기구도 갖추고 있습니다만 중미의회에 법률제정권은 부여하고 있지 않습니다. SICA 사무국은 엘살바도르에, 의회 사무국은 과테말라에, 재판소 사무국은 니카라과에 각각 분산 위치해 있는데, 국가 간 형평성에 신경을 쓰는 모습입니다.

중미통합은 북중미 3국이 중심이 되고 있고, 이들 대비 경제여건이 어려운 니카라과는 소외되지 않으려고 적극 합류하려는 경향을 보이고 있습니다. 반면 경제사정이 양호한 코스타리카와 남미권에 가까워 가끔 독자노선을 선호하는 파나마는 유보적 입장을 취하는 경우가 많습니다. 그래도 중미통합이라는 큰 그림은 느릿느릿 계속 진행되는 모습입니다.

13 BCIE : 중미개발은행/중미경제통합은행(CABEI)

BCIE는 Banco Centroamericano de Integración Económica의 약어로 "중미경제통합은행"을 의미합니다. BID(미주개발은행)나 CAF(중남미개발은행)와 같은 다자간 개발은행(MDB) 역할을 하니 "중미개발은행"으로 불리기도 합니다. 현지에서는 베세이에로 통칭되며, 영어로는 CABEI로 표기됩니다.

BCIE 회원국 BCIE는 1960년 12월 북중미 3국(과온엘)과 니카라과 등 4개국합의로 창설되어 온두라스 수도 테구시갈파에 본부를 두고 있고, 1963년에 코스타리카가 합류했습니다. 1991년 역외국의 은행 참여가 허용되자 멕시코와 대만이 이듬해 합류한데 이어 아르헨티나, 콜롬비아 등이 가입하였고, 2006-7년에는 스페인, 벨리즈, 파나마, 도미니카공화국 등이 차례로 가입하였습니다. 그 결과 SICA 8개회원국이 모두 BCIE(중미경제통합은행/CABEI) 회원국으로 포함되어 있습니다.

회원국은 3가지로 분류됩니다. 창립회원국(fundadores)으로 과온엘니코 5국, 비 창립 역내국으로 파도벨 3국, 역외회원국(extrarregionales)으로 멕아콜+스대 5국 해서 총 13개국입니다.

*** 대만이 중미은행**(BCIE) **회원국**? **이유는**?

여기서 특이한 점을 찾아볼까요? 스페인은 역시나 중남미 시장 맹주로서 중남미에 대한 무한한 사랑과 관심 내지 야욕을 드러내며 은행사업에도 빠짐없이 참여하는 모습입니다. 그런데 그것보다도 대만의 참여가 의아하지 않으신가요? 왜 생뚱맞게 대만이 참여했을까요?

대만으로서는 중미 시장을 중시해서라기보다는 중미국과의 외교관계 유지가 절실한 과제인 만큼 국가관계 공고화 차원의 접근으로 해석하는 편이 맞지 않을까 싶습니다. 대만의 헌신적인 구애 작전에도 불구하고 2007년에는 친하게 사귀어오던 코스타리카가, 2017년에는 파나마가, 2018년에는 도미니카공화국이 중국이라는 힘도 세고 돈도 많은 연적에게 넘어가 그만 절교 선언을 하고 말았습니다. 국제사회에서는 영원한 적도 영원한 우방도 없다는 말이 현실이니 말입니다. 분단 약소국의 비애를 다시 한 번 되새겨 봅니다.

BCIE 특징: 비회원국도 조달 참가자격, 역내 50% BCIE(중미은행/CABEI)는 우리 비즈니스맨들에게 어떤 의미일까요? 중미은행은 중미지역의 경제발전 및 통합을 목표로 중미지역으로의 기술이전 촉진 및 경험 전수 등을 꾀하고 있는 중미지역 개발금융기관입니다. 회원국 기업에만 조달사업 및 프로젝트 참가자격을 주는 빋(BID/미주개발은행/IDB)과는 달리 중미은행은 회원국 가입여부와 관계없이 참가자격을 부여하고 있습니다. 무디스나 S&P, 피치 등 국제신용평가사들로부터 매우 안정적인 등급을 받고 있기도 합니다.

중미 국가들의 다자개발은행(MDB) 자금 이용도를 보면 2005~2014년 기간 중 10년 동안 280억 달러가 집행되었는데, 중미개발은행(BCIE)이 50%, 미주개발은행(BID)이 33%, 세계은행(BM)이 17%를 차지하고 있습니다. CAF가 안데스 지역에서 BID를 제친 것처럼 BCIE는 중미 지역에서 BID를 제친 모습입니다.

BCIE 자금의 용도를 보면 2000~2009기간 중 생산 인프라 36%, 에너지 분야 17%, 사회 인프라 1% 등이었으나 2010년에는 생산 인프라 분야 39%, 에너지 29%, 사회 인프라 11% 등으로 변화되는 모습이며, 2015~2019년 계획을 보면 사회 인프라, 생산 인프라, 에너지, 환경 분야에 역점(focalización)을 두고 있습니다.

한국과 BCIE 관계: 역외 옵서버? 협조융자! 비즈니스 효과는? 중미국과 비즈니스를 하려면 우리나라 정부와 BCIE(중미경제통합은행)가 어떤 관계를 맺고 있는지 살펴봐야합니다. 우리 정부는 1996년부터 중미은행으로부터 가입요청을 받은 이래 가입의사를 수차례 표명해 오다가 2010년 파나마 한-SICA 정상회의에서 중미은행에 역외 옵서버로 가입키로 합의가 되었습니다. 그 이후 별 진전을 보지 못하다가 2016년11월 한-중미 FTA 협상이 타결되자 우리 정부의 BCIE에 대한 자세는 적극 모드로 달라집니다. 우리 기업의 중미시장 진출수단으로서 FTA와 더불어 BCIE를 십분 활용토록 하자는 전략하에 2017년 1월 협조융자 협약을 맺은데 이어 2018년 1월에는 아예 회원국으로 가입코자 가입의향서(incorporation request letter)를 BCIE에 제출하기에 이릅니다.

2017년 1월 우리 정부(기획재정부)는 BCIE(CABEI)와 1억 달러 규모의 협조융자 협약을 맺었는데, 동 협약으로 EDCF(대외경제협력기금)와 BCIE는 각 1억 달러를 출연하여 총 2억 달러 규모의 자금으로 중미지역 인프라 개발 사업을 지원하게 됩니다. 이를 잘 활용하면 신재생 에너지나 전자정부, 스마트시티, 의료보건, 도로교통, 주택 및 상수도 등 여러 분야 프로젝트를 한국기업이 수주하는 것도 기대해볼 수 있겠습니다.

EDCF 사업 집행자인 한국수출입은행(수은)과 중미은행(CABEI /BCIE)간 협조융자 활성화 액션플랜(실행계획) 체결로 사업 공동심사 및 입찰정보 공유가 가능해졌으며, 국토교통부도 중미은행과 인프라 투자 MOU를 체결했습니다. 이로서 우리 건설기업들의 중미시장 진출이 활발해질 수 있는 전기가 마련되었다고 볼 수 있습니다. 수은의 액션플랜 체결이나 국토부의 MOU 체결이 일회성 행사로 끝나지 않고 현실적으로 우리 기업의 중미 인프라 시장 진출에 큰 도움이 되기를 기대해 봅니다. 그러려면 우리 기업들의 적극적인 활용 안내가 필요합니다. 한편 쿠바가 2017년4월 BCIE 신규 회원국으로 가입이 승인되어 미수교국인 쿠바와의 경제협력창구로도 활용될 전망이어서 외교적 의미도 부여되고 있습니다.

* 기타 카리브공동시장(CACM)이나 카리브개발은행(CDB), 카리브국가연합(ACS) 등의 기구가 있으나, 나라 수가 많아 정치 외교적 가치는 높은데 반해 동 지역 시장규모가 워낙 작아 우리 기업들의 관심도가 매우 낮은 관계로 과감히 생략하고 이것으로 중미 기구 강의는 마치도록 하겠습니다.

ı 세팔(CEPAL/유엔 중남미 경제위원회/ECLAC)

세팔(CEPAL)? 에클락(ECLAC)? 모두 생소하시지요? 세팔이나 에클락 모두 UN(국제연합) 중남미경제위원회를 지칭하는 말입니다. 영어로는 ECLAC으로, 스페인어로는 CEPAL로 통용되는 것입니다. 중남미에서 지내다 보면 세팔(세빨이 정확한 발음)이라는 이름을 빈번히 듣게 됩니다만 중남미에서 근무하더라도 영어에만 의존하시는 분들에겐 에클락이 친숙할 것입니다.

CEPAL(유엔중남미경제위원회)은 1948년 유엔 경제사회이사회 산하 5개 지역위원회 중 중남미 경제발전에 기여하고자 설립된 기구로서 칠레 산티아고에 사무국을 두고 있으며, 500여명의 인력이 근무하고 있습니다.

*** 대학생/학부모 참고: 세팔(CEPAL) 등 국제기구 인턴 근무 기회**

우리나라는 2007년 회원국이 되었으며, 우리 외교부에서는 우리 청년들이 국제기구 근무경험을 쌓을 수 있도록 대학생 인턴을 선발하여 보내고 있습니다. 6개월간의 정액 생활비와 왕복여비 등을 지원해주는 관계로 인기를 모으고 있는데, 인턴(1-2명)으로 선발되려면 영어와 스페인어가 능통해야 합니다. 중남미 지역 관련 경험을 쌓고 싶다면 CEPAL이나 OAS(미주기구) 등 중남미 관련 국제기구 인턴을 해보는 것도 도움이 될 겁니다. 특히 미주기구는 워싱턴에 본부가 있고 안목을 넓힐 수 있어 인기가 많으니 영어 스페인어에 능통한 대학생이라면 시도해 볼만 할 것입니다. 여타 국제기구들도 인턴 근무기회가 주어지니 외교부 국제기구인사센터를 접속해보십시오.

세팔 왜 중요한가? 세빨이 중남미 각종 정보를 제공해주는 원천 역할을 하기 때문에 세빨 자료 접근은 업무 처리 기본영역에 속하게 됩니다. 비즈니스를 제대로 하려면 깊이 있는 기초정보 연구가 필요합니다. CEPAL은 통계연감(Statistical Yearbook)이나 경제조사보고서(Economic Survey), 세계경제속의 중남미(LAC in the World Economy) 등 주옥같은 자료들을 연례보고서 형태로 매년 발간하고 있으니 적극 활용해보실 만한 값어치가 있을 겁니다. 이러한 왕성한 정보조사활동에 힘입어 CEPAL은 중남미 연구 분야 세계 최고 권위의 싱크탱크 역할을 톡톡히 해내고 있다는 평가를 받고 있습니다.

우리나라의 싱크탱크인 대외경제정책연구원(KIEP)은 CEPAL과 협력하여 한국과 중남미 간 연결고리 마련을 위한 여러 연구용역 사업을 수행하며 훌륭한 정보자료를 제공해주고 있습니다. 한국의 대중남미 직접투자 연구(2005), 중남미지역 물류 및 인프라 연결을 통한 아태지역과의 관계 제고 가능성(2008), 아시아-중남미 경제관계의 구조변화 연구(2009) 등을 사례로 들 수 있겠습니다.

*** 기타 주요 중남미 관련 기구**

지금까지 중남미 비즈니스에 영향력이 큰 여러 중남미 국제기구들을 다뤄봤습니다만, 우리 외교관이나 공무원 분들이 주로 관심을 갖는 정치외교 측면에서 중요성을 갖는 기구들에 대해서는 아직 다루지 못했는데, 상식적인 수준에서만 요점개조 식으로 정리해보고 넘어가겠습니다.

OAS(미주기구/OEA) 35개 회원국(중남미 33국 + 미국, 캐나다), 한국은 1981년 상임 옵서버로 가입, 미국 주도로 1890년 발족(범미연맹), 1948년 미주기구로 개칭, 중남미 국가 대선 및 총선 참관단 파견을 통해 평화적이고 민주적인 선거문화 정착에 기여, 역내 분쟁의 평화적 해결 도모, 지속개발 프로그램 추진, 역내 사회문제 해소 및 자유무역 강화 지원. 워싱턴에 본부 소재, 한국은 인재 양성을 위해 외교부에서 대학생 단기(한 학기) 인턴 파견 중.

OAS와 맞장 뜨는 CELAC(중남미국가공동체/the Community of LAC) 2011년 12월 출범, 라틴아메리카 카리브 33국으로 구성된 중남미만의 국가공동체(미국, 캐나다 등 북미는 제외), 미국 주도의 미주기구(OAS) 대체 기구로 발전시키겠다는 비전 제시했으나 확실한 리더십 부재로 기구 활동에 현실적 한계

ALADI(중남미통합기구)=남공+PA+CAN+쿠바 1980년 8월 설립, 중남미자유무역연합(LAFTA/61년생)의 후신, 12개 회원국으로 메르코수르(남공) + 태평양동맹(PA) + 안데스공동체(CAN) + 쿠바로 구성, 메르코수르와 안데스공동체 등의 모체 역할, 본부는 우루과이 몬테비데오에 소재, 중남미 공동시장 달성을 목표로 지역통합의 기본 틀 마련, 회원국 간 자유무역협정 강화 및 신규협정 체결 지원. 한국은 2004년 6월 옵서버 가입, 중남미 전문 인력 양성을 위해 대학생 인턴 파견 중.

시몬 차베스가 꿈꾼 UNASUR(남미국가연합) 2008년 5월 베네수엘라 차베스 대통령 주도로 브라질에서 발족, 남미 대륙 12개국(서포 10국 + 가이아나, 수리남 포함) 모두 참여, 남미판 유럽연합(EU) 지향 비전 제시, 그러나 남미 목소리 대변 대표기구 역할은 현실적 한계. 친미 친시장적 진영과 반미 반시장적 진영 간 이념 갈등 및 정책 조율 불가로 기구의 허약성 노출. *시몬 차베스(시몬 볼리바르

가 못 이룬 남미연합 꿈을 우고 차베스가 계승)

우고 차베스와 카스트로의 알바(ALBA/미주인민 볼리바르 동맹), 4정상 친목회? 2004년 12월 미국의 FTAA(미주자유무역지대) 설립에 반대하여 무역 분야 대안 모색을 위해 베네수엘라 차베스와 쿠바 카스트로의 합의로 창설, 2009년 인민동맹으로 성격 변화, 빈국에 대한 지원을 통해 비대칭적 불균등구조 개선 도모, 11개 회원국(볼리비아, 니카라과, 에콰도르 등 포함 중남미대륙 5국 + 카리브 6개 도서국)으로 구성. 베네수엘라 석유자금에 의존 한계. 실제 베네수엘라, 쿠바, 볼리비아, 니카라과 4개국 정상들 간 친목도모 수준 명맥유지

고촉동의 남미 사랑 FEALAC(동아시아-중남미 협력포럼/정부간 다자협의체/ Forum for East Asia -Latin America Cooperation) 싱가포르 고촉동 총리 제안으로 1999년 9월 출범, 총 36개 회원국(동아시아 16개국 + 중남미 20개국), APEC(아시아태평양경제협력체)이나 ASEM(아시아유럽정상회의)과 유사한 대륙 간 공식 협력체

우리는 서포 식구- 종주국과 구 식민국의 연대: Cumbre Iberoamericana(OEI) (이베로 아메리카 정상회의/이베로 아메리카 국가기구/서포기구) 스페인어와 포르투갈어권 국가들 간의 교류협력증진을 위해 이베리아 반도(3국)와 중남미(19국) 22개국가 정상들의 연례회의. 1991년 스페인 주도로 멕시코 과달라하라에서 창설. 스페인 식민지였던 필리핀과 적도기니(2009년 가입)를 비롯하여 스페인과 역사적으로 문화교류를 해왔던 이태리, 모로코, 프랑스, 벨기에, 화란(2010년 가입) 등이 협력회원국. 스페인은 대중남미 외교정책의 주요수단으로 활용. 사무국은 스페인 마드리드 소재

* 서포기구(OEI/꿈브레 이베로 아메리카나) 관련 보다 상세한 내용은 "중남미와 스페인 관계"편 강의를 참고하시기 바랍니다. * 서포란 스페인어(서반아어) 포르투갈어의 줄임말.

기타 아마존 주변 8개 국가들(브라질, 콜롬비아, 페루, 베네수엘라, 에콰도르, 볼리비아, 가이아나, 수리남)의 협력체인 ACTO(아마존협력조약기구)도 1978년에 결성되어, 2002년 브라질리아에 사무국이 창설되어 활동 중이며, 중남미 27개 회원국을 보유한 OLADE(중남미 에너지기구)라는 에너지협력기구도 에콰도르 키토에 사무국을 두고 에너지자원 개발협력을 위해 활동 중입니다. 이러한 기구들에 대한 우리나라 대학생 인턴 파견 사업도 외교부 주관으로 시행되고 있습니다.

제9부

중남미 근무 경험담 및 흥미진진 에피소드(II)

– 비즈니스 현장 에피소드/정부 간 사업 현장체험담

HOLA

제47강 중남미와 EDCF 사업/ 엘도라도와 무이스카 이야기

ㅣ 중남미 프로젝트사업과 한국의 EDCF(대외경협기금)가 무슨 관계?

EDCF란 우리나라 정부가 개도국을 대상으로 유상 공여하는 경제개발협력기금(Economic Development Cooperation Fund)입니다. 보통 대외경제협력기금, 줄여서 대외경협기금으로 얘기들 합니다. 유상 공여인 만큼 거저 주는 게 아니라 이자를 받고 빌려주는 겁니다. 이자가 일반 상업금리보다 훨씬 낮아 개도국 입장에서는 매력적인 차관 역할을 합니다. 기획재정부가 수출입은행(수은)을 통해 EDCF 사업을 시행하고 있는데, 중남미에 개도국이 많다보니 여러 나라가 이와 연관을 맺게 됩니다.

2007년 도미니카 공화국에 유니패스(전자통관시스템)가 진출한 것은 바로 EDCF 자금으로 시장을 뚫은 사례가 되겠습니다. EDCF 사업의 특징은 동자금을 받은 개도국의 경우 한국기업을 사업 파트너로 삼게 된다는 점에서 우리 기업의 유용한 해외진출 수단이 된다는 점입니다. 따라서 이 사업에 대한 관심이 클 수밖에 없어, 수출입은행은 물론 대사관이나 KOTRA, 유관기업 등 민관 합동으로 동 사업 수주활동을 벌이게 됩니다.

개도국 입장에서 볼 때 프로젝트 자금을 제공해주는 곳이 우리만 있는 것이 아니고, 세계은행(WB/IBRD)이나 국제통화기금(IMF), 미주개발은행(IDB), 중남미개발은행(CAF) 등 여러 국제금융기관들이나 중국, 일본 등 경쟁국들도 가세하기 때문에 제반 상황과 조건을 비교해보고 결정을 하게 됩니다. 따라서 EDCF 사업도 수주하기가 만만치 않습니다. EDCF 사업이 엮이기까지 물밑 작업이 활발히 이루어져야 하는데, 수은이 주도해서 엮어내는 경우도 있고, 우리 기업이 주도해서 엮어내는 경우, 또는 KOTRA나 대사관 등 제3자가 엮어내는 경우도 있습니다.

｜중남미 EDCF 사업 성공사례 : 도미니카 공화국 UNIPASS 진출

도미니카 사업은 기업이 주도하고 KOTRA와 수은이 지원해서 성사된 경우라 하겠는데, 한국 시스템에 대한 인지도가 전혀 없던 불모지 시장에서 우리 기업이 오랜 세월 참고 견디며 발주처 관계자들을 잘 설득한 결과 EDCF 사업 신청서를 받아내게 됐습니다. 신청서를 받는다고 우리 기업이 바로 수주하게 되는 것은 아니고 이후 많은 절차를 거쳐야 하며, 우리 기업들 간 내부경쟁 또한 치열해 누가 승자가 될지는 알 수 없지만, 어찌됐든 우리나라 기업이 수주하게 된다는 사실 때문에 EDCF 사업이 매력적인 사업 도구가 될 수 있는 겁니다.

어찌됐든 도미니카에 유니패스가 진출한 것은 중남미 최초사례로서 EDCF라는 정책수단이 우리 기업들의 중남미 진출에 크게 기여한 대표적 사례로 큰 의미가 부여되고 있습니다.

거부감과 리더십 이 사업도 초기에는 많은 진통이 있었습니다. 도미니카 세관 실무자들 입장에서 보면 통관절차가 투명해지는 것은 별로 좋을 게 없다고 생각되는 측면이 있었습니다. 불투명성 속에 자신들이 누려오던 재량권이 위축될 수 있고, 지금까지 써오던 익숙한 것과 결별하고 생소한 시스템을 쓰자니 거부감도 있을 것입니다.

그래서 리더의 역할은 참 중요했습니다. 대통령의 신임을 받고 있던 애국심이 강한 관세청장이 병든 노구를 이끌고 반부패를 기치로 전자통관시스템 도입을 강행하지 않았다면 생소한 UNIPASS(한국형 전자통관시스템의 고유명칭)가 그 자리를 파고 들어가기가 어려웠을 겁니다. 물론 이게 가능했던 것은 당시 레오넬 페르난데스 대통령의 국빈방한(2006.6)이후 한국을 벤치마킹하려는 국가지도자의 의지가 고스란히 반영되었던 상황이 발판이 되었습니다.

공든 탑 세우니 석공은 팽 당해 도미니카공화국의 한국 유니패스 도입 사업은 우리나라 K사가 물꼬를 텄습니다. 도미니카 관세청의 수입통관시스템 현대화사업을 EDCF사업으로 엮어낸 공신으로서 몇 년간 열심히 공을 들여온 결과물이었던 관계로 K사가 동 사업을 수주하리라는 것은 당연한 것으로 받아들여졌습니다. 관세청장을 설득해서 도입에 확신을 갖도록 유도하고 말이지요. 그런데 어이없는 상황이 발생합니다. 이렇게 초기부터 시장에 발을 들여놓고 EDCF 사업을 엮어낸 장본인이 막상 한국 기업 대상으로 입찰이 실시되자 그만 탈락하고 맙니다. 공들여 탑은 잘 세웠는데 탑을 만든 석공은 상을 받기는 커녕 쫓겨난 것입니다.

발품 팔며 공들여온 해당 기업과 발주처와의 네트워크에 틈새가 발생하자 날렵한 후발 주자가 파고들어 판세가 순식간에 역전되어 버릴 수 있는 것이 냉엄한 국제 비즈니스의 현실입니다. 경쟁 입찰이라는 공정한 게임의 룰을 지킨 것인 만큼 어찌 보면 정글과 같은 무한경쟁 기업 생태계에서 내용이야 어떻든 가격경쟁력 열위에 따른 도태는 냉혹한 질서라고 할 수 있습니다.

성공했지만 반성해볼 점 - 시장개척자 보호 하지만 이런 정글 생태계는 우리 기업들로 하여금 프로젝트 초기단계에 한국 제품을 알리기 위한 마케팅 노력을 기피하게끔 하는 요인이 되고 있습니다. 따라서 정부 차원에서 퍼스트 무버(First Mover) 내지 얼리버드(Early Bird), 선구적 시장개척자(Pioneer)에 대해서는 어떤 형태로든 인센티브가 주어져야 되지 않을까 생각됩니다. 우리 기업들이 초기 시장선점 노력을 게을리 하도록 방치해둔다면 결국 외국기업에게 중남미 시장을 모두 내주게 되지 않을까요?

I 중남미 EDCF 사업 실패사례 : 콜롬비아 4개 도시 ITS 구축사업

카르타헤나 방문, ITS 프로젝트 발굴 EDCF 사례를 또 한 가지 들어보겠습니다. 2008년 12월 필자는 까르따헤나(Cartagena)라는 아름다운 카리브 해변 관광도시를 방문하여 콜롬비아 국가기획처(DNP)가 주관하는 프로젝트 설명회 겸 상담회에 참석했습니다. 여기서 여러 도시의 지능형교통시스템(ITS) 구축 프로젝트에 대해 인지하게 되고, 현지 관계자들에게 한국형 ITS 시스템의 우수성을 각인시켜주는 여러 가지 활동을 전개하게 됩니다. (그 내용은 민간비즈니스 현장 에피소드 편에 소개되어 있으니 관심 있는 분은 참고하시기 바랍니다.)

4개 도시 타당성조사 실시 그 결과 1차로 파스토 등 4개 도시 ITS 구축사업 타당성조사 사업을 수행키로 국가기획처와 합의되었으며, 2010년 1월에는 한국도로공사와 ITS협회로 구성된 한국 기술진의 4개 도시 타당성조사(F/S)가 이루어졌습니다.

콜롬비아 정부의 EDCF사업 공식신청 조사단이 성공적으로 과업을 수행하고 돌아가 결과보고서가 작성되고, 스페인어로 번역이 되었습니다. 동 결과 보고서를 국가기획처(DNP) 조정관에게 제출했습니다. 이를 토대로 국가기획처와 교통부, 재무부 등 정부 관계자 검토를 거쳐 국가기획처로부터 파스토 등 4개 도시 ITS시스템 구축사업을 EDCF자금으로 추진하겠다는 신청서를 드디어 제출받게 되었습니다. 돈 꿔달라는 서류 받고 왜 그렇게 감격스러웠는지 모르겠지만 정말 뿌듯했습니다. 우리나라의 자랑스러운 ITS 기술이 중남미 최초로 콜롬비아라는 나라에 이식된다는 그 자체가 매우 기뻤습니다.

EDCF 협상 결렬 하지만 그 감격은 오래가지 못했습니다. 신청서 접수는 대한민국 공식창구인 대사관을 통해 이루어졌고, 본격적인 EDCF 사업으로 정식으로 신청을 받았으니 무역진흥기관인 KOTRA의 역할은 종료되고, 대신 동 사업 실무 주관처인 수은(수출입은행)이 콜롬비아를 방문하여 국가기획처와 EDCF 협상이 이루어지게 되었습니다. 그런데 장기저리의 매력적인 EDCF 차관을 제공받으려면 차입 신청국이 반드시 충족시켜야 하는 요건들이 있는데, 수은 측 요구조건 일부를 국가기획처가 자국 시스템 여건상 충족시킬 수 없는 상황이었습니다. 협상은 결국 결렬되어버리고 맙니다. 우리 기업에 사업기회가 활짝 열리는가 싶었던 문은 언제 그랬냐는 듯 다시 굳게 닫혀버리고 맙니다. 한껏 고조되어 중남미 ITS시장 최초 진출 기대감을 심어줬던 EDCF사업은 이로써 고배를 맛보게 되었습니다.

ㅣ 중남미 비즈니스 도구로서의 EDCF 사업의 활용 가치

실패는 성공의 어머니 그 후 4개 도시 사업은 도시별로 쪼개졌으며, 선도주자로서 한국에 큰 기대를 걸었던 파스토시 ITS사업은 오랫동안 공전하게 됩니다. 그로부터 6년이 지난 2016년 우리 기업 L사의 끈질긴 노력에 힘입어 결국 이 사업을 수주하게 됩니다. 이미 쌓아둔 한국산에 대한 좋은 이미지에다 품질 및 가격 경쟁력이 더해지고 보고타 교통카드사업 경험이 날개를 달아줌으로써 일반 경쟁 입찰사업으로 당당히 따낸 것입니다. 그에 앞서 2011년 우리 기업(L사)이 보고타시의 3억 불 규모 ITS 사업을 수주해 내는 쾌거를 이루어 냈습니다. (관련 내용은 민간비즈니스 현장 에피소드 편 참조)

이런 성공이 있기까지 그간 EDCF 사업의 실패가 밑거름이 되어준 측면도 있지 않을까 싶습니다. 한국산 제품에 대한 확고한 인지도가 뿌리를 내렸으니 말입니다. 실패는 성공의 어머니라는 말이 있듯이 실패가 쌓이면 언젠가는 성공 통로가 열리는가 봅니다. 그러려면 단기적 성과에 급급하기보다는 긴 호흡으로 바라보는 장기적 안목이 필요할 것입니다.

구속성 차관사업의 퇴조 중남미에서 EDCF 사업을 통한 우리 기업의 진출 기회는 점차 줄어들 수밖에 없습니다. 구속성 타이드론(Tied Loan) 사업 대비 비구속성 언타이드론(Untied Loan) 사업 비중이 갈수록 높아가는 것이 주요 이유가 될 것입니다. 개도국들도 경제성장을 통해 국제기구로부터 더 높은 등급으로 업그레이드되면 한국기업만 대상으로 사업을 시행하는 타이드론(구속성 차관/Tied Loan)사업은 어렵게 되고, 모든 나라 기업에 사업 참여 기회를 주는 언타이드론(비구속성차관/Untied Loan)사업으로 가게 됩니다. 멕시코, 칠레 등 OECD 가입국은 물론 OECD 가입을 추진 중인 콜롬비아 등도 EDCF사업이 설자리를 찾기가 더욱 어려워질 것입니다(콜롬비아는 2018년 5월 30일 OECD 가입이 성사됨).

무한한 사업가능성 그러나 아직도 많은 사업가능성이 열려있습니다. 중남미는 아직까지 타이드론 국가가 많고, 언타이드론 국가라 해도 시장을 뚫을 수 있는 우수한 제품 경쟁력과 더불어 오늘도 중남미 시장을 개척하고자 대한민국 비즈니스맨들이 불굴의 의지를 불태우고 있으니 말입니다. 능력과 의지를 갖춘 비즈니스맨이라면 동 EDCF제도를 시장개척 도구로 활용해볼 가치는 아직 충분합니다. 관심을 갖고 수출입은행 문을 두드려보세요. 수출입은행도 중남미 EDCF시장 개척을 위해 콜롬비아 등 중남미로 주재원을 보내 우리 기업의 사업 수주를 적극 지원하고 있습니다.

***쉬어가는 코너 : 엘도라도와 무이스카 이야기**

전설적 엘도라도를 찾아 중남미로

콜럼버스의 신대륙 발견 이후 많은 스페인 사람들이 구전으로 전해져오던 황금향(黃金鄕/엘도라도)의 전설에 따라 온 몸을 황금으로 치장한 황금인간 내지 온통 황금으로 만들어진 황금도시를 찾아 남미 각지를 찾아다녔습니다. 엘도라도는 찾지 못했지만 멕시코 영토였던 캘리포니아가 엘도라도 역할을 했습니다. 1848년 미-멕 전쟁 패전으로 캘리포니아가 미국 영토가 되자 이듬해 엄청난 금광이 발견되어 골드러시가 터진 것은 익히 아실 겁니다.

전설적 엘도라도(El Dorado)는 스페인 사람들이 아마존 강가 어딘가에 있을 것으로 꿈꿔왔던 황금의 도시였습니다. 황금의 제국이라는 잉카제국 정복을 기점으로 오리노코 강 인근의 호수도시(기아나 제국 마노아)가 엘도라도라는 소문도 있었지만, 엘도라도에 가장 근접했던 곳은 보고타 인근 무이스까 족의 과따비따 호수였다고 합니다. 그래서 보고타 국제공항 이름도 엘도라도로 명명되었다고 합니다.

무이스까와 엘도라도 의식

무이스까(Muisca)라는 말은 독자 여러분께 무척 생소하실 겁니다만 무이스까 하면 먼저 생각나는 게 무이스까 뗏목(Balsa)입니다. 이 무이스까 뗏목은 금으로 도금된 콜롬비아의 문화적 상징물로서 중요한 의미를 갖는데, 보고타 인근의 과타비타(Guatavita)호수에서 그 지역에 널리 퍼져 살던 무이스까(또는 칩차)로 명명된 종족이 이 금 뗏목을 띄워놓고 성스러운 엘도라도 의식을 갖곤 했었다고 합니다. 이 뗏목은 보고타 황금박물관에 전시가 되어 있으며, 동 축소 모형제품이 콜롬비아 방문 기념품으로 인기를 끌고 있습니다.

엘도라도 의식이 뭔지 궁금하시지요? 먼저 무이스까족 추장이 송진을 온 몸에 바르고 금가루를 뿌려 황금인간으로 변신합니다. 그 다음 무이스까 종족의 성지인 과따비따 호수에 금 뗏목을 띄워놓고 호수 수호신에게 제사를 드리게 됩니다. 이 제사가 뗏목 위에서 황금과 에메랄드 등을 호수 신에 대한 제물로서 호수 속에 던져 넣던 의식이었다고 합니다.

필자도 호기심을 갖고 과따비따 호수를 답사해 보았는데, 보고타에서 차로 세 시간 정도 달린 후 상당한 거리를 산행해야 도착할 수 있는 높은 지대에 위치한 관계로 왕복 8시간 정도는 잡아야 감상이 가능하겠더군요. 이 호수는 해발 2,700미터 높이의 사화산 화구에 위치해 있는데, 마치 작은 백두산 천지를 보는듯한 신비스런 느낌이 들었습니다. 하지만 기대가 과하면 실망이 큰 법이니 너무 기대는 마세요.

무이스까와 국제비즈니스: 전자통관시스템 해외시장진출 이야기

무이스카가 최고? 필자가 무이스까 얘기를 꺼낸 것은 실은 국제 비즈니스와 연계된 또 다른 무이스까 얘기를 하고자 해서입니다. 우리가 중남미로 상품을 수출하면 현지에서 수입통관을 하게 됩니다. 콜롬비아가 엘도라도와 무이스까의 나라답게 무이스까라는 수입통관 시스템을 갖고 있거든요. 물론 관세 등 수입통관만 처리하는 것은 아니고 소득세 등 국세도 함께 처리하는 종합 세무행정 시스템이라 볼 수 있습니다.
콜롬비아는 자국의 무이스까 시스템에 대한 자부심이 대단합니다. 필자가 우리나라의 전자통관 시스템(유니패스/UNIPASS)을 수출해보고자 콜롬비아 조세청(DIAN) 관계자들을 접촉해 봤습니다. 하지만 그들의 엄청난 자부심 벽을 뚫을 수가 없었습니다. 현지 무역업계로부터 많은 문제가 있다는 지적을 받곤 하던 무이스까가 중남미 최고의 통관시스템이라는 맹목적 자부심 때문에 한국 시스템은 뚫고 들어갈 만한 여지를 전혀 찾지 못하고 냉대를 받았습니다.

에콰패스가 최고! 그런데 얼마 후 놀라운 일이 일어났습니다. 이웃나라 에콰도르에서 한국 유니패스를 에콰패스(EcuaPass)라는 이름으로 전격 도입한 것입니다. 그 이후 에콰도르의 꼬레아 대통령이 콜롬비아의 산또스 대통령에게 에콰도르가 중남미 최고의 통관시스템을 갖추었다고 자랑했다는 겁니다.
스페인의 지원을 받아 만든 콜롬비아 무이스까(Dian-Muisca) 시스템이 중남미 최고인줄 알았는데, 꼬레아 대통령이 무이스까를 폄훼하며 에콰패스를 입에 침이 마르도록 자랑을 하니 산토스 대통령은 자존심이 상했나 봅니다.

중남미 정상간 경쟁심 및 입소문 마케팅의 위력 산토스는 마침 한국과 콜롬비아 간 자유무역협정(FTA) 서명식(2013년 2월) 참여 차 방한한 상공장관에게 유니패스가 뭔지 알아보라는 지시를 했고, 장관은 서울서 대전으로 달려가 관세청을 방문하게 되었답니다. 유니패스 시연을 해보니 무이스까와는 비교가 안 될 정도로 훨씬 정교하고 종합적인 시스템임을 확인한 장관은 대통령에게 보고를 했고, 대통령은 조세청장을 불러 한국의 유니패스 도입을 적극 검토하라는 지시를 내리게 됩니다.

그 이후 2013년 10월에는 보고타에서 물류통관포럼이 개최되었고, 우리나라 관세청 관계자가 참여하여 한국관세행정정보화 우수사례 발표가 콜롬비아 상공장관 및 조세청장 등 고위관계자 참석 하에 이루어졌습니다. 이런 활동에 힘입어 12월에는 양국 간 유니패스 구축협력 MOU(양해각서)가 체결됩니다. 꽉 닫혔던 문이 열리는 걸 보면 중남미 정상간 경쟁심과 입소문 마케팅의 위력이 참 대단한 것 같습니다.

강한 거부반응 한 번은 필자가 한국과 콜롬비아 간 FTA 및 한국과의 비즈니스 방법을 주제로 콜롬비아 물류통관협회(FITAC) 초청을 받아 지방 도시(부에나벤투라)로 강연을 나간 적이 있습니다. 그때 조세청장 역시 강사로 초청을 받아 자연스레 인사를 나누게 되었습니다. 청장이 강연에서 자국의 통관시스템 현대화를 위해 한국의 유니패스 도입을 검토 중이라는 얘기를 했습니다. 좌중이 갑자기 시끌벅적 소란스러워졌습니다. 하고많은 나라 중에 왜 하필 한국이냐? 스페인 것 들여오면 되지 않느냐? 참석했던 통관업자들이 많이들 따졌습니다.

설명회 개최 그래서 옆에 있던 물류통관협회장에게 유니패스 설명회 개최를 건의했습니다. 흔쾌히 응해주셨습니다. 그래서 우리나라 관세청 관계자 초청 설명회를 보고타에서 가졌습니다.

첩첩산중 하지만 콜롬비아 시장은 역시 까다로웠습니다. 청사진대로 순조롭게 가는 경우가 매우 드무니까요. 필자가 2016년에 임기를 마치고 보고타를 떠날 때까지도 내부 반발 및 혁신에 대한 저항이 계속되고 있었고, 행정체계상 의사결정 지체, 예산사정 및 경쟁구도 등 복합적 상황에서 도입 결정은 쉬이 이루어지지 않았습니다. 아마도 다른 여러 나라와의 경쟁구도 속에서 살아남아야 최종 도입이 이루어질 것으로 봅니다.

2007년 도미니카 공화국을 필두로 과테말라와 에콰도르에 한국 전자통관시스템이 이식되었던 성공사례를 만들어낸 만큼 콜롬비아와 페루 등에도 진출이 이루어지게 될 것으로 기대해 보며, 그리되면 통관의 투명성 및 신속성으로 중남미와의 교역도 더욱 활성화되지 않을까요?

제48강 중남미와 ODA 및 G2G사업, 그리고 KSP사업

ㅣ ODA 및 G2G와 중남미와의 관계

중남미와 같은 개도국을 대상으로 공공개발사업, 즉 ODA(공적개발원조/Official Development Aid) 사업이 활발히 추진되고 있습니다. ODA는 공적개발원조 내지 정부개발원조 또는 국제개발협력 등 다양한 명칭으로 불리고 있습니다. EDCF나 ODA 모두 대한민국 정부가 개발도상국 정부에 제공하는 대외원조 형태인데, EDCF는 기획재정부가 수출입은행을 통해 수행하는 유상원조사업이라면, ODA는 여러 유형이 있긴 하나 보통 외교부가 KOICA(한국국제협력단)를 통해 수행하는 무상원조사업이 대표적입니다.

EDCF와 ODA를 통합 관리하기 위해 국무총리를 위원장으로, 관계부처 장관 등을 위원으로 하는 국제개발협력위원회가 2006년부터 발족되어 개발협력분야 최고 정책기구로서 활동하고 있습니다.

G2G(지투지)사업이란 정부대정부간(Government to government) 수출계약 사업을 지칭합니다. 즉, 우리나라 정부와 외국정부간 수출계약을 맺고 우리 제품

을 외국 정부에 납품하는 제도입니다. 우리나라의 경우 2014년 개정 대외무역법에 의거하여 KOTRA가 정부 대신 서명을 하게 됩니다. 정부기관이 아닌 위탁집행형 준 정부기관으로서의 법적지위를 갖고서 말입니다. 코트라는 이를 법적 근거로 외국정부와 단독으로 양자계약을 체결하거나 납품 능력이 있는 우리 기업과 함께 3자간 계약을 맺기도 합니다.

그런데 G2G사업 역시 특성상 중남미나 동남아 등 개도국을 주 대상으로 추진이 됩니다. 어떤 경우에 추진이 될까요?

중남미 등 국가기관 내지 정부유관기관, 지자체 등에서 한국 제품을 구입하고는 싶으나 국제입찰절차를 거치기가 어려운 사정이 있거나 한국기업과 직접 계약하기를 꺼려하는 경우 정부대정부간 계약을 하자는 요구를 간혹 해옵니다. 이 경우 KOTRA가 한국 기업을 대신해서 또는 한국기업과 함께 계약에 임함으로써 외국정부의 불안감을 해소시켜 주고 한국산 조달 욕구를 충족시켜주는 새로운 유형의 수출 프레임으로 떠오르고 있습니다. 이게 결국은 한국산의 기술력이 뛰어나다는 국제적 평가를 받고 있기 때문에 가능해진 것이 아닐까요? 한국산 제품이 마음에 들지 않는다면 G2G사업은 원초적으로 불가능해질 것입니다.

따라서 G2G사업이나 ODA사업은 중남미와 밀접한 관계를 가질 수밖에 없어 독자 여러분이 활용해볼 수 있는 비즈니스 툴의 하나로서 여기에 소개해드리고자 합니다. 소개 형태는 필자가 콜롬비아 근무를 하면서 겪어왔던 비즈니스 관련 경험담을 G2G사업 위주의 회고 형식으로 진행해보겠습니다.

KOTRA가 왜 G2G 전담기관이 되었지?

먼저 독자 여러분이 궁금해 하실만한 표제 주제부터 섭렵을 해보고 다음 주제로 넘어가겠습니다. 2014년에 대외무역법이 개정되어 KOTRA가 일반물자 G2G 전담기관으로 지정되었는데, 그리 되기까지는 사정이 있었습니다.

2010년 코스타리카 정부가 한국의 전자조달시스템의 우수성을 알고 이를 도입하고자 GtoG계약을 하자고 우리 정부에 제의를 해온 적이 있었습니다. 하지만 당시 근거법령이 없다보니 G2G계약이 추진될 수 없었습니다. 그 이후 콜롬비아 기상청이 보고타 주재 우리나라 대사관을 찾아가 기후변화 조기경보 시스템을 도입코자 G2G계약을 제의해왔습니다. 그래서 대사관에서 우리 기상청으로 연락을 했습니다. 하지만 기상청 역시 근거법령도 없고, 국가 간 조약과도 전혀 성격이 다른 한국 상품 수출을 위한 G2G계약을 정부기관이 직접 나서는 데 대해 상당한 부담을 가질 수밖에 없었습니다. 당초 우리 기업과 스페인 기업이 참가하여 국제입찰로 추진하다가 유찰이 되는 바람에 콜롬비아 정부가 G2G로 방향을 튼 거였습니다. 우리나라가 G2G계약을 포기하자 결국 이 사업은 스페인 정부로 넘어가고 말았습니다. 우리나라는 좋은 기회를 놓치고 만 것이고, 콜롬비아로서도 기술력이 뛰어난 한국산을 도입하지 못하고 차선책에 만족해야 하는 아쉬운 상황이 벌어진 것입니다.

그 이후 페루에서 경찰 순찰차 구입 건으로 내무부로부터 G2G 제의를 받았습니다. 이때는 대사관이 외교부와 산업부 등으로 보내 협의한 결과 코트라가 계약 당사자로 나서도록 방침이 정해졌습니다. 그래서 코트라가 일반물자(방산물자를 제외한 물자)로는 최초의 G2G 계약을 2012년에 페루 정부와 체결하게 되었습니다. 이를 계기로 대외무역법에 G2G계약 근거가 마련되고, 코트라가 일반물자 G2G계약 전담기관으로 지정된 것입니다.

ODA사업과 G2G사업이 어떻게 연계되지?

G2G가 싹트게 된 콜롬비아의 비즈니스 토양: 태평양시대 개막

후끈 달아오른 한국에 대한 관심 2013년 초 보고타에 도착해보니 2~3년 전인 1차 근무 시와는 판이하게 달라진 한국의 위상을 실감할 수 있었습니다. 콜롬비아로서는 아시아 국가와는 최초인 한국과의 FTA에 대한 기대감이 한국에 대한 관심을 불러 일으켜 한국과의 비즈니스를 어떻게 해야 하는지에 대한 강연 요청이 쇄도했습니다. 당시 우리 대사님도 양국 간 관계 및 한국의 경제기적 등 주제로 많이 불려 다녔습니다. 이에 따라 콜롬비아 내 여러 도시에서 개최되는 각종 학술행사(대학 또는 유관협회 주관)에 초청을 받아 강연을 다녀보니 한국시장에 대한 뜨거운 관심을 확인할 수 있었습니다.

떠오르는 태평양동맹과 아시아시장 마침 중남미는 양대 세력권인 메르코수르(Mercosur/브라질, 아르헨티나, 파라과이, 우루과이, 베네수엘라 등 5개국 간 자유무역체제)와 태평양동맹(Alianza del Pacifico/콜롬비아, 멕시코, 칠레, 페루 등 4개국 간 자유무역체제)으로 재편되고 있었고, 태평양동맹(PA)은 4개국 간 시장개방 및 협력이라는 차원을 뛰어넘어 아시아 시장에 공동 진출하자는 목표까지 세워놓은 터였습니다. 콜롬비아로서는 아시아 시장 진출을 위한 전략적 교두보로 한국의 값어치를 높게 매기고 있었기 때문에 한국에 대한 관심이 고조될 수밖에 없었던 것입니다. 그로 인해 태평양 항구의 재조명 및 개발계획 등 태평양시대의 도래에 대한 기대감이 넘쳐흐름을 실감할 수 있었습니다.

이러한 높은 관심과 삼성, LG, 현대 등 한국 글로벌 브랜드에 대한 높은 인지도 덕에 한국과의 협력 분위기가 무르익던 차라 무역관장 신분으로 현지 정부 및 유관기관 고위관계자들과의 면담도 수월하게 성사될 수 있었고, 한국정부와의 G2G 사업 수요도 자발적으로 일어나고 있었습니다.

ㅣ 군 병원 건설 턴키사업과 G2G의 만남

이에 따라 필자는 자연스럽게 많은 G2G사업들을 접하게 되었던 것인데, 막상 깊이 들어가다 보니 곳곳에 발목을 잡는 요소들이 널려 있었습니다. G2G 사업의 현실적 어려움을 실감하게 되었습니다. 그 타개책으로 ODA 융합형 G2G가 절실한 정책적 대안으로 부상하게 되었습니다.

공군사령관의 G2G 제의 가장 쓰라렸던 G2G사업 경험은 콜롬비아 공군사령관(참모총장)으로부터 시작됩니다. 2013년 부임이후 얼마간 지난 즈음 현지 주재 아국 대사로부터 연락이 왔습니다. 공군사령관으로부터 정부 간 비즈니스 제의가 들어왔으니 함께 만나러가자는 것이었습니다. 사령관을 만나보니 공군해군 합동진료소(dispensario)를 첨단 디지털병원으로 짓고자 하는데, 한국이 이 분야에서 세계를 선도하고 있는 만큼 한-콜 양국 정부간 G2G 사업으로 추진하자는 제안이었습니다. 그것도 야베 엔 마노(Llave en mano) 방식으로 말입니다. 이게 무슨 의미인가 하면 "야베"란 열쇠이며, "엔 마노"하면 손안에라는 의미이니 설계에서부터 시공 및 기자재 납품까지 일괄 발주해서 병원 열쇠만 건네주면 바로 가동에 들어갈 수 있게끔 해주는 턴키(turnkey) 베이스 방식을 의미했던 겁니다.

국방부의 G2G의향서 접수 중남미 최고의 첨단 군병원으로 자랑할 수 있게끔 잘 지어달라는 부탁까지 곁들여져 좋은 G2G 사업거리가 굴러 들어왔다는 대박 느낌에 이게 웬 떡인가 싶었습니다. 며칠 후 콜롬비아 국방부가 보낸 G2G 의향서가 보고타 무역관에 접수되었습니다. 이를 받자마자 바로 KOTRA 본사(병원사업 주관 부서)에 보고를 했습니다.

심사 및 업체 선정 그러자 업체 선정을 위한 입찰절차가 일사천리로 진행되었고, 심사 결과 KOHEA(한국디지털병원 수출사업협동조합)를 주축으로 한 중소기업으로 구성된 컨소시엄이 사업자로 선정되었습니다. 동 사업자들로 구성된 사절단은 곧 보고타로 달려왔습니다. 중남미에 한국이 자랑하는 디지털병원시스템을 수출한다는 기대에 부풀어 말입니다. 군병원사업 관계자 등 발주처를 면담하고 병원 건설부지 현장조사 등을 실시했습니다. KOHEA는 콜롬비아 국립대학 병원사업 등을 수주하고자 공을 들이고 있던 차라 이미 콜롬비아 시장에 대해 잘 알고 있었기 때문에 무난히 추진될 것으로 기대를 모았습니다.

사령관 경질, 입장 번복 그런데 어느 날 청천벽력 같은 소식이 들려왔습니다. 공군사령관을 포함한 육해공 3군 사령관이 모두 동시에 경질된 것입니다. 푸르기만 하던 하늘이 갑자기 노래졌습니다. 신임 사령관 면담을 신청하고 답변을 기다렸습니다. 필자가 면담을 신청하면 기꺼이 응해주곤 했던 전임 병원사업 책임자와는 달리 어렵게 시간을 내준 신임사령관은 혹시나 했지만 역시나 전임자 입장을 번복했습니다. 경쟁 없이 한국에만 G2G 사업권을 줄 수는 없다는 것입니다. 영국과 스페인 등 유럽 선진국도 초청했다면서 한국도 새로이 G2G 제안서를 제출해달라고 했습니다.

노골적 ODA 요구 그래서 우리 측은 이 사업을 당초 한국과 추진하기로 약속한 만큼 전임자의 약속을 지켜줄 것을 요구하자 그럼 한국과만 단독으로 G2G 사업을 할 테니 한국 정부가 콜롬비아 정부에 대해 확실한 협력 방안을 제시해달라는 역제안이 들어왔습니다. 협력 사례로 그들이 요구한 것은 ODA였습니다. 군병원을 짓고 나서 디지털 병원으로 운영하기 위한 각종 S/W를 무상으로 제공해주든지, 아니면 고가의 의료장비를 무상 지원해주든지 등 여러 가지 선택지가 있었습니다. 그 이후엔 좀 더 상세한 ODA 목록을 보내오기까지 했습니다.

ı 콧대 높은 오양(ODA)을 짝사랑하는 신출내기 지군(G2G)의 실연

코이카 사업의 성공과 역공 당시 우리나라 정부는 코이카를 통해 ODA사업으로 군 재활병원을 보고타에 지어주고 있었는데, 콜롬비아 정부 및 군경 관계자에게 한국에 대해 매우 좋은 인상을 심어주는 성공적인 원조사업으로 자리매김 되고 있었습니다. 그런데 이 사업이 유명세를 타다보니 공군 측에서도 이러한 ODA사업을 공군사령부와 한국 정부간 G2G병원사업에도 적용해달라는 요구를 노골적으로 해온 것입니다.

하지만 ODA 사업은 본질적으로 개도국 지원을 위한 국가 간 협력이라는 무상 원조 프레임을 기본 틀로 하며, 중장기 계획 하에 추진되는 사업이다 보니 비즈니스와 연계조건으로 단기간에 수행될 수 있는 성격이 아니었습니다.

ODA 빠진 G2G제안서 제출 따라서 관계기관과 협의해 봤으나 뾰족한 대안이 도출되지 못한 채 한국 중소기업 및 유관협회(KOHEA)로 구성된 컨소시엄 단독으로 제안서를 제출하게 되었습니다. 그 결과 어떻게 되었을지는 상상이 되실 겁니다. 그들의 기대를 충족시킬 수 있는 제대로 된 ODA 플랜을 짜기에는 중소기업 컨소시엄으로서는 감당해내기 어려웠습니다. 설사 대기업이었다고 해도 결과는 마찬가지였을 것입니다. 기업이라면 모름지기 이윤을 창출해야지 밑지는 장사를 할 수는 없는 거니까요.

이렇게 해서 중남미 최초의 G2G병원사업 사례로 기록될 수 있었던 콜롬비아 공군병원사업은 허망하게 좌초되고 말았습니다. 오양이 지군의 구애를 받아들이기에는 지군이 너무 애송이였던 것입니다. 더군다나 우리나라에서는 G2G사업이 법적으로 아직 태동도 하지 못했던 시기였으니까요.

ODA양과 G2G군의 발전적 결합을 통한 시너지 창출: 향후과제

이후에도 유사 사례가 몇 건 더 나왔지만 같은 맥락에서 G2G 사업은 성사되지 못했습니다. 순수 ODA 사업이 널리 알려지고 성공을 거둘수록 콜롬비아는 물론 중남미 여타국에서도 매력적인 ODA를 G2G 비즈니스와 연계시켜 끌어내고자 하는 공공분야 사업 발주처는 많아질 수밖에 없을 것 같습니다.

프로젝트 발주처의 니즈 충족 자신이 맡은 프로젝트 사업을 성공적으로 추진해보고자 하는 의욕에서 공개입찰보다 G2G와 ODA의 융합에서 해법을 찾아보려는 중남미 발주처의 욕구(니즈/Needs) 충족 방안 마련이 향후 과제로 다가옵니다. 앞으로 오양과 지군의 연계를 새로운 수출 모델로서 활용한다면 꽉 막혀있는 해외정부조달시장 진출에 멋진 돌파구가 되어주지 않을까요?

새로운 수출프레임-비즈니스 연계 ODA 필자가 해외에서 귀임하여 코트라 본사에서 일반물자 교역지원 단장을 맡아 G2G사업을 추진하다보니 G2G를 새로운 수출 프레임으로 채택하여 해외시장을 개척해보고자 하는 우리 기업들의 간절한 욕구와 의지를 읽을 수 있었습니다. 우리 정부가 코트라에 G2G 등 비즈니스 연계 ODA 사업권을 부여한다면 대단한 파급효과가 일어날 것으로 보입니다. 독야청청 하려는 오양(ODA)과 짝 맺기를 갈망하는 지군(G2G)을 이어주는 징검다리가 하루빨리 놓여 지기를 기대합니다. 콜럼버스가 신대륙을 발견하게 된 계기가 뭔지 아마 독자 여러분도 다 아실 겁니다. 스페인 이사벨라 여왕이 밀어주지 않았다면 신대륙 발견은 어려웠을 것입니다. 이사벨라에게 콜럼버스를 밀어줄 힘을 부여해준 것은 페르난도 왕과 이사벨라 여왕의 결합으로 탄생한 스페인 통일왕국입니다. 미스터 지(G2G)와 미스 오(ODA)의 결합을 이런 의미에서 기대해보는 것은 순진한 환상일까요?

ㅣ 중남미 KSP사업(경제발전경험 지식공유사업)

KSP가 뭔지 혹시 들어보셨나요? Knowledge Sharing Program의 약어로 지식공유사업을 의미합니다. 여기서 지식이란 보통 우리나라의 경제발전경험을 의미합니다. 우리나라 정부가 단기간에 고도 경제성장을 압축해서 이룩한 대한민국의 경제발전 정책과 경험을 개발도상국들과 함께 나누는 프로그램입니다. 그럼으로써 국제사회의 책임 있는 일원으로 인정받음과 동시에 우리나라 경제개발 시스템도 해외시장에 진출할 수 있는 여지를 마련해주는 훌륭한 프로그램입니다.

ㅣ 중남미 KSP 환경: 중남미는 한국을 어떻게 보고 있나?

세계 속의 대한민국의 위상이 어떠한지는 익히 알려진 각국 경제지표 비교를 통해 잘 아실 테니 여기서는 논외로 하겠습니다. 그런데 중남미에서 우리나라를 어떻게 평가하는지 아십니까?

필자가 2014년 10월 미주개발은행(IDB/BID)으로부터 강의 요청을 받고, 동 기구의 본부가 있는 워싱턴으로 출장을 간 일이 있습니다. IDB(BID)가 중남미 기업들의 네트워킹 및 비즈니스를 지원하고자 자체 개발한 Connectamericas.com이라는 포털을 널리 알리고자 하는 행사에 연사로 초대받아 간 것이었습니다. 주최 측이 필자에게 요구한 발표주제는 한국기업과 중남미 기업 간의 연결고리 현황 및 전망에 대한 것이었습니다. 목적은 한국기업이 중남미 기업과 네트워킹을 활발히 하도록 해서 한-중남미 비즈니스를 활성화하자는 취지였습니다.

높은 KSP 수요 그런데 제가 놀라웠던 것은 BID(IDB)측 대표 연사의 발언 내용이었습니다. 한국을 수차례 언급하였습니다. "한국은 불과 50년 전만 해도 우리(중남미)보다 못한 세계 최빈국 중 하나였는데, 이제는 경제기적을 일으켜 우리보다 훨씬 부강해진 나라이다. 한국이 이토록 뛰어다니는 동안 우리는 뭘 해왔는가? 한국은 선진국 반열에 올랐는데 우리는 왜 그대로인가?"라고 자문하며 "한국을 벤치마킹하여 우리도 경제부흥을 일궈내자"는 것이 요지였습니다. BID의 한국에 대한 관심이 이처럼 높다보니 그 이듬해(2015년) 3월에는 부산 벡스코에서 BID 연차총회가 열려 한국과 중남미 간 협력이 공고화되는 계기가 되기도 했습니다.

수요 없이 사업을 할 수는 없을 것입니다. 그런데 이 KSP사업은 적어도 중남미에서는 충분한 수요가 있는 것 같습니다. 즉, KSP가 중남미의 이러한 정보 수요에 부응하는 적절한 사업모델이 될 수 있다는 것입니다.

양자KSP와 다자KSP KSP 사업은 기획재정부가 주무부서이긴 하나 실무작업은 한국개발연구원(KDI/양자간 KSP사업/국가정책 자문사업)과 한국수출입은행(다자간 KSP사업/국제기구와 공동 컨설팅사업)이 주축이 되고 있는데, 비즈니스와의 연계 강화를 위해 대한무역투자진흥공사(KOTRA)도 산업통상협력분야에서 일익을 담당하고 있습니다. 예컨대, 중남미 특정국 상공부 내지 무역투자진흥기관에 대해 세계 최고의 무역진흥기관(TPO) 내지 외국인투자진흥기관(IPA)으로 선정된 바 있는 만큼 그 경험 및 지식을 살려 무역진흥경험이나 외국인투자 유치경험 등을 전수해주는 겁니다. 필자도 콜롬비아 근무 당시 콜롬비아의 코트라라 할 수 있는 프로콜롬비아(ProColombia)와 KSP사업을 진행하기도 했습니다.

중남미 KSP사업의 주요 대상 분야

중남미 KSP사업은 멕시코, 콜롬비아, 도미니카공화국, 온두라스, 페루, 코스타리카, 에콰도르, 브라질, 볼리비아, 엘살바도르, 니카라과, 파나마, 우루과이, 칠레, 벨리즈, 아이티 등 대부분의 국가에서 시행되고 있습니다.

양자 KSP 분야 양자간 KSP분야를 보면 재정정책, 교통체계, 의료보건, 무역진흥, 복지, 빈곤퇴치, 기술변화, 산업조직, 시장구조, 기업연구, 규제와 산업정책, 노동, 교육 등 정책적인 주제로 다방면에 걸쳐 있습니다.

다자 KSP 분야 이에 비해 다자간 KSP의 경우 경험전수 분야가 좀 더 구체화되어 있습니다. 비즈니스와 연관 지어 세부 사업 명을 들어볼까요? 예컨대, 도미니카공화국/에콰도르 스마트 그리드 구축 지원 사업, 콜롬비아 2개 도시(바예두빠르, 비야비센시오) 스마트시티 수립계획지원 사업, 니카라과 포장도로 및 교량 유지관리 시스템 개발지원 사업, 중남미 온라인 전자금융소비자 정보보호지원 사업, 중남미 중소기업 e-business 및 무역활성화 지원 사업, 에콰도르/니카라과 브로드밴드 개선/육성 지원 사업, 아이티/도미니카공화국 도로교통안전 개선지원 사업, 멕시코 노동시스템 개선지원 사업, 파라과이 농촌개발을 위한 전략개발 사업, 칠레 주민등록시스템 개선지원 사업, 콜롬비아 민관협력시스템 구축지원 사업, 중남미 몬테비데오 등 2개 도시 통합관제센터 설립방안 타당성 분석 사업, 콜롬비아 지역경찰 치안활동 및 치안정보시스템 개선 사업, 페루 브로드밴드 플랫폼 구축지원 사업 등 다양한 사업들이 기 추진되었거나 시행중에 있습니다.

CSR사업도 KSP? 동 관련 필자가 겪었던 사례 한 가지를 소개해드리겠습니다. 한국의 전력산업의 우수성을 본받고자 하는 현지 업계 수요가 높았는데, 하루는 콜롬비아 전력업계 기업인 및 협회 관계자가 무역관을 찾아 왔습니다. 스마트 그리드를 도입코자 하는데 우리(콜롬비아) 정부에서 관심은 보이고 있지만 우선순위에서 밀려 아직까지 실행이 안 되고 있으니 우리가 정부에 촉구할 수 있게끔 한국이 우리(협회 회원사)에게 스마트 그리드에 대해 교육을 시켜달라는 주문이었습니다. 그래서 KOTRA 본사에 연락을 취해 한국전력 관계자와 연결이 되었고, 한전 측이 전문가를 보내와 협회가 제공한 장소에서 1주일간의 교육을 시켜주어 호평을 받기도 했습니다. 중남미에서 강조되는 CSR(기업의 사회적 책임/중남미에서는 RSE로 통칭/Responsabilidad Social Empresarial) 사업 형태로 개최되었는데, 이런 측면에서 보면 CSR 사업과 KSP 사업이 접점을 찾기도 하는 것 같습니다.

ı 중남미의 KSP사업 수용성 및 우리 기업의 활용

콜롬비아 지방도시 출장 중에 필자가 겪은 일화 두 가지 사례를 소개해드리겠습니다. 한국 하면 가장 먼저 생각나는 게 뭐냐 물었더니 답변이 디시쁠리나(Disciplina)였습니다. 이는 사회기강 내지 규율이라는 의미입니다. 왜 그렇게 생각하느냐고 물었더니 “한국에는 있고 콜롬비아에는 없는 것이 바로 디시쁠리나다, 한국은 사회기강이 바로 서 있기 때문에 선진국으로 발전할 수 있었던 것인데 반해 우리는 그 기강이 확립되지 않아 발전을 못하고 있다, 그래서 사회기강은 한국을 선진국으로 도약시킨 원동력이자 한국의 대표적 아이콘으로 보인다.”라는 것이 어느 콜롬비아 대학생의 답변이었습니다. 한국이 콜롬비아에 어떤 의미인지, 나아가 중남미에 어떤 의미를 던져줄 수 있는지 KSP사업의 중요성을 되새겨보는 좋은 계기가 되었습니다.

또 한 가지는 필자가 중남미 기업인을 상대로 한국의 비즈니스 문화 및 방법에 대해 강의를 하던 차에 한국은 어떻게 해서 단시간에 전후 경제부흥에 성공했는지를 묻는 현지 기업인 질문을 받고 새마을 운동에 대해 소개한 바가 있습니다. 그중에서도 특히 "우리도 한 번 잘살아보세, 잘 살아보세"하는 노래 가사가 생각나서 스페인어로 불러줬습니다. 의외로 반응이 뜨거웠습니다. 잘 살아보고자 하는 의지는 중남미라고 예외는 아니기 때문에 호응할 줄 안다는 것은 KSP 사업이 잘 먹힐 수 있다는 의미가 될 수 있습니다.

한국 기업이 글로벌 기업으로 성장한 비결 전수 니즈 중남미는 정부 차원에서나 민간 차원에서 한국으로부터 경제성장 비결 내지 기업의 글로벌화 성장 비결 등에 대해 벤치마킹하고자 하는 욕구가 큰 것 같습니다. 중남미 기업들로부터 한국 기업이 어떻게 글로벌 기업으로 성장하게 되었는지 그 비결을 알려달라는 수요도 상당한데, 필자도 콜롬비아 근무 당시 몇몇 현지 기업으로부터 이러한 요청을 받은 적이 있었습니다. 특히 기억에 남는 것이 삼성과 LG, 현대 등 한국의 대표적인 기업들이 어떻게 글로벌 기업으로 세계 속에 우뚝 서게 되었는지 그 비결을 알려달라는 주문을 콜롬비아 제과분야 대기업으로부터 받은 적이 있었고, 화장품 분야에서도 한국이 잘 나가고 있는데 대표적인 기업을 보고타로 초청하여 얘기를 들어볼 수 있도록 도와달라는 부탁을 받고 아모레퍼시픽 경영진에게 연결을 해드려 세미나가 진행된 사례가 있었습니다. 그래서 KSP사업이 이러한 기업 니즈까지 반영시켜줄 필요가 있지 않을까 싶습니다. 유료 컨설팅 사업으로 자연스럽게 비즈니스 연결고리도 만들어주고 말입니다.

항만운영 세미나 및 공항운영 컨설팅 그 외에도 한국이 항만운영 분야나 공항운영 분야 등에서도 뛰어나다는 인식을 갖고 관련 분야 세미나 연사로 초청받기도 합니다. 부산 항만공사 경영진을 보고타로 초청코자 하는데 주최 측이 도와달라고 해서 KOTRA가 중간에 다리를 놔드리기도 했습니다. 동 세미나 이후 대서양변 항만에 비해 상대적으로 낙후되어 있는 태평양변 항만 관계자가 무역관을 찾아와 자신의 항만을 한국에서 위탁운영해줄 수 있는지 물어오는 경우도 있었습니다.

공항운영 관련해서는 세계적 명성을 얻은 한국공항공사(KAC)가 콜롬비아 6개 지방공항 운영 관련 컨설팅 사업을 따내기도 했습니다. 2011년부터 15년간 북동부 6개 공항의 위탁운영 및 시설개선 등 사업을 추진하여 선진적인 공항운영기법을 유료로 전수하고 있는 것입니다. 이를 기반으로 2017년 9월에는 160만불 규모의 페레이라 공항 컨설팅 사업까지 추가로 수주하여 2022년까지 공항운영관리 및 노선개발 등 글로벌 공항으로 도약할 수 있도록 세계적 수준의 운영기법을 전수하게 됩니다.

중남미 역내 지식자산 공유 확산 및 걸림돌 극복 중남미는 역내 언어적, 문화적 유사성 정도가 여타 지역보다 높으며, 여러 역내 협의체를 통해 긴밀한 관계가 잘 유지되는 경향이 강한데다가 국가 간 협력과 경쟁이 공존하고 있는 지역이다 보니 어느 한 나라에서 성공한 사업이 다른 나라로 자연스레 확산되는 경우도 나타나고 있습니다.

예컨대, 한국 관세청의 전자통관시스템(UNIPASS)이 에콰도르로 성공적으로 진출(Ecuapass)하고 나니 입소문을 통해 이웃 콜롬비아로 퍼져 나가 콜롬비아에서도 유니패스 도입이 검토가 된 것은 단적인 예라 하겠습니다.

다만, 중남미 개별 공무원들의 관심 부족 및 개혁에 대한 저항 등 부정적 요인들도 무시할 수 없는 변수가 되고 있어 KSP 사업이 순탄하게 진행되기를 낙관하기는 어려운 상황입니다. 유니패스 관련해서도 실무자들은 도입에 부정적 입장이었던 터라 국가 최고 지도자 내지 각 기관장의 강력한 리더십이 없이는 추진이 곤란해지거나 추진된다 해도 성공가능성이 담보되기는 여간 어려운 일이 아닐 것으로 보입니다.

KSP사업의 비즈니스 활용 KSP사업 역시 여타 정부 간 사업과 마찬가지로 우리 기업 진출 기반 마련에 기여하는 측면이 있는바, 우리 기업 관계자들은 국가별로 어떠한 KSP 사업이 수행되고 있는지를 알아보고 자신의 사업과의 연계방안을 모색해보는 것도 필요하지 않을까요?

우리 입맛에 맞는 공급자 위주의 KSP상품 보다는 현지 정부뿐만 아니라 민간업계에서 필요로 하는 정보 수요를 적극 발굴하여 해당국 정부와 연계시켜 주려는 노력도 우리 KSP 관계자들의 몫이 되어야 KSP 사업이 성공할 수 있지 않을까 싶습니다.

제49강 중남미 민간 비즈니스 현장 에피소드

| 제1화 : 콜롬비아 버스들의 전(錢)의 전쟁과 한국IT기술 상륙작전

쩐의 전쟁이란? 필자가 겪었던 비즈니스 현장 에피소드 첫 사례로 전(錢)의 전쟁(guerra del centavo/게으라 델 센타보)을 소개해드리고자 합니다. 센타보(centavo)란 영어로는 센트(cent), 우리말로는 전(쩐)입니다. 결국 전의 전쟁이란 쩐 단위의 작은 돈이라도 더 벌어보겠다며 콜롬비아 버스들이 오랫동안 벌여왔던 위험한 고객 채가기 경쟁을 일컫던 말입니다.

필자가 보고타 무역관장으로 콜롬비아에 첫 부임한 시기가 2008년10월이었는데, 현지 언론에서 쩐의 전쟁 문제를 심심찮게 거론하며 정부의 대책을 촉구하고 있었습니다. 수도인 보고타나 지방도시 할 것 없이 공통적으로 직면한 문제였는데, 가장 심각한 곳으로 보고타가 지목되고 있었습니다.

심각한 보고타 대중교통상황 당시 보고타 대중교통 상황은 심각했습니다. 인구 800만 도시에 지하철도 없이 16,000여대의 시내버스가 운행되고 있었는데, 이를 운행하는 버스회사가 몇 개사였는지 아십니까? 무려 12,000여 개사였습니다. 버스 주인이 1~2대씩 갖고서 직접 운행하거나 운전기사를 고용해 영업에 뛰어든 경우가 부지기수였다는 얘기입니다. 대형버스도 있고 소형 봉고버스도 있었습니다. 차령이 자그마치 30년 된 노후버스들도 많아 매연을 내뿜는 문제는 차지하고라도 개인 버스회사들이 서로가 손님을 하나라도 더 먼저 태우기 위해 난폭운전은 예사였고, 정류장이라고 있긴 해도 유명무실했습니다. 아무데서나 손님이 손을 들면 택시처럼 손님을 태워주고 내려주고 하니 그 무질서함이란 안보고도 뻔히 짐작되실 겁니다. 더구나 대부분 요금을 현금으로 받다보니 이를 빼돌리는 삥땅 문제도 심각했으며, 승객들을 콩나물시루처럼 꽉 채워 다니며 차문도 열어둔 상태로 달리니 위험하기 짝이 없었습니다. 쩐의 전쟁은 승객 안전과는 전혀 거리가 멀었습니다. 오로지 돈 한 푼 더 벌자는 게 버스회사들의 유일한 목표였으니 말입니다. 그러니 사고는 다반사로 일어날 수밖에 없었습니다.

중앙차로제 전용버스 개통과 한계 이러한 쩐의 전쟁 와중에 2000년 들어 트란스밀레니오(보고타 버스공사)가 설립되고, BRT(중앙차로 버스전용차선 도로) 노선이 개통되어 교통카드제도가 처음 도입되는 등 교통여건은 상당히 개선되는 듯 보였습니다. 해외에 모범사례로 소개되기도 했고. 서울시도 당시 보고타 트란스 밀레니오(Transmilenio/TM)의 BRT 시스템을 벤치마킹하여 버스전용 중앙 차로제를 실시했다는 얘기도 돌았습니다.

하지만 이 TM버스는 운행구간이 매우 제한적이었습니다. 당시 지하철 건설 필요성이 강력히 제기되었으나 비용이 많이 든다며 전철 대체 수단으로 등장한 것이 바로 이 TM버스였습니다. 따라서 이 TM은 전철 역할로 보면 되고, 16,000대의 일반 버스들은 변화가 없었습니다.

SITP 사업과 SIRCI 프로젝트의 등장 이러한 문제점에 대응하기 위한 정부 대책이 2000년대 후반 들어 쏟아져 나왔습니다. 대표적인 것이 보고타 등 인구 60만 명이상 대도시를 대상으로 한 SITP(대중교통 통합시스템) 프로젝트와 파스토 등 인구 25만~60만 명 규모의 중형도시를 대상으로 한 SETP(대중교통 전략시스템) 프로젝트였습니다. 이중 가장 관심을 끈 것이 보고타 SITP 사업과 파스토 SETP 사업이었습니다.

보고타 SITP사업은 12,000개사의 버스 사업자를 13개 사업자로 통폐합하고, 노후버스를 폐기하고 일부 신규버스를 도입하여 12,000대로 운행한다는 기본 골격 하에 사업자 관리 및 요금정산을 위한 시스템을 구축 운영하는 것이 핵심 사업이었습니다. 이를 위해 별도사업으로 추진된 것이 SIRCI 프로젝트, 즉, ITS(지능형교통시스템)구축사업이었습니다.

* 이 시르시는 Sistema Integrado de Recaudo, Control e Información의 약자로 버스 승차요금 자동징수 및 정산을 위한 교통카드 시스템(Recaudo/AFC), 버스운행상황 통제시스템(Control/BMS), 대고객 버스운행상황 정보제공시스템(Informacion/BIS) 등으로 구성되어 있으며, SETP 역시 용어는 다르지만 내용은 SIRCI와 대체로 유사하다고 보시면 됩니다.

*** 콜롬비아 국가프로젝트 비즈니스상식: 국가기획처(DNP)와 꼰페스 (CONPES)**

콜롬비아에서 국가 개발 프로젝트를 총괄하는 곳이 국가기획처(DNP/데에네뻬/Departamento Nacional de Planeacion)인데, 재무부나 교통부 등 부(ministerio) 단위 조직에 비해서는 격이 낮아 처 내지 청 단위의 조직이었습니다. 하지만 대통령 직속 기관으로서 정부 모든 부처가 국가개발계획을 수립하기 위해서는 DNP를 거쳐야 했기 때문에 DNP의 기관 위상은 일반 부처보다 더 높아 국가기획처장의 지위도 디렉또르(Director)라는 공식직함에도 불구하고 장관급 예우를 받고 있습니다. 국무위원으로서 대통령 주재 국무회의에도 참석합니다.

DNP 위상이 높은 것은 대통령이 직접 주재하는 꼰페스(CONPES/국가경제사회정책위원회/Consejo Nacional de Política Económica y Social)라는 막강한 기구를 운영하는 주체이기 때문인 것으로 보입니다. 국가 모든 개발정책들은 이 꼰페스

심의를 통과해서 꼰페스로 명명된 공식문서를 확보해야만 비로소 추진이 되기 때문에 꼰페스 심의안건 상정을 위해 정부 각 부처나 지방자치단체 고위인사들이 DNP에 찾아가 설득하는 작업은 흔하게 볼 수 있었습니다. 필자가 우리 기업들의 국가개발 프로젝트 수주를 위한 심층정보를 캐내기 위해 DNP를 수차례 방문했었는데, 그 때마다 타 부처 및 지자체 공무원들로 북적대는 모습이 펼쳐지며 약속된 시간에 면담을 한 적이 거의 없을 정도로 한참을 기다려 면담을 하곤 했던 기억이 납니다.

이 대목에서 한 가지 말씀드리고자 하는 점이 있는데, 독자 여러분이 혹시 콜롬비아 국가개발 프로젝트 사업에 뛰어들 경우 이 꼰페스(CONPES)문서를 확보해서 분석해보는 작업이 우선적으로 필요할 것으로 봅니다. 그래야 동 사업 수주를 위해서는 어떠한 전략을 수립할 것인가 하는 나름대로의 아이디어를 얻을 수 있을 것입니다. DNP 공식사이트(www.dnp.gov.co)에 들어가 보면 심의통과된 꼰페스 문서(Conpes Elaborados)가 올라가 있습니다. 경우에 따라 등재가 안 되어 있는 경우에는 DNP를 방문해보던가 현지 에이전트나 협력업체를 통해 구해야합니다. 물론 이 꼰페스는 스페인어로만 작성되어 있는 점 참고하십시오. 간략한 프레젠테이션 정보 정도만으로는 충족이 안 되는 정보욕구가 상당부분은 해소될 겁니다.

카르타헤나 국가개발 프로젝트 포럼 참가 및 프로젝트 발굴 필자가 DNP(국가기획처)라는 기관을 인지하고, 그 안에서 국가개발 프로젝트를 담당하는 조정관과 우연히 네트워크를 형성하게 된 것은 콜롬비아 최대 관광도시 카르타헤나를 방문했던 시점이었습니다. 보고타에 부임하고 나서 얼마 지나지 않은 11월 어느 날, 아름다운 카리브 해변도시 카르타헤나에서 DNP 주관으로 국가개발 프로젝트 포럼이 개최된다는 소식을 접했습니다. 콜롬비아 내 우리 기업들의 먹거리를 한참 뒤지고 다니던 때라 귀가 번쩍 뜨였습니다. 얼마 전 제2도시 메데진을 방문해 자원에너지 관련 포럼에 참석했었는데, 우리 기업이 따낼만한 적절한 먹거리를 발굴해내지 못해 아쉽기도 해서 이번에는 뭔가 알짜배기 사업거리를 찾을 수 있지 않을까 하는 기대와 각오를 다지며 카르타헤나 행 비행기에 몸을 실었습니다. 12월이었는데도 보고타와 달리 그곳은 무더웠습니다. 한 나라 안에 쌀쌀한 가을 도시와 후끈한 여름도시가 동시에 공존한다는 점이 부러웠습니다. 시원한 바닷바람을 쐬며 현장에 도착해 등록을 하니 설명회 일정과 개별 상담 약속이 잡힌 맞춤형 세부 일정표를 주었습니다. 필자가 사전에 면담을 신청한 SETP 프로젝트 선두주자인 파스토시 교통조정관과의 면담이 잡혀 있었습니다. 설명회 발표 주제가 매우 다양했는데 필자가 관심을 갖는 ITS(지능형교통시스템/SITP 및 SETP 프로젝트) 관련 세션에 자리를 잡고 앉았습니다. 수백 명이 모인 넓은 행사장에 동양인이라곤 필자 외엔 아무도 보이지 않고 온통 스페인어 대화만 들려 혼자서 설명회 내용을 잘 소화해낼 수 있을지 긴장되기도 했습니다.

하늘이 맺어준 DNP조정관과의 인연 그런데 놀라운 일이 일어났습니다. 우연히도 제 바로 옆자리에 앉아 있는 사람이 그 사업들을 실무적으로 총괄 조정하는 DNP 조정관이었던 겁니다. 필자가 운이 좋았던 것입니다. 그분도 동양인이 이런 포럼 현장에 나와 있는 것을 보고 의외라는 표정을 지었습니다. 서로 명함을 교환하고서는 DNP라는 기관이 뭐하는 곳인지와 각종 프로젝트에 대해 얘기도 듣고, KOTRA가 뭐하는 곳인지 얘기도 들려주며 친분을 쌓았습니다. 설명회가 끝나고 저녁때가 되니 파도 소리가 들리는 바닷가 가까운 곳에 참석자 환영 칵테일 행사가 열렸습니다. DNP 처장, 곧 장관이 주재하는 행사였는데, 그 조정관은 필자를 장관에게 소개를 시켜주었습니다. 장관도 한국에서 자신의 행사에 관심을 가져준 점에 대해 고마워하며, 한국기업들도 국가 개발 프로젝트에 적극 참여해줄 것을 당부하더라고요. 그래서 한국기업이 ITS 분야 세계 최고수준이니 한국기업에도 사업 참여 기회를 달라, 그리고 장관님을 방한 초청할 테니 한국에 한 번 가서 시찰해볼 것을 청했습니다. 그랬더니 조정관에게 잘 협의해보라며 지시를 하였습니다. 이렇게 해서 DNP조정관과 필자는 업무적으로 연을 맺게 되었습니다.

그 다음날 상담장에 나가 파스토시 교통조정관을 만나 파스토시를 비롯한 12개 중소도시의 SETP 사업에 대해 상세한 얘기를 듣게 되었습니다. 상담을 하고 보니 이 프로젝트는 한국기업이 충분히 따낼 수 있는 사업이라는 확신이 들었습니다. 그 파스토시 조정관이 필자가 있는 보고타 무역관으로 찾아와 후속상담을 하기로 하고 매듭을 지은 다음 DNP조정관을 다시 만나 보고타 DNP 사무실에서 후속상담 약속을 잡았습니다.

DNP 방문, 우리 기업의 프레젠테이션 보고타로 돌아오자마자 ITS 관련 우리 기업들에게 SOS 연락을 취했습니다. 그 결과 S사가 날렵하게 몸을 움직여 보고타로 날아왔습니다. DNP를 방문해 S사와 함께 조정관을 만났습니다. S사의 프레젠테이션을 보고 나자 조정관의 눈빛이 달라졌습니다. 자신이 찾던 것이 바로 이것이라며 무릎을 탁 쳤습니다.

자신은 지금까지 유럽이나 미국 등 선진국들만 보유하는 기술로 여겨 한국은 전혀 고려조차 하지 않았는데 한국이 이런 선진기술을 갖고 있다는 것이 놀랍다는 반응을 보였습니다. 그래서 필자가 제안을 했습니다. 내년 2월경에 보고타에서 한국형 ITS 설명회를 개최할 테니 DNP 관계자들 모두 참석하고, 나아가 교통부 및 재무부 관계자들도 참석토록 하는 방안과 SITP 프로젝트를 갖고 있는 보고타 등 8개 대도시 시장 및 교통국장, 교통사업자들과 SETP 프로젝트를 갖고 있는 파스토 등 12개 중형도시 시장 및 교통국장, 사업자들을 모두 초청하는 방안에 대해 협의를 했습니다. DNP조정관도 일이 잘 풀려나가지 않아 답답해하던 차에 잘됐다며 프로젝트 관계자들의 시각을 넓혀준다는 차원에서 코트라 행사 개최를 자신의 치적으로 삼고자 하였습니다.

한국형 ITS 설명회 보고타 시내 개최 양자 간 이해가 맞아떨어지자 설명회 개최사업안을 만들어 KOTRA 본사로 보고하며 지원을 요청했습니다. 본사 팀장도 기다렸다는 듯이 민첩하게 움직여 바로 사업승인을 내줬습니다. 이렇게 해서 국토부와 서울시, 도로공사, ITS협회 등 공공기관과 S사 및 L사, E사 등 관련 기업들로 ITS 수주사절단이 꾸려지게 되었고, 2월 보고타를 방문하여 중남미 최초로 한국형 ITS설명회가 개최되었습니다.

설명회 연사로 국토부와 서울시(교통정보센터/TOPIS) 관계자, 민간기업 등 우리 측 연사 외에 보고타시 사업발주처인 트란스밀레니오(TM) 사장도 연사로 초청하여 프로젝트 정보도 교환할 겸 우리 기업들과의 네트워킹 장도 펼쳐졌습니다.

설명회에 참석했던 각 부처 관계자 및 여러 도시 시장이나 교통국장, 운수사업자들은 자신들과는 전혀 관련이 없을 것으로 여겼던 머나먼 극동의 조그만 나라 한국에서 이런 선진기술을 갖고 있다는 점에 대해 경탄을 표했으며, 정부 당국자들이 많다보니 특히 정부 차원에서 체계적으로 ITS 산업을 지원한다는 점에 대해서 한국이라는 나라에서 배울 점이 많다는 점을 실감했다는 등의 평을 내놨습니다.

보고타시 교통국장과 부국장, 과장 등 프로젝트 핵심 관계자들도 이 자리에서 모두 만나게 되었고, 그 이후 보고타를 방문한 L사나 S사 등 관계자들을 이분들께 소개해드리기도 하고, 보고타시 주최 ITS 공청회 등에도 참가하곤 했었습니다.

정부 간 협력 고리 마련 이 사업 개최 후 여세를 몰아 3월에는 우리 산업부(지식경제부) 차관이 이끄는 사절단이 보고타를 방문하여 차관과 DNP 장관 간 면담이 이루어져 국토부에 이어 산업부와도 정부 간 협력계기가 마련됩니다. 이어 우리 국토부와 콜롬비아 교통부간 ITS사업 협력 양해각서(MOU)도 체결되어 정부 간 협력 연결고리가 만들어졌으며, 그 이후 국토부와 DNP간 MOU도 체결되어 협력 고리는 더욱 공고해집니다.

경쟁국의 견제구와 한국IT기술 상륙작전 전개 한편 보고타 설명회를 계기로 콜롬비아 전역에 한국형 ITS의 우수성이 알려지자 각 도시 운수사업자들의 문의가 무역관으로 쇄도했으며, 우리 기업들의 프로젝트 관련 문의도 늘어납니다. 한국형 선진기술이 널리 알려진다는 것은 좋은 일이지만 한편으론 경쟁국 기업들의 견제를 불러오기도 합니다. 한국형 기술을 폄훼하고 자기나라 기술을 부각시키는 여러 나라 기술정보를 접하게 되는 DNP를 비롯한 정부 당국자나 각 도시 프로젝트 의사결정권자들은 충분히 헷갈릴 수 있습니다.

그래서 돌파구를 마련하기 위해 IT상륙작전을 구상합니다. 핵심인사들이 한국형 기술의 우위를 몸소 실감토록 할 수 있는 기회를 마련하는 작업이 필요했습니다. 그래서 정부 부처 및 각 도시 핵심인사들로 구성된 방한시찰단 사업에 착안하게 됩니다. 한국에 가서 ITS 시스템이 실제 운영되는 현장 곳곳을 보며, 한국형 기술의 우수성에 대한 확신을 심어줌으로서 바람에 흔들리지 않는 뿌리 깊은 나무가 되도록 구상했던 것입니다.

상륙작전 걸림돌 출현 그런데 한국IT기술이 중남미 상륙작전을 진행하는데 있어 커다란 걸림돌이 나타납니다. 시찰단 사업은 L사와 S사, 여타 L사 등 대기업들과 코트라 및 도로공사 등 관련 공기업들이 예산을 분담하는 매칭 펀드 사업으로 꾸려지고 있었는데, 왜 특정 대기업들을 지원하는 사업에 코트라가 예산을 써야 하느냐는 원론적 문제점에 봉착하게 된 것이었습니다. 정부나 국회, 언론에서 모두들 중소기업 지원을 강조하고 있는 마당에 자력으로 충분히 시장을 개척해나갈 수 있는 특정 대기업들을 지원하자고 국가 세금을 투입한다면 국민들이 고운 눈으로 좋게 보겠느냐는 회의론이 필자 발목을 강하게 붙들고 앞으로 나아가지 못하게 막는 상황이 펼쳐졌습니다.

뿐만 아니라 대기업들도 그들 나름대로 다른 애로가 있었습니다. 불확실한 사업에 예산을 투입해놓고 과연 본전을 뽑을 수 있느냐, 이 사업을 우리 회사가 과연 수주할 수는 있는 것이냐, 나중에 여기에 전혀 기여하지 않은 엉뚱한 회사가 나타나 확 채가는 것 아니냐 하는 집행예산 대비 실적 불안감 때문에 초청사업을 부정적으로 보고 매칭 펀드 참여를 다들 망설였습니다.

대기업의 매칭 펀드 조성문제는 본사의 지원사격을 받아 맨투맨 설득작업을 벌인 결과 다행히 해결이 되었는데, 대기업 지원불가 이슈에 대해서는 논리적으로 풀어가야 했습니다.

걸림돌 정면 돌파 - 발주처 핵심인사 방한시찰단 사업 전개 필자는 중남미 키즈론과 얼굴 마담론 및 대중소기업 동반 진출론을 제기하며 실타래를 풀어 나갔습니다. 첫 번째 논리는 한국의 대기업이라도 미국이나 유럽 등 선진국 시장이라면 모를까 중남미 같이 세계어인 영어가 별로 통하지도 않고 상식대로 일이 처리되지 않고 엉뚱한 방향으로 일탈하기 일쑤인 사업 환경이 열악한 곳에서는 홀로서기 어려우니 대기업이라고 내치지 말고 중소기업처럼 의제하고서 국가기관의 지원이 필요하다는 내용이었습니다.

두 번째는 중남미 공무원들은 글로벌 대기업에 대해서는 인지도가 높은 반면 전혀 알려지지 않은 중소기업은 꺼려하는 경향이 있기 때문에 중남미 정부 조달 시장을 뚫으려면 잘 알려진 대기업이 얼굴 마담으로 나서는 것이 필요하다는 논리였습니다. 그들도 자신의 실적을 내세우기 위해 세계적으로 알려진 글로벌 기업이 구축했다고 하면 자부심을 갖는 경향이 강했습니다. 필자가 중남미 정부 고위관계자와 G2G 사업을 추진하는데 있어 한국의 어느 대기업이 참여했으면 좋겠다는 의견을 노골적으로 제시하는 경우도 있었습니다. 자신의 업적을 과시하는데 글로벌 대기업의 이미지가 필요했던 것입니다. 그런가 하면 이미 납품계약을 체결한 어느 대기업 수장의 이미지가 실추되는 사건이 뉴스로 보도되면 계약을 파기하자는 주장도 서슴지 않습니다. 그만큼 자신이 주도하는 프로젝트 사업 이미지 관리에 신경을 쓴다는 것입니다. 널리 잘 알려진 미국이나 유럽 대기업들이 중남미 정부 프로젝트 사업들을 따가는 데에는 그만한 이유가 있는 것이 아닐까요?

세 번째는 IT사업을 우리 대기업이 수주하면 그 대기업 제품 납품만으로 끝나는 것이 아니고 한국 중소기업과 협력해서 중소기업 제품이 함께 들어가야 시스템이 완성이 되니 결국 동반진출이 가능해진다는 논리였습니다.

결국 우리가 대기업 지원 불가론에 막혀 손을 떼고 수주 지원노력을 포기한다면 우리 중소기업에게는 아무런 혜택도 돌아가지 않고 경쟁관계에 있는 외국기업에게만 혜택을 고스란히 넘겨주는 꼴이 되고 만다는 점 등을 들어 이 방한시찰단을 2개 그룹으로 나눠 6월과 9월 두 차례에 걸쳐 사업을 관철시키게 되었습니다. 당시 핵심인사들이 우리 기업들(L사 및 S사, 도공 등)을 방문토록 하는 일정도 포함시켜 긴밀한 네트워킹을 구축하는 기회를 갖도록 했습니다.

리마인드 설명회 등 후속 상륙작전 지속 수행 방한시찰단 사업으로 상륙작전이 종료된 것은 아니었습니다. 핵심인사들에게 시찰을 잘 시켰다고 안심할 수는 없었습니다. 경쟁국 기업들도 나름대로 활발하게 수주 전략을 추진해나가면서 계속 핵심인사들의 머리를 복잡하게 만들어가고 있었기 때문입니다. 그래서 후속 상륙작전 수행이 필요했습니다. 인바운드(Inbound) 사업과 아웃바운드(Outbound) 사업을 병행시켰습니다.

11월에는 보고타와 메데진 2개 도시에서 프로젝트 관계자들의 관심을 환기시키기 위해 리마인드(Remind) 로드쇼를 열었습니다. 한국이 세계를 선도하는 전자정부사업을 소개하는 한편 한국의 ITS 시스템을 좀 더 깊이 있게 이해할 수 있도록 설명회를 재차 가진 겁니다.

이듬해 2월에는 서울에서 KOTRA가 주관하는 바이코리아(Buy Korea) 행사가 있었습니다. 이 때 보고타시 ITS 담당 과장을 연사로 초청하여 SIRCI 프로젝트에 대해 발표하게끔 하여 우리 기업들의 관심을 환기시키는 한편 동인의 한국 ITS시스템에 대한 인지도를 넓혀나가는 기회로도 활용했습니다. 이어 3월에는 보고타에서 여타 사업(U-City)을 추진하면서 보다 진전된 한국형 ITS를 현지 프로젝트 관계자들에게 재차 심도 있게 소개하는 기회도 가졌으며, 보고타를 방문한 우리 기업들(L사 등)이 발주처와 네트워크를 더욱 공고히 다지도록 자리를 마련하기도 했습니다.

중단 없는 후속 상륙작전 왜 필요했나? 이렇게 후속 상륙작전을 쉼 없이 계속 진행해야만 했던 이유는 저마다 프로젝트 낚시에 나선 브라질이나 호주, 스페인, 독일, 미국, 캐나다, 중국 등 수많은 외국 경쟁기업들의 입질이 심해지고 있었기 때문에 자칫 방심하는 순간 외국 기업이 대어를 낚아 올리는 것을 먼 산에 불구경하듯 그저 바라만 보는 상황이 빚어질 수 있었기 때문입니다. 한국이 프로젝트 핵심 관계자들의 관심영역에서 멀어지지 않도록 기회가 닿는 대로 보고타를 방문하는 우리 기업들과 DNP, 교통부, 보고타시 등 주요도시 프로젝트 책임자 및 담당관들과의 지속적인 면담을 통해 그들의 대한국 관심을 묶어두는 나사가 느슨해지지 않도록 닦고 조이고 기름 치는 작업도 수행해야만 했던 것입니다.

일상적 협력체제 가동 그 외에도 보고타시 발주처인 TM사에서 보고타 특성에 맞는 ITS 시스템을 연구하면서 우리 무역관에 간헐적으로 참고자료를 요청해오기도 했습니다. 그때마다 우리 기업들과 연계하여 정보를 받아 신속하게 자료를 제공해주며 발주처와 무역관간 우호관계 구축에도 신경을 썼습니다.

기나긴 입찰 그리고 낙찰 그런데 입찰은 자꾸만 지연되었습니다. 당초 2009년 하반기에 사전 RFP(제안요청서/Request for proposal)가 공고되는 등 입찰이 추진되다가 연기되었고, 2010년 들어 최종 RFP가 공고되어 입찰이 진행되는 듯했으나 결국 무산되고 그 이듬해인 2011년으로 넘어갔습니다. 필자는 그해 초에 임기를 마쳤기 때문에 2월 1일부로 귀국해야만 했습니다. 수주를 눈앞에 두고 귀국하는 마음이 무겁기만 했는데, 다행히도 그해 4월 다시 RFP가 공고되고 약 한달 후 우리 기업들의 제안서가 제출되었으며, 7월 15일 한국이 최종 낙찰자로 선정되었습니다. L사와 S사, E사 등 우리 기업들이 모두 서류심사를 무사히 통과하고, 이중 가격평가에서 1위를 차지한 L사가 최종 승자가 된 것입니다.

우리나라가 3억 불짜리 ITS 프로젝트를 중남미에서 수주하기는 최초였으며, 미국이나 스페인, 브라질, 캐나다, 호주, 일본, 중국 등 쟁쟁한 기업들을 제치고 한국 기업이 압승을 거둔 것이라는 점에서 가치가 있었습니다.

승자와 패자, 그리고 페어플레이 L사에 이어 2위를 차지한 S사는 쓰디쓴 고배를 마셔야 했습니다만 S사가 L사의 수주에 기여한 바도 있었습니다. 한국은 전혀 존재감이 없었던 2008년 DNP가 한국에 대해 확실한 관심을 갖게끔 발빠르게 신속한 조치를 취해준 것은 다름 아닌 S사였고, 발주처인 보고타 TM사와 그 상급기관인 보고타시가 요구하는 자료들을 신속하게 제공해줌으로써 한국을 든든한 파트너로 여기게끔 지원해준 장본인도 S사였기 때문입니다.

한걸음 더 나아가 우리 기업 간 공정 경쟁(fair play)도 한 몫을 단단히 했습니다. 간발의 차로 2위로 물러난 S사가 중남미 시장 진입여부를 놓고 백척간두에서도 끝까지 깨끗하게 페어플레이를 해줬기 때문에 우리 기업에 월계관이 씌워질 수 있었던 것이라고 봅니다. 전세를 뒤집기 위해 서로가 물고 뜯는 이전투구의 진흙탕 싸움을 했더라면 경쟁국 기업에게 시장을 고스란히 헌납하는 참담한 결과가 빚어졌을 수도 있었습니다.

이렇게 밑거름이 되어준 기업이 있었기에 L사는 중남미 대륙 상륙에 성공하여 보고타 ITS시장을 장악하게 된 것이 아닐까 생각됩니다. 이런 관점에서 승자가 된 L사는 물론 이 승리를 있게 해준 S사에게도 함께 박수갈채를 보내는 게 마땅하다고 봅니다. 이 L사가 바로 LG CNS이며, S사는 삼성 SDS입니다. 동 사업 수주 공로로 LG CNS는 2011년 소프트웨어 부문 대통령상을 수상했습니다. 먼 중남미 땅에 우리나라의 IT시스템이 태평양을 건너 상륙할 수 있게끔 노력해준 S사와 L사 관계자에게 본 면을 빌어 깊은 감사의 말씀을 드립니다.

보고타 방문 한국 공직자 필수 시찰 명소 그 이후 보고타를 방문하는 한국 정부 인사들에게는 L사가 구축한 교통카드 시스템을 시찰하는 것이 보고타 필수 코스가 되었습니다. 필자는 2011년 2월 보고타를 떠난 지 만 2년 만인 2013년 2월 다시 보고타로 부임해서 한국 공직자나 사절단을 대상으로 필수 관람코스를 안내하며 감격을 맛보기도 했습니다.

파스토 사업 수주와 향후 진로 L사는 4년 후인 2015년에는 그간 축적해둔 보고타 사업을 근거로 탄탄한 사업기반을 마련한 관계로 월등한 경쟁력을 확보하여 파스토시 ITS 사업까지 수주하게 됩니다. 감격은 매우 컸습니다. 2008년부터 파스토를 비롯한 4개 도시 공동사업에 공을 들여 EDCF사업으로 만들어내는데 성공했기 때문에 2010년에 수주할 것으로 기대가 되었었지만, EDCF협상이 최종 결렬되는 바람에 눈물을 훔쳤던 적이 있었기 때문입니다. (동 내용은 EDCF사업 실패사례에 실려 있으니 관심 있는 분은 참고하십시오)

2014년에 방문한 파스토에서 2009년 방한 초청했던 그 사업자와도 조우하는 기쁨을 맛보았고, 2008년 당시 ITS프로젝트에 대해 필자의 눈을 뜨게 해준 DNP 조정관 및 파스토 조정관, 보고타 교통국장 등도 보고타에서 다시 만나볼 수 있었습니다. 이들은 자신들이 눈으로 확인한 한국산의 기술적 우위를 추호도 의심치 않았습니다. 방한시찰단에 참여했던 이들의 입을 통해 구전으로 전해지는 한국 ITS 이야기는 앞으로도 계속되리라 봅니다.

보고타 사업을 수주한 L사 앞에는 수많은 장벽들이 가로놓여 있었습니다만 이를 지혜롭게 극복해냄으로써 L사는 사업영역을 지속 확대해 나가고 있습니다. 앞으로 우리의 자랑스러운 한국 ITS 시스템이 보고타와 파스토를 넘어 여타 도시로 파급됨은 물론 인근 여타 국가로도 파급되기를 기대해 봅니다.

쩐의 전쟁 그 다음 이야기 – 시간의 전쟁과 해적버스 이번 이야기를 마무리 짓기 전에 한 가지 확인해볼 것이 있지요? 2011년 한국형 ITS가 도입되기 이전에 심각한 양상으로 진행되던 쩐의 전쟁이 어떻게 되었을지 궁금하시지 않나요? 이와 관련, 2015년 5월 보고타 현지 신문기사에 이런 제목의 기사가 떠있었습니다. "SITP, 쩐의 전쟁에서 시간의 전쟁으로"(SITP, de la 'Guerra del Centavo' a la 'Guerra del Cronómetro') 제목만 봐도 내용이 짐작이 될 것입니다. 이제는 과거처럼 쩐의 전쟁을 벌이는 것이 아니라 무리를 해서라도 정해진 시간에 맞춰서 들어가야 하는 버스 운전기사들의 또 다른 전쟁이 벌어지고 있다는 것입니다. 차량 입고 시간을 넘어서는 부분에 대해서는 시간외근무수당 등 추가급여가 나오지 않기 때문에 정류장을 건너뛰고 과속을 해서라도 시간을 맞춘다는 내용과 그로 인한 부작용을 다루고 있습니다. 결국 이것도 돈과 관련되어 있다 보니 또 다른 형태의 쩐의 전쟁이라 할 수도 있습니다.

이외에도 이전과는 전혀 다른 양상으로 전개되는 2017년 최신판 쩐의 전쟁 후속편이 있습니다. SITP 차량의 배차간격이 15분~20분 되는 일부 지역의 경우 배차간격은 긴데 비해 손님은 많고 하니 그 틈을 비집고 해적버스(buses piratas)가 등장한 겁니다. 5분 이내의 짧은 배차 간격을 두고 정류장 대기 손님들을 채가는 것입니다. 한술 더 떠 SITP 차량 기사에게 돈을 건네고 정류장을 건너뛰도록 요구하기도 한다합니다. 이를 거절하면 흉기로 위협하기도 하고 차량에 돌을 던지는 등 위협을 가한다는 것입니다. 치안불안 양상으로까지 번지는 또 다른 쩐의 전쟁 원인은 뭘까요? 그만큼 서민들 먹기 살기가 빡빡하고 일자리도 부족하기 때문에 빚어지는 현상이 아닐까요?

아무튼 한국형 ITS를 받아들인 높은 식견을 갖춘 콜롬비아가 대중교통현장에서 그칠 줄을 모르는 쩐의 전쟁을 슬기롭게 매듭짓고 중남미에서 우뚝 솟는 선진국으로 거듭나길 기원해봅니다. 비바(Viva) 콜롬비아! 아니모(Animo)!

제2화 : 중남미 에이전트와의 영업권 분쟁과 어느 기업의 패착

에이전트 계약의 중요성 외국기업이 미지의 중남미 시장 진출을 위해 에이전트 계약을 많이들 맺습니다. 현지 시장에 밝고, 그 시장을 뚫고 들어갈 만한 능력과 자질 등 요건을 갖춘 유력 전문 기업인에게 에이전트의 지위를 공식 부여하고 경우에 따라서는 독점권을 부여하기도 합니다. 보통 2년 내지 5년 에이전트로서 활동할 수 있는 기간을 부여하고, 활동영역도 어느 나라 어느 지역으로 국한한다든지 하는 일정한 제한을 두게 됩니다. 에이전트(스페인어로 아헨떼/agente)는 권한을 부여하는 기업(스페인어로 아헨시아도/agenciado)에 대해 기업 내 상하관계가 아니므로 복종해야 하는 것은 아니지만 보통 아헨시아도 기업의 방침이나 비전을 동반 추구함으로써 공동의 이익을 실현시켜 나가는 것이 일반적입니다.

그런데 에이전트 계약을 맺고 성과를 잘 내는 관계로 주기적으로 계약을 갱신하면서 10년 내지 20년 이상 관계가 쌓여가다 보면 어느 시점에 가서 아헨시아도 기업이 아헨떼 기업을 좌지우지 하지 못하는 상황이 발생하곤 합니다. 본사 방침이나 비전과 괴리되어 독자 노선을 걸으려하는 에이전트와 좋은 관계가 유지되기는 어렵습니다. 더구나 그 결과로 시장 지분을 조금씩 상실하여 시장 내 지위가 상위권에서 중하위권으로 곤두박질치는 반면 중하위권에 있던 경쟁 기업은 상위권으로 치고 올라가는 상황에 직면하면 에이전트를 갈아치우고 싶은 생각이 굴뚝같을 것입니다.

하지만 현지 에이전트 입장에서 보면 자신의 판단으론 이 방향으로 가는 것이 맞는데 외국 본사는 저 방향으로 가라고 하면 반발심이 생길 수밖에 없는 상황도 발생할 것입니다. 더구나 그 에이전트는 10년 전 내지 20년 전에 경험했던 그 에이전트가 아니고 이미 훌쩍 성장하여 현지의 거대 기업인으로 손꼽히는 독보적 위치를 확보하고 있는 경우라면 통제는 더욱 어려워지게 마련이어서 양자 간 대립각이 첨예해지기도 합니다.

문제는 이러한 경우에 터지게 됩니다. 에이전트를 더 이상 그대로 둘 수 없다는 최종판단을 내리고 더 이상 계약 갱신을 하지 않겠다는 즉, 에이전트 관계를 해지하겠다는 통지를 하게 될 것입니다. 그런데 그 이후 전개 과정이 외국 본사가 생각했던 시나리오대로 진행되는 것이 아니라 미처 예상하지 못했던 방향으로 사태가 심각하게 흘러가는 경우가 발생하게 됩니다. 결과적으로 패착을 두고 만 것입니다. 몇 수 앞을 정확히 내다보는 전문가적 안목이 없다면 패착은 피할 수 없는 숙명과 같이 다가오게 됩니다.

중남미 에이전트와의 영업권 분쟁을 대하는 시각 이와 관련, 필자가 중남미에서 오랫동안 근무하면서 겪은 대표적인 사례 한 가지를 소개해 드리겠습니다. 당시 그 상황이 너무 심각하고 세인의 관심을 크게 끌어 현지 언론에서는 세기적 분쟁으로 불릴 만큼 소송관계자들에게 깊은 상처를 남긴 사례였던 만큼 해당 국가와 해당 기업, 해당 제품, 해당 시기 등은 모두 밝히지 못함을 양지하시고, 단지 중남미 시장 진출시 에이전트 계약을 신중하게 처리해야 함을 깨닫는 한편 이 같은 사례를 우리 회사만큼은 겪지 않도록 사전에 대비한다는 차원에서 읽어주시면 되겠습니다.

갑작스런 계약해지통보 및 앙숙의 에이전트 권한 접수 필자가 중남미 X국에 근무하던 중이었습니다. 당시 X국에서 독점 에이전트로서 20년 이상 어느 제품 영업을 하던 A사는 자신에게 독점 영업권을 부여해준 Y국의 B사로부터 에이전트 계약 해지를 통보받습니다. 12월 계약 해지를 3개월 남겨놓은 9월 달에 통보받은 겁니다. 몇 해 전부터 B사로부터 부당하다고 생각되는 경영 간섭을 받아오던 A사는 B사와 사이가 좋지는 않았지만 갑작스레 결별 통보를 받게 되리라는 것은 미처 예상하지 못해 큰 충격을 받습니다. 더구나 자신을 대체하는 기업이 평소 자신과 사이가 좋지 못한 Z국 C사인 것을 알고는 화가 머리끝까지 치밀어 오릅니다. C사는 이미 X국 여타 브랜드의 동종 제품 시장에 진출해 A사와 경쟁관계에 있었습니다.

언론에서는 A사가 B사로부터 이혼 당했다, 열심히 일만하다가 팽 당했다, A가 그간 엄청난 부를 축적하여 호사 생활을 누려왔다, A의 평소 행실은 어떻다 는 등의 가십성 자극적인 기사를 쏟아냅니다.

사법전쟁 선포, 거액 보상금 요구 자존심에 큰 상처를 받은 A사는 최고의 변호사를 선임하고 Y국 B사를 상대로 사법전쟁을 선포합니다. 그간 자신이 영업을 위해 거액을 투자하여 불모지였던 시장을 일궈놓은 데 대한 거액의 보상금(indemnizacion) 요구가 고소의 핵심이었습니다. 그 논리는 이랬습니다. "B사는 에이전트를 바꿀 자유와 권한을 갖고 있다. 하지만 그동안 A사가 영업을 위해 그간 투자한 금액에 대해 응분의 보상금을 지불해야 한다."

A사는 여기서 그치지 않고 C사가 X국내에서 해당제품 시장 내 독점적 지분을 이미 보유하고 있는데 A사 영역까지 흡수하게 되면 독점적 지위가 더욱

공고해지는 만큼 이 거래는 불공정 경쟁(competencia desleal) 행위라며 감독원에 고발장을 제출하는 등 B사와 C사를 더욱 압박하는 전략을 구사하기도 합니다.

사법부의 보호처분 조치 고소장을 접한 X국 지방법원 판사는 X국 국내에서 오로지 A사만 해당 제품을 판매할 수 있다며 A사 손을 들어주는 보호처분을 내립니다. 이에 따라 B사가 C사 유통망을 통해 판매하려고 항구에 도착해 통관을 기다리던 수많은 제품들은 수속이 중단되고 그대로 보세구역에 묶이고 맙니다. 또한 새로이 영업을 하기 위해 고용한 수백 명의 직원들은 해고될 수밖에 없었고, 판매 채비를 갖춰나가던 전국 영업장들도 폐쇄됩니다.

중동 레바논 출신으로 중남미로 넘어가 정착한 C사도 그룹 산하에 100개사가 넘는 기업들을 거느릴 정도로 만만찮은 업계 영향력을 확보하고 있었으며, X국이나 Z국에서 훌륭한 영업실적을 거두고 있었습니다. 하지만 X국 상법을 훤히 꿰고 있고, 법조계 인사들과도 친분이 두터운 A사를 상대로 자신의 영업권을 방어하기에는 법적인 영향력 측면에서 너무 버거웠습니다.

보호처분조치에 대한 역공 X국 판사의 보호처분 조치는 많은 논란을 불러 일으켰습니다. 이 판결이 기업들 간 자유경쟁 시장원리에 저촉된다는 비난과 함께 소비자들은 누구한테서 제품을 사야할지 혼란스러웠습니다. C사는 이 판사를 검찰에 고발했습니다. 명확한 사실적 근거도 없이 잘못된 판결을 내려 자신의 이익을 부당하게 침해했고, 독직 혐의가 의심된다는 이유였습니다. 나아가 공직비리 수사처장은 판사에게 서한을 보내, 이 조치가 자유경쟁 및 자유 시장 법에 저촉되는 만큼 동 조치를 철회하라고 촉구합니다만 판사는 개의치 않고 묵묵부답으로 일관합니다. B사와 C사는 동 조치를 WTO(세계무역기구)에 제소하는 방안도 검토해보고, 상공장관의 개입을 유도하기도 하는 한편 보호조치 철회를 요구하는 소송을 제기하는 등 불리해진 판을 뒤집기 위한 노력을 다각도로 경주합니다.

보호처분 철회요구 대법원 기각 및 협상 타결 하지만 철회요구 소송은 대법원에서 기각되고 맙니다. 대법원까지 보호조치에 힘을 실어주자 그간 협상을 거부해오던 B사와 C사는 협상에 나서게 되고, 줄다리기 끝에 드디어 최종협상안이 타결됩니다. 당초 A사가 요구했던 보상요구액을 절반 이하 액수로 대폭 낮춘 것이 그나마 협상성과로 위안을 삼을만했습니다. B사 입회하에 A사와 C사 대표 간 서명이 이루어져 험난했던 사법전쟁은 끝을 맺습니다. 그러고 나서 곧 보호처분도 풀려 C사는 B사 제품 영업을 X국내에서 개시하게 됩니다.

Y국 B사가 간과한 점 여기서 우리는 어떤 시사점을 얻을 수 있을까요? B사는 A사와의 에이전트 계약 해지를 통보하기에 앞서 사전에 만반의 준비를 해뒀어야 하는데 그러지 못하고 덜컥 수를 둬버린 것이 패착으로 보입니다. 에이전트 관련 X국 상법과 판례 경향, A사의 X국내 드러난 평판 외에 숨겨진 저력, 세계 속의 X국의 부패수준 평가, 유력기업인과 사법부와의 긴밀한 네트워킹이 판결에 미칠 영향, 내가 이 수를 뒀을 때 상대가 어떤 수를 들고 나올지 상대의 수를 읽는 능력, 상대의 수가 내게 어떤 영향을 미칠지 예측하는 능력 등이 고루 요구됩니다만 자신의 정당한 권리 측면 및 대체 에이전트의 막강해 보이는 화려한 위상 등에 매몰되어 상대를 과소평가했던 것은 아닌가 하는 의문이 듭니다. 물론 상기 열거된 능력을 모두 갖추기란 현실적으로 결코 쉬운 일이 아니며, 자신의 정당한 권리라는 함정에 빠져 상황 판단을 그르치는 경우가 보다 현실에 더 가까울 겁니다.

우리라면 어떻게 해야 하나? 국제적으로 에이전트 계약을 맺을 때에는 현지 상법을 철저히 따져보고 법적으로 정한 요건을 빠짐없이 충족시켜두는 것이 필요합니다. 현지법을 배제하고 국제적 신뢰도를 갖춘 제3국법을 적용하는 것도 방법이 될 수 있겠지만 현지 상법이 적용배제를 용인하지 않는 경우도 있을 테니 주의하셔야 할 겁니다. 계약을 해지하려면 사전에 철저한 준비를 해두고 모든 준비가 마무리된 이후에 비로소 해지 통보를 날리는 것이 바람직합니다. 중남미에서 현지 직원을 채용하는 것은 쉽지만 해고하는 것은 매우 어렵습니다. 나라마다 정도 차이는 있지만 중남미는 노동법이 발달한 관계로 대체로 종업원 보호 제도가 잘 갖춰져 있습니다. 해고하려면 노동법을 잘 살펴보고 저촉되지 않도록 오랜 시간 인내심을 갖고 사전에 미리미리 근거를 축적해 둬야 뼈저린 후회를 하지 않게 됩니다. 아무런 준비도 없이 직원 한 명 섣불리 해고했다가 해외 지사장들이 대대로 고생해가며 무려 10년 동안이나 법원에 계류되어 심심찮게 불려 다닌 사례도 있습니다. 동일한 사안으로 대법원 판결이 두 번이나 내려진 사례도 있습니다. 한번은 승소, 한번은 패소로 말입니다. 일단 걸리면 끈질기게 물고 늘어집니다. 중남미에는 끊임없이 싸움을 부추기는 변호사가 매우 많습니다. 따라서 상대가 꼼짝 못할 합리적이고 합법적인 근거를 충분히 축적해두지 못하면 사주측이 당하게 되어 있습니다.

하물며 에이전트 계약이야 두말할 나위가 없을 것입니다. 1~2년 된 내 휘하의 직원 해고도 그리 어려운데 현지에서 막강한 네트워크를 갖추고 있는 10~20년 된 에이전트를 바꿔치기 한다는 것은 얼마나 어렵겠습니까? 돌다리도 두드려가며 건너라는 말이 이 경우에 써먹을 수 있는 적절한 표현이 아닌가 싶습니다.

세상에 이런 일이

그런데 2년여 세월이 흐른 뒤 세상이 뒤집어지는 사건이 발생합니다. 놀랍게도 사법부와 A사간 거액의 뇌물 수수 정황이 포착되고 관계자증언까지 나와 A사에 유리하게 보호조치를 내렸던 지방법원 판사 등 연루자들이 줄줄이 체포된 겁니다. 검찰 관계자를 인용한 현지 언론보도에 의하면 A사 사주 및 변호사, 해당 판사, 그리고 판사와 A사간 뇌물 다리를 놓아준 사법부의 재판 관계자 등이 연루되어 현재까지 아홉명이 체포되었으며, 현재 국외(스페인)에 나가있는 A사 사주는 당사국 사정당국 간 협의하에 본국으로 추방조치가 내려질 전망입니다. A사 사주에게는 뇌물 공여 혐의로 9년의 징역형이, 편파적인 판결을 통해 재판거래를 한 판사에게는 15년형이 내려질 것으로 관측되고 있습니다. 이번 사건으로 중남미 각국에 뿌리깊게 파고든 부정부패와 사법부까지 뇌물에 흔들리는 모습을 보여줌으로써 국민들의 사법부 신뢰에 흠집이 나고 있습니다. 사실 이번에 비리가 밝혀지기 전에도 뭔가 비리의혹이 있을 거라는 추측이 나돌기도 했습니다. 이렇게 밝혀지는 경우는 그나마 다행인데 그냥 넘어가 영원한 미궁속에 잠자는 케이스들이 많은 것으로 보여 어찌됐든 이번 사례는 우리 기업들에게 많은 경종을 울려주고 있습니다.

제50강 중남미 공적 비즈니스 현장 에피소드

ㅣ 제1화 : 한국-콜롬비아 FTA 발효에 얽힌 뒷이야기

한-칠레, 한-페루 등 한국과 중남미 간 여타 FTA에 비해 한-콜 FTA는 협상 개시부터 발효까지 시간이 무척 많이 소요되었습니다. 일반적인 FTA의 경우 협상 개시, 협상 타결, 가협정 서명, 본협정 서명, 의회 비준 통과로 최종 발효됩니다. 그런데 콜롬비아의 경우 절차가 하나 더 추가됩니다. 바로 헌법재판소 합헌성 심의입니다. 이 독특한 헌재 심의 절차 추가로 인해 협상을 본격 개시하고서도 발효까지 무려 7년이 소요되었고, 상하원 비준 통과 후부터도 1년 반이 더 소요되었습니다. 어떻게 된 것인지 깊이 있게 살펴보는 것은 FTA를 활용한 비즈니스에도 도움이 될 것으로 보이는 바 함께 이야기 속으로 들어가 보겠습니다.

2009년 12월 1차 협상이 개시되고 일곱 차례 공식협상을 거친 결과 2012년 6월 협상이 타결되어 공동선언문이 발표됩니다. 그해 8월 양국 협상 수석대표 간 가서명이 보고타에서 이루어지며, 2013년 2월에 양국 통상장관 간 최종 서명이 서울에서 이루어집니다. 2013년 11월 콜롬비아 상원을 통과하고 이듬해 상반기 중에는 하원을 통과할 것으로 유력시되자 우리나라는 2014년 4월 국회 비준동의안이 의결되어 국내절차는 신속하게 완료됩니다.

하지만 6월중 콜롬비아 하원 통과는 무산됩니다. 당시 대통령 선거 캠페인이 한창 고조되고 있었는데, 자동차 및 전자 등 자국 산업이 붕괴될 것으로 과도 우려한 FTA 반대파에서 찬성입장에 서야할 농민들까지 회유하여 한국과의 FTA를 반대하는 분위기로 몰아갑니다. 그러자 FTA 조기통과를 지지해오던 산토스 대통령의 재임에 FTA가 걸림돌로 작용할 수 있다는 분석이 힘을 얻게 됩니다. 뿐만 아니라 상원 비준 당시 많은 의원들이 무효표를 던지는 등 정치권의 부담감도 높아지고 있었고, 이미 발효된(2012년) 미국과의 FTA가 콜롬비아 경제에 별 도움이 되지 않는다며 FTA에 대한 부정적 인식이 확산되는 점도 부담요인으로 작용하게 되었습니다. 그 결과 하원에서의 FTA 심의는 보류되는 운명을 맞이합니다. 상원 심의까지 다시 받아야 해서 현장에서 느끼는 분위기는 상당히 가라앉게 되었습니다.

하지만 FTA를 지지하는 산토스 진영의 대선 승리는 자신감을 심어줍니다. 2014년 12월 16일 상하원 표결에 들어간 결과 찬성 63표, 반대 14표로 상원 비준을 다시 통과했으며, 같은 날 하원에서 찬성 92표, 반대 13표로 의회 비준 절차는 무사히 통과됩니다. 분위기가 반전되자 여세를 몰아 헌법재판소 심의도 빠르면 이듬해 상반기, 늦어도 하반기 중에는 통과가 될 것으로 기대를 모았습니다.

하지만 세상은 그리 호락호락하지 않았습니다. 2015년 9월 헌법재판소 판결이 내려졌습니다. 그 결과는 표결투표에 참가한 헌법재판관이 4:4 찬반동수로 가결도 부결도 아닌 애매한 상황을 맞이했습니다. 헌법재판관 9명중 1명이 불참했기 때문이었습니다. 헌재는 추첨을 통해 명망 있는 변호사 한분을 캐스팅보트권자로 선정했습니다. 그런데 여기서 심각한 문제가 발생합니다. 막강한 권한을 쥐고 가결이냐 부결이냐를 결정지을 사람(캐스팅보트권자)이 콜롬비아가 체결한 모든 FTA에 대해 명백한 반대의견을 가진 인물이었던 것입니다. 그대로 됐다간 FTA 발효는 물 건너가는 상황이었기 때문에 뭔가 비상대책 마련이 필요했습니다.

그래서 비상대책회의가 우리 대사관 주최로 열리고 필자도 무역관장 자격으로 참석합니다. 거기에서 한-콜 상공회의소 회장 등 수많은 친FTA 진영 인사들이 모여 머리를 맞대고 대책을 강구하여 여러 의견이 나옵니다. 당초 추진키로 준비해왔던 대언론 홍보는 역효과가 우려된다는 현지 여러 전문가들의 의견에 따라 하지 않는 것으로 방향을 전환했습니다. 의회 비준 단계라면 몰라도 위헌성 여부만 따지는 헌재 단계에서는 FTA 홍보가 아무런 의미가 없고, 단지 반대파에게 공격 명분만 제공한다는 이유에서였습니다.

우리 측의 발 빠른 움직임으로 캐스팅보트권자인 세사르 로드리게스 변호사에 대한 기피신청(recusación)이 이루어집니다. 명백히 한쪽으로 쏠린 의견을 가진 부적격인사라는 이유였습니다. 동신청서가 헌재에 제출되고 콜롬비아 상공장관이 이를 지지하면서 결국 헌재는 부적격 판정을 내리고 다른 중립적 인사를 선정합니다.

그 외에도 헌재 재판관중 찬성의견을 낸 재판관이 임기 만료로 교체되는 점도 큰 부담요인으로 작용했고, 산업단체나 노동조합 등 FTA 반대진영에서 헌재에 의견을 집중 제출하는 등 상황은 우리 측에 불리하게 진전되는 모양새였습니다.

우리 측도 대응강도를 높여갔습니다. 우리 진영 법률 전문가들도 한-콜FTA 조문에 위헌내용은 없다는 의견을 활발히 제출했으며, 우리 대사관도 적극 움직였습니다. 대사는 현지 정계, 관계, 재계 고위인사들을 두루 만나며 지원을 호소하는 등 쉬지 않고 강력한 드라이브를 걸었습니다.

필자도 반대 진영 인사들을 찾아가 설득하는 작업에 나섰습니다. 반대파 인사들은 한국은 기술경쟁력이 뛰어난데 반해 콜롬비아 산업은 취약성을 면치 못하는 터에 정부지원은 너무 빈약하다는 점에 우려를 표하고 있었습니다. 그래서 필자는 한국 정부가 콜롬비아 업계와 정부를 상대로 진행하고 있는 지식공유사업(KSP사업)과 산업협력사업(ODA사업) 등을 들며 동 사업에 적극 참여할 것을 촉구하면서 FTA 발효시 이러한 협력 사업이 더욱 강화될 테니 긍정적으로 평가해줄 것을 주문했습니다. 동면담을 통해 필자가 느꼈던 점이 있습니다. 그 인사가 현지 자동차부품업계의 이익을 대변하면서도 한국 정부가 자동차부품 산업 육성 및 경쟁력 제고를 위한 컨설팅 사업을 무상 지원한다는 정보는 접해보지 못했다는 겁니다. 현지 정부와 업계 간 의사소통 부재가 매우 아쉽게 느껴졌습니다. 어찌됐든 한국 정부가 자신들을 위해 힘쓰고 있다는 사실 및 자신들도 수혜자가 될 수 있다는 사실만으로도 그들의 반대 분위기를 누그러뜨릴 수 있었습니다. KSP나 ODA가 FTA에 영향을 미칠 수 있다는 점을 여기서 발견할 수 있었습니다.

그런 과정을 거쳐 2016년 4월 14일 재심의 판결에 들어갑니다. 이번에도 9명중 1명이 빠져 8명의 재판관이 참석했습니다. 결과는 5명은 조건부 합헌을, 3명은 무조건 합헌의견이었습니다. 그 조건은 FTA 재협상을 요하는 것은 아니었기 때문에 최종 합헌 판결로 결론지어졌습니다. 그 이후 최종 단계인 대통령의 발효 재가를 받아 우리 정부에 전달되었고, 그해 7월 15일부로 효력을 발휘하게 되었습니다. 우리나라 기업이나 콜롬비아 기업 모두 FTA를 잘 활용하여 모두가 행복한 윈윈(win-win)게임이 되기를 기대해 봅니다.

| 제2화 : 아이티 투자진출과 여수엑스포 유치 뒷이야기

필자가 산토도밍고 무역관 근무시절 겪은 이야기보따리를 하나 풀어보겠습니다. 2007년 초 현지 부임하여 공관장께 인사를 드리는 자리에서 대사님은 코트라 고유 업무 외에 국책사업에 대한 적극적인 지원을 당부했습니다. 특히 강조한 부분이 여수엑스포 유치 지원이었습니다. 비록 핵심 업무는 아니었지만 코트라 본사로부터도 여수엑스포 유치를 지원하라는 지시도 있었던 터라 유치에 나서게 되었습니다. 2012 여수 세계엑스포 유치는 과거에 이미 한 번 탈락했던 쓰라린 경험이 있었던 터라 당시 우리나라 재외 공관장들에게 주어진 최대 과제 중 하나였습니다. 당시 대사관이나 무역관 모두 도미니카공화국과 아이티 등 카리브 도서국들을 관할하고 있었던 터라 카리브 지역 국가원수 내지 정부수반들을 설득하는 작업이 필수적이었습니다. 그런데 설득을 뭣으로 하겠습니까? 세상에 맨입이라는 것은 없습니다. 세계 외교무대에서도 지지 교섭을 위해서는 거래가 필요한 법입니다. 도미니카공화국이나 아이티 모두 국가발전을 위한 전략적 수단으로 외국인투자 유치가 절실히 필요했습니다. 뭔가를 주고받는 Give & Take 법칙에 따라 지지대가로 무슨 요구가 나왔을지는 이미 결론이 나온 것 아니겠습니까?

대사님이 필자에게 고민을 털어 놓으며 숙제를 줬습니다. 양국 대통령이 한국 기업의 도미니카/아이티 투자유치를 여수엑스포 지지 조건으로 내걸고 있는 만큼 코트라의 도움이 필요하다는 것이었습니다. 곧 양국 대통령을 만나러 가야 하는데 권관장도 함께 가자는 것이었습니다. 그래서 필자는 대통령에게 드릴 선물 보따리 마련을 위해 현지 투자 진출할 우리 기업을 물색하는 작업에 착수하게 되었습니다. 도미니카 투자유치는 마침 투자진출 의향을 타진중인 우리 기업들이 있었고, 투자진출 관련 문의도 간간이 나오던 터라 이 분들을 중심으로 투자진출 구상을 구체화시켜나간 결과 대통령과의 면담 자리에 투자진출 의지를 굳힌 우리 기업인을 모시고 참석하게 되었습니다.

사실 무역관장으로서 대통령을 별도 면담한다는 것은 여간 어려운 일이 아닙니다. 포럼 등 행사에서 만나서 악수하는 정도야 흔히 일어날 수 있지만 개별 면담을 한다는 것은 차원이 다른 얘기입니다. 필자도 그때 처음으로 대사를 수행하여 국가원수 개별 접견자리에 서게 되었습니다. 그 기업인 역시 마찬가지였습니다. 대통령에게 자신의 선물 꾸러미를 쫙 풀어놓았습니다. 한국 기업의 투자 의지를 직접 확인한 도미니카공화국 대통령은 한국 정부가 최대한 성의를 표해준데 대해 감사하며, 세계엑스포 사무국(BIE)에 신규회원국으로 가입하는 수고로움도 마다하지 않고 여수엑스포 유치에 소중한 한 표를 던져 줬습니다.

그런데 문제는 아이티였습니다. 아이티는 국가 인지도가 너무 낮고 아무리 연구를 해봐도 우리 기업들의 투자를 유도할만한 인센티브가 도무지 보이지 않았습니다. 관심 갖는 기업인도 전혀 나타나지 않을뿐더러 어떤 기업을 어떻게 투자 유치를 해야 할지 막막한 상황이었습니다. 아이티에도 좋고 우리 기업에도 좋은 윈윈 해법을 찾기란 하늘의 별따기와 같았습니다. 너무도 답답한 나머지 평소에 잘 믿지도 않던 하나님께 도와달라는 기도까지 절로 나왔습니다.

그렇게 고민을 거듭하며 실낱같은 희망이라도 건져보고자 아이티 관련 정보를 탐색하던 어느 날 미국 발 낭보가 날아들었습니다. 그 낭보는 희망(HOPE)이라는 이름을 갖고 있었습니다. 아이티에 희망을 안겨준 HOPE, 필자에게도 희망을 안겨준 HOPE, 여수엑스포 유치에 한 표를 안겨준 HOPE! 호프는 무더운 날 시원한 호프집 맥주, 아니 그보다 사막의 오아시스 같은 존재였습니다.

HOPE는 2007년 미국이 중남미 최빈국인 아이티가 경제적으로 자립할 수 있도록 지원함으로써 아이티가 중남미 정정불안을 야기하지 않도록 하려는 정책의지를 갖고 출범한 대 아이티 무역특혜 부여 법안입니다. 2007년 9월 UN총회 연설에서 아이티의 르네 프레발 대통령은 아이티가 과거에는 실패국가의 전형적인 사례로 거론되어 왔으나 이제는 더 이상 실패국가가 아님을 천명한 바가 있는데, 그 자신감의 배경이 바로 이 HOPE법안이 아닐까 생각됩니다. HOPE는 파트너십 촉진을 통한 아이티의 반구적 기회 법안(Haitian Hemispheric Opportunity through Partnership Encouragement Act)입니다. 쉽게 설명하자면, 아이티에서 생산한 의류제품이 미국 시장에 진출할 경우 수입관세를 면제해주는 파격적인 내용을 담은 법안입니다. 우리 기업들이 갈구하던 강력한 인센티브 역할을 톡톡히 해주는 바로 그런 비즈니스 정보였던 것입니다. 필자는 이 법안 내용을 정리하여 코트라 정보 사이트(당시 글로벌 윈도우, 현 코트라 해외시장뉴스/news.kotra.or.kr)에 올렸는데, 여러 루트를 통해 HOPE 정보를 지득하고 여기서 활로를 모색해보고자 하는 우리 기업인들의 아이티 투자진출이 자연스럽게 활기를 띠게 됩니다.

HOPE법은 미국이 이미 카리브 국가들에 부여하고 있던 무역 특혜법(CBI/Caribbean Basin Initiative)에 추가해 대미 의류시장 진입장벽을 더욱 낮춰준 것입니다. 대미 의류시장 진출을 위한 전진기지로서 중남미에 의류 봉제 유관산업으로 투자진출한 우리 기업 및 외국 기업들에게 아이티로 눈을 돌리도록 유인을 제공한 것입니다.

HOPE법에 힘입어 아이티 투자진출 한국기업 사절단이 자연스럽게 구성되자 필자는 대사님 내외분과 함께 아이티 방문길에 오르게 됩니다. 아이티는 도미니카공화국과 국경을 접하고 있는 바로 옆 나라인데, 육로로 가려면 시간이 오래 걸려 소형 항공기편을 이용하는 경우가 종종 있습니다. 그런데 비행기가 너무 낡아 간혹 말썽을 피우기도 합니다. 마침 우리가 탄 비행기가 바로 그런 케이스였습니다.

기체 결함으로 수리 중이라 탑승 시간이 지체된다는 안내방송을 듣고 오늘 아이티 방문은 어렵겠구나 생각을 했습니다만 운이 좋은 것이었는지 조금 뒤 바로 수리가 되어 무사히 탑승을 마쳤습니다. 아무 탈 없이 이륙도 성공하는 듯 했습니다. 하지만 이륙 후 일정 고도에 이르자 기체가 약간 요동을 치는가 싶더니 기장은 기수를 돌려 다시 산토도밍고 공항에 내려앉고 말았습니다. 불안감에 여행을 포기하고 돌아가는 발걸음이 늘어나는 가운데 우리 팀은 공항 대합실에서 꿋꿋이 대기했습니다. 대사님은 오늘은 위험하니 일단 돌아가서 다음을 기약하자고 하였습니다. 필자도 사실 마음이 켕겨서 그러고 싶은 마음이 굴뚝같았습니다. 하지만 우리 기업인들과 아이티 수도 포르토프랭스에서 만나기로 이미 약속이 되어 있는데다가 그 분들은 이미 출국했거나 현지에 도착해 있는 상태였기 때문에 기업인들의 아까운 시간을 뺏는 것이 너무나 부담스러웠습니다. 약속을 일방적으로 펑크 내고 다음을 기약하고자 할 때 신뢰를 저버린 나를 믿어줄까 의구심도 컸습니다. 그래서 설사 죽는 한이 있더라도 신뢰를 저버릴 수는 없다는 다짐을 하며 대사를 설득하여 일정을 강행했습니다. 대사도 대통령과의 면담 약속을 펑크 내는 데 대해 부담감을 가질 수밖에 없었던 터라 속마음은 강행을 원하고 있었습니다.

몇 시간을 기다린 보람 끝에 비행기가 이륙연습을 두 차례 하더니 다시 탑승을 시작했습니다. 무사히 이륙 후 중간 지점쯤 갔을 때였습니다. 강력한 기류를 만난 기체는 심하게 요동을 치기 시작합니다. 급전낙하를 수차례 반복하며 기체가 중심을 잃고 표류하는 모양새가 연출되자 승객들은 사색이 되어 오마이 갓을 연발하며 가톨릭 성호를 긋는 사람이 있는가 하면, 절규하는 사람, 우는 사람, 자신의 유언을 남기는 사람 등 극한 상황에 처하자 각양각색의 반응들이 나왔습니다.

필자에게도 후회가 밀려왔습니다. 그때 왜 고집을 피웠을까? 이렇게 삶을 마감할 수도 있겠구나 하는 순간에 머릿속을 파고든 가장 큰 우려는 대사 내외분이라면 몰라도 나는 국립묘지에 안장이 안 되겠지 하는 생뚱맞은 것이었습니다. 그러면서 나 없이 살아가야 할 남은 가족 생각이 났습니다. 살아남아야겠다는 생각이 번쩍 들면서 평소엔 기도라고는 모르고 지내던 사람이 하나님께 살려달라고 기도를 하게 되었습니다. 영화 타이타닉을 보면 배가 점차 가라앉는 순간에도 찬송가를 부르며 기도를 하는 사람들을 보며 한심하다는 생각이 들었는데, 나 역시도 극한 상황에 처해 기도를 하는 내 자신을 발견하곤 놀라기도 했습니다. 사람은 누구나 자신이 통제할 수 없는 마지막 순간에는 약해지기 마련이고 절대자에게 의존하려는 경향이 있는 것은 아닌 가 싶습니다.

비행기가 기적처럼 요동이 멈추니 앞에 아른거리던 저승사자는 홀연히 사라지고, 아이티 공항에 무사히 착륙을 하고 나니 활짝 웃는 대사님 내외분 얼굴이 눈에 들어왔습니다. 그분도 심적 고통이 컸었나 봅니다. 기체가 요동칠 당시 사색이 되어 있던 필자를 보며 권 관장을 괜히 사지로 끌고 가서 후일 저승에서 권 관장 부인을 만나면 무슨 낯으로 볼 것인가 고민을 했다고 합니다.

우여곡절 끝에 그 다음 날 아침 아이티 대통령 접견실에서 대통령과 우리 투자사절단의 감격스런 면담이 이루어집니다. 두 번의 기도와 고비를 넘기고 마련된 자리인 만큼 필자에게는 감격의 순간이었습니다. 사절단을 보며 흡족해하던 대통령은 여수엑스포 유치를 지지해 줬습니다.

이것이 계기가 되지는 않았겠지만 필자는 귀국하자마자 우연히도 여수엑스포 조직위원회로 인사발령이 납니다. 여수엑스포와 필자의 인연은 이렇게 운명처럼 엮여 삶의 추억이 되었습니다.

맺음말

ㅣ 막강한 라틴 코리아를 꿈꾸며

필자가 중남미 여러 나라에서 오랫동안 근무하면서 가장 절실하게 느낀 점이 한 가지 있습니다. 중남미 시장으로 진출하려는 우리 기업들이 스페인이 그러 했던 것처럼 중남미 자체를 편안하게 여기고, 그들에게 비즈니스를 보다 쉽게 즐길 수 있는 메르까도 나뚜랄(mercado natural/내추럴 마켓)이 되어줄 수는 없을까하는 아쉬움입니다. 언어나 역사, 문화 측면에서 스페인과 비교하는 것이 전혀 타당하지 않은 뚱딴지같은 소리로 치부될 수도 있습니다. 그렇다면 끈끈한 유대관계 속에서 서로를 밀어주고 끌어주는 라틴 아랍인이나 라틴 유대인 등 중남미 각국에서 막강한 파워를 발휘하는 성공한 이민자 후손들을 벤치마킹하여, 우리도 그들처럼 막강한 라틴 코리안 커뮤니티를 형성해낼 수는 없을까요? 굳이 먼 아랍계나 유대계를 예로 들지 않더라도 가까운 일본계 경우만 해도 페루에서 이미 대통령을 배출한 바 있고 앞으로도 배출될 가능성이 충분합니다. 레바논계 이민자 후손이 2세대만에 멕시코에서 성공적으로 정착하여 세계 최고 갑부로 등극한 사례를 그냥 무심코 넘길 것이 아니라 뭔가 시사점을 찾아볼 수 있지 않을까요? 개인적 차원뿐만 아니라 한인사회 관점이나 국가적 관점에서도 말입니다.

중남미는 어찌 보면 닫힌 것처럼 보일 수도 있지만 잘 보면 무궁한 잠재력을 갖고 있는 무한하게 열린 세상입니다. 하지만 우리는 그 열린 세상 속으로 문을 활짝 열고 당당히 들어가지 못하고 언저리에서 관망만 하며 머뭇거리기만 하고 있습니다. 중남미 한인사회도 나라마다 차이가 큽니다. 요즘은 현지 사회 상류층 진입 문턱을 속속 넘고 있는 모습도 일부 나타나고 있습니다만 대부분의 경우 사회적 입지가 매우 약한 것이 현실입니다. 한인 사회가 똘똘 뭉쳐 단합된 힘을 보여주는 경우도 있고, 여러 파로 갈려 상호 비방하는, 지리멸렬하고 분열된 모습을 보이는 경우도 있습니다. 하지만 그중에는 무언가 큰 뜻을 세우고 라틴 코리아의 꿈을 실천해보려는 한인사회 움직임도 관찰되고 있습니다. 우리 정부와 각국 한인사회 지도자들이 사심 없이 뜻을 모은다면 중남미 내 라틴 코리아의 꿈은 이루어질 것이라 봅니다. 생각만 해도 가슴 벅찬 라틴 코리아의 꿈! 이 꿈이 허황된 꿈이 아니라 현실이 되도록 우리 모두 힘을 모아봅시다. 우리 후손들이 꿈을 먹으며 무럭무럭 잘 자라나 중남미 각국의 재계와 관계 및 정계를 비롯하여 사회 요소요소에서 긴요하게 쓰임 받는 훌륭한 인재들로 끊임없이 배출된다면 결국 중남미 시장은 우리 기업인들에게도'메르까도 나뚜랄'이 되어줄 것이라 확신합니다. 2세대나 3세대 혹은 100년 이상이 걸릴 수도 있지만 지금부터라도 첫걸음을 뗄 수 있도록 지혜를 모아 실천해봅시다. 파이팅!

참고문헌

한국어 참고자료

중남미 자원.인프라 협력센터의 중남미 주요광물자원 보유현황(2017.3.3./외교부)

중남미 주요국의 자원 현황 및 개발동향(2005.12/KOTRA)

중남미 지역기구 개황(2011.4/외교부)

기획재정부 보도자료(2015.12.4./IDB NewCo 한국 지분 4%로 확대)

중남미 다국적기업을 활용한 대중남미 경제협력 확대방안(KIEP)

전세계 국가별 석유매장량과 생산가능년수(2015.7/m.blog.naver.com)

베네수엘라, 미국 원유 사들인 이유는?(2016/2, mobile.newsisi.com)

석유매장량 세계1위 베네수엘라 파탄의 위기(true.openritz.com/eksoe)

페트로 카리베, 카리브 16국에 물물교환시대 개막(2007.12/news.kotra.or.kr)

베네수엘라에는 미인사관학교가 있다. (2006.7/ m.blog.daum.net)

파나마 콜론자유무역지대, 중남미 신시장 개척 강화하기로(2017.1/news.kotr.or.kr)

중남미 최대의 물류기지, 파나마를 다시 보자 (2006.12/www.ilri.co.kr)
파나마 개황자료(2017/KOTRA 파나마무역관), 파나마운하(www.wikicorea.com/bbs)
전쟁에는 져도 술 원조 전쟁에는 질 수 없다 (2012.10, shindonga.donga.com)
칠레 와인의 역사 (2007.11/ winewine.tistory.com/entry)
포도주의 나라, 칠레 (2009.1/chl.mofa.go.kr)
칠레 구리법: 자원과 국방의 정치경제(2013.12/전북대 이상현)
아르헨티나 탱고의 기원 (terms.naver.com)
샤키라 (namu.wiki/w), 팝스타 샤키라, ILO 메달 수상 (www.yonhapnews.co.kr)
콜롬비아에 신비로운 초록빛 보석, 에메랄드 (2017.4/news.kotra.or.kr)
중남미 농업현황과 우리나라와의 개발협력의 방향 (2016.11/ 코이카),
UN 식량농업기구(FAO)의 2014년도 연감 중남미 식량농업 편(FAO Statistical
멕시코 6개 캐나다 광산회사 세금환급 지연(외교부 중남미 자원인프라 협력 센터/2017.6),
중국, 리튬 접수(POSRI 이슈리포트/2016.12)
네이버 지식백과(멕시코내전/마약카르텔과의 전쟁)
중남미 마약 유통경로와 카르텔 이야기(colima.tistory.com/11)
나무위키(2017.5/마약카르텔, 2017.3/로스세타스)
www. newsis.com (2017.5.22./멕시코 최대 마약조직 시날로아 카르텔 리더 검거)
코트라 파나마 무역관 자료(16.5.18.), 코트라 국가정보(파나마의 외환관리 및 자금조달)
파나마 페이퍼스 위키백과(ko.wikipedia. org)
해외로 간 돈들의 숨바꼭질(2016.5.10./ news.mk.co.kr)
마약자금 세탁 자바시장 발칵(2014.9.11./미주한국일보/www.koreatimes. com)
나우 뉴스(2016.3.22./마약왕 구스만, 미모의 스튜어디스 이용 돈세탁)
신상엽 Overview of travel clinic(KJFP/www.kafm.or.kr)
남미의 운명을 바꾼 황열병: 병원 미생물학 강의자료 (ejumi.tistory.com/2015.9.16.)

멕시코 유대인 이민과 종교재판(중남미연구 34권 2호/2015.6/서성철)

라틴아메리카의 사회변화와 축제(주종택/2003)

가톨릭/성결운동/오순절운동(terms.naver.com/네이버지식백과)

중남미 가톨릭에 대한 이해(한국기독공보 2733호/임성익/2009.12)

아시케나지와 세파르디(두산백과, 이스라엘사/terms.naver.com)

유대인 동성커플, 중남미 최초 전통혼례(나우 뉴스, 2016.4.11.)

식민지 목록-스페인제국-나무위키(http://namu.wiki)

아라곤과 카스티야의 통합-스페인역사 다이제스트 100-네이버 지식백과

워싱턴 컨센서스(시사상식사전/www.terms.naver.com)

핑크타이드, 정치와 경제의 밀접한 관련(http://blog.naver.com)

중남미 경제 회고와 전망(한중남미경제협력센터/2017),

미국의 뒷마당인가 중국의 앞마당인가, 에콰도르와 중국의 밀월관계(2015 KOTRA 세계경제전망), 베이징 컨센서스(네이버 지식백과)

니카라과 운하 및 파나마 새 운하 개통(네이버 블로그)

닛케이진, 일본의 정체성을 뒤흔들다(blog.aladin.co.kr)

페루와 일본의 관계(terms.naver.com), 일본의 대외관계(위키백과)

중남미 지역정보-우리나라와의 관계(외교부)

한-중남미 정치관계(페르난도 슈미트/칠레대사)

한국과 라틴아메리카와의 첫 만남(라틴아메리카 역사 다이제스트 100/ 2008.11/이강혁) 2014 대한민국 한류백서(한국문화산업교류재단)

한국 체류 중남미인 실태조사 및 활용방안 연구(대외경제정책연구원/2011)

메리다 이니셔티브(www.mofat.go.kr)

ODA Watch 뉴스레터/2015.4(www.odawatch.net)

한-칠레 FTA 발효 10년, 성과와 전망(KOTRA 해외시장뉴스/2014.6)

한-칠레 FTA 이행상황 평가보고서(대외경제정책연구원/2014.5)

한-페루 FTA 이행상황 평가보고서(대외경제정책연구원/2016.12)

멕시코의 신 통상전략, 태평양동맹 준회원국제도(KOTRA 해외시장뉴스/2017.7)

한-에콰도르 SECA 3차 협상 현지반응(KOTRA 해외시장뉴스/2016.9)
중미 북부 트라이앵글에서 바라본 한-중미 FTA(KOTRA 해외시장뉴스/2017.4)
한국전 참전 기념물(외교부 콜롬비아 개황/2015.4), 북한외교(http://namu.wiki)
중남미개발은행(CAF)을 활용한 중남미시장 진출방안(2014.2/KIEP/권기수)
슈퍼푸드 아보카도가 먹어치운 멕시코 숲-http://news.khan.co.kr-경향신문 (2016.11)
억척 팔레스타인 이민자들, 칠레에서 약속의 땅 일구다(news.chosun.com/ 2009.11)

ㅣ 외국어 참고자료

Unidad operativa de control de transito(www.uoct.cl/2017.8.22)
Restriccion vehicular(es.wikipedia.org), Pico y placa(es.wikipedia.org)
Conozca cual es Pico y Placa para Bogota en 2017(www.publimetro.co)
Hoy no circula(www.hoy-no-circula.com.mx)
El hoy no circula en Ciudad de Mexico(The NewYork Times ES/2017.2.15)
Deben las mujeres jubilarse antes que los hombres?(por Mariano Bosch/ BID / 2015.8)
Igualar la edad de pension para hombres y mujeres?(lasillavacia.com/2010.5)
Areas metropolitanas mas pobladas de America Latina (es.wikipedia.org)
ICUR 2016 America Economia Intelligence
Edificios mas altos de America Latina (es.wikipedia.org)
Las otras Barcelonas del mundo(www.elperiodico.com)
Las 50 ciudades mas peligrosas del mundo en 2016 (www.gurusblog.com; www.plataforma arquitectura.cl, www.elconfidencial.com)
Ranking 2016 Clinicas y Hospitales (rankings.americaeconomia.com)
Clasificacion academica de universidades de Latinoamerica (es.wikipedia.org)

Cual es la Universidad mas antigua de America? (www.notimerica.com)

Por que gana Venezuela concursos de belleza? (lindriago.wordpress.com/2009)

Cuales son las 10 ciudades con las mujeres mas bellas del mundo? (www.guioteca.com/belleza),

Miss Internacional (es.wikipedia. org), Miss Mundo (es.wikipedia. org),

Miss Universo (es.wikipedia.org), Marimba (es.wikipedia.org),

Historia de la Marimba (www.prensalibre.com/vida/escenario)

Correa: "Dolarizacion de la economia fue un suicidio monetario"(www.telesurtv.net/news),

Dolarizacion (es.wikipedia.org)

La Historia del puro de Cuba (havana-live.com/espanol/html)

El mate, simbolo de la cultura uruguaya (www.viajeauruguay.com/cultural)

Cubalibre (es.wikipedia.org), Bacardi (en.wikipedia.org)

www.wow.com/wiki/forbes_global_2000

www.caf.com Presentaciones a Inversionistas(2016.11)

www.rankings.americaeconomia.com/2016/multilatinas

www.forebears.io, www.universitarios.cl

List of countries by oil production & List of countries by proven oil reserves (en.wikipedia.org)

Reinas de belleza de America Latina (es.wikipedia.org/wiki)

Yearbook 2014, Latin America and the Caribbean food & agriculture)

Auge de mineria en Latinoamerica(OCMAL/2015/CoorObservatorio)

Las 5 petroleras mas grandes de America Latina (www.esglobal.org/ 2015.9)

Historia del Petroleo en Latinoamerica (www.panoramapetrolero.com/2008)

Paises por reservas probadas de petroleo, Paises por produccion de petroleo (es.wikipedia.org/ 2016)

BrandZ most valuable Top 50 Latin American Brands 2017 (Kantar Milward

Brown-WPP)

Cuales son y en que paises estan las marcas mas valiosas de America Latina? (2017.6, BBC Mundo)

World Drug Report 2016(UNODC/유엔마약범죄사무소)

www.drugpolicy.org(Drug Trafficking in Latin America)

en.wikipedia.org (Illegal drug trade in Latin America, Joaquin El Chapo Guzman),

www.numbeo.com/crime (crime index 2017)

www.pri. org/stories (World's highest murder rates)

FTI Consulting (Public insecurity in Latin America), en.wikipedia.org(Crime & violence in LAC)

www.worldbank.org (Latin America accounts for more than 30% of the world's homicides/2014.3)

blogs.iadb.org/sinmiedos/204/12/16/por-que-tanto-crimen-en america-latina

Natural Disater in LAC(2000.10/IDB)

Natural Disater in LAC(2008.10/Georgetown University)

Latinoamerica en alerta : Revelan que epidemias afectaran a la region (actualidad.rt.com/ ciencias/2015.12.17.)

El Niño y la Niña(www.geoenciclopedia.com)

Paises que exigen vacunacion contra fiebre amarilla (chous.cancilleria.gov.ar)

Cholera in Latin America (Pan American Health Organization-WHO)

Los grandes huracanes que han azotado Centroamerica y el Caribe(2016.10.10.)

Cuales son los principales volcanes de America(2013.5.22./brainly.lat)

Religion in Latin America(PEW Research Center/2014.11)

7 key takeaways about religion in Latin America(Pew Research

Center/2014.11)
A brief history of Catholicism in Latin America(www.thetrumpet.com/2013.5)
2017/2018 Feriados Nacionales y Dias Festivos-America Latina (WinCalendar.com)
History of the Jews in Latin America and the Caribbean(en.wikipedia.org)
World Jewish Population 2015(Berman Jewish Databank)
In Latin America, Jewish communities are booming(www.jta.org)
Las multinacionales espanolas en America Latina : Impactos multiples(Revista internacional de pensamiento politico/Luis Miguel Uharte Pozas, 2014)
A familial relation? Spain & Latin America in the 21st century/Council on Hemispheric Affairs, 2016)
Ideas sobre la experiencia de la empresa espanola en Latinoamerica (CEOE/ Confederacion espanola de organizaciones empresariales, 2013)
Spain and Latin America(http://countrystudies.us/spain/90.htm)
Why does Spain not have a policy for Latin America?(Policy Brief/ FRIDE/2010) Wikipedia, la enciclopedia libre(https://es.wikipedia.org)
Latin America-US Relations(www.wikipedia.org)
The Roosevelt Corollary and Big Brother(http://the-monroe doctrine. weebly. com)
Macroeconomic variables(Latin America Economic Outlook 2015)
Latest IMF projections(www.imf.org)
A Golden opportunity, Latin America & China(The Economist/2016.11)
Chinas's investment in Latin America (Brookings/2017.1)
Dragon among the Iguanas(IMF/2014.12)
China-Latin American relations(Wikipedia)
Trump makes China great in Latin America(The Diplomat/2017.4)

2017 China-Latin America Economic Bulletin(www.bu.edu)

List of diplomatic missions of Taiwan(en.wikipedia.org)

Japan-Latin America Relations : Then and Now(2015.10 /Japan Association of Latin America and the Caribbean/JALAC)

A New Phase in Japan-Latin America and the Caribbean Relations /2016.2/Inter-American Dialogue)

Japon y Latinoamerica : una larga historia de intercambios comerciales (www.nippon.com /es)

Cooperacion y relaciones economicas entre Japon y America Latina y el Caribe(CEPAL/Hoja Informatica)

How trade, investment, and cooperation between Japan and Latin America can inspire our future trade relationship with Asia(2016.12/ Brookings)

Comercio exterior entre Japon y America Latina (www.haradaadvogados.com.br)

Economic Relations between Latin America & the Caribbean And the Republic of Korea(ECLAC/2015.4/CEPAL)

Trade and Investment Relations between Korea and Latin America in the 2000s(KIEP/2015.11)

Corea y America Latina (BID/2015)

Another Korean FTA with Latin America, Si o No?(SAIS US-Korea Yearbook 2010)

World Embassy Page(http://embassy-finder.com)

Cuba-North Korea relations(http://en.wikipedia.org)

Las relaciones entre la Republica popular democratica de Corea y America Latina(Universidad de Buenos Aires) www.diariolasamericas.com

http://eleconomista.com.mx, http://rpp.pe/mundo/latinoamerica

CAF-Banco de desarrollo de America Latina-http://es.wikipedia.org/wiki/CAF

Extienden la onda verde de semáforos en avenidas porteñas-La Nacion(2014.9)

La verdad incomoda de la abolicion del Ejercito-http://www.nacion.com(2011.12)

Este es el motivo por el que Costa Rica eliminó su ejército-www.notimeica.com

Indice del Planeta Feliz(2006, 2009, 2012, 2016)-http://es.wikipedia.org

Pence urges Latin American nations to isolate North Korea -www.reuters.com(2017.8)

La verdad detras de la expulsion del embajador de Corea del Norte en Mexico y Peru-www.infobae.com/america/mexico/2017.9

Estas son las principales relaciones entre Corea del Norte y México -www.publimetro.com.mx/mx/noticias/2017.9

North Korea's Trade in Latin America and the Caribbean -http://piie.com/blogs/2017.11

El contrato de agencia comercial una inversion estrategica(Revista Semana/2016)

CM gano la batalla(Periodico el Heraldo de Barranquilla/2016.11, Las dos orillas)

Corte suprema deja en firme medidas cautelares por caso empresa h(El espectador/2016.10)

Los costos del insolito pleito por el caso h(www.semana.com/2016.10)

SITP, de la "Guerra del Centavo" a la "Guerra del Cronometro"(www.publimetro.co/2015.5)

La guerra del centavo no ha terminado(www.las2orillas.co/2014.10)

Guerra del centavo: conductores del SITP denuncian que transporte pirata

no juega limpio (noticias.caracoltv.com/bogota/2017.10)
The Arabs of Latin America (www.thenation.com/2017.7)
Breve panorama de la inmigracion Arabe en Latinoamerica(distintaslatitudes.net /2016.5)
Cuantos arabes hay en America Latina? (francocedillo.wordpress.com/2012.10)
Hay mas de millones de arabes y desdendientes en America Latina(es.aleteia.org/2015.11)
La diaspora del Medio Oriente (lanic.utexas.edu)
Arabes y musulmanes en America Latina (newsvote.bbc.co.uk/BBC Mundo.com/ 2015.3)
Emigracion Arabe-Palestina en Latinoamerica (www.webislam.com/2008.3)
En busca de los ancestros sirios o libaneses (www.enplenitud.com)
Islam en Latinamerica (www.islamhoy.org)
Arab diaspora (en.wikipedia.org), Carlos Slim (en.wikiprdia.org)
Las Lecciones de America Latina en su exitosa integracion de la ultima gran oleada de inmigrantes arabes(www.bbc.com/mundo/noticias/2015.9)
Espana-El apellido paterno deja desde hoy de tener prevalencia sobre el materno (politica.elpais.com/politica/2017.6)
Argentina-Nuevo codigo civil: ya se anotaron nenes con el apellido materno adelante (www.infobae.com/2015.8)
La peligrosa tradicion de los fuegos artificiales durante Navidad en Iberoamerica (www.notimerica.com/cultura/noticia/2016.12)
El Banco Centroamericano de Integracion Economica(BCIE) por MIC(Ministerio de Industria y Comercio) de RD(2017.4)
Banco Centroamericano de Integracion Economica(BCIE)-Infraestructura para la Integracion: 50 Aniversario de BCIE (2010.7)

올라 중남미2

생활과 문화&비즈니스

초판 인쇄	2018년 6월 14일
초판 발행	2018년 6월 20일
엮은이	권선홍
발행인	김인철
총괄 · 기획	가정준 Director, University Knowledge Press
편집장	신선호 Executive Knowledge Contents Creator
도서편집	박현정 Contents Creator
전자책편집	이리나 e-Contents Creator
재무관리	문수진 Managing Creator
사전 · 출판	정준희 Contents Creator
마케팅 파트장	백승이 Chief Marketing Creator
마케팅	이현진 Marketing Creator
발행처	한국외국어대학교 지식출판콘텐츠원 02450 서울특별시 동대문구 이문로 107 전화 02)2173-2493~7 팩스 02)2173-3363 홈페이지 http://press.hufs.ac.kr 전자우편 press@hufs.ac.kr 출판등록 제6-6호(1969. 4. 30)
디자인 · 편집	(주)이환디앤비 02)2254-4301
인쇄 · 제본	네오프린텍 02)718-3111

ISBN 979-11-5901-284-6 04300 정가 23,000원
ISBN 979-11-5901-282-2 (세트)

*잘못된 책은 교환하여 드립니다.

HUiNE은 한국외국어대학교 지식출판콘텐츠원의 어학도서, 사회과학도서, 지역학 도서 Sub Brand이다. 한국외대의 영문명인 HUFS, 현명한 국제전문가 양성(International +Intelligent)의 의미를 담고 있으며, 휴인(携引)의 뜻인 '이끌다, 끌고 나가다'라는 의미처럼 출판계를 이끄는 리더로서, 혁신의 이미지를 담고 있다.